MAX GOLDT

Okay Mutter, ich nehme die Mittagsmaschine

BESTE KOLUMNEN

HAFFMANS VERLAG

Sämtliche Texte – mit Ausnahme der zusätzlichen Leistungen –
erschienen zuerst im Monatsmagazin ›Titanic‹,
in Buchform zuerst im Haffmans Verlag,
und zwar in den Sammelbänden
›Quitten für die Menschen zwischen Emden und Zittau‹ (1993),
›Die Kugeln in unseren Köpfen‹ (1995),
›Ä‹ (1997) sowie
›Mind-boggling – Evening Post‹ (1998).

Umschlag unter Verwendung des Klinikums Steglitz
von Curtis und Davis (New Orleans)
und Franz Mocken (nicht New Orleans)

Alle Rechte an dieser Ausgabe vorbehalten
Copyright © 1999 by
Haffmans Verlag AG Zürich
Satz: Fotosatz Michel, Gießen
Herstellung: Ebner Ulm
ISBN 3 251 00440 9

INHALT

Vorwort 11

18: Ich aber gähne und sage: Ach was! 15

22: Immerzu Bratwurstereignisse, doch Kati
zieht Flunsch. 20

25: Quitten für die Menschen zwischen
Emden und Zittau 25

26 Die Mittwochsmemmen oder:
Warum tragen Ausländer immer weiße Socken? . . 33

31: Hyppytyyny huomiseksi (Ich bin begeistert und
verbitte mir blöde Begründungen.) 38

33: Ich beeindruckte durch ein seltenes KZ 43

34: Das unwillkommene Antanzen von Lachi
und Schmunzelinchen 47

35: Ich schweige den Adolf-Mittag-See tot
(urspr. gepl. Titel »Struppi ja, Idefix nein«
groovet schlecht!) 52

37: Rille ralle ritze ratze (Harte Haare) 58

41: Alle haben drauf gewartet: Artikel, in dem
25mal (!!!) das Wort »Grufti« vorkommt 62

42: Das Diskretionsteufelchen und der
Motivationsfisch. 70

43: Gemeine Gentechniker wollen Ute Lemper
wegen der Hitze in eine Euterpflegecreme-Fabrik
auf Helgoland verwandeln 78

44: Worte wie Heu 85

45: Die Jugend sollte lieber wieder Gloria-Punkte
sammeln 92

47: Der Pond-Parabel-What-o'-clock-Knopf oder:
Sektquirle können nicht schuppen 101

49: Ich war auf keinem Bauernhof außerhalb der USA 109

50: Warum Dagmar Berghoff so stinkt 118

51: Lieder sind geschmolzene Stadthallen oder:
Früher war alles gelb 126

52: Die brutale Welt des Helmut Schmidt 133

53: Ein Flugzeug voller Nashi-Birnen,
ein Jesus voller Amseln 142

56: Herr Kosmos ist von den Menschen enttäuscht.
(Schlabber!) 152

57: Volkstrauertag in Neustadt am Rübenberge,
Bürstengeschäft: Pustekuchen! 160

58: Ich wollte, man büke mir einen Klöben 168

59: Der Sonderoscar für prima Synchronisation geht
in diesem Jahr an den Film *Fünf stattliche Herren
und ein Flockenquetschen-Selbstbau-Set* 177

60: Dank Bügelhilfe fühlt man sich wie ein
geisteskranker König 186

61: Man muß sich ganz schön abstrampeln,
um akzeptiert zu werden 196

62: Bomben gegen Bananen im Mund? Niemals!
Kühe gegen Entspannungs-CDs? Immer! 205

63: Voll die Botten ey, die Alte 215

64: Lotsa lotsa legggggggs 223

65: Das neue Buch von Enid Blyton: 67 Freunde
und die sprichwörtlichen Hummeln im Hintern
der Melkkuh der Nation 234

67: Unvergessen ist die große Rede, die
Richard von Weizsäcker 1985 im Bundestag
über Schlemmerfilet hielt 242

68: Ich will wissen, ob die Schwester von
Claudia Schiffer schwitzte
(In Unterhose geschrieben) 249

69: Okay Mutter, ich nehme die Mittagsmaschine . . . 258

70: Der schlimme Schal oder:
Der Unterschied zwischen Wäwäwäwäwä
und Wäwäwäwäwäwäwä 265

71: Zehn Minuten weniger Gelegenheit zur
Zwiesprache mit höheren Wesen 273

72: Besser als Halme: Blutmagen, grob 281

73: Der aufblasbare Schrei meiner Altstadt 290

75: Ä 298

76: Stinksvans tötet die Theaterstimmung 307

77: Auch Tote dürfen meine Füße filmen 314

78: Lockende Wucherungen, schäbige Irrtümer 323

80: Viel Treppe, viel Kirche 330

81: Die Leutchen und die Mädchen 337

82: Zur Herzverpflanzung fährt man nicht
mit dem Bus 345

84: Offener Brief an Theo Waigel 354

85: Während des Sprungs in die Tiefe verhungern . . . 361

86: Knallfluchttourismus ins
Magnifik-Montanös-Privatknallfaule 369

87: Die Mitgeschleppten im Badezimmer 377

88: Veränderungen des Neigungswinkels von
Hutablagen sind keine Hausmädchenarbeit 384

89: Milch und Ohrfeigen 392

91: In der Lindenmähne sitzen und breite
Bauernschnitten rösten 399

92: Anette von Aretin, Hans Sachs,
Guido Baumann sowie alternierend
Marianne Koch und Anneliese Fleyenschmidt
(Erinnerungssport) 407

93: Elegante Konversation im
Philharmonic Dining Room 415

94: Teilchenphysik auf Stammtischniveau 424

96: Mademoiselle 25 Watt und das Verschwinden
des Befeuchtens der Finger vorm Umblättern . . . 432

97: Also kochte Cook der Crew 440

100: Affige Pizzen 447

102: Darf man den Herbst duzen? 454

103: Die Lampen leiden am meisten darunter 462

104: Die Saugegemeinschaft zerbricht 470

105: Eine Wolke, auf der man
keinen Husten bekommt 477

106: Ein gutes und ein schlechtes neues Wort
für Männer 485

108: Arrivederci Kolumne, Hyvää päivää
Abwesenheit von Kolumne (Abschiedstext:
Intaktes Abdomen dank coolem Verhalten) 492

Zusätzliche Leistungen: Vier Kolumnenanfänge, die
der Autor verwarf, weil sie zu nichts führten . . . 498

Vorwort

Dies hier ist also der Sammelband mit meinen besten Kolumnen. Einige »auffällig unauffällige Herren« in dunklen Anzügen legen Wert auf die Feststellung, daß dieser Band nicht gegen meinen Willen erscheint. Sie möchten den Eindruck vermeiden, sie würden ihre Autoren mit immer neuen Kompilationen bis zur Blutgrätsche melken und ausbeuten.

Im Gegenteil: Ich habe die Veröffentlichung dieses Best-of-Bandes selbst angeregt, und zwar als Einstiegswerk für nachgewachsene Interessenten. Ich dachte: Irgendwann wird der Verlag ohnehin eine solche Zusammenstellung herausbringen, Verlage machen so etwas halt, da ist es gescheiter, es geschieht auf meine eigene Initiative hin, dann kann ich selbst die Auswahl treffen.

Erstaunlicherweise gab es, was die Textauswahl anging, kaum Meinungsverschiedenheiten zwischen dem Lektorat und mir. Wir faxten einander Listen, und die waren so gut wie identisch. Daß z. B. die Texte der ersten beiden Jahre fast alle unter den Tisch fallen müssen, war nie Gegenstand einer Auseinandersetzung. Es gilt bei solchen Veröffentlichungen, sowohl die Lieblinge des Autors als auch diejenigen des Publikums unter einen Hut zu bringen. Dies ist in manchen Fällen sicher schwierig, hier war es ein leichtes. Zum einen ist das Buch dick, d. h., es hat Platz für manches. Zum anderen weiß ich durch meine Lesungen recht gut, welche Texte beim Auditorium gut ankommen. Meine beliebtesten Kolumnen sind ›Die Mitgeschleppten im Badezimmer‹, ›Okay Mutter, ich nehme die Mittagsmaschine‹ und ›Eine Wolke, auf der man keinen Husten bekommt‹ – alles Texte, die auch ich für sehr gelungen halte. Vereinzelt gibt es freilich auch Aufsätze, die mir ausgezeichnet gefallen, beim Publikum aber auf weniger Resonanz gestoßen sind, wie z. B. ›Offener Brief an Theo Waigel‹ oder ›Elegante Konversation im Philharmonic Dining Room‹. Es gibt auch Texte, die ich nicht ganz so herrlich finde, die bei den Zuhörern aber große Hits waren. Die sag ich jetzt aber nicht.

Hierin enthalten sind einige exklusive neue Fehlerverbesserungen, exklusive Kürzungen als auch Verlängerungen. Im großen und ganzen sind die Texte aber unverändert, es gab weder Aktualisierungen noch Entaktualisierungen.

– Ja aber, der Text soundso, der hier nicht drin ist, ist doch viel besser als der Text soundso, der hier enthalten ist, sagt nun jemand.

– An Leute, die die anderen Bücher bereits kennen, richtet sich dieses Buch nicht. Es ist für Novizen.

– Aber selbst in den Texten der ersten zwei Jahre waren doch einige schöne Stellen. Zum Beispiel aus der Kolumne 11 von 1989, in der es u. a. um deutsche Musiker, die englisch singen, geht, die Stelle mit dem berühmten Milchglasvergleich, den immer alle so toll finden, die fehlt doch hier.

– Der Milchglasvergleich, den tatsächlich alle immer super finden, der fehlt hier überhaupt nicht. Da ist er doch:

»Aber sollte man nicht wenigstens zugeben, daß es auch viel einfacher ist, englisch zu singen, da das Abstraktionsmittel Fremdsprache dem Selbtentblößungscharakter persönlicher Gefühlsäußerungen das Schmerzhafte nimmt? Man singt wie durch Milchglas. Das Gefühlsbekenntnis wird nur als anonymes Schema wahrgenommen, für das Autor und Interpret nicht haftbar gemacht werden können. Wenn einer singt, er sei ›lonely‹, dann kann er auf die inhaltlichen Traditionen des Blues verweisen. Wer jedoch den Satz ›Ich bin einsam‹ singt, muß mit Reaktionen rechnen, wie jemand, der vergessen hat, die Toilettentür zu verriegeln.«

Ich wünsche mir manchmal, ich hätte die folgenden Texte auf englisch geschrieben, das hätte für mich manchen evtl. lebensverlängernden Vorteil gehabt.

Max Goldt, 13. 5. 1999

Ich aber gähne und sage: Ach was!
(Juli 1990)

Wohl weiß ich, die Leserschaft erwartet mal wieder ein augenzwinkerndes Protokoll eines prall durchlebten Monats, doch mir will heut kein Zwinkern gelingen: Nichts ist passiert. Graue Brühe rauschte an mir vorbei. Ereignisse klopften bei mir keine an. Wenn ich die letzten vier Wochen Revue passieren lasse, fällt mir nur ein Ding ein: Ich habe mir einen Stadtplan von Salzburg gekauft und zu Hause festgestellt, daß ich bereits einen habe. Das ist nicht gerade das Holz, aus dem Glossen geschnitzt werden. Sonst war aber nichts. Ich glaube, ich bin zur Zeit vom Globus gerutscht. Ich stehe auf einem kleinen Planeten und winke freundlich der Erde zu, aber niemand winkt zurück. Manchmal aber schwebt ein anderer Planet vorbei, von dem jemand zurückwinkt; ab und zu kommt einer so nah heran, daß einander Hände gereicht werden können. Dann ist es warm im Universum. Doch kosmische Sommer sind kurz.

Ganz leer ist so ein Leben auf einem Winke-Planeten aber auch nicht. Während ich hier kauere, muß ich doch bisweilen lächeln, weil mich was Lustiges im Hirn besucht: So entsann ich mich gestern aus heiterem Himmel eines Satzes, den ein südamerikanischer Transvestit in einem Film über die Probleme südamerikanischer Transvestiten zu einem Freund sagt. Er sagte: Es ist schon ein Unterschied, ob du deiner Mutter sagst, daß du schwul bist, oder ob sie dich morgens als zusammengeschlagene Kabarettistin vor ihrer Wohnungstür auffindet.

Dieser Satz ist schon deshalb bemerkenswert, weil ich anläßlich seiner zum ersten Mal in einem Zusammenhang lachen mußte, der etwas mit Kabarett zu tun hat. Denn wer sind die Hauptfeinde des leidens- und dadurch humorfähigen Menschen? Skinheads, Bischöfe und Gitarristen? Nö. Clowns, Pantomimen und Kabarettisten sind die wirklichen Feinde.

Erst mal wenige Worte über Clowns: Als Kind und junger Jugendlicher saß ich abends meistens vor dem Fernsehapparat. Dieser war mein Erziehungsberechtigter. Die Mutter war dösig, der Vater im Keller. Gerne sah ich Quizsendungen, deren Schwachpunkt, heut ist's nicht anders, der sogenannte Showblock war. Üblicherweise bestand dieser aus dem Golden Gate Quartett, Esther und Abi Ofarim oder Miriam Makeba, welche *immer* ›Pata Pata‹ sang und ohne Zweifel Afrika verkörperte. Sehr oft war aber leider auch eine uralte und, glaube ich, englische Person namens Charlie Rivel zu sehen. Der kam in die Halle getapert, mit oder ohne Geige, ich weiß es nicht mehr, und tat nichts, außer fünf Minuten töricht herumzuschwanken. Niemand lachte, aber zum Schluß trampelte alles, weil Charlie Rivel eben »der große alte Mann des Zirkus« war. Und immer hieß es: Kinder mögen Clowns. Dieses Gerücht hält sich ja bis heute, dabei müßte sich doch eigentlich jeder, der selber mal Kind war, daran erinnern, daß Kinder Clowns eben nicht lieben, sondern eklig und langweilig finden. Irgendwann starb Charlie Rivel. Was geschah? Es schwankte statt seiner Heinz Rühmann durch die Siegerlandhalle oder welche Halle auch immer, um an »den großen Charlie Rivel« zu erinnern. Einmal kam Heinz Rühmann auch als Obdachloser angeschwankt, in sorgfältig beschmutzten Kleidern, und sagte: »Wir nennen sie Penner. Aber es sind Menschen wie du und ich usw.«, und es folgte der verlogenste Applaus in der deutschen Fernsehgeschichte.

Ein noch herberer Showblock-Schrecken als Charlie Rivel war zu meiner Jugend der »große Pantomime« Marcel Marceau. Stakste vor der Kamera herum wie ein Storch in Trauer, kletterte eine Leiter hoch, obwohl keine Leiter da war, aß ein Hühnchen, und jetzt kommt das Besondere: obwohl gar kein Hühnchen weit und breit. Ich habe das Ganze vielleicht ein dutzendmal gesehen, und ich will Marcel Marceau dankbar sein, daß er mir schon in jungen Jahren die Augen dafür geöffnet hat, wie lächerlich das Treiben sein kann, zu dem sich Menschen hinreißen lassen, die einem grauen Alltag entfliehen wollen.

Nun aber zu den Kabarettisten. Ihre Existenz verdanken sie der merkwürdigen Erscheinung, daß es Menschen gibt, nennen wir sie ruhig vereinfachend Lehrer und Buchhändler, die zu dumm sind, abends in ein nettes Konzert zu gehen oder sich manierlich vollaufen zu lassen, und statt dessen Eintritt dafür bezahlen, ihre »Meinungen« zu gewissen Belangen auf den aktuellen Stand im linken Spektrum schieben zu lassen. Es ist das Problem vieler, insbesondere Linker, daß sie meinen, zu jedem Thema eine Meinung haben zu müssen, obwohl damit naturgemäß jeder Mensch überfordert wäre. Ich habe mir mal in einem Gespräch den emanzipatorisch wertvollen, aber auch Kraft verzehrenden Luxus geleistet zu sagen: Ich will mich zum Thema Apartheid nicht äußern, weil ich über die komplexen südafrikanischen Verhältnisse nicht ausreichend informiert bin.

Durch diese unerhörte Äußerung entstand aber immerhin eine Diskussion über das, was ich »Zwangskoppelung« nenne: Es gibt ja viele Menschen, die gegen Atomkraftwerke sind. Das ist sicher schön und richtig. Nur folgern viele daraus, daß sie deswegen *als Linke* zwangsläufig auch für die Soundsovielstundenwoche, für Abtreibung, gegen Volkszählungen etc. sein müssen, obwohl sie sich mit diesen Fragen evtl. nie beschäftigt haben. So erzählte mir kürzlich jemand, daß er *als Linker* selbstverständlich der Auffassung sei, es gäbe ein »Volk der DDR«. Nach einigem Nachfragen stellte sich aber heraus, daß der Mann überhaupt nicht in der Lage war, den Begriff Volk zu definieren und ihn mit Begriffen wie Nation, Kultur, Sprache, Geschichte etc. in Verbindung zu bringen. Aber *als Linker* mußte halt links geplappert werden! (Nach einigem Psychologisieren meinerseits trat an den Tag, daß er aus zweierlei Gründen ein besonderes DDR-Volk sah: Erstens gingen ihm die CDU-Autoaufkleber »Wir sind ein Volk« auf die Nerven, und zweitens sähe man denen doch auf zehn Meter Entfernung an, daß sie von drüben sind.)

Ich persönlich habe nie einen Pfifferling dafür gegeben, ob jemand links oder rechts ist. Die Menschen suchen Nestwärme, Liebe, Geborgenheit etc. Dann sehen sie Cliquen oder Vereine, die ihnen Hallo zurufen, auch ganz sympathisch sind, nette Frisuren, hübsche Blousons usw. Da laufen sie natürlich hin und wollen auch so sein, tragen auch bald die hübschen Blousons, und gewisse »Meinungen« gehören nun mal mit dazu. Ob ein Jugendlicher sich nach rechts oder links orientiert, ist purer Zufall. Die Leute wollen halt Freunde haben. Sie sehnen sich nach Ähnlichkeit. Ich fürchte wirklich, es ist nicht viel komplizierter.

Kabarettisten jedoch versuchen den Menschen weiszumachen, daß sie sich durch den Blick in den Spiegel, der wohlweislich nicht ihnen selbst, sondern Verantwortungsträgern vorgehalten wird, von ihren Trieben emanzipieren können. Dem ist aber nicht so, auch wenn's Lehrer und Buchhändler gerne hätten. Man ist eigener und anderer Leute trivialer Elendigkeit ein Leben lang ausgeliefert. Überlegenheitsgefühle durch die Inbesitznahme erstrebenswert gefundener Meinungen sind nicht gut. Kabarettisten sind die Tratschmeister solcher Gesinnungskongruenz. Es gibt auch kein besseres oder schlechteres Kabarett. Sie sind alle gleich. »Aber der Matthias Richling, der ist doch gar nicht so übel...« höre ich es wispern. Ich aber gähne und sage: Ach, was.

Helmut Kohl ist mir nicht sehr sympathisch. Ich weiß aber nicht, ob er wirklich der skrupellose Machtpolitiker ist, und wenn er es wäre, dann käme das ewige Parodieren und Witzeln einer gefährlichen Verniedlichung gleich. Ventilwitze haben Macht wohl selten destabilisiert. Ich denke, das einzige wirklich Schlimme, was Kohl ausgefressen hat, ist, daß er dieses Land kabarettistisch verseucht hat.

Aus Studenten und Hausfrauen hat er Hobby-Satiriker gemacht. Eisverkäufer erzählen Kohl-Witze. Dicke Menschen mit Sprachfehlern berichten einem, daß der Kohl so fett sei und nicht richtig deutsch könne. Heerscharen von mickerigen Meckerern fühlen sich berufen, »in diesem unserem Lande« zu sagen, nur weil der Kanzler das angeblich irgendwann mal gesagt hat. Und dann kommen auch noch die ganz, ganz furchtbar Doofen und japsen, das was der oder der Politiker gerade wieder gesagt habe, das könne ja von keinem Kabarett überboten werden, das sei ja – und jetzt kommt das blödeste Wort aller Zeiten –, das sei ja *Realsatire*. Und dann bäumen sie sich auf und versuchen, einen Pfälzer oder schwäbischen Dialekt nachzuäffen. Liebe Leute, merkt euch eines: Es gibt keine Realsatire. Ehrlich, hat nie existiert. Ihr könntet ebensogut Günxmurfl sagen. Das gibt es auch nicht. Aber Realsatire erst recht nicht.

Ach, es ist eine schreckliche, kabarettistische Zeit. Ich sitze auf meinem Winke-Planeten und muß hilflos ansehen, wie Kabarettisten die Welt unterjochen, vergiften und schließlich zerstören. Ich wünsche mir von ganzem Herzen, daß jeder Mensch auf der Welt eine Leiter zu seinem Winke-Planeten findet und mit mir um die Erde kreist. Natürlich gibt es keine Leitern. Aber macht's wie Marcel Marceau, bildet euch eine ein! Kommt auf eure Planeten! Dann winken wir alle noch einmal, ein allerletztes Mal. Dann sagen wir alle miteinander: Psst! Und legen uns schlafen. Wir wachen nie wieder auf. Und das Universum schöpft Kraft!

Immerzu Bratwurstereignisse, doch Kati zieht Flunsch
(November 1990)

Es gilt heutzutage als ein Volksfest, wenn man einer bratwurstessenden Verkäuferin bratwurstessend eine Jeansjacke abkauft. Ein besonders wenig würdevolles Spektakel dieser Art findet alljährlich Anfang September bei mir um die Ecke statt: das *Turmstraßenfest*. Die Einzelhändler schleppen ihren Kram aus den Läden auf den Bürgersteig, hinzugesellen sich die CDU und Aalverkäufer, und wenn dann bald unter jedem Schritt krachend ein Plastikbecher zersplittert, die von Hertie bezahlte Oldies-Band wummert und die Berberitzenbüsche von proletarischem Harn widerglänzen, dann ist der Straßenfestfrohsinn perfekt. Nicht, daß es wirklich fröhlich einherginge. Mürrisch blickt der Moabiter. Es weiß ja auch keiner, was da gefeiert wird. Wer die Turmstraße kennt, wird mit mir einer Meinung sein, daß deren bloße Existenz kaum einen Anlaß zum Feiern darstellt.

Am 3. Oktober gab es schon wieder so ein Straßenfest. Diesmal waren es gleich Hunderttausende, die sich, höchstens mäßig froh schauend, an den üblichen Bratwurstständen und Stimmungskapellen vorbeischoben. Die Berliner begingen die deutsche Einheit wie die Eröffnung eines Lebensmitteldiscountmarktes. Ich hatte nicht erwartet, daß die Menschen vor Ernst-Reuter-Büsten niederknien, um Beethovenmelodien zu summen, aber auch nicht, daß die Angelegenheit dermaßen unfeierlich, ja unappetitlich abgeht. Kauend und Dosenbier saufend die Linden abzulatschen und eine gigantische Menge Müll zu hinterlassen, will mir nicht als eine Weise erscheinen, eine einmalige historische Zäsur würdig einzuläuten. Mir scheint es eher ein schlechtes Omen für das neue Deutschland zu sein, daß eine verglichen mit Problemen wie Rohstoffverschwendung, Müllbeseitigung etc. doch ziemlich unwichtige Angelegenheit wie die staatliche Einigung Deutschlands einer mittleren Umweltkatastrophe gleichkam. Ich meine ohnehin: Ein zivilisierter Europäer ißt und trinkt nicht auf der Straße. Auch ein regelmäßiger Biertrinker wie ich wird erschaudern, wenn er jemanden auf der Straße gehen sieht, der sich den Inhalt einer Bierdose in den Hals gießt, und er wird keinen Augenblick zögern, eine solche Person insgeheim ein Element, Subjekt o. ä. zu nennen. Er wird die Hände über dem Kopf zusammenschlagen, wenn er ein Kind sieht, das schon morgens auf dem Schulweg an einer Getränkedose nuckelt, die ihm eine gedankenlose Mutter in den Ranzen gesteckt hat. Millionen Kinder, die an der Dose hängen, sind schlimmer als ein paar Tausende an der Nadel! Und ein anständiger Mensch wird beim nächsten Urnengang niemals einer Partei seine Stimme geben, die bislang noch nicht einmal in Erwägung gezogen hat, dem Beispiel einiger zivilisierter Staaten zu folgen und mit den Dosen das einzig Richtige zu tun: Verbieten, aber hurtig! Nur Dösbaddel bekennen sich zur Formel »Verbieten verboten«. Die Prinzipien von Summerhill mögen Eltern, die das tatsächlich für richtig halten, bei der Erziehung ihrer Kinder anwenden, sie sind aber keine geeignete Richtschnur für den Umgang des Gesetzgebers mit der Industrie.

Den Lesern, die jetzt gerade murmeln: Jetzt rastet der alberne Heini ja vollkommen aus mit seinen blöden Dosen, diesen Lesern entgegne ich: Erstens: Ich bin kein alberner Heini, sondern ein Vertreter eines geradezu manischen Realismus. Wenn ich aus dem Fenster schaue, und da sind Wolken, sage ich: Da sind Wolken. Wenn jedoch keine Wolken da sind, sage ich: Da sind keine Wolken. Aber da *sind* Wolken, der Himmel ist geradezu krankhaft bewölkt, und das Schlimme ist: Was hinter den Wolken ist, ist noch schlimmer als die Wolken selber! Zweitens: Getränkedosen ja oder nein ist keine politische Marginalie. Jeder, der seine Freizeit ab und zu in anderer Weise zu nutzen willens ist, als dumme amerikanische Filme zu glotzen, weiß, daß die Aluminiumerzeugung ein Vorgang ist, der mit einer jeder ökologischen Vernunft spottenden Energieverschwendung einhergeht. Wenn ich jetzt auf einem Podium säße, Mikro vorm Maul, und sagte: Jeder Schluck aus einer Coladose kommt einem Griff zur Regenwaldsäge gleich, gäbe es sicher ein törichtes Geschöpf, das lachte, aber wahr ist es trotzdem. Und deswegen wird ein redlicher Mensch niemals wieder eine Getränkedose kaufen. Niemals!

Die *Cocteau Twins,* Lieblingsgruppe eines jeden Menschen, der die Eleganz hat, mir ein klein wenig zu ähneln, haben eine prachtvolle neue LP herausgebracht: Heaven or Las Vegas. Auf ihr befindet sich ein Stück namens »Fotzepolitic«. Wir wollen aber die Scheu haben, uns darüber nicht groß öffentlich zu wundern. Es gibt derzeit nur zwei Göttinnen in der kulturellen Welt: *Elisabeth Fraser,* Sängerin der Cocteau Twins, und *Kati Outinen,* Star der proletarischen Trilogie von *Aki Kaurismäki,* derzeit zu vergöttern in ›Das Mädchen aus der Streichholzfabrik‹. Den heterosexuellen Himmel stelle ich mir so vor: Ich sitze auf dem Sofa und es klingelt. Elisabeth Fraser und Kati Outinen kommen herein. Kati Outinen zieht ihren Flunsch, eben den Flunsch, der sie berühmt gemacht hat. Elisabeth Fraser beginnt in den höchsten Tönen zu singen. Ich bin überglücklich, allein Kati zieht weiter ihren Flunsch. Elisabeth singt eine Stunde lang, ich noch glücklicher, Kati weiterhin Flunsch. Elisabeth singt 2 Stunden lang, prall leuchtet meine Seele, Kati: Flunsch. Nach drei Stunden wird Elisabeth heiser, darüber muß Kati endlich lachen, und wir mieten dann zu dritt ein tolles Landhaus im Norden Europas und lachen und singen bis in alle Ewigkeit. Das war der Hetero-Himmel. Der Homo-Himmel geht so: Ich sitze auf dem Sofa und es klingelt. Hereinspaziert kommt *Pierre Littbarski.* Ich rufe: Ei ei, Überraschung, doch was dann kommt, möchte ich zu schüchtern sein, hier auszuwalzen. Wir wollen doch alle nicht, daß die ›Titanic‹ künftig nur noch unter dem Ladentisch verkauft werden kann, obwohl ich es mir recht nett vorstelle, wenn z. B. die kleine dicke Verkäuferin aus dem Kiosk in der Krefelder Straße ab und zu unter dem Ladentisch herumkriechen müßte. Der Hetero-Himmel ist übrigens entschieden besser als der Homo-Himmel. Ein Landhaus irgendwo im Norden Europas ist ja wohl erstrebenswerter als eine halbe Stunde Herumgemache mit Pierre Littbarski und ein Zettel mit einer Telefonnummer, wo man ja doch nie anrufen würde, weil so toll würde es ja schließlich auch nicht gewesen sein.

Übrigens gibt es auch eine neue LP von *Prince.* Das ist zwar, verglichen mit einer neuen Cocteau-Twins-LP oder der Frage Getränkedosen ja oder nein, ziemlich egal, aber auf dieser LP befindet sich ein Stück namens *Joy in repetition,* zu deutsch: Freude an der Wiederholung. Und in der Tat habe ich Freude daran, hier dies zu wiederholen: Niemals wird ein redlicher Mensch je eine Getränkedose kaufen, austrinken und fortwerfen. Ich wiederhole: NIEMALS. Und ich schreie und hoffe, mancher schreit mit: *Niemals!*

Ich habe seit schätzungsweise fünf Jahren keine Getränkedose mehr gekauft und bin dennoch nie verdurstet. Vielleicht bin ich ja ein anatomisches Wunder, aber selbst den üblichen Vereinigungsspaziergang zwischen Alexanderplatz und Siegessäule habe ich völlig enthaltsam überstanden und keine Not gelitten. Während des Spazierganges machte ich Fotos von den Müllhaufen. Hinter einem solchen Haufen stand ein bratwurstessender Mann und fragte: Wieso fotografieren Sie mich? Ich sagte: Sie fotografiere ich doch gar nicht, sondern den Müllhaufen. Darauf der Mann: Jaja, das könnt *ihr* – mit diesem »ihr« gemeindete er mich wohl in irgendeine seiner Ansicht nach dunkle und undeutsche Ziele verfolgende Sektierergruppe ein, denn ich war ja ganz allein – jaja, das könnt ihr, sprach also der Mann, alles in den Dreck ziehen, sogar die deutsche Einheit zieht ihr in den Dreck. Ich sagte: Ja genau, in den Dreck, den Sie da gerade erzeugen. Und das Element sprach: Hau bloß ab, du.

Dieser konstruiert klingende Dialog, den ich aber nach der Wahrheit wiedergegeben habe, erinnert mich an ein weiteres, ebenso wie zu anekdotischen Zwecken zusammengebastelt anmutendes, aber ebenso tatsächliches Gespräch, das ich einmal mit einer Mutter zweier Kinder führte. Es ging um Autos. Sie: Du hast natürlich völlig recht. Ich bin auch total gegen Autos. Wenn ich nicht morgens die Kinder zur Schule fahren müßte, hätte ich längst keinen Wagen mehr. Ich: Wieso mußt du denn die Kinder in die Schule fahren? Die Schule ist doch nur 20 Minuten entfernt. Das kann man doch laufen. Sie: Nein, bei dem Verkehr wäre das viel zu gefährlich.

PS: Mit Müllhaufenfotos kann ich diese Betrachtung nicht verzieren, weil der Film noch nicht voll ist. Statt dessen zwei Bilder aus einem Werbeprospekt der Stadt *Lichtenfels,* mit denen diese ihre Lebensqualität zu veranschaulichen versuchte.

Quitten für die Menschen zwischen Emden und Zittau
(Februar 1991)

Im Postskriptum meiner vorletzten Kolumne bemerkte ich mit der lakonischen Beiläufigkeit, die uns waschechten Melancholikern eigen ist, daß ich mich mit dem Gedanken getragen hätte, einen Artikel über unbeliebtes Obst und insbesondere über *Quitten* zu schreiben. Nicht nur das Leserecho war überwältigend – vierzehn Zuschriften sind für einen Off-Broadway-Kolumnisten geradezu Waschkorbdimension –, auch die Augen all der Menschen, denen ich in U-Bahnen, Straßen und Spelunken begegne, in denen ich mich befördern lasse bzw. meine Wampe lüfte bzw. meinen von Alter und Entbehrung gezeichneten Leib mit den Segnungen des Alkohols versorge, scheinen zu sagen: Ja, besorg's uns, sonderbarer Herr, besorg's uns mit einem Quittenartikel!

Bevor ich nun aber die Quitte in das verdiente Scheinwerferlicht der Leserneffen- und -nichtenaufmerksamkeit schiebe, einige Bemerkungen über die *Guave:* Auch diese genießt wenig Ansehen unter uns Deutschen. Hand aufs Herz: Rümpfen wir nicht alle bisweilen innerlich die Nase oder runzeln die Brauen, wenn wir im Feinkostladen unvermittelt einer Guave gegenüberstehen? In Brasilien immerhin ist Guavenmus (»Goijabada«) mit Käse eine Art Nationalgericht, welches auch »365« genannt wird, weil man es 365 Tage im Jahr verspeist, so beliebt ist es, aber von ihrem ganzen Herumgetanze und ihrer ewigen Lebensfreude sind die Leute dort ja ganz schwirr im Schädel und merken gar nicht, was sie da Ödes verzehren. Bei unseren, noch längst nicht so von Samba und Straßenraub zerätzten Gaumen konnte die Guave noch nicht reüssieren, und mit Fug und

Recht haben wir sie zusammen mit ähnlich langweilig süßlichen Tropenflops in jene sämigen, stark chemisch riechenden Fluten verbannt, welche skrupellose Geschäftemacher in Flaschen gefüllt als *Multivitamintrünke* auf den Markt werfen, und zwar, um unsere Ehen zu zerstören. Es ist nämlich so: Der unnatürliche Geruch, welcher uns aus der Multivitaminsaftflasche entgegenströmt, rührt von Substanzen aus dem Vitam-B-Komplex. Diese stinken aber leider nicht nur selbst, sondern erzeugen auf der Haut der Safttrinker unangenehme *Ausdünstungen,* wie Knoblauch, nur schlimmer. Noch ahnt niemand, wie oft es schon vorgekommen sein mag, daß ein Partner seine Partnerin oder seinen Partner, oder aber eine Partnerin ihren Partner bzw. ihre Partnerin mit schmiegenden Absichten an sich zog, dann aber das an sich ja geliebte Wesen jäh von sich stieß, weil er oder sie »es nicht mehr riechen konnte«. Die Räume unserer Gerichtsgebäude, in denen Scheidungen vollzogen werden, sind förmlich erfüllt vom ständigen Widerhall jenes dubiosen Geräusches, welches beim Öffnen einer Vitaminsaftflasche erklingt. Vielen wird dieses unbekannt gewesen sein, und von Flensburg bis Passau und neuerdings ja auch von Wismar bis Weimar, von Usedom bis an die Unstrut ahne ich Hände, die mir dankend entgegengestreckt werden. Aber ich wehre dies bescheiden ab und sage: Nein, ihr braucht nicht zu danken und zu wallfahren. Ich bin älter und erfahrener als ihr, und wenn mein Wissen euch auf eurem weiteren Lebensweg vor Schaden und Scheidung bewahren kann, dann hat mein Herz nicht ganz umsonst geschlagen, wenn es einmal eines kirchenglockengrauen Tages einfach nicht mehr schlagen mag. (Das Durchschnittsalter der Leser dieses Magazins ist glaub ich 15 oder so, und diese Generation schätzt wieder einen gewissen öligen Ton. Genau weiß ich's aber ehrlich gesagt nicht.)

Nun endlich zum unbeliebtesten heimischen Obst, der

Quitte. Gewiß aber wird der Leser Verständnis dafür haben, daß es der inneren Dramaturgie dieses Aufsatzes bekömmlich ist, wenn ich erst einmal einige Bemerkungen über unser zweitunbeliebtestes Obst, den *Kürbis,* mache. Diesen liebt ja schier niemand. In Nordamerika ist es üblich, im Oktober Kürbisse vor seine Haustür zu legen, um den Autofahrern zu signalisieren, daß es Oktober ist. Zu *Halloween* holt man sie dann ins Haus und läßt sie unter Anteilnahme der ganzen Familie feierlich verfaulen (»pumpkins going bad«). Nur noch einige Traditionalisten machen sich die Mühe, Kürbistorte (»pumpkin pie«) zu backen, welcher dann in Aluminiumfolie gewickelt in den Kühlschrank gegeben wird, um dann einige Wochen später mit großem Hallo und Igitt gleichfalls in den Abfall zu wandern. Verständlich ist, daß der Mensch sich Gedanken darüber gemacht hat, ob ein so ansehnlicher Gegenstand wie der Kürbis für den Verzehr etwas tauge. Wer von uns hat nicht ein Poster über dem Bett hängen, auf dem steht: So ein Kürbis ist schon ein prachtvolles Ding. In einigen Regionen, z. B. der Steiermark, macht man aus seinen Kernen ein gutes Salatöl. Darüber hinaus ist es aber unbegreiflich, daß die Menschheit nach all den qualvollen Jahrtausenden des sich Ekelns und des Kürbisgerichte-ins-Klo-Gießens partout nicht zu der Erkenntnis gelangen will, daß ein Kürbis das Aroma einer ungelüfteten Umkleidekabine hat und daß es unmöglich ist, dieses mit noch so großen Mengen von Starkschmeckern wie Curry oder Essig zu übertünchen. Ich hoffe, mit diesem harten Urteil keinen Kürbisverehrer vor den Kopf gestoßen oder ihm psychischen Schaden zugefügt zu haben. Das täte mir weh. Vielleicht kann ich etwas wiedergutmachen, wenn ich noch einmal ausdrücklich auf die Schönheit des Kürbisses hinweise. Über diese herrschen ja bei uns kaum Kontroversen. Selbst im Ausland, wo die Hitzköpfe ja gerne mal aneinandergeraten, ist dieses Thema wohl nie Auslöser von

Raufereien gewesen, obwohl so etwas im Ausland ja leider durchaus vorkommt. Ich habe das angenehme Gefühl, daß die Menschen zwischen Emden und Zittau meine Kürbis-Gedanken in allen Punkten teilen. Sogar in Österreich und in der Schweiz stelle ich mir vor, einige vermutlich gar nicht mal so schlecht gebaute Personen bei der Ausübung beipflichtender Gestik und bejahender Mimik beobachten zu können. Ach, ich finde es einfach umwerfend, gemeinsam mit meinen Nichten und Neffen die schönsten und vollsten Akkorde zu finden auf jener Klaviatur, die wir bald Güte, bald Wärme, bald Liebe nennen.

Nun aber endlich flugs und stracks und schwupps zur Quitte. Vorher muß ich aber noch einige, ich verspreche, kurze Gedanken über die Angewohnheit der Fernsehmacher loswerden, Beiträge über Schlösser, Ölgemälde, lauschige Gärten, »Kultur« also, mit der ewig gleichen barocken Gitarrenmusik zu unterlegen. Kaum sieht man irgendeine alte Gießkanne auf dem Bildschirm, kommt dieses Geklimpere. Haben die Fernsehfritzen denn kein anderes Tonband? Ich befehle hiermit, die nächste Sendung über Springbrunnen, Teepavillone und Porzellanmanufakturen der Abwechslung halber mit alten Cindy-und-Bert-Schlagern zu unterlegen, und mir selbst befehle ich, nun endlich zur Quitte zu kommen. Bedauerlicherweise – und das ist das Schwierige an diesem Aufsatz – ist die Quitte überhaupt nicht kommentarintensiv. Deswegen haben sich auch Starjournalisten wie der legendäre *Erich Erwin Egon Emil Kisch* nie zur Quitte geäußert. (Zwei von diesen Vornamen hatte er bestimmt, ich weiß aber nicht welche, und mein Lexikon ist irgendwo verbuddelt, mein Gott, ich hätte aber auch wirklich ein anderes Beispiel wählen können, wie z. B. *Karl Tucholsky*.) Doch ebenso, wie eine gute Köchin aus einem Stiefel ein Festmahl bereiten kann, so kann ein guter Kolumnist auch aus einer

Quitte eine Delikateß-Kolumne zaubern. Talent habe ich ja welches. Mein Interesse hat die Quitte durch den Umstand gewonnen, daß ich einerseits in den Auslagen jedes besseren Obstladens Quitten in stattlicher Anzahl aufgebahrt finde, aber andererseits noch nie in meinem Leben jemanden eine Quitte habe kaufen sehen. Um diesen Verhalt kreist auch der einzige mir bekannte akzeptable *Quittenwitz*. Es ist keineswegs ein besonders gelungener Witz, aber bei einem so raren Genre wie dem Humor mit direktem Quittenbezug darf man nicht wählerisch sein: Ein Mann kommt zum Obsthändler und sagt: Ich hätte gern einen Doppelzentner Quitten. (Das war jetzt noch nicht der ganze Witz, aber schon ziemlich komisch: Was will der Mann denn mit derartig vielen Quitten? Und wie will er die denn ganz alleine tragen? Aber weiter im Witz.) Der Obsthändler packt ihm darauf die Quitten ein. (Auch wieder witzig: Welcher Obsthändler hat denn schon so große Tüten?) Der Mann zahlt und fragt den Händler: Kann ich bitte eine Quittung haben? (Ende des Witzes.)

Der im Vergleich zu ihren nahen Verwandten, dem *Apfel* und der *Birne,* ungemein hohe Unbeliebtheitsgrad der Quitte beruht weniger auf ihrer von Sorte zu Sorte verschieden stark ausgeprägten, oft auch fehlenden glaswolleartigen Behaarung als auf ihrer Unverzehrbarkeit im rohen Zustand. Ihr Fruchtkörper besteht aus sogenannten *Steinzellen* und ist daher hart wie Stein. Meine Freundin Nikola berichtete mir jedoch, daß sie als junges Ding durchaus rohe Quitten gegessen habe, welche ihr dann aber wie *Steine* im Magen gelegen seien. Zum Zerteilen und Schälen der Quitte bediene man sich der Erzeugnisse der Firma Black&Decker. Die zerteilten Früchte koche man nun mit einem Süßungsmittel und Gewürznelken. Wenn man nun das Quittenkompott ißt, wird einem sofort ein immenser Unterschied zwischen der

Unbeliebtheit des Kürbisses und jener der Quitte gewärtig: Die Unpopularität des Kürbisses ist *berechtigt,* ähnlich wie zum Beispiel die Freude der Mehrheit von uns Deutschen über die 1990 nach vierzig Jahren endlich errungene staatliche Einheit, während die Unbeliebtheit der Quitte so unberechtigt ist wie z. B. die Forderung »Freie Fahrt für freie Bürger«, mit der der ADAC oder ähnliche Organisationen, die sich zur Aufgabe gemacht haben, das Böse im Menschen in den Rang eines Grundrechts hochzudemokratisieren, anständige Menschen an den Rand des Wahnsinns treiben und zu Terroristen machen. Das *Aroma* der Quitte ist einfach himmlisch, wenn nicht sphärisch, wenn nicht schönen Liedern aus besseren Zeiten gleichend, wenn nicht im Wert den Worten der *Bibel* die Hände reichend. Ein Löffel Quittenkompott ist wie ein Schaumbad in siebentausend süßen Sünden, er ist ein betörendes Gift, ein Aphrodisiakum – ich gebe zu, bei diesem Wort eben die *automatische Rechtschreibkontrolle* meines neuen *Personal Word Processors* aktiviert zu haben, und es blinkt nichts, scheint also richtig zu sein –, ein Glas Quittensaft, welchen manche Bioläden anbieten, läßt einen wie einen eleganten Panther durch die Straßen gehen, mein Blick wird verlangend, die Nüstern beben, und die Augen der Frauen in der U-Bahn scheinen zu sagen: Besorg's mir, sonderbarer Herr, besorg's mir, aber nicht mit einem Quittenartikel, sondern »in alter Manier«, du weißt schon, was ich meine, sonderbarer Herr. (Interessant wäre es zu erfahren, ob die automatische Rechtschreibkontrolle auch schweinische Wörter umfaßt, 236 000 Wörter sind gespeichert, da müßte doch was bei sein. Die Pharisäer sollen nur still sein. Wer hat nicht schon mal in einer fremden Stadt in einem öden Hotelzimmer gelangweilt im Telefonbuch geblättert, um nachzuschauen, ob da vielleicht Leute mit unanständigen Nachnamen wohnen? Natürlich nur, um anschließend entrüstet zu sein über diese Bürger, die keine Anstalten machen, das behördlich ändern zu lassen. Ich schreib jetzt mal was Schockierendes absichtlich falsch: *Spermarylpsende Arschfodse.* Oh, wie erschütternd: Bei beiden Wörtern blinkt und piept es! Ist es nicht empörend, auf diese Weise zu erfahren, daß »spermarülpsend« zu den 236 000 gebräuchlichsten Wörtern unserer Muttersprache zählt? Ich bediene hier also einen Schreibcomputer, der von Ferkelingenieuren für Ferkelschriftsteller entwickelt wurde. Der Firma Panasonic werde ich einen geharnischten Brief schreiben, oder ich werde das Gerät zurückgeben und der Verkäuferin, die eigentlich den Eindruck einer Dame machte, vor die Füße werfen, sie »Dirne!« schelten und sie fragen, ob sie es mit ihrem Gewissen vereinbaren könne, mit Geräten zu *dealen,* »handeln« könne man das nicht mehr nennen, die »spermarülpsend« im Speicher haben?)

Zurück zur Quitte. Leider besteht die Unsitte, aus Quitten sogenannten *Quittenspeck* herzustellen. Hier möchte ich auf den Leser Christoph aus Köln zurückgreifen, der mir einen langen, jungenhaft-jovialen Brief über den Quittenbaum seiner Oma schrieb, in welchem er u. a. formulierte, daß ihm »Quitten immer wieder unangenehm in die Quere« kommen. Dies fand ich niedlich, und es erinnerte mich daran, daß ich neulich die Stadt *Xanten* besuchte, dort aber kein *Xylophon* kaufte. Christoph zum Thema Quittenspeck: »...weingummiähnlich gelierte Quittenstücke, die dadurch erzeugt werden, daß Quittenmus auf einer Platte erkaltet und dann in akkurate Rhomben geschnitten wird, die dann in eine Blechbüchse wandern, worin sie auch gerne gelassen werden.« Quittenspeck hat ebenso wie Quittengelee meist den Nachteil, Unmengen von Zucker zu enthalten, der den irisierenden Eigengeschmack der Quitte nicht unterstreicht, sondern tötet. Deswegen sollten wir Deutschen unsere gesamte Kraft dazu verwenden, die Quitte den an Gelierzuckersäcke genagelten Händen unserer Großmütter zu entreißen und sie in die Sparte des eigenständigen Genußmittels hineinzuemanzipieren. Laßt uns durch die Straßen ziehen und skandieren: »Kompott ja, Saft ja, Speck nein und Gelee nur bedingt!« So ungewöhnlich wäre das nicht. Schon Eisler soll bei einer Demonstration in der frühen DDR ein Transparent mit sich geführt haben, auf dem zu lesen war »Nieder mit dem Quartsextakkord«. Die Quitte hätte ähnliches Engagement verdient. Schon im alten Griechenland galt sie als Symbol des Glücks, der Liebe und der Fruchtbarkeit. Bei der Hochzeit brachte die Griechin eine Quitte in das Haus des Ehemannes, und zwar als – jetzt kommt das schöne Wort aus der erlaubten Strophe des Deutschlandliedes – Unterpfand einer glücklichen Ehe.

Schließen möchte ich mit dem Hinweis eines anderen Lesers, der mir davon schrieb, daß sich DDR-Bürger früher leere Getränkedosen als westliche Statussymbole ins Wohnzimmerregal gestellt haben. Dies war mir bekannt, neu war mir aber die Information, daß diese Dosen im Leipziger Raum als *Quitten* bezeichnet wurden. Ich hatte keine Gelegenheit, dies nachzuprüfen, und würde mich daher über Bestätigung oder Kopfschütteln aus den neuen Ländern freuen.

Nachbemerkung Herbst 1992:
  Es erreichte mich Kopfschütteln.

Die Mittwochsmemmen oder: Warum tragen Ausländer immer weiße Socken?

(März 1991)

Gestern hatte ich Anlaß, an der Naschwerktheke des Berliner Delphi-Palastes Tadel auszuteilen. Ich hatte um ein Bier gebeten, worauf eine junge Frau, eine Studentin vermutlich, sich anschickte, den Inhalt einer Flasche Beck's in einen Plastikbecher zu füllen. Ich verbat mir den Becher, der sei ja wohl nicht nötig, sprach ich. Die Studentin entgegnete: Ohne Becher kannst du nicht in den Film. Sie duzte mich, weil ich meine verteufelt fesche Schottenmusterjoppe und meine 139 DM-Jeans trug, die mir den Elan eines wohngemeinschaftlichen Matratzenspundes verleihen, doch der Matratzenmann wirft sich nicht auf seine Matratze und vergeigt den Tag, sondern steht aufrecht im Delphi-Foyer und macht sich so seine Gedanken. Denkt denn der Kinobesitzer allen Ernstes, daß Leute, die in Ingeborg-Bachmann-Verfilmungen gehen, so wenig Kinderstube haben, daß sie ihrem Vordermann Bierflaschen auf dem Schädel zertrümmern, oder meint er gar, daß man besseren Zugang zu einem hermetischen deutschen Kunstfilm fände, wenn rings um einen Hunderte von Menschen mit Plastikbechern herumknistern? Und wie sie knisterten! Hinter mir saß ein *Pärchen* in Ledermontur – Pärchen nennt man ein Paar dann, wenn es sich um bescheuerte Leute handelt, und daß sie Leder trugen, hörte ich: Es knatschte und quietschte –, und dieses Lederpärchen brachte es fertig, 2 Stunden lang nicht nur in den Rollen von Berlins heimlichen Knatsch-, Quietsch- und Knisterkönigen zu erschüttern, sondern sich auch während der ganzen Zeit gegenseitig vorzujammern, wie langweilig der Film sei und ob denn wohl mal endlich etwas passieren werde. Rechts von mir saß ein weiteres Pärchen, das sich stritt, in welche Kneipe es nach dem lautstark herbeigesehnten Ende des Filmes gehen werde. Links von mir saß meine Begleiterin, die mich alleweil anpuffte und zischte, was es für eine Unverschämtheit sei, so zu knistern und zu reden im Kino.

Die Frage ist: Wie kommen all diese vielen hundert Menschen, die normalerweise nur in Filme gehen, in denen alle fünf Minuten ein Auto explodiert oder wo sich ein albernes amerikanisches Ehepaar in einem Kronleuchter balgt, weil es das noch nie gab und man das deswegen endlich mal zeigen muß, wie kommen all diese Menschen dazu, sich Werner Schroeters *Malina* anzusehen, einen Film, der in einer Tradition steht, die von den postmodernen Unterhaltungshysterikern unserer Medien jahrelang als »typisch deutsch« verunglimpft und somit folgefalsch konsequent abgelehnt wurde? Eine andere Frage ist: Warum tragen Ausländer immer weiße Socken? Auf diese Frage weiß ich leider keine Antwort, aber die Antwort auf die erste Frage lautet: Es war *Mittwoch*. Mittwoch = Kinotag. Eintritt auf allen Plätzen 6 DM. Nun darf man aber nicht denken, daß da lauter »Arme« saßen, zerlumpte Stütze-Empfänger, die in Außentoiletten mit kaputten Schwarzweißfernsehern vegetieren, sondern ganz normal aussehende Leute unterschiedlichster Provenienz, die nur eines gemeinsam haben: ihren unvorstellbaren *Geiz*. Wir sollten uns angewöhnen, diese Menschen zu ächten und als *Kulturschnorrer* zu bezeichnen. Wir alle kennen sie: Grauhaarige Typen, die in vor zehn Jahren gekauften Jeans an Theaterkassen mit ihrem vergilbten Studentenausweis wedeln und um Ermäßigung betteln, Leute, die aus fragwürdigen Quellen bezogene Presseausweise an Plattenfirmen schicken, um Freiexemplare zu bekommen, die sie dann, nachdem sie die Musik auf Kassetten überspielt haben, auf dem Flohmarkt verkaufen. Das sind die Menschen, die den Verkehrsinfarkt in unseren Städten verursachen und das Gedränge auf dem Bürgersteig, denn ehe einer von diesen Typen sich einen Haartrockner zulegt, rennt er durch 25 Geschäfte, um die Preise zu vergleichen, damit er ja keine Mark zuviel ausgibt, so dicke hat er's ja nicht, schließlich muß er ja viermal im Jahr in Urlaub fahren. Wir sollten sie verteufeln, die ewigen Subventionsschleicher und Gästelisten-Schlaffis, die, kaum daß ihre Miete mal um zehn Mark steigt, die Hände über dem Kopf zusammenschlagen und stöhnen: Herrje, die Mietenexplosion, um dann sofort Mitglied im Mieterschutzbund zu werden und sich einmal monatlich beraten zu lassen von einem knochigen alternativen Paragraphenreiter, der nur Bücher wie ›1000 ganz legale Steuertricks‹ liest und einen scheußlichen billigen Synthetic-Pullover aus dem Schlußverkauf trägt, der fürchterlich knistert, wenn er ihn sich über den Kopf zieht, und der dann Mittwoch abends im Kino hockt und mit seinem Becher knistert und herummault, daß keine Autos explodieren, bloß immer die Mieten. Nie wieder wird mir das bedauerliche Versehen passieren, an einem Mittwoch ins Kino zu gehen. Lieber einen Donnerstag wählen, ja Donnerstag, das ist der vornehmste Tag in der Woche. Donnerstag hat die Würde der leicht überschrittenen Mitte, ähnlich wie der September, der König der Monate, oder der frühe Nachmittag, die feinste Tageszeit. Nur Menschen mit wahrer Herzensbildung werden wissen, daß es wohl das Beste ist, was man tun kann, an einem Donnerstagnachmittag im September einen nicht mehr ganz jungen Menschen, einen Zweiundvierzigjährigen vielleicht, möglicherweise eine Art Thronfolger oder eine Malerfürstin zu lieben, sich so hinzuschenken im goldenen Licht. Anschließend wird man evtl. in einem Vollwertlokal ein Dinkellaibchen vertilgen wollen, später noch ins Kino gehen, wo ein recht ernster, europäischer Film lockt. Man wird dem Kassenfräulein ohne viel Aufhebens oder Geknister seine Scheine hinschieben, mit einem souveränen Blick, der sagt: Wir sind Vollwertleute und zahlen volle Preise, und wäre es nicht schön, wenn es nur September gäbe und nur Europa und nur Donnerstage? Und warum tragen Ausländer immer weiße Socken? Doch das weiß das Kassenfräulein auch nicht.

Nach dem Kino wollen wir noch ein wenig zechen und plaudern, und zwar ruhig in einem Lokal, wo das Bier fünf Mark kostet, an dem die Mittwochsmemmen ärgerlich vorbeischleichen. Dort lassen wir routiniert, aber nicht versnobt die Scheinchen über die Theke segeln und zahlen selbstverständlich niemals getrennt. Getrennt zahlen ist unurban. Getrennt zahlen die Mittwochsmemmen und lassen sich für jedes Schinkenbaguette – so etwas essen Mittwochsmemmen – eine Quittung geben, die sie per Einschreiben an ihren Steuerberater schicken. Nun wollen wir aber hören, was der Thronfolger und ich, ziemlich vornehm an den Tresen gelehnt, über den gesehenen Film sagen. Der Thronfolger: Der Film war nicht nur vortrefflich, sondern sogar lustig. Wie z. B. Mathieu Carrière und Isabelle Huppert in ihrer brennenden Wohnung stehen und er sagt: Wir sollten jetzt aber endlich mal aufräumen hier. Ich: Ja, es hat sehr hübsch gebrannt und, wie es schien, tagelang, ohne Schaden anzurichten. Besonders ganz am Ende, wo das Sofa brennt, d. h. es sieht gar nicht aus, als ob es brennt, es macht mehr den Eindruck, als ob ein herzensgutes kleines Feuerchen es sich nach anstrengendem Arbeitstag auf dem Sofa ein wenig bequem macht und wartet, daß seine Ehefrau ihm die Fernbedienung für den Fernsehapparat reicht. Throni: Ja, es hat so fein gebrannt, daß man sogar Mathieu Carrière ertragen konnte, gegen dessen wichtigtuerische Visage ja sogar die Schrecklichkeit von Klaus Maria Brandauer verblassen würde. All diese eitle Präzision des Blicks, diese grauenhafte

Hyperpräsenz und -prägnanz, dieses »Ich spiele nur in den politisch und künstlerisch aussagekräftigsten Produktionen der bedeutendsten Regisseure« – aber wir sollten aufhören zu klagen, lieber noch ein paar Scheine segeln lassen oder vornehm verduften in den fabelhaften Dauerdonnerstag eines idealen Europas...

Vorhang fällt, Applaus. Die »feinfühligen Mitteleuropäer«, dargestellt von Throni und mir, gehen auf die Bühne. Applaus, Tulpen. Dann kommen 500 Statisten als die »Mittwochsmemmen«. Unglaubliches Getrampel, wenn die alle auf einmal die Bühne betreten. Enthusiastischer Applaus, obwohl hier wohl eher die Ausstatterin gemeint sein dürfte, die es fertigbrachte, 500 originalgetreue 39-Mark-90-Jeans aufzutreiben, Pailletten-T-Shirts und senffarbene Jacken mit Klettverschlüssen. Schließlich geht Hassan, ein junger Palästinenser, der eine stumme Rolle hatte, den »Ausländer in weißen Socken«, vorn an die Rampe, macht applausdämpfende Handbewegungen und sagt: Ich trag weise Sock, weil sieht gut aus und ist billig. Tosender Applaus, stehende Ovationen, Blumengebinde, Sprachkurskassetten. Es scheint sicher, daß Hassan einen bleibenden Platz in unserer Mitte gefunden hat.

Leider befindet sich dieses Theater nicht in der Wirklichkeit.

Hyppytyyny huomiseksi (Ich bin begeistert und verbitte mir blöde Begründungen.)
(August 1991)

Chinesen. Finnen. Spanier. Völker gibt es viele. Ist es aber sinnvoll, sie alle in Augenschein zu nehmen? Eine Bekannte, die einige Zeit in China war, berichtete mir im Vertrauen, daß sie während ihrer Reise das erste Mal in ihrem Leben habe verstehen können, wie man auf den Gedanken kommen kann, ein anderes Volk zu unterdrücken. Sie sagte dies durchaus bedauernd. Das exotischste Land, das ich je besuchte, war vor einigen Jahren Tunesien. Es war fast unmöglich, sich die jungen Männer vom Leibe zu halten, die einem, je nach Landesteil, Badeschwämme, angebliche Ausgrabungsfunde, Teppiche oder Geschlechtsverkehr andrehen wollten. Seitdem habe ich derlei Reisen vermieden, aus lauter Angst, daß mir die Einheimischen zu sehr auf die Nerven gehen könnten. Ich bin zwar nicht stolz darauf, ein Deutscher zu sein, aber doch sehr zufrieden damit, und pfeife darauf, in entlegene Weltregionen zu fliegen und die Menschen, die im Gegensatz zu mir dorthin gehören, zu belästigen oder mich von ihnen belästigen zu lassen. Ich habe nicht den Eindruck, daß ich hier kontroverses Ansinnen auftische. Das kitschige One-World-Getue des vergangenen Jahrzehnts ist längst als Heuchelstrategie trendversessener Tanzmusikmanager entlarvt, und wer je Urlaubsheimkehrer Erkenntnisse von der Qualität hat verbreiten hören, daß Spanien recht teuer geworden sei oder daß in Indien noch viel Armut herrsche, wird mit mir übereinstimmen, daß Reisen weit weniger bildet als gehaltvolles Daheimbleiben. Alle modernen Menschen ab 30, die ich kenne, sind der Auffassung, daß Fernreisen prolo, un-öko und gestrig sind. Man reist national oder grenznah. Es gibt zu Hause viel zu entdecken. Die Zeiten, da nur Japaner und Dinkelsbühler wußten, wo Dinkelsbühl liegt, dürften vorbei sein. Man schaut dem Franken in den Topf, der Spreewälderin unter den Rock, sagt Kuckuck, hier bin ich! im Bergischen Land; man tauscht Adressen ruhiger Pensionen und macht auch mal dem Schwaben den Reißverschluß auf. Lediglich der Jugend wird man einräumen, einmal im Leben via Interrail das europäische Eisenbahnnetz mit Keksen vollzukrümeln. *Dabei* lernt man durchaus etwas. In Ermangelung eines Löffels versuchte ich in Italien einmal, einen Joghurt mit einem Taschenmesser zu essen. Die Abteilsmitinsassen starrten verkrampft auf die Landschaft, um dieses unwürdige Schauspiel nicht mit ansehen zu müssen. Seitdem habe ich auf Bahnreisen immer einen Löffel dabei. Schließlich hat man in der Eisenbahn immer Lust, Joghurt zu essen.

Wenn ich an meine eigene Interrailreise denke (1983, nur vier Länder), fallen mir vor allem die Gespräche mit ausländischen Interrailern ein. Es gab nur zwei Themen: Popgruppen und Sprachen. Unverzichtlicher Bestandteil der Sprachen-Gespräche war stets Finnisch. Darüber wußte jeder was. Daß es fünfzehn Fälle hat und irgendwie mit dem Ungarischen verwandt ist, obwohl man das ja gar nicht glauben könne. Auch wenn kein Finne weit und breit war, Finnisch war stets Top-Thema, und es war immer jemand dabei, der auf finnisch bis fünf zählen konnte.

Yksi, kaksi, kolme, neljä, viisi. So geht das. Während meiner Finnlandreise, die ich im letzten Monat trotz meiner generellen Unlust auf weite Reisen unternahm, wurde mein Wortschatz im wesentlichen um zwei Ausdrücke erweitert, *huomiseksi* und *hyppytyyny*. Das erste Wort erwarb ich im Schaufenster eines Fachgeschäftes für Gärtnerbedarf in Helsinki. In der Auslage befand sich eine grüne Plastikgießkanne und darunter ein Schild mit dem Wort *huomiseksi*. Meine Gedanken darüber, was man als Homosexueller ausgerechnet mit einer Gießkanne anfangen soll, leitete den Bollerwagen meiner Phantasie auf einen äußerst schlammigen Pfad. Die Achse brach, ich war ratlos. Später klärte mich ein Finne auf, daß huomiseksi nichts mit Sex zu tun habe, sondern *für morgen* bedeute. Das half mir wenig. Was soll ich als Homosexueller denn *morgen* mit einer Gießkanne? Ich lasse mir nicht gerne nachsagen, ich sei nicht immerhin theoretisch mit allen Spielarten der körperlichen Liebe vertraut, aber ich habe gestern keine Gießkanne gebraucht, und morgen brauche ich auch keine.

Verwirrt fuhr ich 900 km nach Norden, nach *Sodankylä*. Das ist eine längliche Straße voller Supermärkte und Tankstellen, wo die Bewohner von ganz Lappland hinfahren, um zu tanken oder Pizza zu essen. Dort findet alljährlich im Juni das *Midnight Sun Film Festival* statt, welches sich brüstet, das nördlichste der Welt zu sein. Die Filme sind völlig egal. Die meisten sind uralt und etwa von der Art, wie sie das ZDF am 2. Weihnachtsfeiertag um 14.45 zeigt. Man zeigte z. B. eine italienische Gaunerkomödie von 1950, im Original mit schwedischen Untertiteln und finnischer Live-Übersetzung. Ich sah auch einen hübschen Kinderfilm über das Auf und Ab in der Karriere eines finnischen Akkordeonspielers. Darin gab es eine gute Szene: Ein Mann sitzt am Klavier und spielt Chopin. Da kommt der Akkordeonspieler zur Tür herein und holt eine Salami aus seinem Koffer. Der Pianist ruft darauf begeistert: *Braunschweig!* und beginnt einen Tango zu spielen. Dazu muß man wissen, daß *Braunschweig* das finnische Wort für eine bestimmte Salamisorte ist und daß ohne Akkordeon in Finnland gar nichts läuft. Das Fernsehen überträgt stundenlange Akkordeonwettbewerbe. Kinder spielen Volkslieder, die alle so klingen wie »My bonnie is over the ocean«, und die Erwachsenen pflegen ihre Tango-Tradition.

Sinn des Festivals ist, daß die Menschen um Mitternacht

aus dem Kino getaumelt kommen, die Augen zukneifen und feststellen, daß tatsächlich die Sonne scheint. Wenn man aber nicht dort ist, um Fotos für einen romantischen Wandkalender zu machen, hält die Faszination darüber nicht lange vor. Geduldig reiht man sich in die Schlange vor einer der wenigen Bierschwemmen ein, wo man auf Gedeih und Verderb dem *Vahtimestari* (Wachtmeister) genannten Türsteher ausgeliefert ist, der alle fünf Minuten die Türe öffnet und den Wartenden erklärt, daß das Lokal voll sei und es auch keinen Zweck habe zu warten, obwohl jeder durch das Fenster ganz genau sieht, daß es ganz leer ist. Man tut wie der Finne und fügt sich, denn jeder weiß, daß nach einer Stunde sowieso jeder rein darf. Wenn man dann drin ist, bestellt man so viele Biere, wie man halten kann (0,5 l: 12 DM), und trinkt sie in einem Zuge aus, denn nach einer Stunde wird man wieder herausgeschmissen. Dann tut man wieder wie der Finne und läßt sich in eine Pfütze fallen, um dort einige Stunden zu ruhen. Nur Langweiler fragen nach dem Sinn dieser aus unserer Sicht etwas demütigenden Behandlung. Ein altes Sprichwort sagt: Das Warum tanzt nicht gerne mit dem Weil, anders gesagt: Man möge sich Mysterien genußvoll fügen. Fragen sind oft viel interessanter als die dazugehörigen Antworten. Würde man sich die Mühe machen herumzufragen, warum der Finne Salami *Braunschweig* nennt, fände man sicher jemanden, der einem in gebrochenem Deutsch eine fade Anekdote erzählt. Schon dreimal habe ich gehört oder gelesen, warum die Österreicher zu den Deutschen Piefke sagen, aber die Geschichte ist so langweilig, daß ich sie jedesmal sofort wieder vergessen habe. Ich will auch nicht wissen, warum eine stille, enge Gasse in der Altstadt von Brandenburg *Kommunikation* heißt. Ich bin begeistert und verbitte mir blöde Begründungen. Woher haben die Finnen ihren Tango-Fimmel? Is doch egal! Warum haben sie so viele ä-s in ihren Wörtern? Darum! Einmal entdeckte ich sogar ein Wort, das zu 50% aus Ypsilonen bestand. Es befand sich auf einem Zirkusplakat unter der Abbildung eines Zeltes, welches eine Art Riesenmatratze beinhaltete, auf der Kinder herumhopsten. Das Wort heißt *hyppytyyny,* und ich erlaube mir erstens, dies mit Hüpfkissen zu übersetzen, und zweitens, den Artikel hier zu beenden, damit der Leser umblättern kann, sich das Haar löst, reinrutscht in die Spalte zwischen Frage und Antwort, dort Blumen anbaut.

Gasse »Kommunikation« in Brandenburg.

Ich beeindruckte durch ein seltenes KZ
(Oktober 1991)

Nur selten ist im Fernsehen die Gewitztheit zu Gast. Eben jedoch brachte die Tagesschau einen Bericht über die EG-Jugoslawien-Konferenz, in dem Herr Genscher gezeigt wurde, der mit einer Zange in einem Eiswürfelbehälter herumstocherte, um zusammenpappende Eiswürfel auseinanderzuhacken. Da ihm das nicht gelang, griff er ein Konglomerat aus zwei oder drei Eiswürfeln heraus, tunkte dieses in sein Glas Orangensaft, merkte aber sogleich, daß der Saft, ließe er den Klumpen in sein Glas fallen, überschwappen würde. Aus diesem Grund trank er sein Glas zur Hälfte aus und expedierte dann erst den Eisbrocken in sein Getränk. Der Sprecher sprach derweil von einem fürchterlichen Krieg, der drohe, wenn diese Konferenz scheitere. Ich sehe große dichterische Tiefe darin, Worte über ein drohendes Blutvergießen mit Bildern eines durch außenministerlichen Scharfsinn abgewendeten Orangensaftvergießens zu illustrieren.

Da ich demnächst Geburtstag habe und ganz gerne anderes geschenkt bekomme als Spiralen, die die Treppe heruntergehen können, Papierkörbe mit James-Dean-Motiv oder ähnliche *Geschenke aus dem Geschenke-Shop,* schenke ich mir jetzt die Überleitung von Genscher zu Else, meiner Ex-Gattin, mit der ich neulich in einer Schwemme saß und unser altes, ewig junges Ritual *Frauenleberentlastung* vollzog. Es ist so, daß wir die ersten beiden Biere meist gleich schnell trinken. Ab dem dritten hole ich auf, d. h., ich bin eher fertig als sie. Damit ich nicht warten muß, bis sie endlich ausgetrunken hat, sondern gleich die nächste Runde ordern kann, sage ich immer: *Frauenlebern vertragen nur ein Drittel der Alkoholmenge, die Männer verarbeiten können,* und gluckgluck entlaste ich eine Frauenleber. Ich halte dies für eine liebenswürdige Geste. Ist

Jugend.

doch schlimm, wenn die Weiber so aufgedunsen herummarschieren! An diesem Abend lernten wir auch ein neues Spiel kennen: Mit uns am Tisch saßen uns bekannte junge Leute. Ein Mädchen fragte plötzlich: Habt ihr schon mal *KZs aufzählen* gespielt? Nachdem wir uns versichert hatten, auch richtig gehört zu haben, kamen Erklärungen. Die Spielregeln seien ganz einfach, man müsse nur so viele KZs aufzählen, wie man im Gedächtnis habe, und wer am meisten KZs wisse, habe gewonnen. Else war zuerst dran. Ich bekam einen Walkman aufgesetzt und hörte ein Lied von den *Pixies*. Während dessen sah ich Else verlegen grinsend zwei- bis viersilbige Wörter aussprechen. Dann drangen die Pixies in Elses Ohr, und ich siegte 8 zu 7. Ich wußte sogar durch ein besonders seltenes und ausgefallenes KZ zu beeindrucken, *Flossenbürg*. Davon hatten selbst die Spielanstifter, trotz ihrer Jugend alte KZ-Aufzähl-Hasen, noch nie gehört. Eine Frage steht nun im Raum: Ist das nun Stoff fürs Satireheftchen? Wenn solche Fragen im Raum stehen, gibt es zwei Möglichkeiten: Antworten oder Lüften. Ich lüfte lieber und sag noch dies: Ich gelte als besonders gesetzesfester Zöllner an der Grenze des guten Geschmackes. Man hört aber immer wieder von Zöllnern, die Konfisziertes für den eigenen Bedarf verwenden.

In Berlin stehen an mehreren Stellen große Tafeln mit der

Inschrift: *Orte des Schreckens, die wir niemals vergessen dürfen.* Darunter steht eine Liste von Orten, in denen KZs waren. Es sieht aus wie ein Einkaufszettel. Statt 200 g Salami und 500 g Kaffee zu besorgen, denken wir heute an 200 g Auschwitz, und morgen bewältigen wir ein Kilo Sachsenhausen. Als ob die Orte was dafürkönnen! Noch scheußlicher finde ich eine Gedenktafel, die ich einmal an einem Haus in Bremerhaven sah: *In diesem Hause wurden zwischen 1933 und 1945 Andersdenkende gepeinigt.* Durch den seichten Euphemismus »Andersdenkende« und die Angestaubtheit des Wortes »peinigen« bekommt dieser Satz einen ironischen Beigeschmack, den ich in diesem Zusammenhang unerträglich finde. Sogar das an sich hübsche Flexions-E in »Hause« wirkt hier wie eine bürokratische Pingeligkeit. Das Spiel »KZs aufzählen« scheint mir ein probates Mittel zu sein, sich von den Ekelgefühlen über verfloskuliertes, heruntergeleiertes Routinegedenken vorübergehend zu befreien.

Ich war erst einmal an einem »Ort des Schreckens«: Bergen-Belsen. Eine gepflegte, weiträumige Heidepark-Anlage, die ich ohne besondere Gefühle wie jede andere touristische Sehenswürdigkeit auch betrat. Nach einer Viertelstunde kam ich verbissen blickend wieder heraus und ging zum Limona-

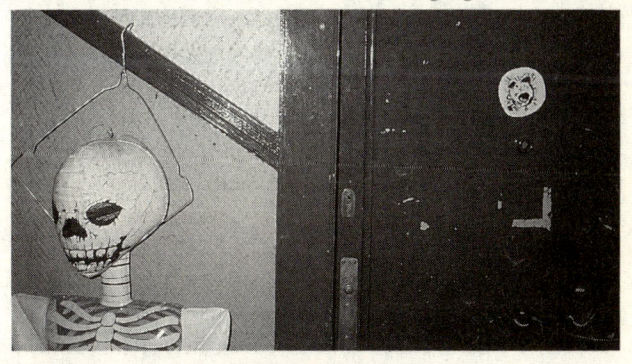

Ort des Schreckens.

denbüdchen. Ich hatte es drinnen nicht ausgehalten, war gar nah den Tränen. Ich wollte jedoch nicht weinen, weil ich mir erstens über meine Motive nicht klar war – ob meine Trauer denn rein sei und nicht nur Theater edler Menschlichkeit –, und zweitens fürchtete ich mich vor den anderen Menschen, die vielleicht gedacht hätten: Schau an, der gute Deutsche höchstselbst will uns zeigen, daß er doller gedenkt als unsereins.

Monate später fiel mir an einem öden Abend der Gedenkstättenbesuch wieder ein, und hoppla, staunend nahm ich's selbst zur Kenntnis, flossen mir die Tränen. Ich weinte gut und gerne zehn Minuten, bis ich mich darüber zu ärgern begann, daß ich mir vorstellte, Leute würden mich dabei beobachten. Dann ärgerte ich mich noch mehr, weil mir dieser Gedanke, anders als beim tatsächlichen KZ-Besuch, diesmal eigentlich gefiel. Dann lachte ich und machte ein Polaroid von meinem nassen Gesicht. Dann machte ich mir Vorwürfe, daß ich Gedanken an ein KZ mißbraucht hatte, um mir mit einem pathetischen Ausbruch privaten Leidens gut zu tun. »Gestohlene Tränen«, sagte ich mir, erwiderte aber umgehend »Schlagertitel!« und schlief formidabel. Das erschütternde Polaroid schmiß ich am nächsten Morgen in den Müll. »Erschütternde Bilder« erschüttern nicht mehr. Seit 20 Jahren schmiert mir das Fernsehen die ewig gleichen schwarzweiß glotzenden Leichenberge aufs Brot. Ich kann nichts mehr sagen. Jaja, die »erschütternden Bilder« haben der Trauer die Sprache geraubt – ich stelle diesem Satz ein gelangweiltes Jaja voran, weil er wie ein Zitat aus einem deutschen Jammerbuch klingt, aber er ist mir gerade so eingefallen.

Sonderbar ist, daß am Haager Konferenztisch der Eiswürfeleimer kreiste wie woanders der Joint. Haben die keine Kellner? Von mir aus kann das Fernsehen allabendlich zeigen, wie sie darin herumstochern. Die Leichenberge wohnen ja schon in mir drin.

Das unwillkommene Antanzen von Lachi und Schmunzelinchen
(November 1991)

Als ich noch in die Urania ging, um mir Vorträge anzuhören, hörte ich mal einen über Klaus Mann. Neben mir saß ein junges Mädel und machte sich Notizen. Selbstverständlich lugte ich immer auf ihren Zettel und las alles mit. So bin ich halt. Auch in der U-Bahn ist die Zeitung des Nachbarn immer interessanter als die eigene, selbst wenn es sich um die gleiche Ausgabe handelt. Und habe ich mal Gelegenheit, mich allein in jemand anderes Wohnung aufzuhalten, wird sofort alles durchgewühlt. Wenn der Gastgeber vorher gesagt hat »Aber nicht herumwühlen!« und ich daraufhin empört entgegnete »Ich? Herumwühlen? Hältst du mich für ein Subjekt?«, dann wühle ich um so wilder. Als ich vor Jahren einmal bei der Musikerin Anette Humpe zu Gast war und diese aufs Klo mußte, bin ich ohne Umschweife über ihren Schreibtisch hergefallen und las ihre GEMA-Bescheide. Ein hübsches Sümmchen stand da! Als Anette zurückkam, saß ich Liedchen pfeifend auf dem Sofa. Das Irre ist: Bis heute weiß sie nicht, daß ich weiß, wieviel GEMA sie im dritten Quartal 1983 bekommen hat! Neulich gastierte ich in einem Düsseldorfer Theater. Mangels passendem Garderobenraum verbrachte ich die Zeit vor dem Auftritt im Büro des Direktors. »Bitte nicht stören. Ich muß mich auf meine anstehenden Darbietungen konzentrieren!« hatte ich scheinheilig gesagt. Von wegen konzentrieren! In den Unterlagen wühlen wollte ich. Hämisch grinsend las ich Exposés und Projektbeschreibungen mißratener freier Theatergruppen. Besonders hämisch grinste ich bei der Beschreibung des Stückes »Birdgames«, welches die Geschichte einer Mittagspause erzählt. Tollkühne Sätze fanden sich da: »In die geordnete

Männerwelt der Rituale zur Mittagszeit bricht das Prinzip des Weiblichen ein.« Und: »Das eingefahrene und nie mehr hinterfragte Ritual der Mittagspause, das immer mehr zum Sinnbild des Lebens überhaupt wird, droht zu zerfallen.« Das Düsseldorfer Publikum hätte sich sicher des Applauses enthalten, wenn es gewußt hätte, was ich vor dem Auftritt getrieben habe. »Hier am Rhein dulden wir keine Schriftsteller, die in anderer Leute Schreibtischen herumwühlen!« hätte es gerufen und, verbittert über den verdorbenen Abend, das Theater verlassen. Aber es wußte ja von nichts! Und ei, wie es klatschte! Es klatschte und klatschte!

Schwenk zurück zum jungen Mädel in der Urania. Der Redner redete gerade von der Homosexualität Klaus Manns. Das Mädel notierte: »K. M. H'sexuell«. Da die einzige gängige

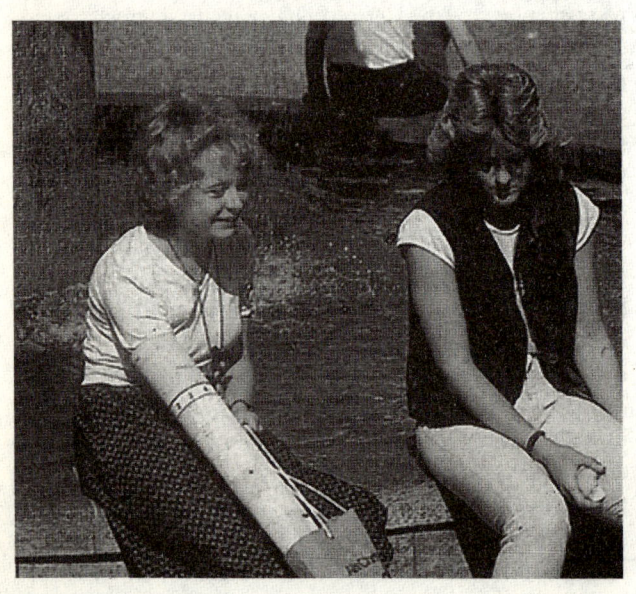

Mädchen, das seinen Arm in eine gerollte Landkarte gesteckt hat.

Alternative zu homosexuell auch mit h beginnt, krönte ich das Mädel im Geiste zu Berlins heimlicher Abkürzungskönigin. Diese niedliche Episode fiel mir ein, als mir mein Lieblingsfreund Tex aus Wien neulich in einem Briefe von einem neuen Abkürzungsfimmel von Umwelt- und Kirchengruppen berichtete. Diese versuchen, gewisse Schlüsselbegriffe als Abkürzungen erbaulicher oder mahnender Formeln neu zu deuten. *Wald* bedeutet demnach »Wir alle leben davon«, *Wasser* steht für »Wir alten Sünder sollten es reinhalten« und *Brot* heißt gar »Beten, reden, offensein, teilen«. Eine hübsche Kinderei, bei der man gerne mitkindern möchte. *Wurst* könnte z. B. bedeuten »Wie unappetitlich röcheln sterbende Tiere« und *Düsseldorf* »Du übler Schreibtischwühler sollst erst mal lebendig dünsten oder Ratten fressen«, aber pah, das nervt. Tex schreibt mir immer solche wunderbaren Sachen, wie ihm z. B. mal eine Zigeunerin auf dem Flohmarkt eine Schreibmaschine auf den Kopf gehauen hat, und ich antworte ihm gleichfalls immer mit den schönsten Geschichten. Wie ich z. B. mal für ein benachbartes Ehepaar ein Paket mit sechs Flaschen Wein annahm, dem Ehepaar einen Zettel an die Tür klebte (»Ich habe ein Weinpaket für Sie«), dann aber abends angeheitert nach Hause kam, das Weinpaket erblickte und rief »Oh, da ist ja Wein« und es aufriß und eine unglaublich exklusive Flasche mir nichts dir nichts austrank. Am nächsten Tag kam die Nachbarin an, und ich sagte »Wie? Ein Weinpaket? Ich habe doch kein Weinpaket für Sie!«, worauf ich die restlichen fünf Flaschen auch wegtrank. Ich schreibe dies in dem festen Glauben, daß Richters nicht das Satiremagazin lesen, und wenn doch, o weh – es klingelt! Bestimmt Frau Richter! Ich gehe mal nachgucken.

Gott sei Dank, es ist nicht Frau Richter. Es sind, wenn ich richtig gehört habe, »Lachi und Schmunzelinchen«. Doch will ich die beiden selber reden lassen.

»Halli Hallo, Huhu und Grüß dich! Wir sind in der Tat Lachi und Schmunzelinchen, die Sympathieträger. Wir werden dich ab jetzt jedes Mal besuchen, wenn du an deiner Kolumne dokterst, und aufpassen, daß es was zum Lachen und Schmunzeln gibt und daß du nicht wieder über KZs und so was schreibst.«

»Das ist ja widerlich! Und warum habt ihr so gräßliche Namen?«

»Uns haben abgewickelte Mitarbeiter des DDR-Kinderfernsehens erfunden, und weil sie für uns keine Verwendung mehr haben, haben sie uns auf dich gehetzt. Sich wehren ist zwecklos. Wir kommen nun in jeder Kolumne vor. Wir sind jetzt deine Identifikationsfiguren und Wiedererkennungseffekte. Spätestens in einem halben Jahr werden sich deine Stammleser auf der Straße mit Halli Hallo, Huhu und Grüß dich begrüßen. Auch Lachi-und-Schmunzelinchen-T-Shirts werden gewoben werden für die Lackaffen.«

»Ich wehre mich entschieden gegen die angestrebte Vermantawitzung oder Verbröselung meines lediglich minderheitswirksamen Wirkens!«

»Kriegst gleich die Fresse poliert, du Knilch bzw. Popanz! Schreib jetzt was Lustiges über merkwürdige Ansichtspostkarten!«

»Hab ich doch schon mal!«

»Meinst du Blödian denn ernsthaft, daß die Leser noch wissen, was du dir vor soundsoviel Monaten aus der Nase gebohrt hast? Die blättern grad fünfzehn Minuten im Heftchen, dann pfeffern sie's direktemang in Richtung Container. Schreib also!«

Nun je, so muß ich also: Ich besitze eine Postkarte von München, auf der ein depressives weibliches Zwillingspaar in cremefarbenen Glockenröcken und ackerkrumefarbenen Pullundern durch die Bahnhofshalle schleicht. Reicht das?

»Mehr, mehr!«

Weiterhin besitze ich eine Postkarte von Mönchengladbach. Rechts von einem Brunnen und links davon sitzt jeweils ein junges Mädchen. Beide pulen sich an den Füßen herum. Auf einer Postkarte aus Bingen sitzen ebenfalls zwei Mädchen an einem Brunnen. Das eine hat einen Arm zur Gänze in eine gerollte Landkarte versenkt und grinst dabei blöd.

»Genug! Jetzt eine belanglose Schlußszene über zerfallende Mittagspausen!«

Vor einigen Tagen befand ich mich in der geordneten Männerwelt einer Kneipe, wo ich das eingefahrene Ritual des Biertrinkens durchaus nicht hinterfragte. Plötzlich brach das Prinzip des Weiblichen ein, und zwar in Person einer Serviererin, die einer Kollegin eine Geschichte über einen besonders dummen Gast erzählte. Versehentlich lauschte ich mit:

Gast: Ein Bier.
Wirt: Nulldrei oder Nullfünf?
Gast: Was ist denn da der Unterschied?
Wirt: In Nullfünf ist mehr drin.
Gast: Dann nehme ich natürlich Nullfünf.
Wirt: Ist natürlich auch teurer!
Gast: Ach so! Na dann nehm ich Nulldrei.

Ich schweige den Adolf-Mittag-See tot (urspr. gepl. Titel »Struppi ja, Idefix nein« groovet schlecht!)
(Dezember 1991)

In einer Anzeige eines Friseurladens heißt es: Wir bringen Ideen in Ihr Haar. Da hätte ich man beizeiten hingehen sollen. Dem Fräulein Sandra oder Sabrina hätte ich gesagt, daß Sie mir recht wacker, flugs, expreß und rapide einige Ideen ins Haar winden möge, auf daß diese durch meine Schädeldecke dringen, damit ich was zum Aufschreiben hab. Doch beiseite mit dem Spaß: Ideen in den Haaren wünsche ich keine. Eine Idee für die Kolumne kam mir schon letzte Woche, als ich um den *Adolf-Mittag-See* in Magdeburg spazierte. So griff ich munter nach dem Stift und schrieb mir folgendes:

Wie bastele ich mir einen Adolf-Mittag-See? Ganz einfach: Man nehme einen Adolf-Hitler-Teich und einen Günter-Mittag-Tümpel, gieße beide zusammen, schmeiße ein paar Enten hinein und baue drumherum eine große Stadt namens Magdeburg, deren Einwohner man am Wochenende naherholungshalber unermüdlich um den so entstandenen Zwei-Diktaturen-See kreisen lasse.

Dann rauchte ich und wurde grüblerisch. Nach einer halben Stunde schrieb ich noch dazu:

Trotz seines Namens ist der Adolf-Mittag-See ganz idyllisch. Auch an seinen Enten ist nichts auszusetzen. Vorne sind sie schnabelig, hinten eher bürzelig, und in der Mitte sitzen Eingeweide und bewirken ein reibungsloses Funktionieren der liebenswürdigen Vögel. Die Naherholer stehen applaudierend am Ufer und ergötzen sich an der Normalität der Enten.

Dann zerknüllte ich das Papier und rief: Jemineh, au weia. Jetzt wirst du auf deine alten Tagen doch noch »skurril«, wogegen du dich immer gewehrt hast. Gestern noch voll Schaffenskraft, heute matt und abgeschlafft. Müde sank ich in den Sessel und träumte einen Traum: Ich ging durch die Straße, in den Händen eine schöne Schatulle, meisterlich besetzt mit edlen Steinen und gefüllt mit seltenen Münzen. Auf der Schatulle steht geschrieben: Kreativität. Plötzlich begegneten mir sieben große Biergläser. Sie sprachen: »Halli Hallo, Huhu und Grüß dich: Wir sind deine sieben Freunde, die Biergläser. Du darfst uns austrinken, wenn wir in deine Schatulle schauen dürfen.« »Logo«, sagte ich, »ich trinke und ihr dürft«. Nach der Labung sprach ich: »So, jetzt könnt ihr in meine Schatulle gucken. Ich gehe inzwischen aufs Klo. Tja, auch aus edlen Körpern kommt der Dung, der dem Keim im Acker Nahrung anwohnt. Vergleichbare sprachliche Schnitzkunst gelingt übrigens nur dem, der Eigner einer solchen Schatulle ist.« Sprach ich, ging und düngte die Welt. Als ich zurückkehrte, sah ich die Biergläser prall mit Münzen und Juwelen gefüllt davonrennen. Sie lachten böse, denn sie wußten, daß mir ihr vorheriger Inhalt die Kraft genommen hatte, ihnen nachzulaufen. Doch nun hörte ich einen seidenen Klang aus Zymbeln und Harfen wie auf einer Märchenkassette, wenn das Erscheinen einer guten Fee musikalisch angekündigt wird. Und siehe da, da war eine Fee, und die redete dies: »Laß doch die Finger von dem doofen Adolf-Mittag-See. Schreib lieber irgendwas anderes.« Dann holte sie einen Beutel aus ihrer Schürze und schüttete seinen Inhalt, bestes Geschmeide, in meine ausgeraubte Schatulle, sprach »Wirtschafte wohl« und verschwand augenzwinkernd im Harfennebel. Beim Aufwachen dachte ich: Fiese Biere, dufte Fee! Und: Sehr gute Idee, den Adolf-Mittag-See totzuschweigen. Die Enten dürften's überleben. Mein neues Thema ist: Versprecher, in denen Käfer vorkommen. Da weiß ich nämlich zwei Geschichten. Erstens: Nach einer langen Bahnfahrt wurde ich am Bahnhof abgeholt. Ich hatte das Gefühl, ziemlich miesen Mundgeruch zu haben, und wollte zu meinem Abholer sagen: Komm mir nicht zu nahe, ich rieche, glaube ich, nicht nach Maiglöckchen aus dem Mund, sagte aber statt dessen: »Es tut mir leid, ich fürchte, ich rieche nicht nach *Maikäfern*.« Der Mann, der mich bis dahin noch nicht kannte, fragte darauf ernst: »War die Fahrt sehr anstrengend?« Ich sagte: »Nö, nicht so.« Dann gingen wir fünf Minuten schweigend nebeneinander, und plötzlich rief ich: »Äh, ich meine Maiglöckchen.« Ich glaube, es gibt zahlreiche Methoden, bei Leuten, die einen am Bahnhof abholen, einen wesentlich günstigeren Eindruck zu machen.

Die zweite Käferversprechergeschichte geht so: Im Sommer 1989 war im östlichen Teil Deutschlands *Marienkäferplage*. In den Zeitungen konnte man lesen, wie Ostseeurlauber in panischer Angst vor olympiastadiongroßen Marienkäferwolken flohen. In jenen Tagen wollte ich mich mit jemandem auf der Terrasse eines Strandcafés am Müggelsee stärken, doch die Terrasse war verschlossen. Ich fragte eine Serviertochter, wieso. Sie antwortete: »Da draußen sehen Sie *mehr Marienkäfer als alles andere*.« Als ich diesen Satz an meine Begleitung weitergeben wollte, sagte ich, die Kellnerin habe gesagt: »Da sehen Sie *mehr Marienkäfer als andere*.« Drei Stunden hielten wir uns daraufhin die Bäuche! Am Abend wollte ich dieses heitere Erlebnis anderen erzählen. Doch die Angeredeten sagten »na und« und fanden's gar nicht lustig. Deswegen berichte ich's jetzt den Satireheftchenlesern, denn die haben zu soundsoviel Prozent Abi und zählen zu den avancierten Kadern, und deswegen erzähle ich denen jetzt auch noch, wie ich neulich mit einer Freundin über *Asterix* redete. Wie doof und langweilig das sei und was für eine Bodenlosigkeit, daß dieser lahmarschige Studienratsquatsch in allen Medien breit besprochen wird, sogar in den Tagesthemen, während wirklich bedeutende Comics von den Kulturverwesern totgeschwiegen werden wie der Adolf-Mittag-See von mir. Die Freundin sagte in diesem Gespräch: »Ich habe Asterix erst sehr spät bekommen.« Ich entgegnete: »Und? War er mongoloid?«

Von Asterix nun zu *Kraftwerk*. Huch, erschrickt der Leser. Ich sag: Prima Überleitung. Da sind dicke Parallelen. Beide, Asterix wie Kraftwerk waren lange Zeit ziemlich absent. Nun sind sie wieder da, und über beide wird gleichermaßen zäher Unsinn behauptet. Von Asterix ist überall zu lesen, daß er beweise, daß auch Comics intelligent und anspruchsvoll sein können. Das Kraftwerk-Klischee ist ebenso unausrottbar. Alle Studenten schreiben folgsam in ihr Uni-Blatt hinein: Daß nämlich die heutige elektronische Popmusik ohne Kraftwerk *überhaupt nicht denkbar* wäre. Richtig ist, daß die heutige Popmusik ohne eine lange Reihe technischer Neuerungen wie Synthesizer, Midi, Sampling usw. und vor allem ohne die billige Verfügbarkeit der entsprechenden Musikinstrumente nicht denkbar wäre. Ich will nicht leugnen, daß ein Stück wie Trans-Europe-Express einen Haufen Leute ungemein beeindruckt und veranlaßt hat, auch mal »so was« auszuprobieren. Doch ebensowenig kann ich leugnen, daß ich meine, mich nicht im geringsten darin zu irren, daß die House- und Techno-Musik ihre Existenz der Erschwinglichkeit von Computern verdankt und nicht irgendwelchen Erstbesteigern. Um sich musikalische Strukturen zu programmieren, genügt ein Blick in die Gebrauchsanweisung, und die Rhythmen, die sich ein junger Mensch programmiert, der Kraftwerk kennt, werden denen verdammt ähneln, die jemand erschafft, der von diesen Göttern nie gehört hat. Die ersten Hits, in denen Synthesizer vorkamen, waren übrigens »Son of my father« von Chickory Tip (Ende 1971) und »Popcorn« von Hot Butter (Sommer 1972), beides Scheußlichkeiten, aber immerhin zeitlich vor Kraftwerks Erfolgstiteln. Der erste reine Synthesizer-*Dance*-Hit war auch nicht von Kraftwerk, sondern »I feel love« von Georgio Moroder mit Donna Summer (1977). Moroder produzierte zwei Jahre später auch das immens innovative Album »Nr. 1 in Heaven« von Sparks, das erste, bis auf das Schlagzeug rein synthetische Dance-Album. Kennt heute kaum einer, beruft sich daher auch niemand drauf. Auch die erste Platte mit Sampling, welche m. E. die großartige Single »Dreamtime« von Kate Bush war, ist heute nicht sonderlich bekannt. Ich erwähne all dies nur, um meine Auffassung zu untermauern, daß popmusikalische Weiterentwicklungen der letzten 15 Jahre nicht von persönlichen Vorbildern, sondern von technischen Möglichkeiten genährt wurden.

Kraftwerk hatten zu ihrer Zeit erfrischende Hits. Einfluß hatten sie insofern, daß es dank ihres Tuns nicht mehr geächtet wurde, wenn unbedarfte Stimmen grobe Parolen auf Musik draufsprachen. Ich habe jetzt noch ganz heiße Hände vom vielen Ohrenzuhalten Anfang der achtziger Jahre (NDW). Daß junge Leute heut in aller Welt zu Kraftwerk-Konzerten zu strömen bereit sind, liegt daran, daß Kraftwerks teutonisches Getue so herrlich ungeschlacht ist, wie überhaupt angestaubte Zukunftsvisionen etwas Rührendes haben, siehe Raumschiff Orion. Kraftwerk sind sicher unterhaltsamere Comic-Figuren als Asterix. Sympathisch an Kraftwerk ist mir, daß sie ihren Berliner Auftritt abgesagt haben, mit der Begründung, die Halle sei zu staubig. Ich finde, das ist ein gutes Argument. Ich habe es schon immer für befremdlich gehalten, daß Treffpunkte von Leuten oder für Leute, die unter Kultur etwas anderes verstehen als Operngejaule, immer gar so dreckig sind. Ich saß einmal in der Garderobe des Nürnberger KOMM, da lief mir eine

Maus über die Oberschenkel. Es handelte sich um eine durchaus sympathische Maus. Gerne teile ich mit ihr und all ihren Verwandten diesen Planeten. Meinen Garderobenraum möchte ich aber bitte nicht mit ihnen teilen. An dieser Stelle möchte ich mich verabschieden. Ich kalkuliere die Möglichkeit ein, es mir mit einigen Asterix- oder Kraftwerk-Fans verscherzt zu haben, lasse aber gleichzeitig durchsickern, daß Männer, die mehr Marienkäfer sehen als andere und von Feen träumen, die Schürzen umhaben, über gewisse Dinge erhaben sind.

Rille ralle ritze ratze (Harte Haare)
(Februar 1992)

In der Münchner Innenstadt kann man eine Sorte Damen herummarschieren sehen, über welche ich bis vor kurzem mutmaßte, daß es sie in Berlin nicht gebe. Diese Damen tragen Lodenmäntel, und um die Schultern haben sie sich fransige Dreieckstücher drapiert, die erschossene Enten, Halali-Hörner und sonstige Jagdmotive zeigen. Wäre es schicklich, auf ihre Haare zu fassen, könnte man sich an einer leicht knisternden, nachgiebigen Härte ergötzen. Mit einer Mischung aus 90% Desinteresse und 10% Entzücken habe ich einmal ein Exemplar beobachten können, dessen Wimpern mit Tuschebatzen knefig schwarz bepelzt waren wie ein Klatschmohnstengel mit Läusen, wie es ein winziges Schälchen chilenischer Himbeeren für 16 DM erstand und in einen arttypischen Weidenkorb mit Klappdeckel versenkte. Ich dachte: Das sind denn wohl auch die Leute, die die Steinchen kaufen, die das Toilettenspülwasser blau machen.

Seit mich neulich ein Preisgepurzel ins KadeWe lockte, weiß ich, daß man Ententuchmatronen, komplett mit Haaren hart wie Hardrock, auch in Berlin beobachten kann, aber nur am Vormittag von Montagen. Wie von geheimen Kommandos gesteuert, entströmen sie ihren südwestlichen Villen, wo Kieswege Doppelgaragen anknirschen, und schreiten entschlossen durch bessere Geschäfte, einander nicht kennend, doch verabredet wirkend. Ich nehme an, daß sie u. a. an Sammeltellereditionen und *Teewagen* Interesse haben. Teewagen sind ein ziemliches Desaster. Wenn meine Mutter Femme-fatale-Ambitionen überfielen, stellte sie in der Küche das Kaffeegeschirr auf den Teewagen, um diesen zum ca. sechs Meter entfernten Wohnzimmertisch zu rollen. Auf dem Wege waren aber zwei Türschwellen und drei Teppichkanten zu überwinden, was mit einem ganz erbärmlichen Angehebe, Geruckel, Gezerre und Übergeschwappe einherging. Es ist, nebenbei erwähnt, für die Entwicklung von Jugendlichen schädlich, ihre Mütter bei derart ungraziösen Zurschaustellungen beobachten zu müssen. Manch einer soff später oder stand auf bedenklich dünnen Beinen an übelbeleumundeten Straßenkreuzungen.

Zurück ins KadeWe. Es hat wenig gefehlt, und ich hätte mir einen auf 250 DM herabgesetzten *Hausmantel* gekauft. Zwar bin ich zu 99% erbitterter Gegner jedweden Gockel- und Geckentums. Ich hab schon mehr als einmal Herren, die allzu bunte Hemden trugen, mit finsteren Blicken überzogen, von denen ich auch Frauen nicht verschonen kann, die Lockenungetüme spazierentragen. Der wichtigste Damenkopfmerksatz lautet: *Helm statt Mähne*. Leitbild ist hier die Königin der Niederlande. Der kann man einen Teewagen an den Kopf knallen, und sie merkt's nicht. So ist sie immer fit fürs Amt, während die Löwenmähnen blutend im Bett liegen.

Zu einem einzigen, aber auffallend hübschen Prozent bin ich jedoch Propagandist verschwollenster Dandyismen. Ich strich verträumt über Hausmantelseide und sah mich meine Klause durchmessen, eine Schlafbrille auf die Stirne geschoben, hinter welcher sich belanglose Reizwörter zu unverständlichen Gedichten zusammenballten, für die ich schon einen Verleger gefunden hätte, der dumm genug wäre. Auf dem Teewagen glitzerte die Morphiumspritze, und unter dem heruntergesetzten Hausmantel flüsterte und schrie der Körper den Wunsch, sie zu benutzen. Gamaschen hatte ich auch an, obwohl ich gar nicht genau weiß, was Gamaschen sind. Und ein Spitzel war ich, egal für wen. Nichts aromatisiert die Biographie eines Halbseidenen mehr als politische Irrfahrten. Bald hatte ich aber genug von den albernen Hausmänteln und den durch sie geborenen Visionen, kaufte daher keinen, sondern schnöde Strümpfe, schmolz mir daheim einen Spinatklotz, und bald war es Abend und Fernsehzeit.

Ein kleiner Fernsehstar ist zur Zeit *Nicole Okaj*. Das ist die junge Dame, die am Ende der always-ultra-Reklame sagt: *Die Leute, die diese Binde entwickelt haben, die haben sich wirklich etwas gedacht dabei.* Ich verehre diesen Satz, spielt er doch auf die Möglichkeit an, daß es auch Bindenentwickler gibt, die ihrer Profession gedankenlos und nebenbei nachgehen. Man denkt sich schusselige Wissenschaftler mit Dotterresten im Bart, die abwesend in Kübeln rühren, plötzlich hineinschauen und rufen: *Huch, Damenbinden.* Um die sturzbachgerechte Saugfähigkeit dieser Binden zu demonstrieren, wird auch eine blaue Flüssigkeit auf sie herabgekippt. Hinreißend ist es, daß man es für notwendig hält einzublenden, daß es sich um eine *Ersatzflüssigkeit* handelt. Hier erfreut betuliche Dezenz. Lautete die Einblendung statt Ersatzflüssigkeit *Wick Medi-Nait, Curaçao* oder *Toilettenspülwasser aus hygienehysterischem Ententuchfrauenklo,* würden die Fernsehzuschauer unruhig auf ihren Polstergarnituren herumrutschen.

Interessieren würde mich, wie Nicole Okaj rumpfunterhalb beschaffen ist. Trüge sie eine grüne Damencordhose mit Bügelfalte, wäre ich ganz außerirdisch vor Glück, es würden quasi SAT 1-Bälle auf mich niederrieseln, so froh wäre ich. Ich setzte mich zu ihr aufs Sofa und führe mit den Fingernägeln in den Rillen ihrer Cordhose hin und her. *Rille ralle ritze ratze* würd ich selig singen. Mit der anderen Hand würde ich auf ihren hoffentlich recht hart gesprühten

Haaren herumklopfen. Die Psychologen unter den Lesern sollten hier der Analyse entraten und lieber ihre dreckige Wohnung aufräumen. Da liegen Krümel auf dem Teppich! Neben der Stereoanlage liegt ein Knäuel miteinander verknoteter, kaputter Kopfhörer! Machen Sie das weg! Die Libido streunt gern auch mal abseits der Hauptverkehrsachsen, da gibt's gar nichts zu deuten.

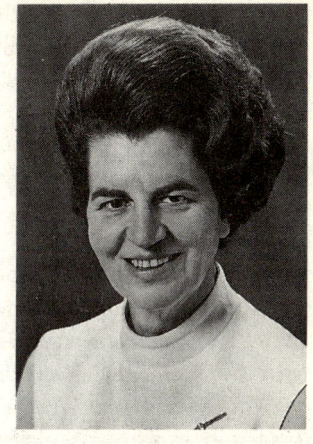

Gute Frau mit guter Frisur.

Nun ist Nicole gegangen. Auf dem Sofa, wo sie saß, ist ein kleines, blaues Pfützchen. Rille ralle ritze ratze hat sie arg in Wallungen gebracht. Meine Kolumne ist aus, dort läuft eine Maus, wer sie fängt, darf sich eine große, große Pelzkappe daraus machen.

Alle haben drauf gewartet: Artikel, in dem 25mal (!!!) das Wort »Grufti« vorkommt
(Juni 1992)

Zu meinen Lieblingswörtern und -ausdrücken zählen oft solche, die von bewußten Sprachebenutzern tunlichst gemieden werden, da sie Menschen, die ihrer eigenen Rede nicht zu lauschen gewohnt sind, wie DDR-Plattenbauweiseplatten aus dem Munde rutschen und einen gewissen Hautgout haben. Keinem Sprachfeinbein würde es heute z. B. noch einfallen, das *Schubladendenken* zu geißeln oder gar die *Scheißschubladenmentalität*. Deswegen benutze ich solche Ausdrücke extra gern. Auch bin ich empfänglich für den Charme altbackenen, unterstellten Slangs. Unter unterstelltem Slang will ich Ausdrücke verstehen, von denen bestimmte Leute behaupten, daß andere Leute sie benutzen würden. Vertreter der Tourismusbranche behaupten gern, daß die Berliner die Ruine der alten Gedächtniskirche als *Jenseitsmorchel* bezeichnen würden. Das ist zwar ein reizender Ausdruck, aber es nennt die Kirche niemand so. Vor vielen Jahren erklärte ich einst Touristen vom Bus aus die Stadt. Eine lebenslange Feindschaft zog ich mir zu, als wir am Funkturm vorbeikamen und ein Herr mich fragte, wie denn die Berliner dazu sagen würden, worauf ich antwortete, daß die Berliner zum Funkturm *Funkturm* sagen. Dem unterstellten Slang begegnet man aber auch in anderen Bereichen. Immer wieder trifft man auf *Zeitgenossen* – auch ein gut ausgelatschter Ausdruck –, die behaupten, daß Kinder und Jugendliche alte Menschen als *Gruftis* bezeichneten. Dieses von der Lesergemeinde sicher allgemein benasrümpfte Wort hat es mir besonders angetan, und durch einsames, einsteinisches Nachdenken ist es mir gelungen, dem Ursprung dieses Wortes auf die Schliche zu kommen. Wen das nicht interessiert, der kann ja inzwischen den neuen Techno-Joghurt probieren gehen, der unter der Bezeichnung *Zott Galaxy* in den Geschmacksrichtungen *Cola Orange* und *Cuba Libre* erhältlich ist. Die Augen der anderen sollten fortfahren, treu durch meine Betrachtungen zu navigieren.

Also: Vor zehn oder zwölf Jahren fing es an, Jugendliche zu geben, die sich, angeregt durch akustische und optische Erscheinungen im Reiche des Poppes und Rockes, in schwarze Tücher hüllten, sich die Haare dunkel und nach oben weisend machten und finster blickend durch die Großstädte schlichen. Wie sie sich selber nannten, weiß ich nicht, aber ich erinnere mich an eine so zurechtgemachte Frau, die sagte, sie wäre eine *Gothic-Frau*. Andere nannten diese Menschen Gruftis, und den Medien war zu entnehmen, daß sie in Särgen schlafen und nachts gar auf Kirchhöfen herumtoben würden. Nun muß man sich vorstellen, daß so eine junge Person durch eine Fußgängerzone geht. Neben ihr geht zufällig ein älterer Journalist. Den beiden kommen zwei Normaljugendliche entgegen, von denen der eine zum anderen sagt: »Kiek mal, een Grufti!« Der damit gemeinte Mensch hört das gar nicht, denn seine Trommelfelle sind okkupiert von einem satanischen Klangteppich aus dem damals gerade aufkommenden Walkman. Der ältere Journalist aber fühlt sich angesprochen und denkt: »Nein, diese mitreißende Volkskreativität! Klar, für diese Kinder bin ich schon so alt, daß sie mich quasi in der Gruft wähnen.« Dann schreibt der Herr mit jovialem Pfeifenraucherschmunzeln in seine Zeitung, daß alte Knacker von der Jugend heute Gruftis genannt werden. Andere schreiben es ab, plappern es nach, und ich würde mich nicht wundern, wenn es tatsächlich Kinder gegeben hat, die Grufti sagten. Ein anderes Beispiel für fremdbestimmten Volksmund ist *Ossi* und *Wessi*. Als unser Land noch von Haß und Stacheldraht geteilt war, nannten die Ostdeutschen die Westdeutschen *Bundis* oder

Westler oder, meistens, *BRD-Bürger* bzw. *Westberliner*. Die Westdeutschen nannten die Ostdeutschen überhaupt nicht, weil sie sich überhaupt nicht für sie interessierten (leider!), und wenn doch, dann sagte man *Ostler* oder *Ostrentner*. Diese Ausdrücke wurden auch in der Nacht beibehalten, als die Westdeutschen sich aus der Menge der durch die Grenzübergänge quellenden DDR-Bürger wahllos Exemplare herausgriffen, sie in Kneipen zerrten und Bier und Wurst in sie reinzwängten. Den Medien waren aber die alten Begriffe nicht sektlaunig und sympathiewiderspiegelnd genug, und da dachten sie sich »Wessi« und »Ossi« aus, und es dauerte nicht lange, daß die Menschen einander tatsächlich Ossi und Wessi nannten, allerdings leider ohne die erwünschte Sektlaune und Sympathie. Mit um so mehr Sektlaune möchte ich aber nun mitteilen, daß man mich erstmals seit sechs Jahren sonntags zwischen 18.40 und 19.09 wieder anrufen darf. Ich gucke keine Lindenstraße mehr, und zwar seit der Folge, die ganz und gar in der Ex-DDR spielte. Zu bekümmerter Musik von Enya zeigte man hustende Menschen, die in Mondlandschaften auf den Weltuntergang warten. Selbstverständlich gab es auch Rechtsradikale, die einen Ausländer alle machten. Alle Welt will einem weismachen, daß die Leute in den Neuen Ländern voll Haß und Verzweiflung mit Messern auf Birgit-Breuel-Puppen einhacken und daß sie, wenn ihre marode Industrie gerade keine Birgit-Breuel-Puppen liefern kann, sich statt dessen Ausländer vorknöpfen. Ich sage: Schluß jetzt damit! Die Ostbürger sind relativ prima drauf. Wer Düstergetue will, der soll in ein Sisters-of-Mercy-Konzert gehen und keine Stimmungsbilder aus dem Osten herbeifabulieren. Aber es gibt auch Klischees, die ins Positive verzerren. Jeder kennt die Bilder, auf denen westdeutsche Politiker von Kameras umringt in ostdeutsches Obst beißen. Die Faxe aus dem Bundeskanzleramt kann ich mir lebhaft vorstellen: »Verehrte Medienpartner! Der Bundeskanzler wird heute um 10.35 in der Soundsohalle einen Apfel aus den fünf neuen Ländern essen.« Statt zu sagen: Haha, *ein* Apfel aus *fünf* Ländern, wetzen sie alle dahin und knipsen den schmatzenden Staatsmann. Die Äpfel sind in der Tat köstlich. Bedenklich ist aber das übereifrige Beteuern, daß die Produkte aus den neuen Ländern mindestens genausogut, wenn nicht gar besser als die aus den alten sind. Dieses Gebaren erinnert mich an unweltläufige Hausgäste bei privaten Essenseinladungen. Personen, die sich gerade mal den ersten Bissen in den Mund geführt haben, aber sofort losschnurren »Hhmm« und »Mann, ist das lecker!« etc. Die in Benimmwegweisern angeführte Regel, daß man bei einer privaten Einladung das Essen grundsätzlich nicht lobt, sondern sich bei Verlassen des Hauses zwar für den schönen Abend, aber auf keinen Fall für das gute Essen bedankt, scheint veraltet zu sein. Auf jeden Fall aber lobt man eine Mahlzeit erst dann, wenn man sie gegessen hat! Ähnlich sollte man mit Lebensmitteln aus dem Osten verfahren. Ich habe vieles gekostet, und da ich in die Abwesenheit von Schleim und Kitsch wie vernarrt bin, muß ich sagen, daß die ostdeutschen Produkte häufig *schlechter* sind als die westlichen. Die Milch der Marke »Mark Brandenburg« ist die labbrigste, die es gibt. Da der Trend heute zu Milch mit naturbelassenem Fettgehalt geht, möglicherweise nicht homogenisiert, ist diese Marke aus den Kühlregalen meines Stammsupermarktes schon wieder verschwunden. Die Fischkonserven der Firma »Rügenfisch« sind matschig. Birnensaft von »Havelland« schmeckt nach Brackwasser, und das Knäckebrot aus Burg bei Magdeburg ist nicht knusprig genug. Wir Westbürger wollen knuspern und nicht auf laschen Batzen herumkauen. Wenn wir am Knuspern gehindert werden, werden wir mysteriös und schreiben Texte, in denen 25mal das Wort »Grufti« vorkommt. Das muß man den Herstellern sagen, damit sie sich nicht über schmale

Westabsätze wundern, obwohl die Produkte doch angeblich gleichwertig sind. Außerdem müssen sie ungewöhnliche, »verrückte« Nahrungsmittel herstellen, um den Altbundesbürger zu interessieren. Warum gibt es keinen Joghurt mit der Geschmacksrichtung »Deutsche Einheit«? Wenn es Joghurt gibt, der nach »Freies Kuba« schmeckt, sollte auch das möglich sein.

Da im Radio gerade der Schlager »Some broken hearts never mend« kommt, fühle ich mich, bevor ich beschreibe, wie ich neulich an einer Tiefkühltruhe stand, bemüßigt, zum Trost zu sagen, daß das in Ost-Berlin gebraute Bier viel besser schmeckt als das aus dem Westteil. Doch, wirklich! Also, wie schon angedeutet: Ich stand an einer Tiefkühltruhe und dachte an mein Gedächtnis. Um einen anvisierten Fischkonsum zu rechtfertigen, sagte ich mir: *Fisch enthält Phosphor, und Phosphor ist gut fürs Gedächtnis.* Ich sah den Fisch schon in meiner Pfanne brutzeln, als ich innehielt und mich fragte, woher ich das mit dem Phosphor überhaupt habe. Da fiel mir ein, daß ich diesen Satz vor zwanzig Jahren in einer Sprechblase gelesen habe. Donald Duck äußerte ihn gegenüber seinen des Fischverzehrs überdrüssigen Neffen. Wenn du dir das merken kannst, sagte ich zu mir, dann brauchst du wohl keinen Fisch mehr zu essen. Verdrossen ging ich heim, wo ich mich mal wieder mit Karnickelfutter stärkte, wie mein Vater, orthodoxer Kotelettschmurgler, Salat und Gemüse zu brandmarken pflegte. Erstaunlich ist es, mit was für Kleinigkeiten jemandes Laune zu vermiesen ist. Ebenfalls beachtlich ist, mit was für einfachen Mitteln eine Laune zu retten ist.

Ich hatte vor kurzem auf einem Universitätscampus zu tun und war übellaunig, weil ich eine bestimmte Person nicht fand, sondern immer nur Bekloppte. Da öffnete ich die Tür zu einer Art Workshop-Hangar. Darin war nur ein wildes Weib, das zu spanischer Musik aus einem Ghettoblaster wie vom Satan besessen auf einem Brett rumtrampelte. Da ging ich lieber rasch wieder raus. Draußen fragte mich eine andere Frau: »Bist du vom normalen Tanzen?« Meine Antwort:

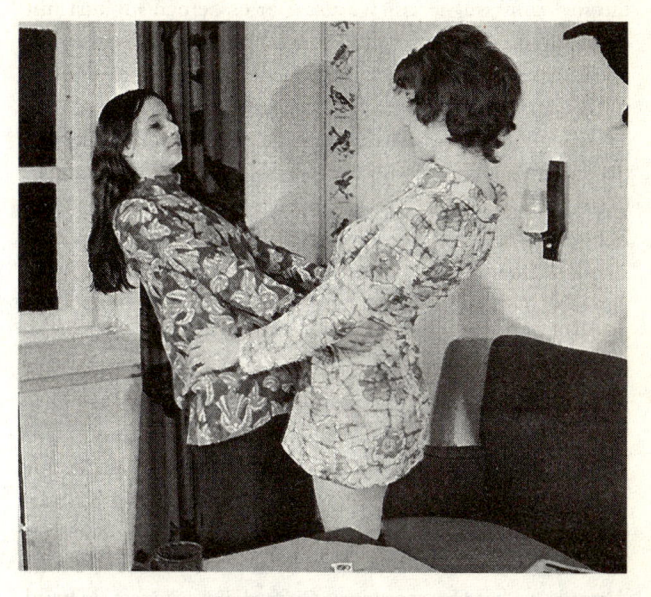

Sie sind nicht vom normalen Tanzen.

»Ich bin von gar keinem Tanzen.« Die Frau: »Ach so, ich bin nämlich vom normalen Tanzen, aber ich habe heute gar keine Lust.« Ich wieder: »Da drin ist eine, aber ich glaube, die ist auch nicht vom normalen Tanzen.« Sie: »Nee, das ist die Dani, die macht Spanisch und deswegen.« Vergnügt verabschiedete ich mich. Es hatte mich sehr beflügelt, daß jemand für denkbar gehalten hatte, daß ich vom normalen Tanzen wäre, denn meist werde ich als einer eingeschätzt, der vom Auf-dem-Sofa-Sitzen ist. Menschen krächzen gar ungläubig, wenn ich ihnen sage, daß ich mich als Jüngling freiwillig vom Zehnmeterbrett stürzte und sogar einen Führerschein besitze. Ich gelte als ein Bruder von *Ministerin Merkel*. Der traut man außer Schlurfen, Schleichen und Schlafen auch nichts zu. Wenn in der Tagesschau kommt, wie sie in ihrem Dienstwagen irgendwohin chauffiert wird, sieht sie aus wie eine sympathische Dorfbewohnerin, die in einem Preisausschreiben der Bonn-Werbung einen Tag Bonn incl. Fahrt in einer richtigen Politikerlimousine gewonnen hat. Immer wenn ich Frau Merkel sehe, schwebt eine Axt herbei, die meinen Kopf in einen Schlechtfind-Sektor und einen Gutfind-Sektor teilt. Die Hirnzellen im ersten rufen: Pfui, bäh, eine so wenig urbane Person soll die Frauen unseres Landes lenken? Unter den fettigen Haaren der Muff von vierzig Jahren! Wütend widerspricht der Gutfind-Sektor: Ach ach ach, wieso denn? Ist doch gerade gut, wenn so eine auch mal Ministerin sein darf! Das gibt es auf der ganzen Welt sonst nicht! Auf jeden Fall gibt diese Frau meiner Phantasie Zunder. Ich glaube z. B. daß sie, wenn sie Suppe ißt, unglaublich lange ihren Löffel anpustet und sagt »Heiß, heiß« und daß auf dem Boden ihrer Handtasche allerlei Krümel und Flusen undefinierbarer Herkunft liegen sowie ein altes Pfefferminzbonbon festklebt. Ich fürchte, wenn ich eine Akte über diese Dame anlegen müßte, kämen häufig Begriffe wie »festkleben« oder »Fettfleck« darin vor. Ich möchte sie aber nicht kränken. Mit Rücksicht auf sie würde ich eine Stelle als Politikerkopfkissenkontrolleur auch ablehnen. Sie hat ja auch recht: Haarwaschmittel reizen die Kopfhaut und belasten die Gewässer. Es lebe daher hoch der naturbelassene pH-Wert der Kopfhaut von Angela Merkel und das Bemühen, laut knusperndes Knäckebrot herzustellen, damit man das vom Westen inszenierte Ostgestöhne nicht mehr hören muß. Lang lebe aus diesem noblen Grunde Finncrisp! Grufti, Grufti, Grufti, Grufti, Grufti, Grufti, Grufti, Grufti, Grufti, Grufti, Grufti, Grufti, Grufti, Grufti, Grufti, Grufti, Grufti, Grufti, Grufti, Grufti.

Nachbemerkung Herbst 1992:

Zu diesem Text erreichten mich ungewöhnlich viele Zuschriften. Alle betreffen ein Thema: den Fisch-Phosphor-Satz, von dem ich meinte, daß Donald ihn gesagt hat. In den meisten Briefen stand, daß Goofy den Satz gegenüber Micky geäußert hat. Nun war ich verwirrt, da ich in der Jugend kaum Micky-Maus-Geschichten gelesen hatte, sondern immer nur Donald-Duck-Hefte. Wie geriet ein Ausspruch des verhaßten Goofy in mein Langzeitgedächtnis? In meiner Ratlosigkeit wandte ich mich an die deutschen Donaldisten, deren Zeitung ich immer wieder mal gerne lese. Ich fragte, ob Frau Dr. Fuchs diesen Satz vielleicht in mehreren Geschichten verwendet hat. Die »Präsidente der D.O.N.A.L.D.«, Herr Andreas Platthaus, gab mir verneinenden Bescheid. Allerdings gebe es eine Fisch-Geschichte namens »Gehirnnahrung«, in welcher Donald sagt: »Fisch ist reine Gehirnnahrung. Wer seine Geisteskräfte steigern will, muß Fisch essen. Das weiß man doch.« Doch da baußt die Meis keinen Faden ab: Ich irrte.

Nachbemerkung Herbst 1994:

Ich irrte nicht! Im Taschenbuch *Donald geht ein Licht auf* sagt einer der Neffen: »Fisch enthält Phosphor, und Phosphor stärkt die Ged...«, worauf Donald brüllt: »Mein Gedächtnis funktioniert tadellos!« Meins auch.

Das Diskretionsteufelchen und der Motivationsfisch
(Juli 1992)

Aus dem Munde eines Menschen, der Schauspieler nicht mag, hörte ich neulich eine hübsche Schmähung springen: »Pah, Schauspieler! Fünf Schals, und sie kratzen sich mit der linken Hand am rechten Ohr.« Keine Ahnung, wo er das mit den fünf Schals herhat, aber auch mir war die Welt des Theaters immer fern, besonders störte mich stets das Bühnengepolter, wenn flott angetanzt oder mal gerungen wird. Warum legen die die Bühnen nicht einfach mit Schaumstoffmatratzen aus? Dann müßten die Schauspieler nicht mehr so schneidend und überakzentuiert sprechen, und der etwas eiernde Gang, den sie dann zweifelsohne einlegen würden, verliehe mancher Klassikerinszenierung ganz ohne entstellende Aktualisierungen eine völlig neue Würze. Ebenfalls war ich nie Verehrer von Filmschauspielern. Was an Romy Schneider oder Humphrey Bogart toll sein soll, mögen mir dereinst die Engelein verklickern, wenn ich mit Auszeichnungen für Aufrichtigkeit behangen durch den Himmel spaziere. Zu Lebzeiten habe ich keine Zeit, mir erläutern zu lassen, warum Posen oder persönliche Schicksale postum verklärt werden müssen. Bei anderen Stars sind die Quellen des Ruhms leicht zu orten. Marlon Brando ließ sich in seinen frühen Filmen ungewöhnlich oft *von hinten* aufnehmen, und Marlene Dietrich ist berühmt wegen ihrer komischen Augenbrauen. Ich bin nicht Kinomane noch Transvestit, aber als ich hörte, daß nach ihrer Beerdigung ein »Defilée der Bürger« vonstatten gehen solle, sagte ich: Da muß ich mitdefilieren.

Ich hatte mir die Mythosverscharrung als ein unwürdiges Spektakel ausgemalt. Rempelnde und dröhnende Urberliner, die auf dem winzigen Friedhof Rabatten zertrampeln, Grab-

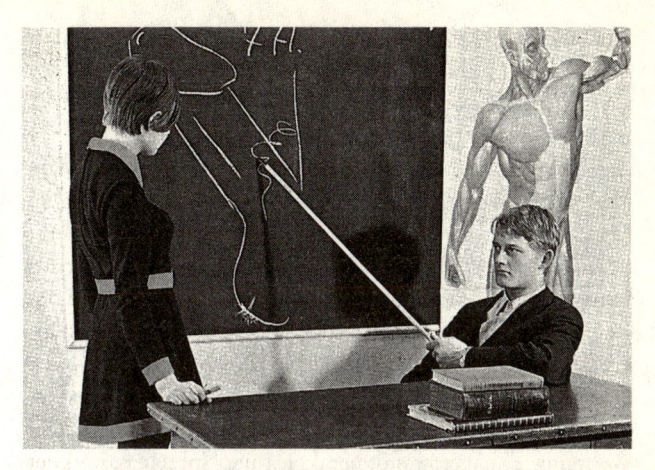

Paul Rindfleisch unterrichtet Anna Schande.

schmuck mopsen und in Hecken pinkeln, halt so, wie man sich als Lackaffe die Berliner vorstellt. Doch da hatte ich mich verlackafft. Geduldig und stille stand man in der langen Schlange, man sah kein verrohtes, dummes Gesicht, keiner schlabberte an Limonadendosen. Die Leute kamen in Straßenkleidung, manche trugen schwarze Jeans, nur wenige Trauergewand. Ein Muskelmann hatte sich eine schwarze Binde um den Bizeps geschnürt, eine junge Frau erschien mit selbstgepflückten Gänseblümchen, viele hatten eine Rose dabei, die ein bißchen aussah wie vortags in der Kneipe gekauft. Paul Rindfleisch und Anna Schande sind zu etwas Ruhm gelangt, denn jeder kam an ihren Gräbern vorbei und sagte leise oder dachte: Schau, da hieß eine Anna Schande, und denk dir nur, da liegt Paul Rindfleisch. Doch niemand lachte grell, und die ganz paar Nachtgewächse, die angemalt und mit Koffern (berühmtes Lied!) auftauchten, standen an wie alle und störten überhaupt nicht. Nach zwei bis zweieinhalb Stunden war ein jeder dran mit Erdewerfen und bemerkte den Kranz der Alternativen Liste sowie den schäbigen der Knef. Schönes Wetter, keine Trauer, aber irgendwie Dank und Respekt. Prima war's am Grab des Stars!

Der raffgierige Enkel der Diva hat Fotos ihrer Wohnung an die Zeitschrift Bunte verscherbelt. Man sieht den besudelten Teppichboden und ihr Telefon, das von Tesafilmstreifen zusammengehalten wird, so zertelefoniert ist es. Ich finde, bevor man stirbt, sollte man unbedingt seine Wohnung renovieren oder zumindest aufräumen, was natürlich auch bedeutet, daß man *rechtzeitig* sterben sollte, und nicht erst, wenn es gar nicht mehr anders geht. Deswegen ist es auch taktlos, andere Leute zu ermorden. Man nimmt ihnen dadurch die Möglichkeit, gewisse Dinge beizeiten fortzuschaffen. Einem Bekannten von mir oblag es einmal, die Wohnung eines Verwandten zu entrümpeln, der von einem Auto totgefahren worden war, und dann stand er da mit zwanzig Jahrgängen der Zeitschrift ›Sonnenfreunde‹ und ganzen Kisten mit Filmchen und Videos. Um Leser, deren sittliche Festigkeit noch unvollkommen ist, vor irritierenden Spezialdurchblutungen zu verschonen, würde ich auf Fragen wie »Was denn so für Filmchen?« nicht mit farbigen Einzelheiten, sondern nur mit einem vagen »Na, was für Filmchen wohl!« antworten. Was aber sollte nun mein Bekannter mit seinem problematischen Erbgut anstellen? Einfach wegwerfen? Nein, sein Verwandter hatte offenbar sein gesamtes Vermögen in diese Anregungsmedien investiert. Wegwerfen wäre praktisch der Vernichtung eines Lebenswerkes gleichgekommen. Hätte mein Freund daher die heikle Habe in eine Stiftung überführen und der Öffentlichkeit zugänglich machen sollen? Ein kauziger Gedanke! Er schmiß sie also doch in den Container, nicht ahnend, daß er sich damit strafbar machte. In der Zeitung las ich nämlich einmal, daß ein Herr am Tage vor seiner Hochzeit einige Eheersatzbildbände arglos in den Altpapiercontainer gab. Wühlende Kinder wühlten sie hervor und brachten sie zur Mama, welche daraufhin fauchend zum Polizeirevier stapfte. Der Mann wurde irgendwie ausfindig gemacht und mit einer hohen Geldstrafe belegt. Um die scheelen Blicke seiner jungen Frau wollen wir ihn nicht beneiden. Ich habe einen Vorschlag, wie man dieses Entsorgungsproblem in den Griff kriegen könnte. Es gibt ja luxuriöse Telefaxgeräte mit Diskretionsbriefkasten, d. h. mit einem zweiten, vergitterten oder sonstwie gesicherten Auswurfschlitz, wo man nur mit einem Schlüssel rankommt. Sekretärinnen auf der ganzen Welt schätzen diese Ausrüstung, denn schweinische Briefe beleben den Büroalltag sehr. Nun müßte es auch Diskretionscontainer geben, in welchen mechanische Teufelchen sitzen, die alles zerfetzen. Für mancherlei wäre so etwas gut. Ich habe z. B. noch ein großes Konvolut Jugendgedichte, die ich nie in den normalen Müll geben mochte, weil ich befürchte, daß ein Herr von der Stadtreinigung ihrer findig werden und sie veröffentlichen könnte, um in Talkshows als Müllmann der Lyrik gefeiert zu werden. Mir und all den Lebensmüden, die ihren Angehörigen Schockerlebnisse beim Schubladenöffnen ersparen wollen, wäre damit sehr gedient. Ich sehe sie schon pilgern, all die Überdrüssigen mit ihren Koffern und Tüten voll Schund, wie sie geduldig, vielleicht betend vorm Diskretionscontainer anstehen. Daneben sollte sich ein modernes Einschläferungsstudio mit gepolsterten und angenehm temperierten Kabinen befinden. Ich finde es eine gesamtgesellschaftliche Ungezogenheit, von erwachsenen Menschen, die ihre Lebenslust eingebüßt haben, zu erwarten, daß sie sich von Bürohochhäusern auf Gehwegplatten schmeißen, dabei auch noch Gefahr laufen zu überleben, weil sie statt auf harten Stein auf eine weiche Oma fallen, oder daß sie widerliche Tabletten schlucken und infolgedessen, statt friedensreich hinwegzudösen, an ihrem Erbrochenen ersticken. Freilich müßte man Sorge tragen, daß da keine Teenager mit Liebeskummer oder unreife Studentlein eingeschläfert werden, die es in ihrer Wohngemeinschaft nicht mehr aushalten. Bis vierzig sollte es schon jeder aushalten müssen. Danach ist die Zeit für freies Entscheiden.

Ich stelle es mir so vor: Vor dem Eingang des, nennen wir es: »Haus des sanften Lebensendes« – es könnte sich auf einer Flußbrücke befinden – steht eine adrett gekleidete Psychologin. Die sagt zu dem Lebensmüden: »Sehen Sie diesen garstig schmutzigen Fluß? Gäbe es unser Haus nicht, müßten Sie da hineinspringen, und im Wasser würden Sie, trotz Todeswunsch, instinktiv nach Luft schnappen, und dann schwömme Ihnen ein todkranker Fisch mit scheußlichen Krebsgeschwüren in den Mund. An dem würden Sie ersticken. Und Ihre Angehörigen müßten Sie dann in der Leichenschauhalle mit dem Fisch im Mund identifizieren.« Sie zeigt dem Kandidaten ein gräßliches Foto vom Fisch. »Pfui Spinne«, sagt der Lebensmüde. »Na, sehen Sie«, spricht die Psychologin, »nun zeigen Sie mal Ihren Ausweis her, und haben Sie es sich auch gut überlegt? Soo schlimm ist es doch gar nicht, sehen Sie doch mal, die lustigen Gimpel im Geäst!« – »Doch, es *ist* so schlimm, und die Gimpel können mir nichts mehr geben.« – »Prima, dann jetzt hübsch rein mit Ihnen.« Jetzt hat die Dame mich erspäht... »Ach, gute Frau, ich habe nur eben meine Gedichte aus den siebziger Jahren dem Diskretionsteufelchen anheimgegeben, und nun wollte ich Ihnen ein wenig bei Ihrer sinnvollen Arbeit zusehen.« Die Frau scheint nicht zu hören. »Sehen Sie diese verschmutzte Kloake? Wenn es unsere Institution nicht gäbe, müßten Sie an diesem tumorüberwucherten Fisch ersticken, und Ihre Angehörigen würden Ihr Leichentuch vollkotzen, und deshalb rein mit Ihnen und...« – »Nein, nein, ich will nicht sterben«, unterbreche ich sie, »ich wollte nur mal gukken.« – »Das sagen sie alle«, ruft sie und beginnt mich am Blouson zu zerren. »Nein, ich will nicht, ich habe mir gerade einen Bademantel und ein Fax und einen Pürierstab gekauft, und ich will noch ganz viel im Bademantel herumlaufen, faxen und pürieren im Leben!« Die Dame ist wie wild. Da nehme ich ihr das Fischfoto weg und zerreiße es. »Sie haben meinen Motivationsfisch zerrissen«, plärrt sie, ich verkrümle mich, und schon erörtern die daseinslahmen Heftchenvernichter, welche hinter mir standen, die Bestellung eines Sammeltaxis zum nächstgelegenen Fernmeldeturm.

Tja, so geht's, wenn gutes Recht in überforderte Hände gerät. Vor kurzem war ich noch für Einschläferungsstudios, doch das böse Weib hat mir die Meinung geändert. Einst war ich für das Recht auf Abtreibung, dann war ich fünf Jahre dagegen, seit fünf Jahren bin ich wieder voll dafür – ein Meinungshinundher ist das! Bin ich blöde oder was? Nein, wer seine Meinung ändern kann, der lebt noch gern und braucht sich nicht einschläfern zu lassen. Der Meinungswandel gehört zum Leben, ebenso wie der Stimmungsumschwung. Zu diesem jedoch pflegen viele ein ungesundes Verhältnis. Kein Mensch hat Anspruch auf psychische Unversehrtheit und ein kalifornisches, d. h. stets besonntes Gemüt. Kommen finstere Stimmungsepisoden angeschlichen, dann muß man sich mit ihnen arrangieren, und wenn einem mal drei Tage lang Selbstmordvisionen im Hirn umherfegen, dann hat man das gefälligst auszuhalten. Doch ach, die Menschen rennen gleich zu Therapeuten, Psychiatern etc. und klagen gute Laune ein. Unsinn, Blödsinn, Wahnsinn! All die Seelenfritzen und -susen sind schlecht. Die wollen nur unser schönes Geld, damit sie ganz alleine in Achtzimmerwohnungen in Charlottenburg wohnen können, die sie mit Antiquitäten vollstopfen. Es gibt nämlich gar keine Wohnungsnot, sondern nur zu viele Zahnärzte, Innenarchitekten und Zeitungsredakteure, die ganz alleine in riesigen Altbauwohnungen wohnen bzw. meistens nicht wohnen, weil sie ja die ganze Zeit in In-Lokalen hocken müssen und dummes, dünnes mexikanisches Szene-Bier saufen. Am nichtsnutzigsten sind aber Therapeuten usw. Alle, alle, alle! Einst hatte ich einen bösen Ausschlag. Der Hautarzt hatte natürlich keine Ahnung, was das für ein Ausschlag war, und seine Salben fruchteten nichts. Da ging ich zu einem Heilpraktiker mit einem Fusselbart, der meinte, ich hätte Neurodermitis und daß die Haut der Spiegel der Seele sei und ähnliche Waschweibermärchen und daß mich nur der Gesprächstherapeut retten könnte, der er nebenbei praktischerweise auch noch wäre. Ich mochte dem schmierigen Herrn aber nichts über meine Mutter erzählen. Da rief er: »Du blockst noch, du blockst noch«, worauf ich rasch das Weite suchte und einen anderen Hautarzt konsultierte, welcher mir riet, ich sollte mal einen Monat nicht baden und duschen. Und siehe da, nach einem Monat war der Ausschlag fort und kam nie wieder. Von wegen Spiegel der Seele! Gesprächstherapie wegen Pickeln! Nun höre ich berechtigte Einwände von altersweisen Differenzierern, daß man doch nicht alle Therapeuten, Psychiater etc. in einen Topf werfen könne. Da rufe ich unberechtigterweise: Doch! Alle in einen Topf! Und dann kaltgewordenes Würstchenheißmachwasser drüber und Deckel zu! Danach wollen wir sie alle auf einem riesigen Friedhof verbuddeln und uns auf der Beerdigung recht würdelos benehmen. Wir werden an Brausebüchsen schlabbern, in Hekken pullern, uns über die Namen auf den Grabsteinen grölend lustig machen und die ganze Nacht auf Bongos spielen. Dann ziehen wir in die freigewordenen Achtzimmerwohnungen, wo wir den ganzen Tag im Bademantel herumschlurfen, Sachen pürieren und einander wirre Texte faxen.

Das waren jetzt 13 K-Bytes. Hier noch ein K-Byte Nachbemerkungen:

1) Jaja, möglicherweise sind es nicht Innenarchitekten und Zahnärzte, die dieses teure Corona-Bier trinken, aber was sind denn das für Dummerles, die das tun? Man muß immer heimisches Bier trinken, denn es spottet jeder öko-

logischen Vernunft, Energie dafür zu verschwenden, Bierflaschen um den halben Globus zu transportieren, nur um überreizten Großstadtkindern exotische Sensationen zu bieten.

2) Ich hätte diese Kolumne durchaus mit Bildern von der Dietrich-Beerdigung illustrieren können, aber ich fand das fad. Hier nun ankreuzen, ob es inzwischen eine lauwarme Masche ist, daß die Fotos eine höchstens metaphysische Beziehung zum Text haben.

☐ Ja
☐ Nein
☐ Ich husche lieber meinungslos zur Seite.

Kreuz mit zartem Bleistift machen. Nirgendwo hinschicken.

Gemeine Gentechniker wollen Ute Lemper wegen der Hitze in eine Euterpflegecreme-Fabrik auf Helgoland verwandeln
(August 1992)

Heute früh ereignete sich ein Zwiegespräch zwischen mir und der Hitze. Ich sagte: »Liebe Hitze! Ich muß heute kolumnieren und daher bitt ich dich: Würdest du so umgänglich sein, wenigstens für einen Tag mit Brüten und Braten innezuhalten, damit ich meinem Kopf einige überraschende Gedanken bzw. blumige Sentenzen abtrotzen kann?« Die Hitze antwortete: »Was hat dich enthemmt, daß du mir mit Forderungen kommst? Wenn es mir behagt, im Verbund mit meiner hageren Schwester, der Trockenheit, die Landwirtschaft Dänemarks zu ruinieren, dann werd ich wohl kaum zögern, dein Hirn zu Dörrobst zu machen. Einen Rat mag ich dir dennoch geben: Wenn Flottschreibern nichts einfällt, dann schreiben sie entweder über Eisenbahnfahrten oder über Ute Lemper. Tu es ihnen gleich!«

»Ich bin aber kein Flottschreiber«, rief ich noch, doch die Hitze schwieg. Nun denn: Ute Lemper. Zu dieser Frau fiel mir jüngst ein treffender Vergleich ein: *Ute Lemper ist wie Heidelberg.* Heidelberg ist in Deutschland deswegen berühmt, weil alle Amerikaner und in ihrer Folge auch alle Japaner dahin fahren. Das liegt nicht daran, daß die Stadt irgendwelche einzigartigen Schönheiten aufzuweisen hat, sondern daß sie vom Frankfurter Flughafen aus günstig zu erreichen ist. Darüber hinaus hat es irgendwann einmal eine in Amerika populäre Operette gegeben, die im Heidelberger Studentenmilieu spielte, und da dachte man in den USA, daß Heidelberg wohl etwas Besonderes sein müßte. Bei Ute Lemper ist es nicht viel anders. Sie ist in Deutschland nicht wegen künstlerischer Leistungen berühmt geworden, sondern weil sie angeblich im Ausland berühmt ist, obwohl sich wahrscheinlich nie jemand die Mühe gemacht hat nachzuprüfen, ob das nicht nur ein Trick ist. Inzwischen ist Ute Lemper zusätzlich auch noch dafür berühmt, daß sie der Ansicht ist, in Deutschland nicht berühmt genug zu sein. Selbstverständlich ist Ute Lemper auch gut vom Flughafen aus zu erreichen.

Nun zur Eisenbahn. Wenn man in einen IC oder ICE steigt, muß man immer davon ausgehen, daß 20 bis 30% der Fahrgäste Schriftsteller und Journalisten sind, die darauf warten, daß ein Klo verstopft ist oder daß eine Horde brüllender Bundeswehrsoldaten oder Schlachtenbummler Bedenken wegen der Nationalität des Minibarkellners kundtut. Darüber wird dann mit ein bißchen Heiterkeit und viel Kopfschütteln ein Artikel für die Vermischtes-Seite geschrieben. Sobald aus den Lautsprechern eine Durchsage dringt, daß der Zug zehn Minuten Verspätung habe, werden Kollegmappen und Laptops aufgeklappt, und der Waggon ist erfüllt von emsigem Krakeln und Klappern, denn nichts drucken Zeitungen lieber und häufiger als tantige Artikel über die vermeintliche Uneffizienz der Bahn. Dabei gibt es mittlerweile sogar im Berlinverkehr wieder Sitze wie Sand am Meer, und man hat es kommod und wohltemperiert zwischen lauter Leseratten und Umweltengeln. Vereinzelt darf man auch Sonderlingen ins Auge blicken. Neulich setzte sich ein Mann mit schrundiger Haut gegenüber von mir an meinen Großraumwagen-Tischsitz. Er hatte nur einen Plastikbeutel dabei, aus welchem er eine riesige Tube holte, mit deren Inhalt er sich schnaufend Arme und Hals einrieb. Auf der Tube las ich: HAKA EUTERPFLEGE – *Spezialemulsion zur Pflege des Euters und der Zitzen.* Da mußte ich schon all meine menschliche Reife bündeln, um mein Grinsen so zu gestalten, daß man es gerade noch als freundliches Lächeln interpretieren konnte. Dann kaufte sich der Mann beim Minibarmann ein in Plastik eingeschweißtes Stück Marmorkuchen. Er kriegte aber die Tüte nicht auf, und da ich ja die ganze Zeit so »freundlich lächelte«, bat er mich, es mal zu versuchen. Er hätte sich eingecremt und daher fettige Hände. »Jaja, ich hab's gesehen, mit Creme für Kühe«, hütete ich mich zu sagen und machte ihm den Kuchen auf. Nach vollzogenem Imbiß strich er die Krümel vom Tisch in die Marmorkuchentüte, fügte auch meine Kaffeesahnenäpfchen hinzu, deutete auf den gesäuberten Tisch und rief beglückt: »Appetitlich frei, appetitlich frei!« Jetzt wurde der Mann müde und machte es sich auf der soeben freigewordenen, gegenüberliegenden Vierergruppe zum Schlafen bequem. Seine Tube ließ er aber vor mir auf dem Tisch liegen. Bald gesellte sich ein anderer Reisender zu mir. Der blickte auf die Eutercreme und dann auf mich. Blickte lange auf mich. Stellte Beziehung zwischen mir und der Creme her. Ich schwieg. Er blickte. Dann griff er seine Tasche und setzte sich woanders hin, und zwar gegenüber dem schlafenden Schrundigen. War vor kurzem mein Lächeln auch noch breit wie Österreich gewesen, nun war die Lebensfreude schmal wie Chile. (Ein Vergleich für Leute mit Globus.) Immer wieder stelle ich verwirrt, verärgert, manchmal auch zufrieden fest, daß ich offenbar sensibel bin. Darf man sensibel sein? Menschen, die Verständnis dafür haben, daß ich nicht rufen mochte »Das ist doch dem da seine Zitzensalbe!« reiche ich gerne eine warme und dankende Hand.

Noch mehr Eisenbahnerlebnisse? Gut, gut, die Hitze ist die Herrin. Einmal unterhielten sich zwei ältere Damen über Gentechnik. Ich will mich darauf beschränken, zwei besonders schöne Sätze aus ihrer Konversation kommentarlos, aber unbedingt zustimmend weiterzuleiten.

»Also, wer einen lila Apfel kauft, ist aber selber schuld.«
»Was soll denn das? Schokolade aus Federn! Das will doch kein Mensch!«

Und wenn ich schon dabei bin, will ich auch noch die Geschichte mit der heiseren Minibarkellnerin loswerden. Normalerweise rufen diese Leute immer »Heiße Würstchen, Kaffee, Cola, Bier«, wenn sie ihren Karren durch den Gang rollen. Eine Kollegin war aber mal heiser, und man hörte sie nur »Minibar, Minibar« krächzen. Als sie an meinem Sitz angelangt war, sprach sie »Mini-« – es folgte ein ausgesprochen undamenhaftes, explosionsartiges Räuspergeräusch – und dann sagte sie »-bar, Entschuldigung, Minibar, Frosch im Hals.«

Nun ist aber Schluß mit Eisenbahn. Laßt uns auf das Schiff zum legendenumspülten Pollenallergiker-Paradies *Helgoland* gehen. Ich kenne schon die Erfrischungsstände auf der Zugspitze, am Deutschen Eck, in Friedrichsruh, bei den Externsteinen und allerlei anderen deutschen Identifikationsstätten. Helgoland fehlte mir noch in meiner Sammlung von Besuchen klassischer Ausflugsziele. Mich reizte der Mythos des Ausgebootetwerdens. Schon als Kind hatte ich im Verwandtenkreis mit Gänsehaut den Erzählungen gelauscht, wie man mitten auf der tosenden See von grimmigen Matrosen in winzige Ruderboote geworfen wird, und wem schlecht wurde, den hielten sie an den Beinen über das Meer. Seeleute sollen ja zur Grobheit neigen. In Wirklichkeit freilich verlief alles gemächlich, auch zahlreiche Greisinnen und Rollstuhlfahrer quietschten froh und nahmen keinen Schaden. Auf dem Boot genoß ich mein erstes Frieren seit drei Monaten. Ich finde es viel schrecklicher, drei Monate nicht frieren zu dürfen, als z. B. drei Monate dem Geschlechtlichen zu entsagen. Ich schloß die Augen und fror wie ein rechter Temperaturen-Gourmet. Beim Ausbooten wird man übrigens fotografiert, und bei der Rückfahrt kann man das Ausbootungsbild für 9 DM kaufen. Die beiden mich begleitenden Herren und ich fuhren aber nicht am gleichen Tag zurück, sondern wir mieteten uns ins Haus Stranddistel ein. Stets war ich der Auffassung, daß man auf schroffen Felsen, wenn man da schon unbedingt hin muß, auch übernachten sollte. Im Atlantik z. B., weit jenseits der Hebriden, gibt es das lnselchen *St. Kilda,* auf dem es nichts Interessantes gibt außer dem endemischen *St. Kilda-Zaunkönig,* einem Singvogel, dem unentwegt eine Schar mit Mikrofonen und Kameras ausgestatteter *Ornis* (wie Vogelfreunde sich selber kosen) auf Zehenspitzen nachstellt. Da die Insel unbewohnt und abgelegen, gilt es in der britischen Männerwelt als ultimative Initiation, eine Nacht dort zu verbringen, und wer das geschafft hat, wird Mitglied im exklusiven *St. Kilda Club,* wo man sein Lebtag tief in sich verankert vorm Kamin seine Taschenuhr mit Zigarrenrauch bepusten darf. Gerne wüßte ich, ob es einen entsprechenden Helgoland-Club gibt. Ich hätte nichts dagegen, mich einmal im Monat mit einigen alten Haudegen in einem Freimaurer-Logenhaus zu treffen, um, bald friesisch, bald lateinisch brabbelnd, mit Feldstecher in der einen, Säbel in der anderen Hand, durch die Gänge zu fegen. Allerdings läßt ein Hotel, wo auf der Zahnputzbecherkonsole eine Gratisprobe Feuchtigkeitscreme für die Haut über 40 liegt, nicht auf eine besonders dramatische Übernachtung schließen. Es kreiste kein Rettungshubschrauber über unseren Betten, bereit, drei bibbernde, in Decken gehüllte Elendshäufchen zu bergen, welche von Mut und Mannesstolz im Stich gelassen. Wir ratzten festländisch konventionell durch. Viel außer Schlafen, dem Inhalieren staubfreier Luft und stundenlangem Ansichtskartenschreiben gibt es auch nicht zu tun, denn beim Thema Sehenswürdigkeiten kommt wohl auch der größte Helgoland-Fan trotz der staubfreien Luft ins Themenwechsel-Hüsteln. Außer den Wohnhäusern aus den sechziger Jahren, über die ich mir allerhöchstens ein anerkennendes »sehr zweckmäßig« abringen kann, und einem Aquarium mit Spezialbecken für Seegurken gibt es kaum was, und die Naturschönheiten sind eher »For Ornis Only«, wobei man aber nie sicher sein kann, ob die Ornis echt sind und nicht etwa getarnte Gentechniker, die aus den Federn der Vögel Schokolade machen wollen. An Spezialitäten gibt es *Eiergrog,* eine schaumige Sache, worin der Trinkhalm aufrecht steht.

Helgoland ist also richtig langweilig. Allerdings liebe ich Dinge, die von Adventureholics als »langweilig« angesehen werden. Wenn im Fernsehen die Reifen quietschen und die Pistolenkugeln in der Menschen Schädel nur so reinhageln, suche ich mir rasch ein Programm, das einen ökumenischen Gottesdienst überträgt. Ich sitze gern in leeren Lokalen und bevorzuge Musik mittleren Tempos. Von mir aus könnte die Welt aus Menschen in grauen Pullovern bestehen, die aus Leihbüchereien ausgeliehene Bücher lesen, die sie schonungshalber in Packpapier einschlagen. Lieber würde ich mich zwingen lassen, allein einen Sonntagnachmittag im November in der Fußgängerzone einer thüringischen Kleinstadt totzuschlagen, als mit ausgelassenen Menschen einen Bummel durch die Düsseldorfer Altstadt zu machen. Oder noch schlimmer: Mit den beiden Assistentinnen aus der *Goldenen Eins,* Andrea aus München und Andrea aus Hamburg, *und* Ute Lemper einen Düsseldorfer Altstadtbummel machen, und in dem Lokal, wo man über eine Rutschbahn reinmuß, begegnet man dann Rudi, dem Glücksschwein. Oink, oink, oink. Das absolute »Unterhaltungsdelirium« (Arnold Schönberg). Eine Vorstellung, so eklig wie ein Splatter Movie oder... ein *Kochlöffel-Imbiß.*

Auf dem Schiff mutmaßten meine Begleiter und ich, was es auf Helgoland wohl für eine Fast-Food-Ketten-Filiale geben könnte. Einer der Herren meinte gar keine, und er wäre froh, daß er eine Packung Finncrisp dabeihätte. Der andere Herr sowie ich äußerten die Annahme, daß es wohl einen Kochlöffel-Imbiß geben würde. Das ist eine Kette, die nur in kleineren Städten Betriebe unterhält; in größere Städte, mit Ausnahme, glaube ich, von Bochum, trauen die Brüder sich nicht rein. Und richtig: Direkt neben dem Fahrstuhl zum Oberland befindet sich ein richtig widerlicher kleiner Kochlöffel-Imbiß. Den schmuddeligsten Kochlöffel sah ich mal in *Worms:* Die Inneneinrichtung ganz verbogen und zerkratzt, die Stühle fast ohne Beine, alles voll Schmutz, und ich aß eine Frühlingsrolle. Totensonntagsrolle wäre eine treffendere Bezeichnung gewesen. Wenn es irgendwo einen Kochlöffel-Imbiß hat, der noch schmieriger ist, würde ich mich um Nachricht freuen.

Worte wie Heu
(September 1992)

Gerne denke ich an Wien. Dort gilt es nicht als spleenig, sich in ein Lokal zu setzen, möglicherweise gar in ein Exemplar der in Deutschland stark bedrohten Spezies »Lokal ohne Musik«, um dort ein Buch zu lesen, einen Brief zu schreiben oder Einfälle in ein Oktavheft zu notieren. Schon die Gymnasiasten lieben es, ihre Hausaufgaben im Kaffeehaus zu erledigen. In einem Berliner Lokal würde ich es nie wagen, ein Buch zu lesen, obwohl ich das gerne tun würde. In der Wohnung kann ich mich auf Lektüre nicht konzentrieren. Dort gibt das Telefon Geräusche von sich, die man aus Formulierungsfaulheit noch immer als Klingeln bezeichnet, dort müssen regelmäßig 27 Kanäle durchgeschaltet werden, dort liegt ein Zuckertütchen auf dem Teppich und will aufgehoben werden; Zettel bitten darum, zu entscheiden, ob ich sie fortwerfe oder irgendwo abhefte, der Müll beginnt zu miefen, dann muß ich mal wieder Info Radio 101 anstellen, wo alle zehn Minuten die Temperatur und die aktuellen Flugverspätungen durchgegeben werden, dann muß ich alleweil zum Kühlschrank schleichen, ob nicht doch irgendwas »Interessantes« drin ist, dann stehe ich mit schiefem Kopf vor dem Plattenregal und stelle fest, daß die Morrissey-Maxis nicht in der Reihenfolge ihrer Veröffentlichung stehen: Ich ordne sie neu, ärgere mich dann über diese sinnlose Pedanterieattacke und über das schöne Geld, das ich für Platten ausgebe, die ich einmal höre und dann nie wieder, wonach ich gucken muß, wieviel ich eigentlich auf dem Konto habe, und in der Schublade, wo das Sparbuch drin ist, liegt ein Bündel alter Briefe, die ich *alle* noch einmal lese, und rawusch ist der Abend vorbei, und das Buch liegt ungelesen im Sessel. Wie vergleichsweise arm an Zerstreuungen sind Kneipe und Café! Ein vielzitierter Satz von einem dieser vielzitierten alten Wiener Literaten, von welchem ist mir wurscht, besagt ja, daß das Kaffeehaus der Ort für Leute sei, die zum Alleinsein Gesellschaft brauchen. Diese Erkenntnis steht zwar in der Hitparade abgedroschener Zitate nur wenige Plätze hinter »mit der Seele baumeln«, »Menschliches und Allzumenschliches« und »Denk ich an Deutschland in der Nacht...«, doch sie macht mich heftig mit dem Kopfe nicken. Aber keine Schangse in Berlin: Wenn man in hiesigen Lokalen Dinge in kleine Heftchen notiert, wird man angesehen, als ob man gerade der Psychiatrie entwichen sei, oder argwöhnisch ausgefragt: *Was schreimsen da?* und warum man das mache. Ganz arg wird's, wenn dem Oktavheftvollschreiber etwas Lustiges einfällt, über das der lachen muß – da erkundigt sich die Kellnerin schon mal beim Kollegen nach der Telefonnummer gewisser weißgekleideter Herren kräftigen Zugriffs. Nein, das darf's nicht geben, daß einer allein an einem Tische sitzt und sich kraft eigener Gedankenmanipulation gute Laune herbeialchemisiert, während die geselligen Ibizaleute am Nebentisch mit den Fingern knacksen, um einander zu unterhalten. Gewiß bin ich ein glühender Verfechter des gemütlichen Zusammenseins und Umherstrolchens. Wie sagt man in Berlin? »Und dann ziehn wa mit Jesang in das nächste Restorang...« Aber doch nicht jeden Abend! Die Obermotze der Firma Herlitz werden mir bestätigen, daß sie Oktavheftchen herstellen, damit man emsig in sie hineinschreibt, und nicht, damit man singend durch die Straßen läuft. Ein anderes Notizbuch befindet sich auf meinem Nachtschrank. Dort schreib ich manchmal, eher selten, noch im Bette liegend Träume hinein oder merkwürdige Wortreihen, die ich beim Erwachen im Kopf habe. Ich messe den Träumen weder Psychogramm- noch Ahnungscharakter bei, aber finde sie bisweilen ausgesprochen flott gewoben. In schweißgetränkter Morgenstunde träumte mir vor kurzem dies: Ich befand mich mit meiner Ex-Gattin Else und einer weiteren, mir nicht bekannten Dame in einem Hotelzimmer, welches sich in einem oberen Geschoß eines Wolkenkratzers befand. Ich sagte: Gleich kommt ein Erdbebenfilm im Fernsehen. Darauf riefen die Frauen, daß sie sich, wenn ich den gucke, im Badezimmer verstecken würden. Ich entgegnete: *Wieso denn? Ist doch nur Fernsehen!* Dann schauten wir aus dem Fenster. Unter uns stürzten Gebäude und Brücken ein. Die Frauen rannten ins Badezimmer und schrien: Komm auch, komm auch! Ich sagte: *Wieso denn? Ist doch nur Fenster!*

Eine Freundin, die eigentlich dem Naturschutzgedanken nahesteht, berichtete mir vor einiger Zeit beinahe wutschnaubend, daß sie im Fernsehen ein Tier gesehen hätte, auf dessen Betrachtung sie liebend gern verzichtet hätte. Nacktmull wäre sein Name. Sie war ganz aufgelöst, das Haar hing ihr wild ins Gesicht, und schreiend griff sie einen Zettel, auf den sie verschrumpeltes Gewürm mit furchterregenden Säbelzähnen kritzelte, wonach sie auf ihre Zeichnung deutete und rief, ein Gott, der derlei zulasse, sei ihr Gott nimmermehr, womit sie nicht ihre Zeichenkunst meinte. Ich hatte ihre Erregung nicht ganz verstanden, bis ich dieser Tage das Augustheft der Zeitschrift ›natur‹ aufschlug, in welcher auf fünf Doppelseiten Fotos dieser wahrlich abscheulichen Kreatur zu sehen sind. Ich mußte mich setzen, um ein Glas Wasser bitten, heftig atmen, und dachte: Selbst wenn ich Präsident des World Wildlife Fund wäre, eher würde ich Herrn Honecker einladen, sein Gnaden-Finn-Crisp an meinem Tisch zu kauen, als dieses Tier vorm Aussterben zu bewahren! So dachte ich in erster Erregung. Wenn Gott mir das verzeihen könnte, dann wär das schön wie eine schöne Melodie. Ich bin kein Eek-A-Mouse-Typ; die Spinnen laß ich munter durch mein Zimmer dackeln, und tigern Ratten über meinen Weg, dann sag ich: Kuckuck!

87

Nacktmulle jedoch sehen aus wie in grause Wurmgestalt verzauberte Hautkrankheiten mit Zähnen vorne dran. Hätten die Tiere nicht so eine eigentümliche, unterirdische Lebensweise, könnten Perverse mit ihrer Zucht ein Heidengeld verdienen. Ich kann mir vorstellen, daß die Telefone der ›natur‹-Redaktion seit Wochen »klingeln« wie Berserker, da Zuhälter und Szenecafébosse wegen Bezugsquellen anfragen. Der zu den Abbildungen gehörige Text ist aufschlußreich – ›natur‹ ist eine gute Zeitschrift –, aber ein Satz daraus mißfällt mir: *Zyniker unter den Zoologen bezeichnen die Nacktmulle gern als »Penisse auf Beinen.«* Da ich bisher allen Gelegenheiten, zynischen Zoologen in den Schlüpfer zu lugen, ausgewichen bin, weiß ich nicht, was dort für Zustände herrschen, aber meine sonstige Lebenserfahrung lehrt mich, daß sich der Penis, was seine optische Kreditwürdigkeit angeht, nicht hinter der Schamlippe oder dem Busen verstecken muß und daß weder beim Weibe noch beim Manne Körperteile anzutreffen sind, die einem lichtscheuen Nagetier ähneln. Sicher: In Anspielung auf ein blödes Fußballbonmot sagt man manchmal, Sex sei die häßlichste Hauptsache der Welt, doch bezieht sich diese Halbwahrheit nicht auf sexuelles Treiben an sich, sondern auf dessen übertriebene öffentliche Zurschaustellung, weswegen das ja eben eine Halbwahrheit ist.

Der Penis ist sogar eine der wenigen Körperstellen des Mannes, die beim Älterwerden nicht wesentlich häßlicher werden. Er bleibt ungefähr gleich, wobei man von Schamhaaren alter Leute sagen kann, daß sie aussähen, als ob da nacheinander ein Erdbeben gewütet und die Schweden gebrandschatzt hätten. Ähnlich unschön sind alte Hunde, die eine Treppe hinuntergehen, wie die so die Beine von sich spreizen und in der Mitte durchhängen. Alte Männer indes, im speziellen freilich Schöngeister und Künstler, zeugen oft noch im hohen Alter mit jungen Frauen noch jüngere Kinder. Das würde bestimmt nicht klappen, wenn die Partnerin nach männlichem Schlüpfer-auf-die-Stuhllehne-Legen krähen würde: Pfui Teufel, dein Penis sieht ja aus wie ein alter Hund, der die Treppe runtergeht. Nein, die Parfum- und Porzellankreationen Paloma Picassos verdankt die Welt der historischen Tatsache, daß ihre Mutter freudig krähend beobachtet hat, daß ein junggebliebener Hund eine Treppe hochgegangen ist. Das mit dem Krähen ist natürlich eine Metapher, Allegorie, Parabel, Spirale oder irgendwas. Ich denke weniger an ein akustisches Signal als an ein innerliches Aufkrähen des vom Ereignisglanz des emporgegangenen Vaterorgans geblendeten oder zumindest beleuchteten statistischen Urweibes. Die Österreicherin Jelinek mag bitte mit fantastischer Hutkreation auf ihrem vermutlich eigentlich freundlichen Kopf an mir vorbeistürzen, denn sie weiß ja sicher noch besser als ich, wieviel Spaß vielen Frauen die innere Mobilität männlicher Sonderausstattungen schon bereitet hat.

Ob es mir als Koketterie ausgelegt wird, wenn ich angebe, daß ich den letzten Abschnitt, in dem ich mich erneut meiner Vorliebe für betuliche Penissynonyme und anderen Marotten hingegeben habe, in der Rekordzeit von 42 Minuten aufgeschrieben habe? Es sind nunmal gerade Olympische Spiele. Der drahtige Asiate, der im Fernsehen gerade über einen Klotz mit zwei Griffen dran wirbelt, hätte bestimmt viel länger für diesen Text gebraucht, und hinterher wäre er ganz verzweifelt, weil er nicht wüßte, was ein »statistisches Urweib« sein soll. Ich weiß das auch nicht, aber ich bin nicht verzweifelt. Man soll sich der Pingeligkeit enthalten. Wenn so was im Radio auf englisch kommt, wird ja auch nicht gemosert. Es gab Anfang des Jahres einen Schlager, wo der Refrain lautete »Sie sind berechtigt und antik, und sie fahren einen Eiskremwagen«. *Damit* mag es vielleicht gar noch eine Bewandtnis haben, aber von den *Sisters of Mercy* gab es einst ein Lied, in welchem es hieß »Sing diese Verrostung zu mir«. *Solche* Sätze kenne ich gut. Wenn ich mir des Morgens den Sandmann aus den Augenwinkeln reibe, feststelle, daß in meinem Portemonnaie 50,– DM weniger als am vorangegangenen Abend sind, angewidert an meiner Jacke rieche und dann in meinem Oktavheftchen Sätze lese wie »Ich habe Worte wie Heu, doch wer glaubt heut noch einem reichen Mann«, dann sag ich: »Kombiniere.« Auch im Ausland gibt es Leute, die abends kichernd Heftchen vollschreiben und sich morgens sehr darüber wundern. Im Gegensatz zu uns scheuen sich Ausländer nicht, so etwas zu singen. Es sind Wohlfühl-Worte. Dichtung kann auch in Geistesverfassungen erfolgen, die dem Nichtkenner dafür ungeeignet erscheinen. Ich glaube zwar nicht, daß jemals gelungene Werke in ganzer Länge im Bierlokal verfaßt worden sind, aber Passagen und Zeilen ganz sicher. Wir sollten uns an so etwas erfreuen und, je nach Neigung, ein statistisches Urweib oder einen zynischen Zoologen zu modernen Tänzen auffordern.

Groß ist die Sehnsucht der Deutschen nach Wohlfühl-Worten, klein sind Kraft und Wille, sie in der eigenen Sprache zu suchen. Die Angst vor Bedeutung überragt den Respekt vor der Schönheit haushoch. Ein Rundfunkredakteur sagte: »Man kann in einer Magazinsendung unmöglich ein deutsches Lied spielen, weil seinem Text in Zusammenhang mit einem Informationsbeitrag automatisch eine kommentierende Wirkung zukäme, die in unglücklichen Fällen als zynisch empfunden werden könnte.« Mich würde interessieren, wie Briten und Amerikaner mit diesem Problem klarkommen.

Der Nacktmull gilt in unseren Augen als scheußlich, das Meerschweinchen als niedlich, obwohl beide Tiere miteinander verwandt sind, so wie das Deutsche mit dem Englischen. »Jaja, der Nacktmull übt sicher irgendeine wichtige ökologische Funktion aus, und mit dem Deutschen lassen sich Informationen präzise weiterleiten«, wird widerwillig eingeräumt, doch Deutschland sitzt weiter, Meerschweinchen streichelnd, vorm englisch singenden Radio. Ich denke, jedem Tier und jeder Sprache gebührt ein gutes, zartes Plätzchen, und jeder ist berechtigt und antik genug, im Lokal zu sitzen und Oktavheftchen vollzuschreiben, wenn er will. Doch manchmal geht's wirklich zu weit. Was lese ich da, geschrieben vor einigen Wochen:

Vor der Reise nach Kiel
- Visa
- Impfen
- Bikinis

Hatte ich dereinst einen Knall? Wütend werf ich das Notizbuch aus dem Fenster. Doch, ei, das Notizbuch denkt »ist ja nur Fenster«, und gleich einem Vogel fliegt es zum nächsten Baum, baut sich ein Nest und legt ein dickes Ei. Unter dem Baum hält ein junger Mann mit einem DIESEL-Only-The-Brave-DIESEL-T-Shirt ein Nickerchen, denn es ist der 9. 8. 1992, mit 37,7 Grad der heißeste Augusttag seit Beginn der Temperaturaufzeichnung in Berlin, wie Info Radio 101 nicht müde wird, alle zehn Minuten zu betonen. Da hat der Mann Schatten gesucht. Vor Hitze fällt das Ei aus dem Nest und landet, platsch, auf der T-Shirt-Inschrift. Rasch trocknet die Hitze den Inhalt des Eis und bildet ein interessantes Muster aus lauter kleinen Wohlfühl-Worten. Froh rennt der Mann durch die Gegend.

Die Jugend sollte lieber wieder Gloria-Punkte sammeln
(Oktober 1992)

Ich war eigentlich immer ein Fan der Gruppe »Ungleich verteilter Reichtum«. Ich weiß wohl, daß die UVRs als versnobt und elitär gelten und keinerlei street credibility genießen. Privat sollen sie räudige Zierbengel sein. Aber die alten Hits waren doch gar zu herrlich, z. B. »Renaissance- bzw. Barockschlösser«. Manch einer mag kopfschüttelnd auf die scheußliche B-Seite hinweisen, welche heißt »Hunderte müssen schlechtbezahlt schuften, damit irgendein Landfürst unter Schnörkellüstern Bouillon schlürfen kann«. Da entgegne ich: Ach, die B-Seite hört man sich einmal an, aber die A-Seite legt man immer wieder auf und summt sie noch nach Jahrzehnten frohgemut mit. Kein Mensch kann sich heute an die B-Seite des Hits »Gotische Kathedralen« erinnern. Und gerne geb ich zu, daß ich zu UVR-Konzerten vornehmlich wegen der alten Hits gehe, die neuen Lieder nehme ich nur in Kauf. Bei einem der aktuelleren Hits, »Euro-Disney«, bin ich sogar genervt pullern gegangen, obwohl ich gar nicht unbedingt mußte, und auf der Toilette drängelten sich die Leute, die auch nicht mußten, sondern nur das Lied doof fanden. Als ich wieder in den Saal ging, kündigte der Sänger gerade die neueste Single an. Die gefiel mir nun gar nicht. So was hätten die früher noch nicht mal auf einer B-Seite versteckt, sprach ich und trollte mich.

Das Lied heißt »Aids-Kranke müssen in der Berliner U-Bahn betteln«. Ich habe es bislang dreimal gehört. Es geht so: Ein sichtlich schwerkranker Mensch kommt in die U-Bahn und sagt: »Bitte hört mir mal einen Moment zu. Ich heiße Soundso und bin HIV-positiv. Ich bin gerade aus dem Soundso-Projekt entlassen worden und jetzt wohnungslos.

Ich bitte euch um eine kleine Spende. Mir ist das selber peinlich, aber ich weiß nicht, was ich sonst machen soll.« Keiner der Fahrgäste schaut während seiner Rede zu ihm hoch. Alle blicken in ihre Zeitung oder auf den Fußboden. Viele geben ihm dann etwas Geld. Nachdem der Kranke das Abteil verlassen hat, spricht niemand darüber. Ach doch, beim dritten Mal sagte ein kleines Mädchen zu seiner Mutter: »Der von gestern sah aber viel schlimmer aus.« Die Mutter: »Ja.« Es ist zwar niederschmetternd zu erleben, auf was für eine erbärmliche Weise vom Tode gezeichnete Menschen, die sich kaum auf den Beinen halten können, ihre letzten Tage verbringen müssen, aber gut daran ist vielleicht, daß man gezwungen wird, sich einzugestehen, daß man um keinen Deut edler, heroischer und weniger hilflos ist als die gemeinen Bürger, auf die man so gerne herabschaut.

Einwand: Man soll nicht »man« sagen, wenn man »ich« meint. Einwand akzeptiert.

Übrigens soll man sich auch des Roß und Reiter scheuenden, Tadel relativierenden »Wir« enthalten. Wenn eine Pastorin zu mir sagt »Wir werfen Steine nach den Menschen« und damit meint, daß wir, also sie und ich, keine Steine werfen, sondern daß andere Menschen das tun, dann haben wir eine Pastorin bei der Anwallung von Pastorinnenhaftigkeit und ein Personalpronomen bei einem Bedeutungsseitensprung ertappt, den wir nicht dulden müssen.

Bedeutungsseitensprünge machen auch geographische Bezeichnungen. Es gibt Bewohner der Stadt Dachau, die, auf Reisen nach ihrer Herkunft befragt, sagen, sie kämen aus der Nähe von München, um einen fünfhundertmal geführten Smalltalk nicht zum fünfhundertersten Mal zur Aufführung zu bringen. Barbara John, die Ausländerbeauftragte des Berliner Senats, sagte, daß bei nicht wenigen Berlinern ein »inneres Rostock« vorhanden sei, das nicht »ausbrechen« dürfe. Ich will einer Politikerin, die im Rahmen ihrer Möglichkeiten Verdienstvolles leistet, wegen einer sonderbaren Formulierung nicht ans Bein pinkeln, aber was sollen denn die armen Rostocker sagen, wenn sie gefragt werden, wo sie her seien? Bei denen liegt doch gar nichts in der Nähe! Wenn das so weitergeht in Deutschland, wird man auf Reisen bald sagen müssen, man sei aus der Nähe von Frankreich. Aber da auch dort manches im argen liegt, werden wir bald alle,

Platz für 15 Albaner.

alle sagen müssen, daß wir aus der Nähe von Afrika sind. Das Irre ist: Wir liegen tatsächlich in der Nähe von Afrika und allem Möglichen. Die Folgen der Tatsache, daß dies auch viele Afrikaner wissen, nerven viele hier. Das ist schade und verzeihlich. Genervt sein darf man. Hassen nicht, denn Haß macht böse. Neulich ist ein Kino explodiert. Nein, nein, kein rechter Anschlag auf ein Kino, das antifaschistische Filme zeigte. Es war ein Kino, in dem der Film »Julia und ihre Liebhaber« gezeigt wurde, in dem Peter Falk die aberwitzigsten Schmähungen gegen Albaner ausstößt und das damit erklärt, daß doch ein jeder jemanden brauche, den er hassen könne. Da ist das Kino vor Lachen explodiert. Ich wage jetzt mal ein Experiment. Ich will wissen, ob die Leserschaft vor Lachen explodiert, wenn einer sagt, daß ihn die Zigeunerinnen, die auf dem Bürgersteig sitzen, nerven. Ich versuch's: Also, mich nerven die Zigeunerinnen, die auf dem Bürgersteig sitzen. Ah, ich sehe, die Leser explodieren nicht vor Lachen. Vielmehr deuten sie mit dem Finger auf mich und sagen: Bei dem da ist eben das innere Rostock explodiert. Ich widerspreche: Nein, mein inneres Rostock, das zur Zeit der Niederschrift übrigens »inneres Cottbus« heißt, ist völlig intakt. In meinem inneren Rostock kann man menschenverachtungsmäßig vom Fußboden essen. Der Bürgermeister meines inneren Rostocks sagt: »Ja, mein Gott, wenn sie dich nerven, dann gib ihnen halt kein Geld und geh weiter.« Genauso mache ich's. Man kann halt nicht jeden lieben. Es handelt sich ja auch nur um ein leichtes Nerven. Wir Nerv-Fachleute unterscheiden ja behende zwischen einem leichten, einem mittleren und einem schweren Nerven. Ich gebe mein Geld lieber anderen. Am liebsten behalte ich mein Geld. Ich identifiziere mich sogar stark mit der menschlichen Uridee des Geldbehaltenwollens. Freunden greif ich unter die Arme, Fremden geb ich nischte. Immerhin: Neulich zahlte ich einem blödsinnigen Säufer die Zeche von 32,– DM, weil der Wirt die Polizei rufen wollte, und ich fand, daß man die Polizei nicht mit so einem Käse behelligen sollte. Den drei Aids-Kranken gab ich je 2,– DM. Ich kauf mir truhenweise Tünnef, rette unbekannte Zechpreller, und die Aids-Kranken kriegen 2,– DM. So bin ich leider. Ich fordere nun alle Leser auf, sich hinzusetzen und mich mit goldener Uhrkette, Zylinder und Zigarre zu zeichnen. Alle, alle, alle! Doch das Volk gehorcht wieder mal nicht. Es erkühnt sich, ach so unbequeme Fragen zu stellen.

Frage: Tut es nicht weh, ehrlich zu sein?

Ich: Doch, es tut weh.

Publikum: Ist es trivial, ehrlich zu sein?

Ich: Nein.

Publikum: Machst du das aus Masochismus oder in der Hoffnung, daß es Schule macht?

Ich: Beides. Gegenfrage: Wieviel gebt ihr denn den Aids-Kranken in der U-Bahn?

Publikum (eilfertig): 5,– DM!

Ich: Ehrlich?

Publikum (den Kopf senkend): Nein, 2,– DM.

Längeres Schweigen.

Eine einzelne Stimme: In meiner Stadt gibt es gar keine U-Bahn!

Viele Stimmen: In meiner auch nicht!

Andere Stimmen: Und wir gurken mit unseren Autos durch die Gegend. Da sitzen keine Aids-Kranken drin.

Ich: Wie praktisch.

Gegenüber jemandem, dem das Denken fernliegt, bemerkte ich einmal, daß ich es besser fände, wenn die Polizei dem Hütchenspiel ein Ende bereiten würde. Der Angeredete rief: »Och, wieso denn? Weiß doch jeder, daß das Betrüger sind. Also, wer so dumm ist und darauf reinfällt, der ist wirklich selber schuld.« Ich halte diesen Standpunkt für unsozial. Es ist allgemein bekannt, daß ein gar nicht geringer Teil der Bevölkerung für Aufklärungsmaßnahmen vollkommen unempfänglich ist. Man muß die Dummen beschützen, damit die Dummen nicht schaden. Wer Leuten Gelegenheit gibt, auf kriminelle Ausländer reinzufallen, muß damit rechnen, daß diese Leute daraufhin alle Ausländer hassen. Egal ist, ob man diese Menschen dumm nennt oder mit soziologischen Spezialadjektiven angetanzt kommt. Der Menschheit dunkle Kraft, zu hassen, muß eingedämmt werden. Umstände, die zu materieller Verelendung sowie derjenigen des Herzens führen, dürfen nicht begünstigt werden. Sicher: In München oder Charlottenburg nippeln Leute am Sekt, die zweifelsohne einer »Kultur des Hasses« das Wort reden. In einer in diesem Milieu gelesenen Zeitschrift gibt es sogar einen, der eine Kolumne namens »Hundert Zeilen Haß« unterhält. Wie vollkommen idiotisch! Das feuilletonistische Gehasse war in den achtziger Jahren eine häßliche Modeerscheinung unter überreizten Altlinken. Ich fordere ein universales Insklokippen dieser Mode. Spaßeshalber kann man ja Blumenkohl hassen oder Leute, die in Monaten mit R weiße Jeans tragen. Man kann sich auch auf die unbewohnte Insel Jan Mayen hocken und dort Albaner hassen, weil: da sind ja gar keine Albaner. An Orten jedoch, wo auch nur der Hauch einer Möglichkeit besteht, auf Albaner zu prallen, untersage ich das Hassen von Albanern hiermit. Peter Falk darf natürlich weiterhin albanerhassende Charaktere verkörpern. Der darf alles.

Während der letzten Wochen, in welchen viel Gelegenheit bestand, die Radikalkirmes gelangweilter, selbstherrlicher Jugendlicher im Fernsehen zu beobachten, dachte ich oft an die Langeweile in meiner eigenen Jugend. Wie habe ich mich gelangweilt! Und was habe ich für einen netten Unsinn gemacht, um mich zu unterhalten. Ich sammelte Gloria-Punkte. Meine Schwester sammelte Linda-Punkte. Ewiger Streit, was besser sei! Weiterhin besitze ich noch heute ein Heft, in das ich als Zehnjähriger wöchentlich die Schlagerparade aus dem Radio eintrug. Diese Listen dekorierte ich mit aus der Fernsehzeitschrift ausgeschnittenen Star-Bildern, unter welche ich handschriftliche Kommentare setzte. Unter ein Bild der Sängerin Dalida schrieb ich mit meiner Kinderschrift: »Die zierliche französ. Sängerin hat nur Schuhgröße 34.« Auf die Idee, Ausländer zu quälen, wäre ich gar nicht gekommen. Nicht, daß ich ein besonders edles Wesen hatte, aber mich hat nie jemand darauf hingewiesen, daß ich, statt mir für 100 Gloria-Punkte die Bildserie »Pilze« schicken zu lassen, theoretisch ja auch Ausländer quälen gekonnt hätte. So quälte ich lediglich meine Schwester, indem ich, wenn ich zum Großeinkauf mitging, Lebensmittel ohne Linda-Punkte, dafür aber mit Gloria-Punkten in den Einkaufswagen schaufelte. Heute ist das anders. Da werden Zehnjährige auf dem Spielplatz – ich kenne Leute, die an dieser Stelle in Klammern »sic!« schreiben würden, aber ich finde das doof – von Fernsehfritzen gefragt, wie sie denn die Krawalle fänden, und sagen, daß sie die Krawalle jut finden, weil: wenn »die Scheißpolitiker nichts machen, dann müssen wir das eben selber machen«. Interviews mit arroganten Kindern zu senden, ist ganz töricht. Es fleezen nämlich Millionen anderer arroganter Kinder vor den Bildschirmen, die nichts geiler finden, als sich im Fernsehen zu sehen. Mutti, Mutti, programmier schon mal den Videorecorder auf Tagesthemen, ich geh zum Asylantenheim.« Daß man mit Hitlergrüßen Geld verdienen kann, wissen heutige Kinder leider ebenfalls. In Rostock wird auch so mancher Geldschein von Journalistenhand in Kinderhand gewandert sein. Die Wanderungsbewegungen Elternkopf–Kinderkopf sind auch nicht erfreulicher. Wenn ein Kind von »Scheißpolitikern« redet, ist das nicht nur lächerlich. Wer schon in jungen Jahren den Kopf mit Haß auf bestimmte Berufsgruppen oder Nationalitäten zugemörtelt bekommt, aus dem wird nie ein freudiger Denker. Das Hassen von Politikern, aber auch Polizisten ist übrigens Ausdruck der gleichen kulturellen Unreife, die dem Hassen von Ausländern zugrundeliegt. Man sollte Menschen, die bereit sind, schwerwiegende Entscheidungen zu treffen, von früh bis spät arbeiten und täglich 50 Interviews geben müssen, mit Respekt begegnen und sehr gut bezahlen. Das kleinkarierte Gejammere über die Politikerdiäten ist auf der Nerv-Skala weit oben anzusiedeln. Ich schlage vor, daß man jedem Politiker monatlich 100 000,– DM gibt. Dann würden sich mehr kompetentere Leute entschließen, so eine kräftezehrende Arbeit zu leisten. Zum Schluß möchte ich noch eine Lanze für Ingrid oder Irmgard Matthäus-Meier brechen. Die finde ich nämlich nett.

PS: Ach, es gibt auch Dinge, die Freude machen. Im nicht gerade unfinstersten Teil des an finsteren Menschen nicht armen Berliner Stadtteils Moabit, wo es nur Videotheken und Kneipen namens »Bei Margot und Heinz« gibt, hat ein Transvestit einen Bioladen aufgemacht. Mutig! Ich habe mir vorgenommen, wg. Mutige-Leute-Unterstützen dort regelmäßig einzukaufen.

Noch ein PS: Ob Ingeborg Matthäus-Meier nett ist oder nicht, weiß ich natürlich nicht sicher. Ihr könnt ja mal im Lexikon nachgucken und es mir dann sagen. Ach nein, schlagt lieber nicht nach, sondern ruft jemanden an, den Ihr mögt, und sagt ihm oder ihr, daß da Liebe in euch schwappt bzw. haust. Der Mensch, der das hört, freut sich dann, und wer sich freut, dem gerinnt sein Genervtsein nicht zu Haß.

Schon wieder ein PS (für Ordinalzahlen-Freaks: das dritte): Vor kurzem jettete ich von Wien nach Berlin. Hinter Prag sagte der Kapitän: »We will continue our flight over the Erzgebirge mountain and the so-called Spreewald.« Ich habe zehn Minuten lang geschmunzelt. Schmunzelt auch! Wer noch schmunzeln kann, dem gerinnt sein Genervtsein nicht zu Haß.

Epilog: Irgendwann ist meine Schwester dann auch von Linda-Punkten auf Gloria-Punkte umgestiegen. Da war ich sauer. Es gab übrigens auch Poly-Punkte, aber die waren nur auf ganz wenigen Sachen drauf.

Der Top-Coiffeur in meinem inneren Rostock.

Der Pond-Parabel-What-o'-clock-Knopf oder: Sektquirle können nicht schuppen
(Dezember 1992)

Während einer meiner montäglichen Streifzüge durch das KadeWe sprang mir neulich ein Set von sechs vergoldeten Sektquirlen für 98,– DM ins Auge. Einen Moment lang liebäugelte ich mit der Idee, mir vom Verkaufspersonal eine Kiste bringen zu lassen, mich auf sie zu stellen und eine gesellschaftskritische Rede zu halten, in welcher ich Begriffe wie »Somalia« und »Pelzmantelschlampen« aufs gekonnteste miteinander kontrastiert hätte. Ich bevorzugte dann aber ein heiteres Stillbleiben, während dem ich mich vergeblich an den Sinn von nicht nur Sektquirlen, sondern auch Nußspendern und Grapefruitlöffeln heranzutasten versuchte. Warum soll man Sekt verquirlen? Damit die Damen nicht rülpsen? Ich meine, auch der Kehle einer nichtquirlenden Dame entfahren keine nicht gesellschaftsfähigen Geräusche, und Herren trinken sowieso keine klebrigen Getränke. Und warum soll man Nüsse spenden? In meiner Kindheit gab es ein Onkel-Tante-Doppelpack, in deren Haushalt sich ein Nußspender befand. (Verzeihung, aber Vater *und* Mutter heißen Eltern, Schwester *und* Bruder nennt man Geschwister, aber wie nennt man Onkel *und* Tante?) Das war ein brauner Kasten mit zwei Öffnungen und einem Knopf. Oben tat man die Nüsse rein, dann drückte man auf den Knopf, und unten kam eine Nuß heraus. Nicht etwa geknackt oder gewürzt, sondern im gleichen Zustand, in dem sie oben hineingegeben wurde. Des weiteren mag ich nicht vertuschen, daß ich im Besitz eines Grapefruitlöffels bin. Dieser Löffel hat vorn kleine Zähne, die vermeiden sollen, daß einem Saft in die Augen spritzt, wenn man den Löffel in die Pampelmuse haut. Natürlich spritzt es trotzdem. Es weiß aber doch eh jeder, daß man, wenn man sich mit einer Grapefruit befassen will, vorher seine Tapezierhosen anzieht und eine Sonnenbrille aufsetzt. Ich möchte jetzt nicht all die Narreteien aufzählen, die gewisse Spezialversandhäuser anbieten, wie z. B. den Papierkorb, der, sobald man etwas in ihn reinwirft, gesampelte Beifallsgeräusche von sich gibt, oder den beinah legendären Göffel, eine Mischung aus Löffel und Gabel, den eine Münchner Designerin mit dem schwindelerregend psychedelischen Namen Bibs Hoisak-Robb entwarf. Lieber will ich die Aufmerksamkeit auf die klassischste Überflüssigkeit richten, nämlich den Briefbeschwerer. Warum in aller Welt soll man einen Brief beschweren? Wohnte sein Erfinder in einer windigen Wohnung? Ich male

Unerklärliches Phänomen im Wohnzimmer von Walter Jens.

es mir so aus: Es war einmal ein Erfinder, der hatte eine rülpsende Gemahlin. »Das liegt an dem Sekt, den die den ganzen Tag säuft«, dachte er und erfand den Sektquirl. Er ließ ihn patentieren, und bald gab es ihn überall zu kaufen. Die Verbraucher fühlten sich vor den Kopf gestoßen. »Wir benötigen keine Anti-Rülps-Quirle, während in der Dritten

Welt ... etc«, riefen sie, schmissen des Erfinders Fensterscheiben ein und schrieben Drohbriefe. Nun herrschten in der Wohnung des Ingenieurs zugige Zustände, und die Drohbriefe flatterten in seiner Stube umher wie das güldene Laub, wenn dem Jahr die Zähne ausfallen. »Wie soll ich denn die Briefe lesen, wenn sie durchs Zimmer schunkeln wie güldenes Blattwerk?« brüllte da der Erfinder. Seiner betrunkenen Frau mißfiel das Gebrüll so sehr, daß sie sich einen der Pflastersteine griff, mit denen die Fensterscheiben zerschmettert wurden, um damit auf ihren cholerischen Mann einzugehen. Wegen ihrer Angeschickertheit verfehlte sie aber seinen Kopf und knallte ihn auf den Rauf-und-runterkurbel-Wohnzimmertisch, über welchem gerade besonders viele Drohbriefe wirbelten, und so kam es, daß zwischen Tischplatte und Pflasterstein ein Brief eingeklemmt wurde. Das Ehepaar verharrte schweigsam vor dem Tisch. Die Geburt einer großen Idee hatte Suff und Zorn die Tür gewiesen. »Dieser Augenblick ist so erhaben, daß wir den Tisch so weit hochkurbeln sollten, wie es nur irgend geht«, sprach der Ingenieur. Und sie kurbelten den Tisch so hoch wie nie zuvor, bis zum Anschlag, bis zum Weißbluten, bis er nicht mehr papp sagen konnte. Dann küßten sie sich dermaßen französisch, daß man das Geschmatze und Geschlabber bis zu den Mülltonnen hören konnte. Nur Insider wußten bislang, in was für einer engen Beziehung die Entstehungsgeschichte der beliebten Redewendung »Sie küßten sich so laut, daß man es bis zu den Mülltonnen hören konnte« zu der Erfindung des Briefbeschwerers steht. Jetzt ist's raus, jetzt wissen es alle. Ich bitte insbesondere die jüngeren Leser, die Qualität dieses neuen Wissens mit der Nutzbarkeit desjenigen zu vergleichen, das einem in der Schule vermittelt wird. Bei mir war das ganz schlimm. Im ersten Jahr Englisch wurde mir weisgemacht, daß man, wenn man jemanden nach der Uhrzeit fragt, sagen müsse: »What o'clock?« Im

Deutschunterricht lasen wir immerfort Geschichten, von denen der Lehrer behauptete, daß sie »Parabeln« seien. Kein Schulrat, kein Elternverein machte diesem Unfug ein Ende. Im wirklichen Leben werden Geschichten niemals Parabeln genannt. Parabeln sind irgendwelche beschwipsten Ellipsen, die oben nicht ganz dicht sind, und sonst gar nichts. Am schlimmsten trieben es die Physiklehrer. Die kamen allen Ernstes in den Physikraum und behaupteten, die Maßeinheit für Gewicht hieße »Pond«. Die hamse doch nicht alle! Pond! »Ich hätte gern 500 Pond Zwiebeln!« Den Typen sollte man mal stecken, daß die Maßeinheit für Physiklehrerdoofheit »Tritt in Popo« heißt, und 10 Tritt in Popo = 1 Suspendierung. Am liebsten würde ich in die CDU eintreten, mich dort in affenartiger Geschwindigkeit die Erfolgsleiter hochbumsen und mich zum Schulrat krönen lassen. Dann würde ich die Prügelstrafe wieder einführen. Allerdings für Lehrer. In die Schulbänke würde ich Signalknöpfe einbauen lassen, nennen wir sie mal PPWKs (Pond-Parabel-What-o'-clock-Knöpfe), und wenn ein Lehrer mal wieder blödisiert, drükken die Schüler den PPWK, ich höre in meinem Büro ein Signal, springe in meinen Schulratshubschrauber, lande mit quietschenden Kufen auf dem Schulhof, greife meinen Dienstkochlöffel, und dann kriegt der betreffende Pädagoge den Hintern versohlt, daß es nur so qualmt. Den Schülern ist ausdrücklich gestattet, die Abstrafung auf Video aufzunehmen, ja sogar, diese Videos zu verkaufen. Bald gäbe es überall Spezialshops namens »Das gute Gewaltvideo«, und die armen Jugendlichen müßten sich nicht mehr diese gräßlichen Eingeweidefilme anschauen.

Auch in die Lehrpläne würde ich gebieterisch eingreifen. Sport wird eingestampft, da er in seinen heutigen Hauptausprägungen zu Männlichkeitswahn und Gewalttätigkeit animiert. Das stinkt zum Himmel, ist trotzdem sonnenklar, und wer eine andere Auffassung vertritt, ist kein kluger

Kopf, sondern Nachbeter staatstragender Propaganda, dem der Mund mit dicken Schichten Tesa-Krepp verklebt werden sollte, damit er den Rest seines Lebens nur noch »hmmpf, hmmpf, hmmpf« sagen kann. Zur Auflockerung werden Keulenschwingphasen zwischen die Unterrichtsstunden geschoben. Auch die Buben schwingen Keulen und huschen jauchzend mit Gymnastikbändern über den Rasen. Ich spreche natürlich von eigenhändig bestickten Bändern. Auch die Keulen werden von den Schwingern mit Jugendstilschnitzereien verziert, bevor sie geschwungen werden. Auf freiwilliger Basis dürfen die Jugendlichen Boden- und Geräteturnen machen. Wettkampfsportarten werden ausnahmslos von der Schule verbannt. Jugendliche sollen einander nicht bekriegen und besiegen. Fremdsprachen werden zuungunsten des Deutschunterrichts ausgebaut. Deutsch lernt man von alleine, und Rechtschreibung ist absolut unwichtig. Wer Spaß an sprachlicher Fein- und Korrektheit hat, dem kommt die Orthographie sowieso zugeflogen, wer keinen Sinn dafür hat, der lernt's eh nie und den soll man nicht damit quälen. Der Gipfel von Primitivität ist es, sich über anderer Leute Rechtschreibfehler lustig zu machen. Ich kenne eine an sich reizende Dame, die öfter mal Kontaktanzeigen aufgibt, nur um sich über die Fehler in den Antwortbriefen zu beömmeln. In einem stand: »Ich will dir die Sterne vom Viermament holen.« Ich fand das super-super-super-süß. (Schlimm: Sie zeigt die Briefe auch noch anderen Leuten, mir z. B. Ich habe ihr aber gesagt, daß das eigentlich nicht sehr schön von ihr ist. Natürlich bin ich scheinheilig: In dem Brief stand, daß der Mann in der Amerika-Gedenkbibliothek arbeitet, Foto lag auch bei, und als ich am nächsten Tag in der Nähe war, bin ich rein in die Bücherei, um mal zu gucken, ob der mit dem Viermament da ist. War aber nicht da, oder muß im Keller arbeiten. Im Keller kriegt man schon mal so Viermaments-Gedanken.) Zurück zum Deutschunterricht: Literaturlektüre wird abgeschafft. Fünfzehnjährige brauchen keinen Brecht und Böll und Goethe und Dürrenmatt und schon gar keine Pädagogen, die ihnen erzählen, daß jeder Satz dieser Herren eigentlich eine »Metapher« für irgendwas ist. Merke: In guter Literatur bedeutet jeder Satz genau das, was er aussagt! Wenn jemand schreibt »Fünf Grapefruitlöffel schuppen bravo Kratzklotz am Busen der natternden Gangsteraula«, dann bin ich mir völlig sicher, daß der Autor den Leser damit auffordern will, sich vorzustellen, wie fünf Grapefruitlöffel am Busen der natternden Gangsteraula bravo Kratzklotz schuppen. Wenn Goethe was von einer Pomeranze schreibt und eigentlich eine Frau meint, dann ist das eigene Blödheit, die andere Leute nichts angeht. Eigentlich wollte ich meinen Beispielsatz erst mit Sektquirlen statt mit Grapefruitlöffeln bilden, dann hätte ich fragen können, wo ist denn der sechste Quirl, in der Packung waren doch sechs, und hätte antworten können, na, der ist wohl hinter die Spüle gefallen, oder: der ist wohl einer kleptomanischen Pelzmantelschlampe anheimgefallen, und dann hätte der Leser denken können: Jaja, mir fällt auch immer alles hinter die Spüle, oder: Jaja, typisch, Pelzmantel, aber klauen, doch leider ging das Wort Sektquirle lediglich mit der natternden Gangsteraula eine Beziehung ein, mit schuppen und Kratzklotz vertrug es sich so wenig wie ich mich mit der Rechtschreibung, die ich aber im Verhältnis zur Schönschreibung für stark überbewertet halte. Wäre ich Schulrat, gäbe es Schönschreiben als Pflichtfach bis zum Abi, und wäre ich nicht Schulrat, sondern christlicher Kalenderhersteller, dann nähme ich ein Foto von einem Heuhaufen bei Sonnenuntergang und schriebe darunter: »Die Handschrift ist das Gesicht der Seele, meine kleinen Spatzen und Katzen.« Die Kalligraphie ist hierzulande die am meisten vernachlässigte Kunstform, und alle Blitze und Hitzen der Welt mögen sich in jenem Teil der Hölle sammeln, wo die Rabauken schmoren, die die deutsche Schreibschrift abgeschafft haben. Man stelle sich nur vor: Man lernt einen wunderschönen Menschen kennen, Abendwind weht lind um dessen wohlformatige Kinnpartie, die Haare hängen hübsch ins Gesicht, und im Munde funkeln allerlei Zähne wie im Schaufenster des piekfeinsten Juweliers von Paris, der so piekfein ist, daß Sophia Loren und Jackie Kennedy draußen vor der Tür stehen müssen, weil drinnen kein Platz mehr ist, denn da drängeln sich schon Catherine Deneuve, Madame Giscard d'Estaing, die Begum, Beate Wedekind und die Mutter von Moosi Moosbauer oder Mooshammer. Was machen die Loren und die Onassis? Sie gehen in ein piekfeines Restaurant und rülpsen. Ist aber egal eigentlich. Jedenfalls sind auch die Augen der Person mit den piekfeinen Zähnen sehr schön, so etwa wie eine Mischung aus Mandeln und normalgroßen Eiswürfeln. Den Rest möchte man auch noch bewundern, aber heute geht's nicht. Man läßt sich die Adresse aufschreiben, doch nun Schock und Anlaß zu traurigem Lied: So ein Krickelkrackel, so ein Geschmiere! Das ist doch so, als ob man entdecken muß, daß die angebetete Person Mundgeruch hat oder volkstümliche Schlager liebt! Von so einer Person läßt man die Finger. Deswegen, Jugend, der Rat eines Älteren: Mühe geben! Ich selbst habe auch eine relativ unschöne Handschrift, aber ich versuch's immer wieder. Schon wenn ich morgens im Bette aufrage, marmele ich zu mir: »Heute setze ich keine großen Druckbuchstaben nebeneinander, verwende keinen schmierigen Kuli und schon gar keinen quietschenden, fetten, schwarzen Filzstift, sondern schreibe flüssig richtige Schreibschrift mit einem guten Kuli oder einem dünnen Filzstift oder mit der schönen Sheaffer-Feder. Vielleicht nehm ich den zarten Bleistift gar. Jaja, lieber Gott, laß mich zarte Zeilen finden mit dem Bleistift. Auf keinen Fall werde ich etwas auf ein kariertes Blatt schreiben, das aus einem

Kollegblock gerissen wurde, und mein Format sei stets DIN A4. Briefe an mir persönlich Unbekannte will ich stets mit der Maschine schreiben. Walter Kempowski meint, es sei unhöflich, mit dem kleinsten Zeilenabstand zu schreiben, weil das die Augen des Lesers ermüde, aber ich finde es eher unhöflich, Papier zu verschwenden und mehrseitige Konvolute zu verschicken. Zwei prima Männer, zwei prima Meinungen. So ist die Welt. Herr, gib mir Geduld, damit ich fröhlich auf ihr wohnen mag!« So marmele ich bzw. bete ich schon des Morgens. Habt keine Bedenken, mir in diesem Belang tüchtig und tapfer zu ähneln.

Ich war auf keinem Bauernhof außerhalb der USA
(Februar 1993)

Es gibt eine Reihe von Städten auf der Welt, von denen ich bislang annahm, daß keine zehn Pferde in der Lage wären, mich zu ihnen zu zerren. Neben Djakarta, Murmansk, Brasilia und Döbeln-Ost 2 zählte ich Los Angeles zu dieser Reihe. Vor einem Jahr jedoch beschloß meine Ex-Gattin Else, eben dort ihre Zelte aufzuschlagen und ein neues, von Palmen umwedeltes und von Autobahnen umsurrtes, kosmopolitisch boomendes Künstlerleben zu beginnen, und da wir uns im Herzen stets gut geblieben, bat sie mich um weihnachtlichen Besuch.

»Bring Vollkornbrot und Quark mit, ich lechze danach!« rief sie ins Telefon. Quark schmuggeln war mir allerdings etwas zu blöd. Sie weiß bestimmt bloß nicht, was Quark auf englisch heißt, dachte ich, unfähig mir vorzustellen, daß Millionen von Menschen ein Dasein ohne Quark fristen müssen. Aber ich besorgte ein gutes Kürbiskernbrot aus dem Bioladen, denn das bringt es total: deutsches Bioladenbrot, hart wie unsere Währung. Den deutschen Paß hat nicht verdient, wem Baguette aus seiner Tasche ragt. Allerdings sollte den Bäckern mal einer erzählen, daß die Körner in das Brot gehören, und nicht obendrauf. Wenn man da eine Scheibe abschneidet, fliegen die Dekorationskörner in der ganzen Bude herum, und wer macht die Sauerei wieder weg? Die Bäcker bestimmt nicht. Das brillante Brot trug ich ins Flugzeug, wo ich einen Wisch auszufüllen hatte, der mich etwas an die Einreisewische der DDR erinnerte, auf denen man – ich berichtete – angeben mußte, ob man Harpunen mit sich führe. Die US-Zollbehörden verlangen neuerdings Auskunft darüber, ob man Schnecken, Erde und Vögel einzuführen gedenke. Auch muß man den Satz »Ich war auf einem

Bauernhof außerhalb der USA« kommentieren, indem man »Ja« oder »Nein« ankreuzt. Früher wurde man nach kommunistischen Neigungen befragt, heute nach Schnecken und Bauernhöfen. Ist es das, was Bill Clinton im Wahlkampf mit »Change« gemeint hat?

Else war ungehalten, weil ich ihren Quarkwunsch nicht erfüllt hatte. »Komm, Frau«, sagte ich, »wir gehen in einen Laden.« Aus einer hinteren Ablage meines Gedächtnisses hatte ich die nicht völlig sichere Information hervorgekramt, daß Quark »fresh cheese« heiße. Im Laden: nichts dergleichen. Wir fuhren zum gigantischsten Supermarkt von Los Angeles. Wir fragten eine Angestellte, welche fröhlich auf ein Kühlregal deutete und rief: »All our cheese is fresh.« Wir versuchten nun der Frau zu erklären, was Quark ist. Dieses ohne Vorbereitung zu tun, fiele mir auf deutsch schon ziemlich schwer: »ja, das ist so weißes Zeug aus Milch, da wird, wie heißt das Zeug noch, Lab glaube ich, reingetan, und dann wird das vielleicht zentrifugiert oder durch ein feines Tuch oder eine alte Damenstrumpfhose gequetscht...« Ich begann tiefes Verständnis für eine Fremdenführerin zu spüren, die mir von einem Trauma berichtete, das entstand, als sie einer Reisegruppe völlig unvermittelt auf englisch und französisch die Funktion einer Schleuse zu erklären hatte. »Ja, da kommt ein Schiff, und dann geht das dann so runter, und auf der anderen Seite geht das irgendwie wieder hoch...« Und das in zwei Fremdsprachen!

Wir fuhren nach Las Vegas. Else hatte vorgeschlagen, »die Feiertage« in einem bombastischen Hotel-Casino-Komplex zu verbringen, und ich habe gelegentlich eine Neigung, auf gräßliche Vorschläge mit begeistertem Gejauchze zu reagieren. Unser Hotel-Monstrum erkannten wir sofort, weil wir aus einem Prospekt wußten, daß vor ihm alle 15 Minuten ein künstlicher Vulkan ausbricht, und der brach gerade aus. Wir folgten einem Schild »Valet Parking«.

»Weißt du, was ›valet‹ bedeutet?« fragte Else.

»Keine Ahnung, vielleicht kriegt man da einen Gutschein oder so was.« Mir wurde mulmig. Vor und hinter Elses klapprigem Cadillac standen schwere Limousinen, in denen, soweit man es durch die verdunkelten Scheiben erkennen konnte, mit Edelsteinen behangene Personen saßen. »Hilfe, das sind die, die ganz oben in den Penthouse-Suiten wohnen«, stellte ich fest und wußte auch gleich, was »Valet Parking« ist. Ich kannte es bislang nur aus dem Fernsehen: Die Autoinsassen steigen aus, und ein livrierter Schnösel fährt das Auto dann irgendwohin. Ich hatte mich immer gefragt, wie die Besitzer ihre Autos wiederfinden. Mich grauste bei dem Gedanken, hier den Wagen verlassen zu müssen. Wir hatten nämlich »unangenehmes Gepäck«. Else hatte ihren Frauenkram auf fünf Supermarkt-Pappbeutel verteilt, und ich hatte einen braunen Rucksack und einen Baumwollbeutel mit der Aufschrift *Butter-Lindner*. Würde man uns nicht für mexikanische Flüchtlinge halten? Unnötige Angst – einer der Livrierten bemerkte unseren Irrtum und wies uns ohne jede Herablassung den Weg zum »Self-Parking«.

An der Rezeption reichte man uns eine Karte, die wir, da darauf ein Wald, Wasserfälle, ein Dutzend Restaurants, der Swimming-pool der Tiger von Siegfried und Roy und ein Delphinarium eingezeichnet waren, zuerst für einen Stadtplan hielten. Es handelte sich aber lediglich um eine Orientierungshilfe durch die Hotelhalle. Während wir nun unser erdbebenopfergemäßes Gepäck auf dem Weg zum Fahrstuhl durch den künstlichen Urwald trugen, der, damit er weniger künstlich wirkt, mit künstlichen Gewächshausdüften aromatisiert wird, begann ich zu bezweifeln, ob ich es durchstehen würde, diesem überkandidelten Ort wie geplant »europäisch«, d. h. belustigt, aber mit dem Bewußtsein kultureller Superiorität zu begegnen. Und richtig: Ich fand alles äußerst angenehm. Froh war ich auch, daß es meiner klugen, einst Angetrauten in keinem Moment einfiel, das Wort *Kitsch* zu verwenden. Ich schätze diese Allerwelts-Totschlagvokabel nicht, auch dann nicht, wenn modisch geredet wird, etwas sei »herrlich kitschig«. In keinem Lexikon fand ich je eine mir einleuchtende Definition von Kitsch. Ganz gleich, ob man entbehrlich scheinenden Gefühlsausdünstungen, Darstellungen von Volksfrömmigkeit, verhehlten Schilderungen gesellschaftlicher Ungerechtigkeit, ungezähmter Freude am Ornament, naivem Weltverschönererdrang, Verwendung von Mustern aus der Pflanzenwelt in der bildenden Kunst, eklektizistischem Eifer, einem Mißverhältnis zwischen Form und Inhalt oder zwischen Ambition und Resultat begegnet – stets wird hastig Kitsch gebellt, statt die aufgezählten, doch sehr unterschiedlichen Erscheinungen präzise zu nennen. Mir ist einmal eine Schülerzeitung in die Hände gefallen, in der Schüler ihre Lehrer baten, aktuelle Pop-Platten zu rezensieren. Einer Lehrerin mißfiel, daß ein Sänger im Refrain eines Liedes »I love you, I love you, I love you« sang, und bezeichnete das als kitschig. In diesem hübsch ungequälten Bekenntnis sind jedoch sämtliche Kriterien, anhand deren sich der Begriff Kitsch noch irgendwie eingrenzen ließe, dermaßen abwesend, daß es sich als Schulbeispiel für Nichtkitsch vorführen ließe. Möge die Jugend die Kraft beschleichen, auf Leute nichts zu geben, die einfach formulierte Gefühlsregungen und Freudensäußerungen für entbehrlich halten. Ich möchte hier noch auf zwei Begriffe verweisen, die ebenso wenig hilfreich wie das Wort »kitschig« sind und die von Leuten, die viel reden, gerne bei der Beurteilung von Musik verwendet werden: »kommerziell« und »hart«. Ich denke, daß man eine Umfrage unter 100 Rockmusikhörern machen sollte, wie sie diese Begriffe in bezug auf Musik definieren würden. Ein geschickter Regisseur wäre imstande, aus diesem Band das erheiterndste O-Ton-Hörspiel aller Zeiten herzustellen.

Döbeln-Ost II

Eine aufwendig formulierte Freudensäußerung befand sich direkt neben unserem Hotel: *Cesar's Palace*. Auf Laufbändern gleitet man, vorbei an einer Vielzahl von Tempeln, Säulen, Arkaden und teilweise sprechen könnenden Statuen, akustisch begleitet von Gladiatorenfilmmusik, künstlichem Tropenvogelgekreisch und schmetternden japanischen Durchsagen, zu einer in ständiger Abenddämmerung versunkenen Piazza, wo man in *European style restaurants* Gerichte essen kann, die wörtlich übersetzt z. B. »Zwei monströse Fleischbälle in mundbewässernder Sauce« heißen. Ein Verköstigungsunternehmen garantiert gar schriftlich, daß seine Pizzas die Geschmacksknospen der Gäste aus ihrer Flaute herausstoßen werden. (»These pizzas are guaranteed to jolt your taste buds out of their doldrums.«) *Cesar's Palace* ist nichts für Lateiner und Faltenwurf-Fans, aber ein audiovisueller Schleckspaß für Leute, die bereit sind, sich vier Tage lang ihre von jahrzehntelangen Blicken auf Gebäude in vermeintlicher oder echter Bauhaus-Nachfolge (beides gleich ermüdend) oder karg dekorierte Theaterbühnen ergrauten Augen lustvoll rotzureiben. Ich sage: New York sieht so aus wie im Fernsehen, da muß man nicht unbedingt hin. Los Angeles ist wie, hier zitiere ich meine formulierungsbegabte ehemalige Ehefrau: wie hundertmal den gleichen Satz an die Tafel schreiben. Las Vegas aber ist eine der wenigen legitimen Schwestern deutschen Vollkornbrots: unersetzlich, das muß sein, keiner macht es besser. Angesichts des unerhörten Energieverbrauchs an diesem Ort muß man allerdings seinen Öko-Heiligenschein, falls man einen solchen trägt, vorübergehend auf *stand-by* stellen, sonst erträgt man es nicht. Doch selbst wenn es einst gelingen sollte, die ganze Welt ökologisch umzustrukturieren, Las Vegas sollte bleiben: als Mahnmal eines Irrwegs und als Museum der Verschwendung.

Natürlich mußten wir auch eine klassische Las Vegas-

Show besuchen. Da zwar die Tiger, nicht aber Siegfried und Roy in der Stadt waren, wählten wir einen Komödiantenabend in einem Glitzer-Etablissement der sechziger Jahre. Wir hatten altmodische Gentleman-Augenzwinkereien erwartet, es wurden aber drei feministische Kabarettistinnen serviert, die Witze über Penisse, gynäkologische Untersuchungen und die religiösen Gefühle ihrer mittelständischen Zuschauerschaft machten, welche aber beneidenswert gelassen lachte. Insgesamt schien mir Las Vegas eine unreligiöse Oase zu sein. Nirgends eine Spur von feister Weihnachtsmenschelei, nirgendwo bösartige Lieder von reichen Hoffnungsdelirianten – »Heal the World«, »I have a Dream« –, nicht in Las Vegas! Gefallen hat mir auch das Fehlen allen Disneytums. Ich weiß nicht, ob das Disney-Imperium da irgendwelche Hotels besitzt, aber es laufen keine aufdringlichen Micky-Maus- und Goofy-Figuren herum, die einen zwingen, sich mit ihnen fotografieren zu lassen. Man wird zu überhaupt nichts animiert, auch zum Spielen nicht. Wer nicht will, kann auch nur saufen, was obendrein billig ist, genau wie die Übernachtungen. Ein komfortables Doppelzimmer mit Vulkan vorm Fenster kostet höchstens halb soviel wie ein enges Einzelzimmer in Leipzig ohne Vulkan. Und Las Vegas wird immer toller! Man baut gerade den höchsten Turm der Welt, und an allen Ecken und Enden werden neue, noch gigantischere Hotel-Casino-Komplexe hochgezogen. Wie lassen sich Vulkane und Cäsarenpaläste noch überbieten? Künstliche Hurricans? Ein Hotel, das alle 15 Minuten künstlich zusammenkracht? Ich werde es erfahren. In drei Jahren will ich wieder dort sein.

Negativ war zweierlei. Erstens ist die ganze Stadt, bis auf die Fahrbahnen, mit synthetischen Teppichböden ausgelegt, die zwar unbeugsamen Willen zum Ornament bezeugen, einen aber so aufladen, daß man ca. 50 elektrische Schläge am Tag einheimst. Einheimische sagten, es sei erst nach einem halben Jahr mit dem Einheimsen aus. Zweitens: Man kann sich nirgendwo mal ruhig hinsetzen und eine Postkarte an seine Lieben schreiben. Selbst in die Bartresen sind Videopoker-Maschinen eingebaut. Selbst auf Zimmer 21 027 hört man noch den Vulkan dröhnen. Briefkästen habe ich auch nicht gesehen, vermutlich weil sie nicht glitzern.

Zurück in Los Angeles, fuhren wir zum Hollywood Boulevard, weil man dort den ›Spiegel‹ kaufen kann. Ich hatte in den Wochen davor ca. neun Artikel gelesen, in denen stand, daß die Frauen bei den Skinheads Renees heißen, und ich hoffte nun, den zehnten zu finden. Und ich wurde fündig! Ich finde, in jeder Zeitschrift sollte stehen, daß die Frauen bei den Skinheads Renees heißen. Das muß man doch wissen. Und ei, ein Interview mit der Gruppe »Störkraft«. Ich finde, in jeder Zeitschrift sollten Interviews mit der Gruppe »Störkraft« stehen. Das muß man doch lesen. Damit man hinterher durch die Stube schleichen kann und murmeln: »Ojemine, die Gruppe ›Störkraft‹.« Neulich setzte sich ein junger Mann in mein Zugabteil. Er sah sehr nett aus, trug allerdings ein Rudolf-Heß-T-Shirt. Wer lief rot an und verbarg sich hinter einer Zeitung? Ich! Der andere kramte seinen Walkman hervor. »Jetzt hört er bestimmt die Gruppe ›Störkraft‹«, dachte ich. Aber nein: Er hörte Herbert Grönemeyer, den am dollsten gegen rechts rockenden Musiker. Vielleicht hielt er Rudolf Heß ja auch für einen Popstar. Ich hatte in meinem Jugendzimmer jahrelang ein Poster von Angela Davis hängen. Ich dachte, das sei eine Sängerin. Ich hatte schon Schuhgröße 44, als ich erfuhr, daß Angela Davis eine Funktionärin der Kommunistischen Partei der USA war.

Nun soll mein Aufsatz zu Ende sein. Wie ist er? Zu kommerziell, weil nicht hart genug, und ein wenig kitschig? So mag es sagen, wer nicht anders will.

PS: Wußten Sie schon, daß die Frauen bei den Skinheads Renees heißen?

Nachbemerkung Herbst 1994:
Natürlich gibt es im Englischen ein Wort für Quark: *curd* oder als plurale tantum *curds*. Die damit bezeichnete Substanz trifft man aber nur selten an. Immerhin gibt es bei Hüttenkäse *small curd* und *large curd cottage cheese*.

Warum Dagmar Berghoff so stinkt
(März 1993)

In der alten Zeit, als die people, wie man auf neudeutsch sagt, noch mit Haspeln und Raspeln hantierten, strich man sich den Schmutz aus den Ohren einer Eselin auf die Stirn, um gut schlafen zu können. Auch glaubte man, daß, wenn eine menstruierende Frau an einem Gurkenbeet vorbeiginge, die Gurken verdorren würden. Wäscherinnen, die sonniges Wetter wünschten, empfahl man, in eine Unterhose hineinzulachen, und das Essen von Käse galt als ein Mittel, die Langeweile zu vertreiben. Der Trunksucht dagegen glaubte man mit dem Trinken von Leichenwaschwasser beikommen zu können. In einigen Gebieten wurde geglaubt, daß man Petersilie lachend und mittwochs auszusäen habe, in anderen Gegenden hieß es, man müsse das zornig und dienstags tun. Abgeschnittene Haare durfte man nicht aus dem Fenster werfen, weil man Gedächtnisschwund fürchtete, wenn ein Spatz die Haare zum Nestbau verwendet. Auch war man überzeugt, daß Hexen aus Haaren Hagelkörner herstellen. Insgesamt wurde zum Vergraben von Haaren geraten. Heute sitzen die Menschen in kleinen Gruppen in den Pizzerien und beschmunzeln solchen Aberglauben. »Hach, wie naiv-skurril, unsere Altvorderen«, hört man sie krähen. Dabei ist der Drang zu putzigen Irrlehren heute so stark wie zu jeder Zeit. Weitverbreitet ist der Aberglaube, daß man ab einer bestimmten gesellschaftlichen Stellung zu behaupten habe, daß Genesis mit Phil Collins als Sänger viel schlechter und weniger bedeutsam seien als Genesis mit Peter Gabriel bzw. Peter Gabriel ohne Genesis, obwohl jeder Eigentümer von Ohren hören kann, daß das erstens gehupft wie gesprungen, zweitens Seemannsgarn und drittens Jacke wie Hosc ist. Beide halten sich wacker an dieselben Regeln. Ein weiterer moderner Aberglaube betrifft den Eilbrief.

Es wird geglaubt, daß ein Eilbrief einen Tag eher als ein Normalbrief den Empfänger erreiche. Das ist aber ein Ammenmärchen. Es sitzt die Amme an der Wiege und flötet zum Kinde: »Halli hallo, ich bin deine Amme, und ein Eilbrief kommt einen Tag eher an als ein normaler, dutzi dutzi dutzi«, und der Nachwuchs denkt: »Ei, das ist schön, dann werde ich, wenn ich groß bin, alle Welt mit Eilbriefen bombardieren, und darüber hinaus denken irgendwelche doofen Akademikerinnen oder SPD-geführte Frauen, daß kleine Kinder es nicht mögen, wenn man dutzi dutzi dutzi zu ihnen macht, dabei fahren wir in Wirklichkeit voll darauf ab.« Ich hingegen habe mir in meinem Postamt meine Vermutung bestätigen lassen, daß es bei der Deutschen Bundespost keine beschleunigte Brief*beförderung* gibt, da sämtliche Post so schnell wie technisch möglich befördert wird. Das allgegenwärtige Gemotze über die langsame Post entstammt derselben unheiligen Allianz aus komfortübersättigten Rechtsspießern und linken Deutschlandhassern, die einem auch eintrichtern will, daß es unüberbrückbare Gegensätze zwischen »Ossis« und »Wessis« gebe. Fast alle Briefe sind flink wie motorisierte Wiesel. Wer gerade sich selbst beim schnippischen Anzweifeln meiner Aussagen auf frischer Tat erwischt, sollte sich lieber vornehmen, seine Briefe fürderhin lesbar und vollständig zu adressieren und sie in häufig geleerte Briefkästen zu werfen. Wer sie in verrostete Kästen nahe seit fünf Jahren pächterlosen Waldgaststätten tut, darf sich nicht wundern. Die Post ist eine heilige Institution, und das Bekommen von Post hat am späten Vormittag die gleiche tröstende Funktion, die der mäßige Genuß leicht alkoholischer Getränke am Abend und der Schlaf in Nacht- und Morgenstunden ausüben. Die öffentliche Verehrung, die Sportlern oder Schönheiten der Unterhaltungsindustrie zuteil wird, sollte man lieber den Postboten widmen. Ein Brief, scherzhaft gerichtet an »Kapitän Zahngold«, wurde mir pünktlich zugestellt. Natürlich kann es auch im gelecktesten Postamt mal vorkommen, daß etwas hinter den Heizkörper flutscht oder auf den Philippinen landet. Ein Bekannter erhielt neulich eine Karte von mir mit dem Stempelaufdruck »mis-sent to Manila«. Toll, daß die dafür extra einen Stempel haben! Gut ist so was! Liebenswürdiges Schludern verwandelte einen ordinären Gruß in einen tropisch duftenden, luftpostphilatelistischen Leckerbissen. Wegen Poststücken mit dem Aufdruck »Hinter den Heizkörper geflutscht« gibt es auf Auktionen zweifelsohne Raufereien.

Doch zurück zum Mythos Eilbeförderung. Wie sollte diese denn vonstatten gehen? Am Abend fliegt ein Postflugzeug mit sämtlicher Post von Berlin nach Hannover oder Frankfurt oder weiß der Geier. Denken denn die Eilpostapostel im Ernst, daß der Eilbrief in einen Düsenjäger gesteckt wird, der dann das normale Postflugzeug – wroom – überholt? Stellen sie sich vor, daß für wenige Mark Expreßgebühr Motorradkuriere die Autobahnen entlangdonnern? Nein, es gibt lediglich eine beschleunigte *Zustellung* am Zielort, d. h., der Brief kommt um sieben Uhr morgens statt um zehn Uhr an. Es ergibt also nur Sinn, einen Eilbrief zu versenden, wenn man weiß, daß der Empfänger um acht Uhr morgens außer Haus zu gehen pflegt, um Säcke durch die Stadt zu schleppen, Ölumlaufpumpen heile zu machen oder Kinder vollzusülzen. Jemanden mit Eilzustellungen zu behelligen, dessen Aufstehzeit man nicht genau kennt, ist eine schallende Ohrfeige ins Gesicht des menschlichen Miteinanders, ein düsterer Rückfall in die Mottenkiste nicht vorhandener Nächstenliebe. Niemand liebt es, um sieben Uhr morgens in der Unterhose und mit sekretverkrusteten Gesichtsmerkmalen die Türe zu öffnen. Die meisten Menschen sehen um diese Zeit aus wie Rübezahl. Auch

Cindy Crawford sagte in einem Interview, daß sie nach dem Aufstehen nicht wie Cindy Crawford ausschaue, sondern – das sagte sie nicht selber, das ergänze ich – wie Rübezahl. Daher sage ich: Eilbriefe? Forget it, wie man auf neudeutsch sagt. Es ist nämlich so, daß gerade Freiberufler und beautiful people, wie man auf neudeutsch sagt, um sieben Uhr oft noch die Matratze belauschen, statt Verve und Elan zu versprühen. Viele wird es erschüttern, etwas dermaßen Abscheuliches erfahren zu müssen. Gerade die Säckeschlepper halten das für einen Skandal. Daher brüllen und schreien sie während ihrer Arbeit: »Wir brüllen und schreien beim Säckeschleppen zwecks Folter fauler Künstlerdeppen.« Und durch die Studentenbudenhochburgen schallt es: »Wir renovieren und wir bohren bevorzugt vor Studentenohren.« Armeen sekretverkrusteter Studenten kennen diese ungelenken Reime.

Ich bin bekannt als jemand, der in puncto schonungsloser Tatsachenbrutalität kein Blatt vor den Mund zu nehmen pflegt, und ich halte die Leser für im positiven Sinne abgebrüht genug, zumindest zu respektieren, daß ich meine vorhin geäußerte Nutzinformation, es gebe Menschen, die um sieben Uhr noch im Bett liegen, noch ausdehne, indem ich sage, daß es sogar welche gibt, die noch um achte einfach daliegen, statt herumzuspringen. Mir hat vor vielen Jahren mal ein Erdenkenner hinter vorgehaltener Hand erzählt, daß er jemanden kenne, der oft noch um neun im Bett liegt. Ich habe das damals für eine satirische Zuspitzung im Stil von Mark Twain, wie man auf neudeutsch sagt, gehalten, aber in der Zwischenzeit bin ich von allen Mühlen des Lebens gemahlen worden und weiß, daß es eine ganze Menge Menschen gibt, die sogar noch um halb zehn keinen Gedanken ans Herumspringen verschwenden. Diese soziologische Delikatesse zu enthüllen scheint mir angebracht, seit ich im

Hofe meines Wohnhauses einen Altglascontainer entdeckt habe, in welchen man von 7.00–13.00 und von 15.00–18.00 Flaschen hineinschmeißen darf. Die Sippe der Reinschmeißzeitenbestimmer scheint hinter dem Monde zu wohnen. Wieso nicht von 13.00–15.00? Mittagsschlaf? Ach was: Das Kulturphänomen Mittagsschlaf ist in unserem Lande ca. 1965 so gut wie ausgestorben. Man begegnet ihm heute so selten wie heißem Orangensaft oder einem Langwellenhörer. In meiner Kinderzeit wurde für »Hohes C« noch mit dem Argument geworben, daß es auch heiß sehr gut schmecke. Heute belehren einen schon Dreijährige auf dem Dreirad, daß Vitamin C nicht hitzebeständig sei. Und wer lauscht heute noch der Langwelle? Weil ich Lust hatte, etwas Bizarres zu tun, habe ich neulich mal gehört, was da kommt. In der Mitte hat es geknattert, links davon hat es asthmatisch gefiept, nur ganz links redete eine dänische Dame sehr leise und langsam. Ebenso leise und langsam sprach eine russi-

Hier gehe ich jeden Tag hin, um zu schwören, daß ich die Lutschmobil-Passage zuerst streichen wollte, dann aber dachte: Wieso denn? Ist doch lustig!

sche Dame, die ich ganz rechts fand. Ich nehme an, sie sprachen miteinander. Wahrscheinlich darüber, daß es bei dem Geknatter und Gefiepe unmöglich ist, Mittagsschlaf zu halten.

Eigentlich wollte ich nun das Publikum mit der Information frappieren, daß es Menschen gibt, die teilweise bis halb elf im Bett liegen. Aber das hebe ich mir lieber fürs nächste Heft auf. Schön ist das mich warm durchstrudelnde Gefühl, den Menschen etwas zu geben, auf das sie sich freuen können. Also:

Im nächsten Heft wird stehen, daß gewisse Personen bis teilweise viertel vor elf schlafen, ach was, bis Punkt elf sogar, doch pst! Ich will nicht zuviel verraten. Durch meinen Ankündigungs-Service wird die wegen der Kohl-Titelblätter gesunkene Satireheftchen-Auflage gewiß nach oben zoomen, wie man auf neudeutsch sagt.

Apropos Kohl: Stets habe ich das Gezetere kritisiert, das unser Land überschwemmt, wenn Kohl einen Satz sagt. Wir erinnern uns daran, daß er in Israel mal von der Gnade der späten Geburt sprach. Immens war das Gezeter, obwohl das eine kluge Formulierung war. Nun wieder das gleiche: Kohl hat den russischen Präsidenten versehentlich als sein »lila Lutschmobil« bezeichnet. Sofort wurden drei neue Privatsender aus dem Boden gestampft, in denen sich Kabarettisten drängeln, die sich gar nicht wieder einkriegen vor lauter Lutschmobil-Tätärätä-Satire. Wenn Walter Jens Boris Jelzin lila Lutschmobil genannt hätte, dann hätten die Menschen gesagt: »Welch meisterliche Rhetorik!«, wenn ich Jelzin so bezeichnen würde, würde es heißen: »Was für eine skurrile Alltagsbeobachtung!«, und wenn Reinhold Messner über Boris Jelzin gesagt hätte, er wäre ein lila Lutschmobil, hätten alle gerufen: »Was für ein schönes Gebirgsvideo!« Aber wenn Helmut Kohl so etwas sagt, hinterläßt er angeblich einen Scherbenhaufen. Das finde ich etwas ungerecht.

Wegen der Überschrift dieses Artikels sollte man sich keinen Kopf machen und statt dessen vermuten, daß News-Lady Dagmar Berghoff, wie man auf neudeutsch sagt, gar nicht stinkt, sondern daß sich, wo sie wirkt und werkt, frauliches Düfteln bemerkbar macht. Sie ist reinlich und von heute. Selbst als sie noch menstruierte, ist nie eine Supermarktgurke ansichtig ihrer verdorrt. Nie lacht sie in eine Unterhose, denn sie weiß, das Wetter kommt von den Experimenten im universe, wie man auf neudeutsch sagt, und ihre Haare wirft sie immer aus dem Fenster. Der Hamburger Leser wird sich, während sie dies bestätigt, ein Zustand zwischen Heiterkeit und leichtem Ekel bemächtigen. Dagmar Berghoff springt um sieben Uhr morgens aus dem Bett, und während sie sich die Sekretkrusten aus dem Gesicht klopft, geht ihre Klingel. Sie legt das Sekrethämmerchen beiseite. Ein Eilbrief. Von mir. Sie liest: »Der Eilbote ist ein Freund von mir, und ich schicke Ihnen diesen Brief nur, damit er mir erzählt, wie Sie um sieben Uhr morgens aussehen.« Schon am nächsten Tag bringt mir der Normalbriefträger einen Brief vom Eilbriefträger. Darin steht: »Ich mache bei diesem schmutzigen Spielchen nicht mit. Würdest Du etwa wollen, daß jemand herumtrompetet, wie Du um sieben aussiehst?« Ja! Warum nicht? Ich sehe nämlich morgens um sieben aus wie Cindy Crawford. Aber wirklich nur Punkt sieben nach der Braunschweiger Atomuhr. Die Braunschweiger Atomuhr flüstert mir gerade zu, daß jetzt der günstigste Zeitpunkt ist, meinen Aufsatz abzubrechen, in welchen ich mancherlei einstreute, zum Beispiel etwas gütigen Spott über die ermüdende Angewohnheit vieler Leute, in ihrer Rede jedem englischen Ausdruck die Floskel »wie man auf neudeutsch sagt« nachzuschicken. Très chic wird es zur Zeit übrigens gerade, die deutsche Interjektion »Hoppla« durch ein englisches »Oops« zu ersetzen.

PS: Da trotz Atomuhr noch Platz ist, hier noch meine derzeitigen Lieblingsdefinitionen aus ›Wahrigs Deutschem Wörterbuch‹:

1) Stilb = nicht mehr zulässige Maßeinheit der Leuchtdichte selbst nicht leuchtender Körper

2) abböschen = einer Sache die Form einer Böschung geben

Lieder sind geschmolzene Stadthallen oder: Früher war alles gelb
(April 1993)

Eines Nachmittags hatte ich eine Stunde in einem Café totzuschlagen. Ich hatte keinen ausgesprochenen Wohlfühltag und bildete mir ein, daß alle anderen Cafégäste mich böse anschauen. Ich wollte daher nicht einfach nur dasitzen, sondern einen beschäftigten Eindruck machen. Da keine Lektüre vorhanden war, knöpfte ich mir mein Notizbuch vor. Ich wußte aber nichts zum Reinschreiben. In meiner Verzweiflung begann ich das mitzuschreiben, was zwei Jugendliche unterschiedlichsten Geschlechts am Nebentisch einander erzählten. Es waren archetypische blondierte Studenten vom Schlage »Kino, Kneipe, miteinander quatschend«, Geburtsjahr ca. 1970, das Jahr, in dem ich nach den großen Ferien in einem gelben Batikhemd mit Schnürverschluß zum Unterricht kam und dachte, das finden bestimmt alle gut.

Zuerst redeten die jungen Leute darüber, daß Ofenheizungswärme viel kuscheliger sei als eine von Zentralheizung erzeugte. Ächz, dachte ich, schrieb aber tapfer weiter, mich mit der Hoffnung auf Versprecher oder Merkwürdigkeiten tröstend. Ich sammele so was, und zwar ohne Arroganz und Absicht. Ein Freund z. B. sagte neulich versehentlich, daß die Fischer in der DDR ihre Hühner mit Eiern gefüttert hätten; und Schopenhauer, eine verstorbene Intelligenzbestie, bemerkte einmal, Architektur sei gefrorene Musik. Wie herzerfrischend es ist, wenn die Zunge auf Glatteis zu Fall kommt. Ausrutscher dieser Schönheit brachte die Studentenkonversation zwar nicht ein, aber doch einiges, was mir gefiel.

Die Frau beschrieb eine Insel: »Das ist total surrealistisch, wie die Farben da aufeinanderprallen, also überhaupt nicht weich von der Landschaft her, eigentlich unheimlich karg, aber eben auch faszinierend.« Um welche Insel es ging, ist mir entgangen. Vielleicht um die Blumeninsel Mainau, wo Graf Bernadotte, der dort wohnt und wirkt, sich einmal vor eine Palme pflanzte und sprach: »Ich bin Graf Spermadotte, denn ich habe 13 Kinder oder sogar 15 und, wie Sie gerade hören, auch Humor.«

Vielleicht sprach sie aber auch von irgendeiner anderen Insel. Dann redeten sie über den TV-Dauerbrummer *Raumschiff Enterprise,* die Super-Gutfindserie für Super-Gutfindleute von heute, die gut drauf sind und stolz darauf, daß sie das gut finden, so gut drauf zu sein.

Er: »Ich versuche ja immer, das kulturhistorisch aufzuwerten, aber spätestens nach der dritten Folge muß man doch zugeben: das ist einfach nur platt.«

Sie: »Das ist überhaupt nicht platt.«

Er: »Das ist nur platt.«

Sie: »Das ist natürlich schon platt, aber die Folgen sind alle unterschiedlich platt.«

Er: »Die sind alle gleich platt.«

Sie: »Nee, da sind irgendwo riesige Unterschiede.«

So einen leuchtenden Dialog hatte ich lange nicht gehört. Die Serie geht mir zwar am Arsch vorbei (deutsche Redewendung, *derb*), aber ein Vorteil am Älterwerden ist, daß man aufhört, Leute doof zu finden, weil die etwas gut finden, was man selber doof findet. Alle meine Bekannten fanden z.B. die Lichterketten doof. Ich fand sie gut. Prallten aber harte Worte an wutgeschwollene Schädel, zerschellte Porzellan am Boden, knallten Türen, ging man grußlos auseinander? Nö, i wo, kein bißchen! Junge Leute sind da anders. Die sagen: »Mario ist doof, denn der hört HipHop.« Da rufe ich: »Aber ihr Kinder! Seid doch nicht so engherzig! Ihr könnt doch den lieben, süßen Mario nicht doof finden, nur weil er eine andere Musikrichtung als ihr bevorzugt! Ihr müßt sagen: ›Mario ist doof, obwohl er HipHop hört!‹« Angefüllt mit Dank und mühelos gereift, entschleicht die Jugend meiner Einflußsphäre.

Bleiben wir beim Phänomen des Gutfindens und seinem Geschwisterphänomen, dem Schlechtfinden. Oft finden Menschen z. B. etwas schlecht, weil sie die Menschen doof finden, die das gut finden. Früher dachte ich immer, Guns 'n' Roses müssen schlecht sein, weil die Leute, die Guns 'n' Roses gut finden, so doof sind. Das sind sie natürlich auch – manche sind ja sogar im Gesicht tätowiert. Ich versuche zwar, mir die Auffassung abzugewöhnen, daß jemand, der sich im Gesicht tätowieren läßt, in eine Lebensstraße einbiegt, an deren Anfang sich ein Objekt in ein Subjekt und an deren Ende sich ein Subjekt in eine Substanz verwandelt, aber es gelingt mir nicht, zu dieser gewiß unschönen Auffassung Servus zu sagen.

Guns 'n' Roses sind relativ prima. Als ich dies vor wenigen Jahren staunend zur Kenntnis nahm, klatschte ich mir vor Freude über die Elastizität meiner eigenen Auffassungen auf die Schenkel. Den Zwanzigjährigen mit ihrer Abba- und Enterprise-Gutfinderitis rufe ich zu: »Ihr habt diese Zeiten ja nicht miterleben müssen«, und zwar in einem Ton, den ich in scherzhafter Absicht jenem Ton ähneln lasse, in welchem meine Großmutter ihr »Ihr habt ja keinen Krieg erlebt« vorzutragen pflegte. Die Mädchen trugen zu Abba-Zeiten Glockenröcke oder gelbe Polyesterhosen mit Ringreißverschluß hinten! Heutige Damen lachen oft mehrere Stunden lang, wenn sie von solchen Torheiten erfahren. »Haha, Reißverschluß hinten! Da zieht doch ständig einer dran!« Genauso war es: Dran ziehen und weglaufen, ein beliebter Spaß unter dreizehnjährigen Knaben. Nach den Ferien übertrumpften die Mädchen einander mit neuen Glockenröcken. Sie betraten das Klassenzimmer mit einem Blick, der sagte: »Ich hab zwar einen neuen Glockenrock an, aber da ist doch gar nichts bei; es ist doch ein ungeschriebenes Schülergesetz, daß man nach den Ferien etwas Neues anhat.« Aber sie waren natürlich total beleidigt, wenn man nicht auf sie zuschritt und rief. »Oh, du hast ja einen neuen, wirklich faszinierenden Glockenrock an. Herzlichen Glückwunsch!« Die Lehrerinnen trugen schenkellange Strickjacken mit riesigen, aufgenähten, von Zigarettenschachtel- und Orangentransport ausgeleierten Taschen, natürlich auch Glockenröcke und mittelbraune, kniehohe sogenannte »Damenstiefel« mit Ringreißverschluß. Im Unterricht setzten sie sich auf die Heizkörper, wodurch zwischen Stiefeloberkante und Rocksaum grobknorpelige, käsige Kniescheiben sichtbar wurden. Ich weiß nicht, worauf sich Lehrerinnen heute niederlassen, aber in den siebziger Jahren saßen sie grundsätzlich alle auf der Heizung. Wodrauf sich die männlichen Lehrer damals setzten, weiß ich nicht mehr, sie waren mehrheitlich recht uneinprägsame Gestalten. Die Jungens trugen gelbe Hemden mit Dackelohrkragen und Sternzeichenanhänger. Die Sachen, die jetzt die Seventies-Revival-Leute tragen, die trug damals kein Mensch. Am gelbsten war es, wenn es regnete. Dann trug jeder eine gelbe Öljacke, vom überschäumenden Humor jener Jahre auch Ostfriesennerz apostrophiert. Wenn eine Gruppe Schüler vom Erde- oder Bioschwänzen kam, sah es aus wie eine Prozession von Briefkästen. Und wenn mein gelbes Mofa seinen Geist aufgab, dann mußte ich es schieben. Das war nicht das Gelbe vom Ei, aber sonst war alles gelb. Alles, alles, alles! Ich bin jedenfalls froh, heute zu leben. Ich will moderne Musik und moderne Serien, z. B. *Lindenstraße*. Verglichen damit ist *Raumschiff Enterprise* eine Gesprächsrunde mit tablettenabhängigen schwäbischen Pastorinnen. In jeder Folge dieser angeblich alltagsnahen Serie kommt mehr Science-fiction vor als in zehn Jahrgängen Perry Rhodan. Einmal überlegte

Gabi, ob sie Lisa adoptieren soll. Eine Woche später bekam sie positiven Bescheid vom Amt. In einer anderen Folge hatte die Blumenhändlerin Schmerzen in der Brust, und schon in der darauffolgenden war die Brust futschikato, ab-operiert. Galaktisches Tempo, kann man da sagen. Anderes Beispiel: Hans Beimer verliert seinen gutdotierten Hoteljob. Spielte die Serie in der normalen Welt, würde Hans halt auf die Ersparnisse zurückgreifen, die normale deutsche Familien nun einmal haben. Da die Lindenstraße aber in einem kosmischen Parallelmünchen jenseits der Zeitleiste spielt, hat Hans schon zwei Wochen nach seiner Entlassung nichts mehr zu essen und muß auf alten Teebeuteln herumkauen. Wäre ich Sarkast, würde ich krähen: »Wenn das Volk kein Brot hat, warum ißt es dann keinen Kuchen?« Das hat, glaube ich, einmal Mutter Teresa gesagt. Entschuldigung, ich meine natürlich Maria Theresia. Bzw. Marie Antoinette. Aber ist ja egal. Was Frauen so daherreden, wenn der Tag lang ist.

Und Männer erstmal! Schopenhauer, die beliebte Intelligenzbestie, die sich ja nun ooch schon seit geraumen Jahren die Radieschen von unten begucken muß. Stellte sich mir nichts, dir nichts vor irgendeine Palme und sagte, Architektur sei gefrorene Musik. Oder ich: Ich sage z. B. folgendes zur Musik von heute: In meinen diversen Tonwiedergabegeräten können sich die modernsten Ensembles und Solisten sämtlicher Rassen und aller anerkannten Klangerzeugungsnationen gründlich die Türklinke in die Hand geben und austoben. Hätte ich als Jugendlicher die schöne Musik zur Verfügung gehabt, zu der sich heutige Jugend die Seele aus dem Körper strampelt, hätte ich in den Discos meiner Heimatstadt dermaßen intensiv herumgezappelt, daß meine Sternzeichenanhängerkette gerissen wäre. Schöne Vorstellung: Sechzehnjähriger mit Brille, der zwischen lauter Tanzenden am Boden herumkriecht und greint: »Macht doch mal das Licht an. Mein Sternzeichenanhänger ist abgegangen.« Aber für mich wäre das nichts gewesen: Ich hatte nie eine Brille, und zu »Una paloma blanca«, »Mississippi« und »Fernando« mochte ich nun wirklich keinen Finger und schon gar kein Tanzbein krümmen. Solche Lieder wirkten auf mich damals, um bei Schopenhauer zu bleiben, wie geschmolzene Stadthallen.

Und weil ich gerade von der Disco sprach: Was wollte eigentlich Joan Baez in zwei Mannheimer Discotheken? Unter der schönen Überschrift »Joan Baez darf nicht in Mannheimer Discos« stand in der Zeitung die häßliche Geschichte, daß Joan Baez und ihren sechs Musikern der Zutritt zu zwei Mannheimer Discos verwehrt wurde. Argument: »Das sind zu viele Ausländer auf einmal.« Das Schlechtfinden dieses Ereignisses erübrigt aber nicht die Frage, was Joan Baez in einer Disco wollte. Wollte sie in den Laser-Kaskaden mal so richtig in Trance geraten oder einfach nur ein paar Tequilas auf ex trinken? Beides mag man ihr gar nicht so recht zutrauen. Wahrscheinlich wollte sie sich nur auf den Heizkörper setzen und mit ihren dicken Knien protzen. Gerhard Widder, der Mannheimer OB, hat sich bei der sympathischen Künstlerin (»The Night They Drove Old Dixie Down«) übrigens telefonisch für die ihr verweigerte Trance entschuldigt. Telefonisch – das ist typisch! Statt zu ihr hinzugehen und zu sagen: »Oh, Sie tragen ja noch immer Ihren faszinierenden Menschenrechtsglockenrock. Aber das ist ja normal, daß man sich als 52jährige nicht ständig neue Glockenröcke kauft.«

Apropos Joan Baez (»The Night They Drove Old Dixie Down«): Es gibt ja Leute, hinter deren Namen regelmäßig was in Klammern steht, z. B. Helmut Kohl (CDU) oder Johann Wolfgang Goethe (1749–1832.). Eine Zeitlang fraß die Ambition an mir, eine utopische Situation zu konstruieren, in welcher alles durcheinandergewirbelt wird, die Menschen von ihren angestammten Klammerinhalten separiert werden, so daß es plötzlich heißt: Helmut Kohl (1749–1832) und Goethe (CDU). Das gewagte erzählerische Projekt sollte heißen »Deutschland atmet auf«. Ich dachte: Ach, selbst in den rückständigsten Mauselöchern unseres Landes hat sich inzwischen herumgesprochen, daß Kohl-Witze nerven, so daß man durchaus schon wieder ein wenig in Richtung Revival experimentieren könnte. Dann fiel mir aber erstens ein, daß nationales Aufatmen auch im Science-fiction-Milieu nie wieder an Einzelpersonen gebunden sein darf, und zweitens konnte ich der Konstellation Jay Jay Okocha (Marie-Luise Marjan) und Helga Beimer (Eintracht Frankfurt) gar nichts abgewinnen. Fröhlich ließ ich die schauderhafte Idee sausen.

Schließen möchte ich mit einer Buchkritik. Der neue Duden-Band *Redewendungen und sprichwörtliche Redensarten* ist so mittel. Hübsch sind aber diverse Beispielsätze daraus, z. B.: »Na, du altes Register, gehst du mit mir auf ein oder zwei Bier zum Schwanenwirt?« – »Du hast alle Äpfel weggefuttert. Das sollst du am Kreuze bereuen!« Oder: »Mit zwei Pornoheften verschwand er im Badezimmer, um sich einen von der Palme zu wedeln.« Apropos Palme: In einer etwas länger zurückliegenden Kolumne brachte ich div. Leute auf die Palme, indem ich schrieb, daß sich Männer von Frauen dadurch unterscheiden, daß sie nichts auf Lautsprecherboxen legen. Der Stimmt-ja-gar-nicht-Briefe Zahl war sondernormen. Nun weiß ich noch einen guten Unterschied: Frauen, die etwas auf Kassette überspielen, denken, daß der Lautstärkeanzeiger nicht »ins Rote« schwappen darf. Männer denken das nicht.

Die brutale Welt des Helmut Schmidt
(Mai 1993)

Hinter der Berliner Philharmonie befindet sich ein mehrere Meter langes verrostetes Ungetüm, welches von einem Künstler stammt, der schon in allerlei anderen Städten rostige Monstrositäten aufgebaut hat, worauf Berlin sagte: »Wir brauchen auch so ein widerliches Rostding, sonst denkt die Kunstwelt, man sei hier nicht auf internationalen Rang erpicht.« Zu einem Spaziergangsbegleiter, der »auch schreibt«, sagte ich neulich, daß ich es prima fände, wenn »die« das Ding da wegmachten und an seine Stelle einen Baum pflanzten. Der Angeredete entgegnete, daß er durchaus meiner Meinung sei, aber das sei so ein typisches Beispiel für etwas, was er zwar denke, aber nicht schreiben würde.

Fern liegt es mir, einen volksnahen Aufsatz über visuelle Kunst zu verfassen, der in launig gewandeter Rehabilitierung des »Das-kann-doch-jeder«- und »Würd-ich-mir-nicht-hinhängen«-Arguments gipfelt. Ich bin keiner, der, was Kunst im öffentlichen Raum betrifft, Bürgerbefragungen fordert, denn ich lechze nicht nach Reiterstandbildern und Springbrunnen mit wasserausspeienden Bronzespatzen. Ich meine aber, daß man die Angst, von anderen Leuten für spießig gehalten zu werden, unbedingt ablegen sollte. Vor Jahren verdiente ich Geld damit, Busrundfahrten zu kommentieren. In Kreuzberg waren zahlreiche Häuser mit umkreisten A's oder platten Wortspielen wie »Laßt euch nicht BRDigen« beschmiert. Stets krähten die Reisebus-Omas: »Frisch renoviert, schon vollgeschmiert.« Mich nervte das, und nur weil ich keine Lust hatte, Gemeinsamkeiten mit pepitahütigen Rentnern zu haben, die mit Spazierstöcken auf Anarchiekringel deuten und was von Steuergeldern brabbeln, entwickelte ich mich zum Graffiti-Befürworter. Heute amüsiert mich meine verschwundene Unreife. Wäre ich 1980 dem damals berühmten Zürcher Sprayer begegnet, hätte ich gerufen: »Oh, Sie wilder Erneuerer, kommen Sie in meine solidarischen Arme und vergessen Sie einen Moment den Sie peinigenden Scheißstaat!« Heute würde ich rufen: »Wagen Sie es ja nicht, in meine solidarischen Arme zu kommen, welche durchaus keine geeigneten Orte sind, Scheißstaaten zu vergessen. Außerdem ist die Schweiz gar kein Scheißstaat, denn in einem Land, wo die Bürger ihre Abende über Kaffeerahmdeckeli-Kataloge gebeugt verbringen, kann man sicher angenehm leben.«

Ein großer Teil des Schweizervolkes widmet seit einigen Jahren seine freien Stunden dem Kaffeerahmdeckeli-Sammeln. Daran ist nur eines bedenklich: Viele sind nur am Deckeli interessiert, nicht aber am Inhalt des Napfes unter dem Deckeli. Sie kaufen ganze Napfpaletten, die Sahne jedoch gießen sie in den Ausguß oder zwingen ihre Kinder, sie zu trinken. Dies ist eine frankenverschlingende Leidenschaft. Auch wird der Nachwuchs schwabbelig. Es gibt ein Schweizer Sprichwort: »Tee, Kaffee und Leckerli bringen den Bürger ums Äckerli.« Wenn man das Wort »Leckerli« durch »Deckeli« ersetzt, ist man um einen Reim ärmer, aber um einen Realitätsbezug reicher. Manch einem ist das neue Nationalhobby sowieso peinlich, denn es scheint ihm geeignet, gewisse regionale Klischees zu festigen. So sieht man den Schweizer zwar sein Deckeli hinten abwischen und einstecken, hört ihn aber gleichzeitig schwindeln, daß er das natürlich nicht sammle, das sei für seinen geistig zurückgebliebenen Neffen, und warum solle man dem nicht eine kleine Freude gönnen. Da sage ich: »Liebe Nachbarn! Schämt euch nicht. Das kann euch doch egal sein, ob irgendwelche Bolzer und Dröhner euch für kleinkariert halten. Von mir aus könnt ihr es noch wilder treiben. Ihr kennt doch Teebeutel, oder? Und an den Teebeuteln hängen doch immer so kleine Anhänger, wo die Geschmacksrichtung draufsteht, oder? Wenn ihr eure Teebeutelindustrie ganz, ganz lieb bittet, auf diese Anhänger Oldtimer-Autos, Kätzchen oder Fußballstars draufzudrucken, dann wird man euch diesen Wunsch gern erfüllen, und dann könnt ihr auch noch Teebeutel-Anhängerli sammeln!« Die Schweizer entgegnen: »Kann es sein, daß Sie soeben die Bekanntgabe einer grundsätzlichen Sympathie auf dezente Weise mit etwas Spott vermischt haben?« Ich erwidere: »Sie beobachten scharf wie Türkendolche.«

Was spießig ist, da hat ein jeder seine Privatdefinition. Man mag »Stilmöbel«, Dauerwellen, das Café Kranzler oder eben Kaffeesahnenäpfchendeckelsammeln für den Inbegriff von Spießigkeit halten. Für mich wird der Spießigkeitssiedepunkt von Gulaschsuppe mit Sahnehäubchen oder von Zusammenkünften orthodoxer Elvis-Presley-Verehrer verkörpert. Ähnliches Mief-Niveau hat es, jemandem eine in Geschenkpapier eingewickelte Schachtel Weinbrandbohnen zu schenken oder einer ungewöhnlich gekleideten Person hinterherzurufen: »Fasching ist aber vorbei.« Doch alles wandelt sich. Vor zehn Jahren habe ich es für massiv spießig gehalten, einer Abneigung gegen sinnlos scheinende oder häßliche Kunst Raum zu geben, indem man den Begriff Kunst in Gänsefüßchen setzt. Heute habe ich damit überhaupt keine Probleme mehr. Ich scheue mich nicht, ein Beispiel aufzuschreiben: Vor zwanzig Jahren hielt es ein »Künstler« für angebracht, mit einem Auto voll Kopfsalat 200mal zwischen Köln und Aachen hin- und herzufahren. Das Resultat dieser »Kunstaktion«, eine Holzkiste mit einer Kruste verwester Blätter darin, habe ich in der Mannheimer Kunsthalle gesehen. Vielleicht war es auch in einer anderen Stadt, die modernen Museen sind ja ungefähr alle gleich. Gibt es eines ohne Nagelbild von Günter Uecker?

> Abstellen von
> „Fahrrädern"
> im Hausflur
> ist nicht gestat-
> tet!! Hauswart

Während meiner Stadtrundfahrtenzeit mußte ich mal mit einer Busladung von Kunstfreunden eine Privatgalerie besuchen. Diese bestand nur aus einem Raum, in welchem entlang der Scheuerleiste Polaroids aufgestellt waren, die auf einem Eisenbahngelände liegende Getränkedosen zeigten. In der Mitte des Raumes lag irgendein oller Ast. Die Gruppenleiterin entlockte mir eine Meinung. »Das ist Mist«, sagte ich, worauf sie mir spitz an den Kopf warf, ich sei wohl einer von denen, für die es jenseits von Spitzweg nichts geben dürfe.

Dabei gehe ich sogar manchmal zu Schmierbilder-Vernissagen. Ich habe dort aber nicht die Befürchtung, daß ich mich gesellschaftlich unmöglich mache, wenn ich zu dem Künstler sage: »Sie malen zwar nur Schmierbilder, aber ich gönne es Ihnen von ganzem Herzen, wenn Sie Freude daran haben, Gratulationen einzuheimsen von den üblichen Herren in Schlabbersackos aus Mailand und mit nach hinten gekämmten, grauen, mittellangen Haaren und den unvermeidlichen, frohgewordenen, vierzigjährigen Frauen, die bejahend ihre Beine zeigen und immerfort ›Campari‹, ›Ambiente‹, ›Stil‹ zu tirilieren scheinen.«

In Fernsehfilmen sieht man recht häufig dilettantisch inszenierte Galerieszenen, die den Zweck haben, z. B. öden Krimisendungen satirischen Pfeffer zu verleihen. Man sieht darin irgendwelche Vertreter von Durchgeistigung oder Schickeria vor einem Schmierbild stehen und hört sie talentlos hinparodierte Sätze äußern wie »Hach, diese Schlankheit des Stils, gepaart mit der Infragestellung des Eigentlichen«. Das ist freilich ganz schlecht beobachtet. In wirklichen Galerien reden einige ganz normal über die Bilder, die meisten aber stehen nur davor und unterhalten sich über Restaurants, ihre letzte Urlaubsreise oder sonstwas. Was soll man über Schmierbilder auch groß reden?

Nach der Vernissage gehen sie heim und hören Lisa Stansfield oder, wer weiß, vielleicht sogar die CD »Emozioni 2 – Schmusen auf italienisch«. Ihren Anspruch auf Zugehörigkeit zur Welt der Kultur haben sie ja schon mit Anwesenheit beim Schmierbild-Stelldichein geltend gemacht. Ein Bild kann man zwei Sekunden betrachten und begeistert losquietschen, ganz gleich, wie widerlich es ist. Sichtbares schmerzt nicht mehr. Musik hingegen muß ertragen werden und dauert manchmal lange. Musik ist, um mal eine besonders blöde Phrase zu verwenden, mitnichten »eine Sprache, die jedermann versteht«. Sie zu hören bedarf großer Aufmerksamkeit, welche erlernt, trainiert werden muß. Dies ist dem Konsumenten urbaner Genußkultur zu »anstrengend«. Ein Blick in die Plattensammlung eines sogenannten Intellektuellen ist um nichts erbaulicher als der Blick in den Schlund eines alten, magenkranken Straßenköters.

Allsommerlich gibt es in Berlin die gigantische »Freie Berliner Kunstausstellung«. Dort darf jeder ausstellen. Werke anerkannter Schmierbildmogule finden sich dort ebenso wie Miniaturbilder Spandauer Hausfrauen, auf denen Harlekins durch Venedig hüpfen. Auch sieht man dort Bilder mit toten Fischen in dreckigen Flüssen, wo druntersteht »WHY?«. Zu diesen Bildern hat die phrasische Sprache einen Standardkommentar. Zunächst muß ich aber erklären, was »phrasisch« ist. Es ist eine Spezialsprache, die insbesondere von Rundfunkmenschen benutzt wird. Der Satz »Der Disco-Eintritt ist teurer geworden« heißt z. B. auf phrasisch: »Die Fans müssen jetzt tiefer in die Tasche greifen, um das Tanzbein zu schwingen.« Der phrasische Kommentar zu den Amateurgemälden heißt: »Das ist gut gemeint, aber nichts ist schlimmer als gut gemeint.«

Ich bin überzeugt davon, daß es sehr vieles gibt, was schlimmer als »gut gemeint« ist, wie etwa »böse gemeint« oder »lieblos hingeklotzt«, das rostige Ungetüm hinter der Philharmonie z. B. Wenn man so ein Ding in eine lauschige Parkanlage stellt, mag das ja spazierenden Studenten irgendwelche Denkanstöße geben und Senioren ihre liebenswerten Steuergelder-Monologe entlocken. Der Künstler sitzt derweil im Gebüsch und reibt sich die Hände: »Herrlich, ich ecke an, bin unbequem.« Die Umgebung der Philharmonie sieht aber sowieso aus wie ein Schrottplatz, da ist solche »Kunst« – wie genieße ich meine Gänsefüßchen-Courage – nicht vonnöten. Warum die Gemeinden auf diese Objekte so erpicht sind, ist mir ein Rätsel. In Hannover steht z. B. an fast jeder Ecke ein dubioses Gebilde. Ich nehme an, der Bürgermeister möchte mit ihnen protzen, wenn seine Kollegen aus den ausländischen Partnerstädten zu Besuch kommen. Überhaupt fände ich es besser, wenn die Plastiker ihre Dinge nur noch skizzierten, aber nicht ausführten. Sich nicht Vorhandenes vorzustellen ist weniger banal, als vor Vorhandenem zu stehen. Es mag reizend gewesen sein, sich eine

Fußgängerzone auszumalen, in der eine völlig sinnlose Betonkugel liegt. Reizlos ist es, zu bemerken, daß diese Idee in zahlreichen Städten verwirklicht wurde. Und wäre es nicht ganz wunderbar, wenn am Kurfürstendamm ein fünfzig Meter hohes Känguruh stünde? Nein, das wäre überhaupt nicht wunderbar. Es macht höchstens zehn Sekunden Spaß, sich das vorzustellen. Selbst die Niedlichkeit sollte komplizierter sein als Jeff Koons.

Sowieso zwecklos ist die öffentliche Kunst, solange die Sprühdosen nicht kontingentiert sind. Selbst das ärgste Machwerk wird nicht dadurch interessanter, daß spätestens drei Tage nach seiner Einweihung Jugendliche kommen und es, als Mutprobe oder um »dazuzugehören«, mit ihren ewig gleichen HipHop-Kringeln übersäen. Sie haben jetzt ganz Europa, inkl. der Dörfer, vollgesprüht, und ich finde, es reicht langsam. Ich meine jetzt nicht die paar Ausnahmejugendlichen, die mit der Spraydose Beachtenswertes schaffen und z. B. den Blick auf manche Bahnhofseinfahrt weniger langweilig machen, sondern die dumpfe Masse, die wahllos alles blöd besudelt. Ich wünsche mir eine zunehmende Ächtung der Graffiti auch durch sich betont unspießig gebende Kreise. Doch was ächten diese Kreise statt dessen? Kinkerlitzchen wie den Hundekot auf dem Bürgersteig. Mir passiert es höchstens einmal im Jahr, daß ich da hineintrete, und dann wische ich halt die Sohle an der Bordsteinkante ab, und damit hat sich das. Der Blick auf die allgegenwärtigen Graffiti dagegen stumpft ab, macht gleichgültig. Das Leben erscheint wie ein einziges Schmierbild. Statt sich die Schmierer mit ein wenig autoritärem Schmackes mal zur Brust zu nehmen, biedern sich aber Jugendpfleger und Sozialpädagogen bei ihnen an, indem sie die Krakeleien insiderhaft als »Tags« und »Writings« und unentbehrliche Ausdrucksform einer Generation bezeichnen. »Sehr geehrte Generation«, kann ich da nur rufen, »wir anderen Generationen kennen Ihre Ausdrucksformen allmählich zur Genüge. Wir danken sehr, doch nun sind wir informiert.« Ich gehöre keinesfalls zu den Leuten, die fordern, man solle all den Sprayern die Hände abhacken. Dies sind Ansichten aus dem Mittelalter, als die Frauen mit Einschulungstüten, wo oben Tüll raushing, durch die Gegend liefen. Insbesondere für Männer war diese Zeit eine Zumutung. Andauernd mußten sie Kathedralen bauen, aber nicht mit knappen Hemdchen am Leib, wie die Maurer heutiger Dome, sondern in Ritterklamotten. In scheppernder Rüstung hingen sie an den spitzen Türmen unvollendeter Münster und riefen zu Recht: »Diese Epoche ist ja eine Zumutung!« Ich fordere daher keine Maßnahmen aus Zumutungszeiten. Aber wie wäre es, wenn, stellvertretend für alle Sprayer, zehn von ihnen die Hände *verdorren* würden? Verdorren ist doch noch hübsch human. Diese zehn könnten dann von mir aus durch die Lande ziehen und gutbezahlte Lichtbildvorträge darüber halten, wie das ist, verdorrte Hände zu haben. Oder aber Helmut Schmidt kommt und fährt mit den Jugendlichen mal tüchtig Schlitten. Warum gerade Helmut Schmidt? Weil er brutal ist. In einer Folge seiner Artikelserie für die ›Bild‹-Zeitung hat er geschrieben: »Das Fernsehen macht uns brutal.« Wen er wohl mit »uns« meint? Leute, die ich kenne, kann er nicht meinen. Die sind trotz mancher vorm TV verjuxter Stunde überwiegend mild und sachte. Dann meint er wohl sich und seine Frau. Wer hätte das gedacht: Helmut und Loki Schmidt – verroht durch stumpfsinnige Serien. Schlagen alles kurz und klein, verbreiten Angst und Schrecken. Neben dem Brutalitätsgeständnis war ein Leserbrief folgenden Wortlauts zu lesen: »Was der Ex-Pleite-Kanzler schreibt, könnte ebenso von der Klofrau am Hauptbahnhof verfaßt sein.« Das glaube ich nun wieder nicht. Klofrauen sind nicht so wie Helmut Schmidt. Auch bei den Damen von der Abortpflege herrscht meist sachtes Wesen vor. Nur sehr selten sieht man Menschen, deren blutig geschlagene Lippen den Satz »Ausnahmen bestätigen die Regel« formen, öffentliche Toiletten verlassen.

Den Satz »Ausnahmen bestätigen die Regel« habe ich übrigens nie verstanden. Ich glaube manchmal, dieser Satz ist ein enger Verwandter der bekannten Aussprüche »Dreck reinigt den Magen«, »Mohn macht doof«, »Kalter Kaffee macht schön« und »Jeder Mensch hat irgendein Talent«.

Mein »Aufsatz« ist zu Ende. Er enthält manche »Gedanken« zu allerlei »Themen«. Nun will ich meine »Hände« in den »Schoß« legen und ein »Erfrischungsgetränk« trinken.

Foyer'en til musikhøjskolens koncertsal er smykket med yderst moderne kunstværker

Ein Flugzeug voller Nashi-Birnen, ein Jesus voller Amseln
(Juni 1993)

In meinem letzten Aufsatz verdingte ich mich als glühender Kritiker von Betonkugeln, welche in Fußgängerzonen befestigt sind und zu nichts anderem gut sind, als Widerwillen hervorzurufen. Es gibt jedoch auch Kugeln, welche mir ein zartes Lächeln ins Gesicht zaubern. Ich spreche von Anti-Amseln-Kugeln, die ich einmal im Schaufenster einer Wiener Drogerie entdeckte. Eigentlich stehe ich dem Gewerbe der Amselvergrämung durchaus nicht nahe. Eher hätten die liebenswürdigen ehemaligen Wald- und Zug- und heutigen Stadt- und Daheimbleibevögel Anlaß, mich als Schutzvater zu verehren und dankeshalber in heiligenscheinartiger Formation um meinen Kopf herumzufliegen. »So ist's recht«, würde ich denken, wenn sie es täten. Wenn ich jemanden erblickte, der Amseln mit Anti-Amseln-Kugeln bedrängt, würde ich schnell meinen »Ich greife ein«-Button aus meiner Jackentasche holen, ihn mir ans Revers nadeln und schreien und hinschauen, denn das ist, sagen die Leute, zwar nicht so gut wie eingreifen, aber besser als schweigen und wegschauen. Sei es, wie es ist: Anti-Amsel-Kugel ist ein schmukkes Wort.

Nicht aber Betonkugelhaufen. Dereinst lief ich durch die Stadt Gießen, Wiege des Suppenwürfels, und befand mich plötzlich vor so einem. Am Kugelhaufen band sich ein Schüler in schmutzigen Jeans die Schuhe zu, und von der anderen Seite kam eine Frau in einem lila Parka mit Puschelkapuze auf ihn zu zugetorkelt. Gerne hätte ich eingegriffen. Aber wie? Statt dessen schwieg ich und fotografierte die Szene, vor Abscheu vor ihrer Abscheulichkeit erzitternd. Rasch ging ich weiter. Ich wollte nicht miterleben, wie die lila Frau

Die Gießener Anti-Fußgänger-Kugeln.

in ihrer Trance gegen den Kugelhaufen rennt, ihn so möglicherweise ins Rollen bringt, und wie der Schüler infolgedessen zermalmt wird. Was kann man als einzelner Mensch nur gegen die schrecklichen Fußgängerzonenkugeln ausrichten? Und selbst wenn sich das ganze Volk aufbäumte und die Kugeln hinwegschöbe, wäre es erst mal wie nach dem Fall der Mauer. Aus den Radios würden mahnende Stimmen von Staatsmännern tönen und sagen: »Die Kugeln sind weg. Doch wir werden erst dann frei sein, wenn auch die Kugeln in unseren Köpfen verschwunden sind!« Und Jesse James fügt hinzu: »Ja, das wäre schön.« Bedrückt von diesen Aussichten erreichte ich das Schloß, vor dem ein Wochenmarkt stattfand. Auf einmal fühlte ich mich um zwanzig Jahre verjüngt. Anlaß bot ein Obsthändler, der sich den nostalgischen Spaß erlaubte, eine Kiwi für 80 Pfennig feilzubieten. Beseelt verharrte ich vor dem Preisschild. Es muß etwa 1972 gewesen sein, als ich meine erste Kiwi sah. Sie kostete eine Mark. Eine Mark bedeutete damals für mich fast eine ganze Stunde Zettelaustragen. So zögerte ich mehrere Tage lang, bis ich mir eine kaufte. Ich schloß mich in mein Zimmer ein und erlöffelte mir ein jugendliches Schlüsselerlebnis, welches ich mit Bestimmtheit sensationeller fand als mein erstes Rauchen eines Joints, welches sich ungefähr zur gleichen Zeit zutrug. Heute ist die Kiwi oft das billigste Obst überhaupt. Neulich wurden neun Stück für eine Mark angeboten. Verwöhnte Leute empfinden Kiwis geradezu als ordinär. Man hält die ewigen grünen Scheibchen oft schon für eine ebenso penetrante Dekorationsbelästigung wie die Tomatenviertel und Salatgurkenscheiben, die in schlechten Wirtshäusern sinnlos am Rande von Tellergerichten liegen. In der ganzen Lebensmittelbranche dürfte kein ähnlicher Fall von so rapidem Prestigeverlust wie bei der Kiwi bekannt sein.

Es scheint aber auch kein Kiwi-Nachfolger in Sicht zu sein. Die japanische Nashi-Birne hat sich selbst erledigt. Wer will schon 2,99 für eine Birne ausgeben, die sich von unsrigen Birnen nur dadurch unterscheidet, daß sie nicht birnen-, sondern apfelförmig ist? Außerdem: Wenn ich gen Himmel deute und sage, da ist ein Flugzeug, dann möchte ich, daß da Staatsmänner drin sind, die zu Verhandlungen fahren, um die Probleme der Welt zu lösen, und nicht Nashi-Birnen. Seit Jahren liegen die beinharten Biester in den Auslagen, doch niemand mag nach ihnen greifen. Die Carambole oder Sternfrucht wird auch nie den ganz großen Durchbruch schaffen, weil sie erst dann einen allerdings beachtlichen Eigengeschmack entwickelt, wenn sie braun und angegammelt aussieht und sich nicht mehr als Dekorationsfrucht verwenden läßt. Vom Essen der Kaki-Frucht kriegt man eine so pelzige Zunge, daß man den Kürschnern in seinem Freundeskreis besser eine Zeitlang aus dem Wege geht. Die sind ja auch nur Menschen. »Darf ich deine Zunge streicheln?« rufen sie, »Mann, ist die weich!« Doch dann übermannt sie der berufliche Instinkt, und vorbei ist es mit Fruchtgenuß und Konsonanten.

Recht präsent sind zur Zeit die Physalis-Beere und die hübsche Kiwano, aber all diese fremden Nettigkeiten sehen doch blaß aus gegen unsere heimische Erdbeere, die zum glorreichsten zählt, was in den menschlichen Mund gesteckt werden kann (und darf). Was man übrigens sehr, sehr selten sieht im Leben, sind Schwarzweißfotos von Erdbeeren. Man sieht Schwarzweißfotos von Bahnchef Dürr, Verkehrsunfällen und manch anderem, aber nicht von Erdbeeren. Ich habe, glaube ich, noch nie eines gesehen. Wenn ich welche geschickt bekäme, würde ich, wenn ich genug beisammen hätte, die Nationalgalerie mieten und eine große Ausstellung namens »Schwarzweißfotos von Erdbeeren« präsentieren. Ich verspreche das!

Weiterhin möchte ich versprechen, daß ich nie einen Witz weitererzählen werde, den ich von angetrunkenen Bundeswehrsoldaten aufgeschnappt habe. Allerdings möchte ich das Versprechen auf der Stelle brechen. Neulich saß ich in der Eisenbahn und dachte: Eines Tages werden des Erbsenzählens überdrüssige Erbsenzähler angeschlichen kommen und nachzählen, wie oft ich in meinen Texten schon den Satz »Neulich saß ich in der Eisenbahn« verwendet habe. Mal was anderes als Erbsen, werden sie sagen und ein hübsches Sümmchen nennen. Gegenüber von mir saßen zwei Soldaten der ganz klobigen Sorte und unterhielten einander mit bemerkenswert surrealistischen Witzen. Einer davon war dermaßen nutzlos, schäbig und unverständlich, daß ich mich kugeln mußte, worauf mich die Soldaten argwöhnisch musterten, weil sie ihre Witze in der Absicht erzählten, nur besonders blöde Witze zu präsentieren, über die nur ausgemachte Idioten lachen können. Der Witz ging so: »Was ist schlimmer als ein Herzschrittmacher? Ein Igel in einer Kondomfabrik.«

Apropos sich kugeln: Im ›Spiegel‹ steht ein Bericht über einen Psychologen, der erforscht, welche Witze man komisch finden darf und welche nicht. Ein altbekannter Mae-West-Sexwitz wird zitiert. Über den zu lachen sei gestattet, weil das ein »offenes, lebendiges Verhältnis zur eigenen Libido« signalisiere. Auf gar keinen Fall dürfe man aber über folgenden, gewiß auch sehr alten, m. E. aber schönen Witz lachen: »Herr Ober, ich möchte gern Rumkugeln.« Antwort: »Sicher, aber machen Sie das draußen.« Wer Freude an diesem »Inkongruenz-Lösungswitz« habe, der sei ein konservativer Schwarzweiß-Denker, der die Grautöne meide.

Ward je ärgerer Unsinn auf Papier gedruckt? Wohl nicht. Hell aufheulen kann man über den Rumkugelscherz nicht, dazu ist er zu bekannt. Doch er ist von solider Komik, denn: Man stelle sich einmal folgendes vor. Man sitzt im Zug von Darmstadt nach Frankfurt. Gegenüber von einem sitzen zwei südländische Jungmänner von der Sorte, die einen

ZÄRTLICHKEIT ODER SEXUELLER MISSBRAUCH? *Symbolhaft wird in einer Ausstellung im Sozialministerium der Unterschied gezeigt: Die mit einem weichen Fell „zärtlich" behandelte Kugel (links gezeigt von Staatssekretärin Barbara Stamm) glänzt und strahlt, die mit Schmirgelpapier „mißbrauchte" wird stumpf (demonstriert vom Initiator der Ausstellung, Egon A. Stumpf, rechts).*
Photo: Karlheinz Egginger

innerlich fragen läßt: »Nanu, warum haben die denn ihre Kampfterrier nicht dabei? Ob sie vielleicht krank sind? Och, wie schade, die armen Kampfterrier: krank!« Der Schaffner kommt, wünscht Fahrscheine zu sehen. Jungmann eins hat keinen. Schaffner insistiert, Jungmann eins sagt: »Wenn du mich weiter vollsülzt, schneid ich dir die Gurgel durch.« Schaffner schreit. Jungmann schlägt Schaffner zu Boden. Blut. Und da sitzt man nun und denkt: Dies ist nicht Fernsehen. Vielmehr erlebe ich live, wie mir der Allmächtige einen Prüfstein in meine Biographie knallt. Aber gildet mein »Ich greife ein«-Button überhaupt, wenn die ausländische Seite den Unhold und die einheimische das Opfer stellt? Davon war nie die Rede in den Ermahnungen der Solidaritätsanfeuerer. Mal gucken, vielleicht steht auf dem Button Kleingedrucktes. Ich wühle in meiner Jackentasche; dort müßte er sein. Aua, aua, aua, jetzt hab ich mich an der Button-Nadel gepiekst. Noch mehr Blut.

Jungmann eins starrt ungerührt aus dem Fenster. Jungmann zwei und ich helfen dem Schaffner auf. Ich suche nach einem Taschentuch, um dem Schaffner das Blut von der Nase zu wischen. Ich habe nur ein vollkommen vollgerotztes Tempo, das schon am Zerkrümeln ist. »In dieser Situation ist das egal«, denke ich und wische. Der Schaffner richtet sich wieder an Jungmann eins. Weint zwar, schreit aber auch. Da stürzt sich Jungmann eins wieder auf den Bahnmann, Jungmann zwei zerrt am Landsmann. Ich zerre auch an jemandem, ob am Unhold, dem Schaffner oder Jungmann zwei, weiß ich nicht. Sie tragen alle weiße Hemden. Da fällt mir ein, daß mein rechter Zeigefinger blutet und ich besser an niemandes weißem Hemd zerren sollte. Vielleicht bürden die mir alle drei die Kosten für die Reinigung auf. Dann hält der Zug in einem Kaff, Polizeibeamte verrichten ihre sinnvolle Arbeit. Jungmann zwei kann einem leid tun. Der muß nun zwei kranke Kampfhunde pflegen, denn sein Freund wird wohl im Kittchen sein Mütchen kühlen müssen. Hoffentlich werden sie wieder gesund! Wie intensiv hoffe ich das eigentlich? Ziemlich intensiv! Das schwöre ich. Aber nicht so intensiv, wie ich manches andere hoffe. Meine die Genesung der Hunde betreffende Hoffnung spielt sich z. B. auf einem etwas niedrigeren Niveau ab als meine Hoffnung, daß niemals eine mit Nashi-Birnen gefüllte Concorde über Rotenburg an der Wümme abstürzt, denn dann würden ja die ganzen Nashi-Birnen in die Wümme kullern und den Enten einen Schreck einjagen.

Nun steht man gewaltbedingt verspätet in Frankfurt, der Anschlußzug nach Berlin hat sich längst verdünnisiert. Was tun? Man stolziert in ein Ristorante. Vor dem Eingang aber wälzt sich ein Mann am Boden. »Was machen Sie denn da?« fragt man ihn. Der Mann sagt: »Ich wollte Rumkugeln, aber der Ober hat gesagt, ich soll es draußen machen!« Wenn das nicht komisch ist! Zugegeben: Meine Erklärung, warum dieser Witz komisch ist, führte über unerklärliche Umwege. Stets habe ich aber meine Aufgabe darin gesehen, den verunsichert durch die Straße huschenden Menschen dadurch zu helfen, daß ich ihnen auf einfache, alltägliche Fragen komplizierte, schwerverständliche Antworten gebe. Eine Frage, die sich viele Menschen stellen, lautet: Ist eigentlich die Bundesbahn listig? Komische Frage. Ob die Bundesbahn listig ist! Worauf die Leute nur immer kommen! Aber: Die Bundesbahn ist sehr listig! Ein Blick auf das Abfahrtsplakat im Bahnhof Hannover beweist das. Beim IC »Seestern«, der um 14.42 von Hannover nach Köln fährt, steht der Zusatz: »Besonders geeignet für Bundeswehr-Familienheimfahrten.« Das wird so gekommen sein: Bei der Bundesbahn gingen zahlreiche Beschwerdebriefe von ruhebedürftigen Reisenden ein. Etwa so: »Lieber Bahnchef Dürr! Mit dem IC ›Seestern‹ kann man als normaler Mensch überhaupt nicht fahren. Ich wollte mich in die herrliche neue Parzival-

Übersetzung vertiefen, da kamen Soldaten und machten Geräusche, für die ich kein Wort kenne. Durch Bierdosenöffnen im Gang begischteten sie gar mein Buch. Und wenn sie dann betrunken sind, machen sie dadaistische Witzchen über Kondome und Igel in Herzschrittmacherfabriken oder umgekehrt. Ändern Sie das! Mit frdl. Gruß, Ihr Pinkus Maria Prätorius.« Da dachte sich Bahnchef Dürr: Na ja. FAHREN SIE LIEBER NICHT MIT DIESEM ZUG. DARIN ENTÄUSSERN SICH MENSCHLICHE LAUTÄUSSERUNGEN, FÜR DIE PINKUS MARIA PRÄTORIUS KEIN WORT KENNT können wir nicht auf die Plakate drucken, wohl aber das andere. Gesagt, getan. Die Bahnkunden danken's ihm und denken: Den Zug nehmen wir man lieber nicht.

Ganz ähnlich denken die Amseln. Wenn sie sehen, wie sich die anderen Vögel zum großen Zug nach Süden in die Thermik werfen, denken sie: Nee, den Zug nehmen wir nicht. Wir haben das zigtausend Jahre gemacht. Wir haben keine Lust mehr! Kaum ein Tier hat in den letzten 200 Jahren sein Leben dermaßen umgekrempelt wie die Amsel. Noch um 1800 verbarg sie sich im Fichtenwald, lugte kaum mal heraus. Früher hat man auch bei uns die Amsel gefangen und gebraten. Möglich ist, daß Goethe pro Woche gut und gerne zwei Dutzend Amseln verdrückt hat. Jesus Christus als Südländer sowieso: 60, 70 Amseln pro Woche. Könnte ja sein. Den Amseln mißfiel das. Mit der Zeit bekamen die Menschen aber Lust auf fettere Vögel. Die Amseln atmeten kollektiv auf, spionierten schon ein bißchen am Stadtrand herum. Dann kamen Industrie und Heizungen. Den Amseln behagte die dadurch erzeugte Erwärmung der Städte. Schrebergärten wurden angelegt. Die Amseln waren außer sich vor Freude über die dort vorgefundene Nahrung. Die erste Stadtbrut einer Amsel, die 1820 in Bamberg beobachtet wurde, war noch eine ornithologische Sensation. 1830 folgte Augsburg. 1850 Stuttgart, 1875 Chemnitz. Um 1900 gab es überall Amseln. Nun hocken sie gar im Winter in unseren Städten. Aber deswegen gleich Anti-Amseln-Kugeln? Die Gefährdung unserer Zivilisation durch Amseln wird vielleicht überschätzt.

Schließen möchte ich mit einer kleinen Kritik am Modewort »überschätzt«. Aufschneider erschleichen sich damit gern die Aura der Kennerschaft. Ich mag z. B. Bob Dylan nicht besonders. Meine Kritik lautet: »Quäk, quäk, klampf, klampf, ähnelt Vogelscheuche.« Eine fundierte Kritik ist das freilich nicht gerade. Ich hab sie ja auch nicht in einem Feuilleton abgefeuert, sondern nur so vor mich hin gemurmelt. Ich laufe damit munter der Möglichkeit in die Arme, von irgendwelchen Wortführern und Meinungspäpsten, die nicht müde werden, Künstler in »wichtige« und »unwichtige« einzuteilen, nicht für voll genommen zu werden. Aber soll ich statt dessen die Beine übereinanderschlagen, »Dylan ist überschätzt« sagen und den Rauch meiner Zigarette auf eine Art einsaugen, die suggeriert, ich sei niemals innerlich nervös? Das würde ja bedeuten, daß ich sämtliche Platten von Dylan kenne und mich auch noch mit ihrer Exegese beschäftigt habe. Das hab ich nicht, und ich will das nicht. Lieber will ich mit unschönen, autarken Murmeleien einen fragwürdigen Eindruck erzeugen, als mit mühelos herausgespienem »Überschätzt« Wohlinformiertheit und, je nach Bedarf, Einklang oder Widerstreit mit den gerade tonangebenden Cliquen vorzuspielen.

PS: Meinen »Ich greife ein«-Button, den ich mir im letzten Herbst, als die Dinger rauskamen, bei einer Button Release Party zulegte, hab ich freilich nicht in der Jackentasche, sondern in einer alten Nivea-Dose, wo auch andere hübsche Buttons drin sind, z. B. der vom Dinosaurierpark Kleinwelka.

Nachbemerkung Herbst 1994:
  Die Bahn scheint die Information »Besonders geeignet für Bundeswehr-Familienheimfahrten« recht flugs von ihren Plakaten gestrichen zu haben. Trotz der »freundlichen« Ausdruckslist haben sich wohl welche diskriminiert gefühlt. Verständlich: Gibt es etwa Züge, die für die Heimreise von Wehrpflichtigen ungeeignet sind?

Herr Kosmos ist von den Menschen enttäuscht. (Schlabber!)
(September 1993)

Als ich neulich mal wieder die Mannigfaltigkeit der Mittel bewunderte, mit der die Welt ihren Willen zur Unvollkommenheit zum Ausdruck bringt, prallte ich mit der Theorie zusammen, daß die Heroinsucht daher kommt, daß man trotz beachtlicher Dünnbeinigkeit und erklecklicher Flachgesäßigkeit von dem Zwang befallen ist, unglaublich enge Hosen zu tragen, und daß die Schmerzen, die durch das Eingezwängtsein in diese Hosen entstehen, sich nur mit Rauschgift ertragen lassen. Eine mirakulöse Theorie, dachte ich, nahm mir aber vor, bei nächster Gelegenheit nachzuprüfen, ob was dran sein könnte. Heroinabhängige lassen sich ja im Gegensatz zu Auerhühnern, die sich gerne verbergen, überall leicht beobachten, und in ihrem Verbreitungsgebiet kommen sie oft in ausgedehnten Beständen vor. Am Hamburger Hauptbahnhof stehen sie z. B. so dicht gedrängt, daß man ohne Schneepflug oft gar keine Chance hat, durch sie hindurchzukommen. Ein interessantes Gesprächsthema für entspannte Abende im Freundeskreis ist, wie man am zweckmäßigsten durch einen Pulk herumstehender Drogensüchtiger hindurchgeht. Hand aufs Geld und in olympischem Tempo durch? Oder Evergreens pfeifend im Schlenderschritt mit einem Blick, der sagt: »Ätsch, ich hatte auch eine blöde Kindheit, ich bin aber trotzdem nicht heroinsüchtig«?

Ich wähle keinen dieser beiden Wege. Ich gehe ganz normal und tue so, als ob die Drogensüchtigen gar nicht da seien. Wem das lieblos erscheint, dem rate ich, sich mal sein Liebesbarometer zu schnappen, bevor er durch Drogensüchtige durchgeht. Wer dann sagt, sein Liebesbarometer habe ausgeschlagen, dem empfehle ich, sich schleunigst nach einem neuen Liebesbarometer umzuschauen und das alte auf den Müll zu werfen. Obwohl ich also kühl den Elendspulk durchschreite, kann ich sehen, daß die Hosentheorie in die richtige Richtung weist. Zumindest die männlichen Exemplare tragen alle diese Würgehosen. Ich glaube nicht, daß ich jemals einen Junkie in Bundfaltenhosen gesehen habe. Bei Biertrinkern sind diese jedoch beliebt. Es scheint auch noch andere, bisher kaum beachtete Zusammenhänge zu geben. In sogenannten Szene-Lokalen, wo das Bier aus schlanken Flaschen getrunken wird, bin ich oft der dickste Gast. Die anderen sind schlank wie die Flaschen. In normalen Lokalen, wo man das Bier in bauchigen Gläsern reicht, bin ich manchmal der dünnste.

Darf man etwas gegen Drogenabhängige sagen? Ich glaube nicht. Man muß sagen: »Das kann doch jedem passieren, die armen Hascherl, sie sind ja nur Opfer, gebt ihnen Methadon, man darf sie nicht kriminalisieren etc.«, auch wenn man im gleichen Augenblick denkt: »Mir würde das nie passieren, sie sind selber schuld, sie sind nicht Opfer, sondern Täter, wegen ihrer ständigen Wohnungseinbrüche habe ich mir eine sündhaft teure Stahltür mit Stangenschloß anschaffen müssen etc.« Sagen darf man das aber auf gar keinen Fall! Rohes Reden darf niemals geduldet werden! Gegen die Gedanken kann man leider gar nichts machen. Das Wort »leider« aus dem vorangegangenen Satz würde ich gern in 50 Meter hohe Granitbuchstaben meißeln lassen und auf dem Platz aufstellen, wo Nostalgiefreunde das Berliner Stadtschloß wieder erbauen wollen. Wie gesagt: In den Hirnen der Menschen hausen Einfälle und Ansichten, wie sie übler nicht denkbar sind. Scheinheiligkeit und vorgetäuschte Freundlichkeit gehören zu den größten zivilisatorischen Errungenschaften, denn sie bewahren uns davor, auszusprechen, was wir denken. Zum Beispiel im Supermarkt. Eine Dame, die vor einem in der Kassenschlange steht, sagt: »Würden Sie meinen Wagen bitte mitschieben? Ich habe Müllermilch vergessen.« Was denkt man? Man denkt: »Nur weil du blöde Kuh meinst, dem alten Molkereinazi Müller noch mehr Geld in den Rachen stopfen zu müssen, soll ich jetzt deine verrostete Einkaufswagentöle schieben?« Man sagt jedoch: »Aber gerne, extrem gnädige Dame, huschen Sie nur zum Kühlregal, wo die zu Recht begehrte Erfrischung Ihrer schon harrt, und ich werde vor Vergnügen schnurren, während ich Ihren einer Orchideengalerie ähnelnden De-Luxe-Gourmet-Einkaufswagen mit zarter Hand dem Zahlungsvergnügen näherführe.« Man sollte sich absolut keinen Kopf darüber machen, ob das, was man spricht, mit seinen Gedanken übereinstimmt. Kindern z. B. würde ich stets einschärfen, daß man mit Gewalt niemals Probleme lösen kann, obwohl ich leider ziemlich genau weiß, daß es durchaus auch Probleme gibt, die sich am einfachsten mit Gewalt lösen lassen. Ich würde Kindern auch beibringen, immer genau das zu sagen, was sie denken. Jemandem, der sie Gegenteiliges lehrt, würde ich sogar die Eignung zum Hüter heranwachsenden Lebens absprechen. Möge Gott Hand in Hand mit grimmig blickenden Gesetzeswächtern dafür sorgen, daß meine Schriften niemals in die Hände von Jugendlichen und jungen Erwachsenen geraten!

In meine Hände geriet neulich eine sehr eigenartige Schrift, und zwar die meiner Nachbarin, welche einen Zettel an meine Tür klebte, auf dem es hieß: »Letzte Nacht war es wieder halb zwei. Nachbarin.« Was sollte das bedeuten? Es wird doch jede Nacht halb zwei. Erst halb eins, dann halb zwei, dann halb drei usw. Nach langer Hirnmarter kam mir der Gedanke, daß sie mir mit dieser geheimnisvollen Nachricht wohl zum Vorwurf machen wollte, daß ich bis halb zwei dem Erzlaster des Schallplattenhörens gefrönt hatte.

Ich würde ja gerne mal wissen, was meine Nachbarin für eine ist. Da sie ihre Mülltüten gerne vor ihre Wohnungstür stellt, damit sie schön den Hausflur bemiefen, weiß ich, daß sie sich u. a. von sogenannten Disney-Suppen ernährt, auf deren Tüten in großen Buchstaben SCHLABBER steht. Doch, wirklich! Da steht SCHLABBER drauf! Gerne wüßte ich auch, was die ZDF-Wettertante für eine ist. Die sagt die sonderbarsten Dinge. Am 9. 6. erklärte sie zum Beispiel: »Am Freitag kann man auch im Südwesten mal wieder richtig die Fenster aufreißen.« Ich bin kein Experte für die gewiß großen und manchmal furchteinflößenden Eigenwilligkeiten des deutschen Südwestens. Aber ist es denn dort so arg, daß man nur an bestimmten Wochentagen die Fenster aufmachen darf? Gerade in Stuttgart z. B. stelle ich mir das unerträglich vor. Für Leute, die Stuttgart nicht kennen: Da unten, also in unserem Südwesten, befindet sich ein gewisses Gebirge, in welchem ein Loch zugange ist. In dem Loch liegt Stuttgart. Wenn man in Stuttgart ankommt, ist man sofort völlig verklebt. Es ist unermeßlich stickig dort. Nie spürt man den leisesten Lufthauch. In Stuttgart zu wohnen muß sein, wie in einem riesigen Kübel mit kochender Marmelade zu leben. Trotzdem sind die Menschen dort nicht schlechter als anderswo. Am beeindruckendsten ist das Stuttgarter Loch-Feeling, wenn man vom Flughafen mit dem Bus in die Stadt fährt. Der Flughafen liegt auf einem Gebirgsgipfel, und von dort führt eine unvorstellbar steile, fast senkrechte Straße zur Stadt. In den Fahrern, die diese Busse lenken, vermählt sich die Muskelkraft belgischer Rösser mit der Nervenstärke von Astronauten. Es sind die mutigsten Männer Deutschlands! Und diesen Volkshelden verwehrt man das tägliche Öffnen der Fenster? Diejenigen, die verantwortlich sind für die Zustände im Südwesten, die sollten sich schämen, schämen und abermals schämen! Was sind das nur für Menschen?

Fragen wie »Was sind das nur für Menschen?« oder »Was ist meine Nachbarin wohl für eine?« interessieren nicht nur mich. Daher kontaktierte ich den Kosmos-Verlag. Da es nicht nur viele verschiedene Pflanzen, Tiere, Mineralien und Dampfe gibt, sondern auch sehr verschiedene Menschen, machte ich den Vorschlag, ein Menschenbestimmungsbuch zu veröffentlichen. Als Autor finde ich mich sehr geeignet, denn ich kenne die Menschen. Schon seit der Kindheit pflege ich entsprechende Kontakte, und ich wohne in einer

Reformkleidung für Heroinabhängige (die komischen Zahlen sind vermutlich Bestellnummern).

Stadt, wo man nur vor die Tür treten muß, und schon sieht man sie überall herumwandern.

Herr Kosmos vom gleichnamigen Verlag wirkte müde und abgespannt. Von Kinn und Wangen troff schlohweißer Bart ihm. (Dieser mißratene Satz steht da nur, um Leute zu ärgern, die mißratene Sätze mißbilligen, hihi.) Er sprach: »Ach, wissen Sie, mich interessiert es überhaupt nicht mehr, ob mein Nachbar ein Schurke, ein Lümmel oder ein einfacher Schlingelant ist. Die Menschen haben mich zu oft enttäuscht. Ich winke daher ab.« Dann eben nicht. Dabei wäre ein solcher Führer vielerorts hilfreich. Man denke sich eine Dame, die eine Gaststube betritt und einen Herrn erspäht. »Nettes Kerlchen«, denkt sie, »aber man müßte wissen, ob es ein Schurke, ein Lümmel oder ein einfacher Schlingelant ist.« Der Herr geht Wasser lassen. Wie er zurückkommt, ist er noch im Gastraum während des Gehens mit dem Schließen von Reißverschluß und Gürtel beschäftigt. »Interessantes Merkmal«, denkt die Dame und zückt das Bestimmungsbuch. »Ah, hier steht es«, sagt sie zu sich selbst, »Mann, der erst nach Verlassen des Toilettenraumes das Verschließen seiner Hose beendigt: Siehe Lümmel oder siehe Schurke.« Um sicherzugehen, daß sie sich nicht mit einem Schurken einläßt, macht sie den im Buch beschriebenen Geldbörsenattrappentest.

»Lieber Fremdling«, sagt sie, »auch ich besitze eine Blase. Sie ist zur Zeit ebenso prall gefüllt wie diese dralle Börse, die ich Ihnen direkt vor die Nase lege und welche ich Sie ersuche, einen Augenblick lang zu bewachen, denn sie fühlt sich auf dem Klo nicht wohl.« Wie die Dame zurückkehrt, sind Mann und Börse noch vorhanden. »Ach wie schön, ein Lümmel und kein Schurke«, ruft die Frau begeistert, greift sich den Mann und zerrt ihn in ein hoffentlich einigermaßen glückliches Leben zu zweit. Mit einem Lümmel läßt es sich eh recht angenehm leben, und etwas Besseres finden nur ganz auserlesene Menschen. Wer erlebt schon das Glück, im Walde einem Auerhahn oder einem Frauenschuh zu begegnen? Oder gar einem Auerhahn, der eben einen Frauenschuh frißt? »Schlag den Auerhahn tot, ich muß den Frauenschuh fotografieren«, sagt die Kosmos-Blumenfotografin zu ihrem Mann, dem Kosmos-Vogelfotografen. Es entsteht ein Konflikt, wie er in jeder Ehe mal vorkommt. Doch die beiden lieben einander. Das mit dem Herumfummeln an Hose und Gürtel außerhalb des Toilettenraumes wird sie ihm zwar nie abgewöhnen können, aber so schlimm ist das ja auch nicht. Man schmunzelt still in sich hinein und denkt sich seinen Teil. Zum Beispiel wie das wäre, wenn das Frauen auch machen würden. Wenn sie sich, vom Frischmachen kommend, gehend im Gastraum die Strumpfhosen hochzögen.

Ich weiß ja nicht.

PS: Es gibt ein bestimmtes »komisches Gefühl«, das vermutlich jeder kennt, der selbst Texte schreibt. Ich meine jenen Zweifel daran, ob ein eben verwendeter Einfall oder Ausdruck von einem selber ist oder ob er aus einer diffusen Erinnerung an etwas andernorts Gelesenes oder Aufgeschnapptes stammt. Meine Zweifel betreffen den kausalen Zusammenhang zwischen engen Hosen und Heroinsucht. Ist das ein eigener Einfall, oder habe ich das aus einem Film oder was? Ratsuchend rief ich in der ›Titanic‹-Redaktion an. Dort kannte niemand die Theorie, aber das »komische Gefühl« war allen zur Genüge bekannt. Deshalb fordern die Redakteure und ich im Interesse der ganzen schreibenden Zunft die Einrichtung einer Institution, wo Büchernarren und geistige Kanonen allen Ratsuchenden gegen ein gewisses Entgelt immer wieder die eine Frage beantworten: »Ist das von mir, oder gibt es das schon?«

PPS: Meine neueste Lieblingsdefinition aus Wahrigs Wörterbuch:
abprotzen = ein Geschütz von der Protze heben

In Stuttgart.

Volkstrauertag in Neustadt am Rübenberge, Bürstengeschäft: Pustekuchen!
(Oktober 1993)

Im Werk von Loriot gibt es einige Szenen, die ihre Komik daraus beziehen, daß Menschen einander vorstellen, indem sie sich gegenseitig ihre Nachnamen an den Kopf werfen. Auch ich fand diese Knappheit immer befremdlich. Schon in der Schule störte es mich, wenn die Buben, insbesondere im Sportunterricht, einander mit dem Nachnamen anbrüllten. Bei Mädchen war das weniger üblich, und noch heute hat eine Künstlerin oder Politikerin, wenn über sie Bericht erstattet wird, Anspruch auf entweder Vornamen oder die Anrede »Frau«. Es ist zumindest im Deutschen nicht Sitte zu sagen: Hildebrandt hat wie ein Wasserfall geredet. Man sagt eher: Regine Hildebrandt oder Frau Hildebrandt hat Plauderwasser getrunken. Männer dagegen werden oft barsch mit dem Familiennamen abgekanzelt. Es ist dies ein Überbleibsel aus Zeiten, als unsere Gesellschaft weniger demokratisch als militärisch orientiert war. Ein Soldat hatte sich mit Nachnamen und Einheit zu melden, und wenn die Nennung des Vornamens vonnöten war, mußte er nachgestellt werden. Der Vorname bezeichnet das menschliche Individuum, der Nachname benennt den Bürger oder Untertan. In einer zivilen Gesellschaft sollten daher auch Männer ihre Vornamen weder vorenthalten bekommen noch selber verheimlichen. Eine häufige Unsitte ist auch die Abkürzung des Vornamens. Einer Person aus meiner Straße kam ihr Kater abhanden. Statt zu feiern, daß sie nun keine Dosen mit stinkendem Inhalt mehr öffnen muß, befestigte sie an den Bäumen Zettel mit Katerbeschreibung und Katerzurückbringungsbitte. Es war eine Telefonnummer angegeben und als Unterschrift: A. Poppe.

Die Würze, die in dieser Kürze liegt, ist meine Würze nicht. Ebenso wie der Händedruck ist die Preisgabe des Vornamens ein freundliches Signal zur Kommunikationsbereitschaft. Ich möchte zumindest wissen, ob ich für einen Herrn oder eine Dame durchs Gebüsch kriechen soll. Für Amalie oder Adam Poppe würde ich das gerne tun, die würden mich zum Dank sicher mit Gebäck bewirten. Von jemandem, der sich hinter einer Abkürzung versteckt, erwarte ich das nicht. A. Poppe würde nicht einmal danke sagen, sondern die Tür zuknallen. Person Poppe soll sich ihr Viech selber suchen.

Interessant ist, daß viele Leute dem Kasernenhofton ausgerechnet in ihren eigenen vier Wänden anhängen. Auch 1993 ist es bei vielen Landsleuten noch Brauch, sobald das Telefon klingelt, ihren Nachnamen in die Muschel zu krähen. Ich habe noch nie von einem Land außerhalb des deutschen Sprachraumes gehört, wo derlei auch üblich ist. Manche Nachnamen klingen ja, für sich genommen, etwas lächerlich. Es gibt Menschen, die Patschke oder Brummwein heißen. Es erscheint mir sonderbar, wenn Menschen ihr Leben lang in ihrer eigenen Wohnung in unregelmäßigen Abständen aufspringen und auf *anonymes Kommando* »Patschke« oder »Brummwein« rufen. Es sollte auch selbstverständlich sein, daß der Anrufer, also derjenige, der etwas von einem will, zuerst seine Identität preisgibt. Prinzipiell ist jeder Anrufer erst einmal ein Eindringling, und nicht jeder Eindringling ist willkommen. Auch Irrsinnigen oder Sodomiten ist es gesetzlich nicht verboten, nachts bei Wildfremden anzurufen und ihnen häßliche Lieder vorzusingen. Solchen Leuten stellt man sich nicht vor. Wenn des Nachts die Scheiben klirren und ein Einbrecher steht neben dem Bette, dann ruft man ja auch nicht »Patschke« oder »Brummwein«. Es gibt sogar Leute, die ihren Namen auf ihren Anrufbeantworter sprechen. Anonymen Sodomiten in Abwesenheit seinen Namen zu nennen, erscheint mir besonders pervers.

Ich verstehe Leute nicht, die sich der Vorteile eines Anrufbeantworters nicht bedienen. Man kann es klingeln lassen und wartet ab, wer es denn ist, der einem ein Ohr abzukauen wünscht. Ist es ein ominöser Wirrkopf, drückt man auf ein Knöpfchen, es macht piep, und der Wirrkopf sülzt in toten Draht. Ist es aber ein lieber Freund, dann hebt man ab, ruft »Ich bin da-ha«, und der Freund sagt: »Du bist da? Ich dachte schon, du bist nicht da«, und alle freuen sich. Manche sagen: »Ich will so ein Ding nicht, denn dann ist man immer verpflichtet zurückzurufen.« Wer sagt das? Steht das im BGB oder in der Bibel? Vielleicht ist es aber tatsächlich so, daß eine der Bürden, unter denen die Menschheit schmachtet, die Vorstellung ist, zurückrufen zu müssen, und daß bislang ein tolldreister Avantgardist gefehlt hat, der klipp und klar erklärt, daß man überhaupt nicht zurückrufen muß. Dieser Tolldreiste will ich gerne sein, und daher sage ich: Man muß überhaupt nicht zurückrufen. Wenn jetzt die Menschheit befreit aufatmet, dann möchte ich einen glitzernden Preis dafür zuerkannt bekommen. Warum nicht? Schließlich hat auch Maria Schell einmal einen Oscar bekommen für eine Szene, in der ihr Gänsefett ins Dekolleté trieft.

Insgesamt dürfte aber die vielerorts verbreitete Ablehnung der praktischen Gerätschaft seltener in einer Furcht davor begründet sein, von der Technik terrorisiert zu werden, als in freudlosem Traditionsquerulantentum Kreuzberger Strickmusters. Anrufbeantworterfeinde sind oft identisch mit Vinylorthodoxisten und Groschensuch-Freaks. In Kreuzberg wurden Telefonkarten-Zellen zerstört, weil diese Zwingburgen des Überwachungsstaates seien. Oder erinnert sich noch jemand an die doofe Volkszählung? Was haben sich die Querulanten echauffiert! Man werde, wenn man den Bogen ausfülle, zum gläsernen Bürger, wurde gesagt. Bin ich ein gläserner Bürger geworden? Nein, mein Tun und Treiben ist so undurchsichtig wie eh und je. Schade ist es immer um die politische Energie, die in gefälliger Ablehneritis versickert. Doch Querulanten, das haben die so an sich, wollen nichts verändern, sondern sich nur dicke tun, da genügen die nichtigsten Anlässe. Man denke nur an die neuen Postleitzahlen. Dabei sind die sehr nützlich. Im Supermarkt sieht man noch immer Produkte, wo die Adresse des Herstellers mit alter Postleitzahl draufsteht. Da weiß man gleich, diese Nahrung gilt es zu verschmähen. Es gibt sogar noch Waren mit dem Aufdruck »Made in West Germany«. Man sollte, in Analogie zu den Läden in Ost-Berlin, wo nur Produkte aus den neuen Ländern angeboten werden, in Kreuzberg Geschäfte eröffnen, in denen nur Nahrungsmittel mit alter Postleitzahl, die made in West Germany sind, verkauft werden. Groß wäre der Andrang. Lange Schlangen von Struwwelpetern, die sich die Lippen lecken und denken: »Hmm, endlich mal wieder Produkte mit unserer Identität.«

Querulanten hin, Querulanten her. In Wirklichkeit bin ich nur neidisch auf die, die in Kreuzberg wohnen. Dort ist jeden Abend Karneval in Rio, und in der Oranienstraße gibt es obendrein ein sehr gutes Bürstengeschäft. In Tiergarten, wo mich ein fühlloses Schicksal begraben hat, ist jeden Abend Volkstrauertag in Neustadt am Rübenberge, Bürstengeschäft: Pustekuchen, und selbst zum nächsten Copy-Shop muß ich zwanzig Minuten latschen. Gerne wohnte ich bei den Querulanten. Ich wäre, wenn es zur Prüfung meiner Integrierbarkeit notwendig ist, durchaus in der Lage, mich über völlig unwichtige Dinge maßlos aufzuregen. Ich binde mir also einen schwarzen Lappen vor die Schnute und schreie: »Was ja auch unbedingt boykottiert gehört, ist der

Einhebelmischer. So nennt der Sanitärfachmann die modernen Wasserhähne. Früher gab es rechts einen Hahn mit blauem Punkt, der sagte kühles Wasser an, drehte man jedoch an seinem linken Bruder, der einen roten Punkt trug, dann gab es warmes. So ist's auch noch in meinen Privatgemächern. Doch was findet man vor in Hotels und Lokalen? Wenn man den Hahn nach oben oder unten oder nach links oder rechts zieht, wird das Wasser dann wärmer oder kälter oder weniger oder mehr oder beides oder alles drei oder gar nichts oder umgekehrt oder wie? Es ist komplizierter als Tequila trinken. Erst das Salz, dann der Schnaps und die Zitrone, oder das Salz zum Schluß? Ich kann mir das nicht merken. Jedes Händewaschen beginnt mit experimentellem Gewürge. Ich habe auch das Gefühl, daß die Einhebelmischer der verschiedenen Fabrikate alle unterschiedlich funktionieren. Ähnlich ist es beim Kassettenrecorder. Schön wäre es, wenn in den sechziger Jahren, als er auf den Markt geworfen wurde, ein Demiurg gekommen wäre und gesagt hätte: Die Knöpfe müssen bei allen Recordern der Welt in folgender Reihenfolge stehen: Record, Play, Vorlauf, Rücklauf, Pause, Stop. Doch wie sieht die Realität aus? Es ist bei allen Geräten anders. Schuld ist die Bockigkeit der Designer.«

Dies sagte ich eben zu den Querulanten, in der Hoffnung, daß sie mich zu sich nehmen. »Sehr stark ausgeprägt ist dein Querulantentum nicht«, antworten die Querulanten, »doch wir werden dich unterrichten. Schmauche erst einmal diese Tülle dumm machenden Rauschgiftes, dann wird es schon werden.«

Doch dies will ich nicht. Erstens behagt mir der Geruch nicht. Er ist nicht besser als der von Katzenfutter. Zweitens verliert man vom Haschisch sein Gedächtnis. Einst kannte ich einen Schlagzeuger, der spielte Schlagzeug wie ein Engel. Doch früh und spät und zwischendurch glomm seine Tüte, so daß er bei einer Probe nie wußte, was er bei der vorangegangenen gespielt hatte. Keine Band mochte ihn lange behalten. Das ist viele Jahre her. Nun wohnt er in einem Verschlag im Osten – Kreuzberg wurde ihm zu teuer – und schimpft auf den »Scheißstaat«. Dabei ist er selber schuld an seinem Elend. Bald wird er sterben.

Auch anderes Rauschgift ist schlecht. Vor zehn, elf Jahren hatte ich eine Phase, da ging es in meinem Leben zu wie in Bahlsens Probierstube. Kaum sah ich ein Pulver, eine Pille, einen Pilz, mußte ich probieren. Meistens habe ich entweder überhaupt nichts gemerkt oder mir wurde blümerant. Einmal nahm ich mit jemand anderem eine Droge, ich weiß nicht mehr welche, und wir gingen in ein Café. Es war wie immer, nur alle Möbel schienen einen lila Rand zu haben. Auch der Ventilator an der Decke hatte einen lila Rand. Den haben wir zwei Stunden angeguckt und dabei gekichert. Lächerlich, daß Leute ihr Geld verjubeln, um Möbel mit lila Rand zu sehen. Die einzige Droge, die ich mehrmals probierte, war Kokain. Ich habe nie eine Wirkung gespürt, außer daß ich großen Durst bekam und verschwenderisch sentimental wurde. Ich wollte mich mit jedem versöhnen, auch mit Menschen, mit denen ich gar nicht zerstritten war. Es war so albern, daß ich drauf und dran war, auf die Straße zu rennen und fremde Leute zu bitten, mich zu ohrfeigen, damit ich ihnen das verzeihen kann. Für wünschenswert hielt ich solche Effekte nicht, doch ich sagte mir immer: Das kann es ja wohl nicht gewesen sein. Bestimmt war das Pulver mit irgend etwas gestreckt. Ich gehe mal zu einem anderen Dealer. Einmal wollte ich unbedingt kreativ werden. Ich nahm tüchtig von dem Pulver, legte mir einen Notizblock zurecht und nahm mir vor, jeden klitzekleinen Gedanken aufzuschreiben, damit ja nichts verlorengeht. Ich schrieb und schrieb, obwohl ich außer Durst keine besonderen Gedanken hatte, denn in einer Hirnnebenrinde erklärte ich mir, daß die Kreativität eben auf Samtpfötchen einherkomme und daß ich im Moment des Schreibens gar nicht beurteilen könne, was ich da gerade Grandioses am Schaffen sei. Ich schrieb den ganzen Block voll, bis die Hand nicht mehr konnte. Am nächsten Tag schmiß ich den Block weg. Ich schämte mich. Der ganze Block war vollgeschrieben mit Sätzen wie ungefähr den folgenden: »Morgen den Steuerberater anrufen wg. der Investitionszulage. Ilona ist wirklich nett. Das muß ich ihr unbedingt sagen. Kühlschrank abtauen!!! Steuerberater wg. Investitionszulage. Lars ist soo nett, ich muß ihn anrufen und ihm das sagen. Man müßte Klavier spielen können. Im Lexikon nachgucken, wer die ›Dunkelmännerbriefe‹ schrieb, Investitionszulage. Tante Lina einen Brief schreiben, ihr sagen, daß sie nett ist... etc.«

Einmal versuchte ich es noch mit einem Tonband. Nach drei, vier Malen wurde es mir zu blöd. Nie wieder griff ich zu Drogen! Tut es mir gleich! Geht ins Freie! Spielt Prellball, Radball, Faustball! In der Eisenbahn saß ich übrigens mal neben dem Schatzmeister des Österreichischen Faustballverbandes. Er füllte Tabellen aus, wobei er mitleiderregend schnaufte. Ich kann mir gut vorstellen, daß der österreichische Faustball vor sich hinsiecht. Apropos: Wenn Frauen Faustball spielen, heißt das wohl Frauenfaustball. Aber wenn Frauen dies nicht im Freien tun, heißt das dann Hallenfrauenfaustball oder Frauenhallenfaustball? Zermartert euch die Köpfe über diese Frage! Denkt auch an Tante Lina. Sagt Lars, daß er nett ist. Besucht Patschkes mal wieder! Auch Familie Brummwein verödet vor dem Fernseher und freut sich über Besuch!

PS: Allgemein bekannt sind Leute, die Drogenabstinenten entgegenrufen: »Ach ja, und was ist mit Alkohol?« Auch diese Leute muß man achten. Sie bezahlen Steuern wie andere hoffentlich auch. Von diesem Geld werden Kindergärten verbreitert und staatliche Schlammgruben oder Giftmüllsickerdeponiebelüftungsanlagen angelegt, Leistungen, die uns allen nützen. Jeder weiß, daß staatliche Schlammgruben notwendig sind, doch keiner will neben ihnen wohnen. (1978 gaben mal 80% der Amerikaner an, daß sie nicht neben Donna Summer wohnen wollen. Die sang damals frivole Lieder.) Ab und zu kommen im Fernsehen Interviews mit Menschen, die schlammgrubennah leben. Man erkennt sie an den Wäscheklammern auf ihren Nasen. Sie essen mit Wäscheklammern auf der Nase, und es ist nicht das Essen, das stinkt! Sie essen ja kein Katzenfutter. Sie lesen mit Wäscheklammern auf der Nase in der Bibel, und es ist nicht Gottes Wort, das stinkt! Irgendwann gewöhnen sich die Menschen an die staatliche Schlammgrube. Zur Silberhochzeit schenken sie einander Wäscheklammern mit Perlmutterbesatz oder Rubinen.

Ich wollte, man büke mir einen Klöben
(November 1993)

Vieles ist schön in unserem Land, aber zum allerschönsten zählt das morgendliche Glänzen des Linoleumfußbodens im Tempelhofer Flughafengebäude. Um die Ehre, sich die Stadt mit dem schönsten Bahnhof Deutschlands nennen zu dürfen, prügeln sich Stuttgart und Leipzig. Welcher der schönste Flughafen ist, ist unstrittig: Berlin-Tempelhof, der nach der Wende reaktivierte Zentralflughafen. Gedränge, Gereiztheit und Konfusion sind in diesem eleganten Ge-

Der Bahnhof von Emden braucht sich hinter den Bahnhöfen von Stuttgart und Leipzig nicht zu verstecken. Nett wäre es, wenn er es trotzdem täte.

bäude Fremdwörter. Hier blockieren keine Reisegruppen mit pinken und giftgrünen Riesenplastiktaschen voll Krempel und piepsendem Pipifax den Weg. Hier bricht der distinguierte Einzelreisende zu weltverändernden Gesprächen hinter gepolsterter Tür auf. Nicht Pipifax piepst aus seinem Portefeuille, sondern es sind unersetzliche, mit 3998 DM teuren Füllfederhaltern unterzeichnete Dokumente darin. Es ist schön, zwischen all diesen vornehmen Menschen herumzuspazieren und sich dem Opaleszieren des vielleicht größten zusammenhängenden Linoleumfußbodens Deutschlands hinzugeben. Er schimmert so schön wie ein tropischer Mammutschmetterling, nur nicht so aufdringlich. Schade ist, daß sich die Berlintouristen abends durch die Oranienburger Straße schieben, statt sich den schönen Linoleumfußboden anzusehen. Was sind die dort stehenden Prostituierten denn, verglichen mit einem guten Fußboden? Mich erinnern diese Frauen immer an Süßspeisenabbildungen aus einem Dr.-Oetker-Kochbuch der fünfziger Jahre. Der einzige Unterschied sind die Locken. Bevor die Frauen zur Arbeit gehen, gehen sie zur Markthalle. »Fünf Kilo Locken bitte«, sagen sie dort. Aber selbst wenn sie sich 100 Kilo Locken auf den Kopf kippen würden, es sind und bleiben Strichbienen, Horizontale, Rennpferde, Kokotten, Schlitten, Schnecken und Metzen. Diese Bezeichnungen stehen im Sinn-und-Sachverwandten-Duden unter dem Stichwort »Prostituierte« und sind in keinster Weise zu vergleichen mit einem schönen Linoleumfußboden. Und wo man von Tempelhof aus überall hinfliegen kann! Nach Kassel-Calden, Paderborn-Lippstadt und sogar Heringsdorf. Ich flog zum London City Airport. Der liegt mitten in London, ist etwa so groß wie eine Matratze und naturgemäß völlig unbekannt, ebenso wie die Fluggesellschaft Conti-Flug, die diese Strecke »bedient«. Die Airline besitzt ein einziges Flugzeug, und das ist nach meiner ganz persönlichen Schätzung gut und gerne achtzig Jahre alt. Genau weiß ich's aber nicht. Das Einsteigen erleichtert ein Gerät, das große Ähnlichkeit mit einer Haushaltstrittleiter für 29,90 von »Rudi's Resterampe« aufweist. Immerhin hat man in den sechziger Jahren die Holzbänke rausgerissen und durch blaue Knautschlacksessel ersetzt. Zu essen gibt es hübsche Schmierkäsedreiecke. Auf dem London City Airport war es bei meiner Ankunft still wie in einer Kirche. Die Bedienung im Wartecafé rührte grüblerisch in einer Tasse. Vermutlich dachte sie: »In einer deutschen Zeitschrift steht, daß dieser Flughafen so groß wie eine Matratze ist. Das ist gut ausgedrückt. Allerdings ist auf deutschen Matratzen entschieden mehr los. Wenn ich nur an die Matratzen der Oranienburger Straße denke...«

Über England will ich nicht breit referieren, denn dieses Land ist bekannt wie ein bunter Hund. Jeder kennt die Klischees. Manche treffen zu, z. B. das mit der Qualität des Essens und das mit dem liebenswürdigen Benehmen. Andere, das Wetter oder den Humor betreffende, scheinen mir der Grundlage zu entbehren. Meine Privatmeinung ist, daß der berühmte »schwarze« Humor in den fünfziger Jahren nach Amerika ausgewandert ist. Wenn Deutsche noch heute sogar angesichts von Fernseh-Sketchen dem englischen Humor eine Überlegenheit attestieren, dann wird eine überholte Kulturtradition bewahrt, um einen weltläufigen, eingeweihten Eindruck zu machen. Wer fremdsprachliche Witze versteht, muß ja ein toller Hecht sein. Der heutige Engländer hat genausoviel Humor wie Franzosen oder Deutsche, und das reicht völlig aus. Zuviel Humor macht dumm.

Fragwürdig fand ich eines in England. Auf Fruchtgummitüten steht der Hinweis, daß kleine Kinder an Fruchtgummi ersticken können. Auf der Studentenfutterpackung ist zu lesen, daß kleine Kinder an Nüssen ersticken können. Aber: Ich hatte mein Rasierzeug zu Hause vergessen. Daher kaufte ich eine Packung Einwegrasierer. Und da stand nicht drauf, daß kleine Kinder daran ersticken können. Was für eine Fahrlässigkeit! Kleine Kinder können sehr wohl an Einwegrasierern ersticken! Geben Sie mir ein englisches Kind, und ich will's Ihnen gern beweisen.

Ich schlage vor, daß man an englischen Straßen alle 50 Meter ein Schild aufstellt, wo draufsteht: »Kleine Kinder können theoretisch eigentlich an allem ersticken.« Und nicht vergessen, diese Schilder nachts grell zu beleuchten!

Einmal saßen mein Reisebegleiter und ich in einem Pub auf dem Pier von Brighton, um uns daran zu ergötzen, wie sich die Sonne im Kanal verkrümelt. Wir verbanden diese Betrachtung mit dem Trinken von Bier. Dies gilt es beizeiten zu tun, denn wenn man in dieser Stadt nach elf noch Durst hat, muß man 48 Stunden vor dem Durst eine Gastmitgliedschaft in einem Club beantragen. Kaum daß sich die Sonne verdünnisiert hatte, verwandelte sich das Pub in eine wild quietschende Teenagerdisco. Um den Laden in einen Hexenkessel zu verwandeln, versprach der DJ jedem, der auf die Tanzfläche gehe, Gratis-Erdnüsse. Es ist wirklich hübsch, einer Gruppe von Teenagern, von denen jeder eine Packung Erdnüsse in der Hand hält, beim Tanzen zuzusehen. Dann wurden Partyspiele veranstaltet. Eines ging so, daß der DJ drei Herren veranlaßte, sich rücklings auf die Tanzfläche zu legen. Daraufhin streute er jedem eine Handvoll Erdnüsse auf den Hosenlatz und holte drei Damen, die den Herren die Nüsse, ohne die Hände zu benutzen, von der Hose äsen mußten. »Äsen ist immer ohne Hände, du Affe«, denkt da der Esel auf der Koppel. Einer der Herren bekam während des Erdnußäsens eine aufgrund der Labbrigkeit seiner Hose weithin sichtbare Intimdurchblutung, was die übrige Jugend zu frenetischem Gejohle verführte. »Es ist zwar eigentlich nicht meine Art, aber ich könnte ja ausnahmsweise mal mitjohlen«, dachte ich und setzte meinen Gedanken unverzüglich in die Tat um.

Interessant ist auch der Zeitschriftenmarkt. Es gibt kaum eine Zeitschrift, der nicht eine Beilage beigegeben ist oder eine Beigebung beiliegt, sei es eine CD, eine Kassette, eine Diskette oder eine Flasche Haarconditioner. Eine Gartenzeitschrift war sogar mit einer kleinen Schaufel versehen, und auf einem Frauenjournal klebte ein praktischer Spaghettiportionierer, eine Schablone mit drei verschieden großen Löchern, deren Größe der idealen Dicke eines Spaghettibündels für eine Person bzw. zwei oder drei Personen entspricht.

In einer Zeitschrift las ich einen Artikel über Kopfkissen. Darin stand, daß ein zwanzig Jahre altes Kopfkissen zu zehn Prozent seines Gewichtes aus lebenden Milben, toten Milben und Milbenkot bestehe. Mich durchfuhr ein Grausen: Die Kopfkissen, an die ich allnächtlich mein Haupt schmiege, habe ich vor mehr als sechzehn Jahren, als ich meinen ersten eigenen Haushalt bestückte, den Beständen des Elternhauses entnommen, und sie waren schon damals gewiß nicht neu. Vielleicht sind sie noch von meiner Uroma und bestehen zu fünfzig Prozent aus Milbenkot. Ich plane daher eine größere Anschaffung. Wer will, daß ich demnächst einen heiteren Artikel über das Kaufen von Kopfkissen verfassen soll, der hebe jetzt bitte die Hand. Aber natürlich nur, wenn Sie diese Zeilen in der Einsamkeit Ihrer Kammer lesen. Nicht, wenn Sie dies im Bus oder im Café tun. Das sähe doch saudumm aus, wenn Sie jetzt die Hand höben. »Höben« habe ich vorher noch nie geschrieben, aber »höben« ist nicht übel, so wie »büke«. Ich wollte, man büke mir einen Klöben.

Ich bin, was Anschaffungen angeht, nicht pingelig. Preise

vergleichen? Nö. Das liegt an dem chinesischen Tier, das ich bin. Ich habe vergessen, welches ich bin, aber eine Freundin, die sich da auskennt, meint, das chinesische Tier, das ich bin, interessiert sich zwar nicht besonders für Geld, hat aber auch keine Schwierigkeiten, sich damit in stets ausreichender Menge auszustatten. Das stimmt ungefähr. Das Geld kommt immer irgendwie angedackelt, und ich gebe es frisch und froh aus. Vor kurzem kaufte ich mir ein Gerät, welches »Hexegger« heißt. Dieses Gerät macht Eier würfelförmig. Man tut ein hartgekochtes Ei in die Kammer des Hexegger, setzt den Preßkolben an, tut den Apparat für zehn Minuten in den Kühlschrank, und dann hat man ein würfelförmiges Ei. Das Gerät hat fast zwanzig Mark gekostet, und obwohl ich hartgekochte Eier nicht ausstehen kann, habe ich die teure Anschaffung nie bedauert. Sie ist sehr nützlich. Wenn Besuch kommt, nehme ich das Gerät und sage: »Guck doch mal, was ich Komisches gekauft habe«, und der Besuch sagt: »Potzteufel, würfelförmige Eier, was für ein Heckmeck«, und schon hat man die schönste Konversation. Leute, die sich keine komischen Sachen kaufen, können mit ihrem Besuch nur Torte mampfen und bumsen. Zu besprechen haben die nichts. Daher sitzt mir der Geldbeutel so locker wie dem Unhold die Faust. Es gibt aber einige wenige Bereiche, in denen ich einen unvorstellbaren Geiz an den Tag lege. Viele sonst ganz vernünftige Menschen haben solche, ich will's mal nennen: Geizoasen. Bei mir ist es z. B. Seife. Ich weiß, daß man für nur eine Mark ein schönes großes Stück Seife bekommt, aber ich wasche mir seit Jahren mit den Miniseifen, die ich aus Hotels mitnehme, die Hände. Haarshampoo kaufe ich immer das teure von Guhl, und After Shave Balme habe ich zehn verschiedene, alle ganz teuer. Aber für Seife will ich einfach kein Geld ausgeben. Ich will nicht, ich will nicht. Bin ich krank? Noch schlimmer ist's bei Geschirrtüchern. Ich besitze zwei Stück, die habe ich mir vor sechzehn Jahren bei einem Trödler gekauft. Wenn ich Gäste habe, und die fragen mich, ob ich die Teller, auf denen ihre Schnittchen liegen, mit dem Geschirrtuch, was in meiner Küche hängt, abzutrocknen pflege, und ich darauf nicht groß rumdrucksen mag, dann neigen die Gäste dazu, es zu verschmähen, mit der Vertilgung der Schnittchen fortzufahren. Neulich sah ich in einem Geschäft ein Päckchen mit drei Geschirrtüchern für fünf Mark. Ich war außer mir vor Zorn. Wie können diese Halsabschneider, dachte ich, wie können diese elenden Schurken für drei läppische Geschirrtücher nur so einen Wucherpreis verlangen? Mit einer Laune, die humoristische Zeichner so darstellen, daß sie Blitze und Totenköpfe um den Kopf der derart gelaunten Person herumzeichnen, verließ ich den Laden. Ich weiß, ich verdiene es, daß um mein Bett ein Dutzend ernst blickende Ärzte sitzen und Psychopharmakadosen schwenken wie Rumbanüsse.

Doch vielleicht kann ich mich an den eigenen Haaren aus dem Sumpf ziehen.

Einmal gelang es schon. Ich hatte früher auch eine krankhafte Topfkauf-Aversion. Ich kochte meine Suppen in einem Topf, den mit der Zeit eine immer geringer werdende Zahl von Menschen noch als Topf bezeichnen gemocht hätte. Da biß ich die Zähne zusammen und kaufte mir ein gigantisches Set sündhaft teurer Fissler-Töpfe. Danach war ich geheilt. Mit Geschirrtüchern würde ich gern ebenso verfahren, aber wo gibt es denn teure? Selbst im KadeWe kosten die teuersten Geschirrtücher um die zwanzig Mark. Ein solcher Preis ist therapeutisch uneffektiv. Es nützt auch nichts, wenn ich mir ein Pariser Modellkleid kaufe, dies zerreiße und die Fetzen zum Geschirrtrocknen benutze, oder wenn ich eine Privatperson beglücke, indem ich ihr für viel Geld ein Geschirrtuch abkaufe. Es muß ein Geschirrtuch aus einem normalen Laden sein, aber einen regulären Ladenpreis von mindestens hundert Mark haben.

Nun ist Mitternacht vorbei, und so will ich mich auf meine Milbenkotbeutel legen. In nur wenigen Stunden wird irgendwo in Berlin eine Nachttischlampe angeknipst werden, eine Frau wird sich die Augen reiben und sagen: »Müde bin ich schon noch, aber ich muß los, den Flughafen bohnern, damit er schön schimmert.« Ich finde das wunderbar.

PS: Noch etwas zu »Rudi's Resterampe«. Einmal schrieb ich in einem Text über Beck's Bier. Prompt schrieb mir ein Leser, es müsse Becks heißen. Lieber Knabe, entgegnete ich, schau doch mal aufs Etikett. Die Brauereien werden ja wohl noch selber entscheiden dürfen, wie sie ihre Erzeugnisse schreiben. Vor kurzem sprach ich in einem Artikel über »umkreiste A's«. Es kam eine häßliche Beschwerde. Liebe Leute: Mich interessiert diese Mode, an Apostrophen zu mosern, überhaupt nicht. Wenn es Autoren gefällt, in den neuen Bundesländern, statt die dortigen Kunstschätze zu besichtigen, falschgeschriebene Imbißbuden zu fotografieren und zu diesen Fotos kleinkarierte Nörgelartikel mit rassistischer Tendenz zu verfassen, dann ist das deren Problem. Ich stehe fest zu meiner Überzeugung, daß es eine erstrangige charakterliche Widerwärtigkeit ist, sich über anderer Leute Rechtschreibfehler lustig zu machen. Erstaunlich ist, wie verbiestert gerade Leute, die sonst allen möglichen Regelwidrigkeiten oder sogar dem Anarchismus das Wort reden, sich über die paar überflüssigen Strichelchen ereifern. Ich sehe in Apostrophen, an Stellen, wo vorher noch nie Apostrophe waren, zumindest ein ersprießlicheres Zeugnis von Volkskreativität als in Graffitigeschmiere an historischen Gebäuden. Rechtschreibung ist eine hübsche Sache für Leute, die Spaß an ihr haben. Verstöße gegen ihre Regeln, sofern sie nicht zu inhaltlichen Mißverständnissen führen, sind nicht zu kommentieren. Alles andere ist bildungsbürgerliche Arroganz.

TEX RUBINOWITZ

Der Sonderoscar für prima Synchronisation geht in diesem Jahr an den Film *Fünf stattliche Herren und ein Flockenquetschen-Selbstbau-Set*
(Dezember 1993)

Zum Brauchtum insbesondere kinderloser Großstadtbewohner zählt es, sich des Abends gegen acht zu treffen und dann irgendwohin zu gehen und später dann vielleicht noch woanders hin. In dieser Hinsicht mache ich es meinen Mitmenschen nicht leicht. Zum einen liebe ich es nicht, zu nachtmahlen, d. h. ich habe keine Freude an abendlichen Restaurantbesuchen. Es ist so, daß ich zu der nachtschlafenden Zeit, wenn meine Bekannten essen gehen wollen, oft schon ein oder zwei Bier getrunken habe, und selbst mit mäßigen Alkoholmengen im Blut mundet mir kein Essen mehr, das ist dann nur noch ein Schlingen und Spachteln, aber kein Speisen. Ich bevorzuge es, mich zwischen vier und sechs Uhr nachmittags von den Söhnen und Töchtern Indiens und Chinas verköstigen zu lassen. In deren Lokalen ist es nachmittags immer ganz leer, obwohl sie offen sind; dort kann man seine Einkaufstaschen auf die freien Stühle verteilen und theoretisch sogar seine Pelerine anbehalten und ununterbrochen husten – keinen stört's. In den chicen Abendlokalen dagegen ist es freudlos. Entweder wird man dort von Kellnern in bodenlangen Schürzen und mit Ohrringen in Augenbraue oder Zunge behandelt wie ein pestkranker Wegelagerer, der des Königs Tochter zu freien wünscht, oder mit völlig überforderten und abgenervten Studentinnen konfrontiert, die alles vergessen, verwechseln und runterfallen lassen. Wenn man ein Jever bestellt, bringen sie ein Hefe und umgekehrt, nicht ohne es zuvor runterfallen zu lassen. Oft sind diese Studentinnen zudem verheult, weil sie gerade Knatsch mit dem Chef oder Zoff mit dem Lover oder beides haben. Irgendwann kommt dann ein zotteliger Mann mit einem Motorradhelm unter dem Arm (der abgenervten Studentin Paramour) in das Restaurant, der schreit die Studentin an, welche zurückbrüllt, worauf der Zottel die Tür knallend das Lokal verläßt, wobei der schöne Glaseinsatz zerbirst. Da kommt der Restaurantbesitzer, verfolgt den Motorradhelmmann auf die Straße und schlägt ihn nieder. Und falls man nun ruft: »Fräulein, ich hätte gern noch ein Jever, aber diesmal wirklich ein Jever und kein Hefe«, dann reagiert die Studentin wie Thelma oder Louise in dem Film *Thelma und Louise* oder bekommt Nasenbluten und hat kein Taschentuch. Da es leider immer so ist, meide ich die Abendrestaurants. »Na gut«, sagen da meine Bekannten, »dann gehen wir halt nicht essen, sondern ins Kino.« Doch auch da bin ich eigen. Ich verabscheue es, in Filme zu gehen, die nicht synchronisiert sind. Ich spreche zwar ziemlich gut Englisch, aber in Filmen werden oft Slangausdrücke verwendet, oder es geht um Themen, mit denen man sich normalerweise nie beschäftigt, so daß ich doch mancherlei nicht auf Anhieb verstehe. Auch ein Engländer versteht kein Wort, wenn eine ungelernte schwarze Pfannkuchenbraterin aus Kansas City über ihren Job spricht. So amüsiert es mich, wenn ich Leute, von denen ich weiß, daß sie erheblich schlechter Englisch sprechen als ich, sagen höre, es sei grundsätzlich besser, Filme in der Originalfassung zu sehen. So bringen sie sich, dem Diktat des cinéastischen Snobismus hörig, um den halben Spaß. Gerade weil Film ein visuelles Medium ist, sollte es einem vergönnt sein, den Dialogen so mühelos und nebenbei wie möglich zu folgen. Eine besondere Narretei ist das Untertiteln. Da wird der Zuschauer gezwungen, mit seinem Blick an der unteren Bildkante zu verharren, so daß er außerstande ist, seine Aufmerksamkeit der Bildkomposition zu widmen.

Im Literaturwesen hat man zu Recht begonnen, den Berufsstand des Übersetzers aufzuwerten. Es ist an der Zeit, die oft hervorragende Arbeit der deutschen Synchronstudios ebenso zu würdigen. Puristen klagen aber schon, wenn ein Film aus der Fremde einen deutschen Verleihtitel erhält. Dabei klingt doch z. B. *Aufrührer ohne eine Ursache* viel besser als *Because They Don't Know What They Are Doing*. Die Puristen verweisen auch gern mahnend darauf, daß in manchen Ländern Filme grundsätzlich nicht synchronisiert werden. Tja, gewiß: Auf den Färöern droben im Atlantik wird der Terminator wohl englisch parlieren, denn färöisch wird von weniger Menschen verstanden, als in Bad Salzuflen wohnen. Ich denke, daß sich der Synchronisationsaufwand bei einer Sprachgemeinschaft von 90 Millionen Menschen einfach besser »rechnet« als andernorts und daß »wir«, weil »wir« so viele sind, in den Genuß eines kulturellen Vorsprungs gekommen sind. Es ist auch schon vorgekommen, daß ein schlechtes literarisches Werk durch einen guten Übersetzer in ein nicht mehr ganz so schlechtes verwandelt wurde, und in der Popmusik ist eine Cover-Version oder ein Remix gelegentlich besser als das Original. Daß die von Carl Barks gezeichneten, klassischen Donald-Duck-Stories auf deutsch besser sind, darf man schon gar nicht mehr sagen, so ein Allgemeinplatz ist das. Auch die TV-Serie *The Simpsons* ist m. E. in der synchronisierten Fassung der amerikanischen deutlich überlegen.

Es ist ein nimmer versiegender Quell von Peinlichkeit, wenn Menschen an unpassenden Stellen ihre Fremdsprachen auspacken. Einmal versank ich vor Scham in den Boden, als ein Bekannter in einer Berliner Pizzeria seine Bestellung auf italienisch aufgab, und das nicht nur, weil der Ober, wie sich herausstellte, griechischer Herkunft und des Italienischen unkundig war.

Ganz befremdlich ist es, wenn Menschen gar beim Käsekaufen Nasallaute ausstoßend mit ihrer höheren Bildung prahlen. Ich versuche, die Namen ausländischer Käsesorten so auszusprechen, wie ich denke, daß es auch die Verkäuferinnen tun würden. Oft liege ich da falsch. Die Verkäuferinnen wissen zwar auch nicht genau, wie es geht, aber sie wissen, daß die Aussprache »irgendwie anders« als das Schriftbild ist, und haben oft private Versionen, die von Verkaufsthekenteam zu Verkaufsthekenteam unterschiedlich sind. Das ist nett.

Nett ist es auch, daß es unter Lebensmittelverkäufern nicht üblich ist, während ihrer Arbeit Telefonanrufe entgegenzunehmen. In vielen Fachgeschäften ist das anders. Es ist durch und durch merkwürdig und eigentlich unerklärlich, daß vielerorts ein anrufender Kunde grundsätzlich jenem vorgezogen wird, der sich persönlich in das Geschäft bemüht hat. Ich kaufte vor kurzem in einem Reisebüro Bahnfahrkarten. Das dauerte fast anderthalb Stunden, weil die mit mir befaßte Fachkraft immerfort telefonische Auskünfte erteilte.

Der Bundespräsident sollte in seiner Weihnachtsansprache erklären, daß telefonisches Vordrängeln in unserem Lande ab sofort genauso verpönt ist wie körperliches. Daß das Billettkaufen heute so lange dauert, liegt natürlich auch daran, daß da heute »modernste Computertechnik« angewandt wird. Für alles gibt es heute Computer: Kompott wird mit einem Kompottcomputer gemacht, und Misthaufen mit dem Kompostiercomputer. Früher sagte man »Einmal nach Köln« und bekam sofort ein Ticket nach Köln. Heute steht meist die gesamte Reisebürobelegschaft um einen Monitor herum und rätselt darüber, wie man »ihn« (den Computer) dazu bewegen könnte, das zu tun, was von ihm gewünscht wurde. Ganz furchtbar wird es, wenn auch der Kunde sich noch mit technischen Ratschlägen einmischt. Ich nehme mir lieber, wenn ich Bahnkarten kaufen gehe, ein nicht zu dünnes Buch mit. Da ich oft unterwegs bin, bin ich sicher, daß ich auf diesem Wege bald die wichtigsten Werke der Welt-

Zu sagen, daß selbstgemachte Marmelade genauso schmeckt wie gekaufte, ist ein gefährlicher Standpunkt.

literatur geschafft haben werde. Lustig ist es übrigens, daß es in den Medien, wenn von neuen Erfindungen berichtet wird, immer heißt, daß diese mit Hilfe *modernster* Computertechnik gemacht wurden. Sind da wirklich immer nur die allerallerneuesten Geräte im Spiel? Ich fände es erfrischend, wenn einmal verlautbart würde, daß eine neue Entwicklung mit einem fünf Jahre alten Computer bewerkstelligt worden sei. Gerne schreite ich voran: Diesen Aufsatz verfasse ich mit Hilfe drei Jahre alter Technik, und das merkt man ja auch. Bislang steht fast nichts darin, was ich nicht vor drei Jahren schon hätte schreiben können.

Ich habe gar keine Schwierigkeiten mit staubigen Themen. Das Aktuelle, die *Top News* überlasse ich gerne den Dackeln, die danach hecheln. Einer ca. ein Jahr alten Zeitung entnehme ich, daß die Bekanntgabe der Prostata-Erkrankung Präsident Mitterands zu Kurseinbrüchen an der Pariser Börse geführt hat. Das ist auch heute noch lustig. Es gibt ein schlechtes Bonmot, daß die Zeitung von gestern das Uninteressanteste sei, was es gebe. Sehr unrichtig: Die Interessantheit einer alten Zeitung ist hundertprozentig identisch mit der einer neuen. Käme jetzt ein Bursche oder ein feines Mariechen, welches riefe: »Identität ist immer hundertprozentig«, dann würde ich sagen: »Guter Bursche, feines Mariechen«, dankend Limonade anbieten und mich nicht weiter stören lassen. Einem ein Jahr alten Notizbuch entnehme ich, daß Verkehrsminister Krause im Radio folgenden Satz gesagt hat: »Verkehrspolitik ist ein komplizierter Komplex, in dem man möglichst geräuschlos umdenken muß.« Das ist heute noch ein prima Satz, auch wenn sich an den Sprecher kaum jemand erinnern kann. Wie sah der noch aus? Süß? Nein, süß eher nicht. War das nicht so ein furchteinflößend harmlos wirkender Hardliner, der über eine irgendwie unehrenwert finanzierte – Achtung: sehr, sehr lustiges Wort! – Parkettkosmetikerin gestolpert ist? Und wer war Heinz Kluncker? Das war der Vorgänger von Monika Wulf-Matthies. Er war sehr dick. Und dann gab es doch noch Heinz Eckner. Das war ein ebenfalls sehr dicker Komiker, der immer bei Rudi Carrell auftrat. Ein anderer dicker Komiker war Heinz Erhard, während Fritz Eckhardt ein gleichfalls sehr dicker österreichischer Fernsehschauspieler war. Ich erinnere mich auch an Ekkehard Fritsch. Der saß bei *Dalli Dalli* in der Jury und war sehr, sehr dick. Wenn man über dreißig ist, ein gutes Gedächtnis für stattliche TV-Herren hat und sich nun vorstellt, wie Heinz Kluncker, Heinz Eckner, Heinz Erhard, Fritz Eckhardt und Ekkehard Fritsch an einem Wirtshaustisch sitzen, wird einem schwindlig. Wenn man sich danach zusätzlich vorstellt, daß Britt Eklund und Anita Ekberg zur Tür reinkommen, zum Tisch der stattlichen Herren gehen und »Mein Hut, der hat drei Ecken« singen, fällt man in Ohnmacht.

Ein wenig schwindlig wurde mir auch neulich, als ich in einem Nobelsupermarkt ein Glas Erdbeermarmelade sah. Es kam aus Neuseeland und kostete 17 DM 95. Da kam mir ein teuflischer Einfall. Ich wollte zu Aldi gehen, ein paar Gläser Tamara-Marmelade kaufen, die Etiketten ablösen und neue draufkleben, auf denen steht: ERDBEERMARMELADE VOM MOND – 275 DM 95. Diese Gläser wollte ich heimlich in die Regale des Edelshops schieben und auf Käufer warten, die ich nach Herzenslust verspotten wollte. Unter Verwendung von allerlei drolligen Redensarten wie z. B. »Du bist wohl vons Jerüst jefallen« (Redewendungslexikon) oder »Dir hamse wohl inna Sickergrube jebadet« (selbst ausgedacht). Dann dachte ich aber, das ist zuviel Aufwand für so einen kleinen Spaß und daß die Käufer neuseeländischer Marmelade ja eigentlich ooch schon ausreichend vons Jerüst jefallen sind.

Am besten schmeckt natürlich selbstgemachte Marmelade. Das behauptet jedenfalls ein jeder, und wehe dem, der sich nicht beeilt, beifällig zu nicken. Zu sagen, daß selbstgemachte Marmelade genauso schmeckt wie gekaufte, ist eine der einfachsten Methoden, sich ins gesellschaftliche Nirwana zu befördern. Das ist in etwa so wenig konsensfähig, wie wenn man behauptet, daß die rechtsradikalen Tendenzen bei jungen Leuten gar nichts mit der aktuellen Bonner Politik zu tun haben oder daß das Synchronisieren von Filmen eine wunderbare Dienstleistung ist. Sollte es irgendwo im Lande einen verschrobenen Zirkel geben, der sich klammheimlich in spinnwebenüberwucherten Flüsterkneipen am Stadtrand trifft, um solche natürlich abwegigen, aber doch wenigstens diskussionswürdigen Thesen zu vertreten, dann würde ich gerne mal ganz bescheiden reinschnuppern. Und wenn die Menschen in diesem Zirkel sagen würden: »Ach, wie schön wäre es, wenn wir einen Präsidenten hätten«, dann würde ich reagieren wie ein dreizehnjähriges Mädchen, dem von einem vierzehnjährigen Jungen gesagt wurde, daß es schöne Augen habe, nämlich erröten, die Augen niederschlagen und kommenden Erwägungen nicht im Wege stehen.

Es gibt viele Leute, die keine Kinder haben. Das ist ab einem gewissen Alter ein ziemlich trauriger Zustand, und mancher schlägt die Zeit damit tot, indem er sich einer großen Selbermacherei hingibt. Es gibt Leute, die sich ungeröstete Kaffeebohnen kaufen und diese im eigenen Backofen rösten. Nicht wenige Menschen besitzen eine Flockenquetsche, denn: »Selbstgequetschte Haferflocken schmecken viel besser als gekaufte.« Eigentlich ist es ja doof, Flocken mit einer gekauften Flockenquetsche zu quetschen, und so gibt es vielleicht auch ein Flockenquetschen-Selbstbau-Set, denn: »Eine selbstgebaute Flockenquetsche quetscht Flocken viel besser als eine gekaufte.« Mir fallen auf Anhieb lediglich drei Dinge ein, von denen ich noch nie gehört habe, daß jemand sie selber macht: Salzstangen, Mohrenköpfe und Fischstäbchen.

Nachbemerkung Herbst 1994:

Man schickte mir aus alten Kochbüchern kopierte Rezepte für Mohrenköpfe und Salzstangen, begleitet von dem Vorwurf, ich sei wohl einer, der nicht recht Bescheid wisse. Ich darf dies den Vorwurf eines Unaufmerksamen nennen, denn mit keinem Wort habe ich die Existenz solcher Rezepte angezweifelt. Gehört habe ich inzwischen, daß ›Titanic‹-Chefredakteur Hans Zippert für seine Kinder Fischstäbchen selber macht, weil die käuflichen, wie er sagt, aus Abfällen bestehen. Diese Auffassung finde ich unschön. Reste sind doch keine Abfälle. Es sind Kleinstwertstoffe. Wenn man schon Tiere tötet, soll man sie ganz verarbeiten und nichts ungenutzt lassen. Trotzdem habe ich, seit ich von Hans Zipperts elterlicher Sorgfalt gehört habe, immer, wenn ich mit ihm telefoniere, das Gefühl, ich spreche mit einem Menschen, wie es ihn kein zweites Mal gibt.

Dank Bügelhilfe fühlt man sich wie ein geisteskranker König
(Januar 1994)

Daß ich in einer Gegend wohne, wo sich Fuchs und Katze guten Tag sagen, bevor sie die Bürgersteige hochklappen, deutete ich schon mal an. Es gibt haufenweise Weinhandlungen, wo Studienräte mit Baskenmütze mit ihren Franz-Kenntnissen prahlen, aber kein Kopier-Paradies, keinen chicen Plattenladen, keine Buchläden und auch kein Lokal, wo man abends mal nett sitzen kann. Statt dessen gibt es entweder gar nichts oder Verschrobenes. Um die Ecke ist ein Geschäft, wo zwei Frauen nichts außer peruanischen Mützen feilbieten. Eine Straße weiter gab es mal ein Schlangengeschäft. Diejenigen Moabiter, die eine Schlange benötigten, kauften dort eine, aber da man von einer Schlange lange etwas hat und kein Modetrend die Schlangennachfrage verstärkte, kam der Schlangenhändler finanziell ins Schlingern und ging ein. Wie schön, frohlockte ich, dann kommt vielleicht ein Kopier-Paradies in den Laden. Aber nichts da: Ein türkischer Detektiv machte im Schlangenladen sein Büro auf. Eine weitere Straße weiter ist ein Zauberartikelgeschäft, das immer zu ist. Einmal war es nicht zu. Ich ging hinein, drinnen stand ein Zauberer, der sagte finster: »Ich hab zu.« Ich fragte, warum die Türe offen sei. Er sprach: »Mußte mal lüften.« Ach, wenn doch die Kopier-Paradies-Mafia käme und den rüden Magier vergraulte! Vor kurzem deutete sich an, daß in einem Laden bald etwas Neues eröffnet würde. Da so etwas hier nur alle fünf Jahre passiert, brodelte die Gerüchteküche. Mit leuchtenden Augen standen die Menschen an den Ecken und raunten von einem netten Café oder so. Diesen Optimismus teilte ich nicht. Ich erwartete ein Organisationsbüro für feministische Stadtteilrundgänge oder einen Kerzenselbermachzubehörshop. Das gibt es wirklich! Man kauft dort z. B. Docht nach Gewicht. Ein Kilo Docht kostet 187 DM. Hübsch wäre es, sich einmal einen Pullover aus Docht zu stricken. Oder wie wär's mit einem schönen Christenshop? Ein Christenshop wäre doch gut. In einem Tübinger Bibelladen gibt es ein T-Shirt mit der Inschrift: »Sieh dich vor – Christ mit Humor.« Das wäre auch eine gute Bereicherung des hiesigen Warenangebots. Aber nein, als was entpuppte sich der neue Laden? Als ein Fachgeschäft für Pilotenbedarf.

Eines der wenigen hiesigen Geschäfte, deren Dienste ich regelmäßig in Anspruch nahm, war bis vor kurzem eine verwahrloste, streng riechende Wäscherei. Dort gab ich meine Oberhemden hin. Ich liebte die Wäscherin. Gerne hätte ich ihr mal einen (symbolischen) Zungenkuß bis tief in die Speiseröhre gegeben, denn sie machte immer so einen herrlich überarbeiteten Eindruck. (In Wirklichkeit hat sie nur zuviel geraucht.) Die Hemden waren, nachdem sie Hand an sie gelegt hatte, immer picobello, so richtig schön hart, daß sie knackten, wenn man sie auseinanderfaltete. Da aber im Viertel außer mir kaum jemand Freude an steifen, knackenden Hemden hat, kam kürzlich der Gerichtsvollzieher und klebte den Kuckuck an der Wäscherin Tür. Obwohl die düstere Wäscherin (die über dem rüden Magier wohnt) jetzt gar nicht mehr arbeitet, sieht sie seither noch viel überarbeiteter aus, da sie nun nur noch raucht. Man könnte auch sagen, daß sie überraucht aussieht.

Da ich keine Lust habe, meine Hemden mit dem ÖPNV in Gegenden mit soliderer Infrastruktur zu fahren, bügele ich seit neuestem selber. Ich kann nicht sagen, daß ich völlig talentlos bin. Bei Stofftaschentüchern erziele ich bewunderungswürdige Ergebnisse. Auch bei Oberhemden gebe ich mir größte Mühe. Für jedes einzelne benötige ich etwa zwanzig Minuten. Ich habe inzwischen auch spezielle Bügelmusiken, z. B. das Fünfte Brandenburgische Konzert von Bach. Die ausufernden und an sich nervtötenden Cembalo-Solopassagen sind wie geschaffen, das Gefitzel und Gefutzel des Schulter-, Kragen- und Ärmelbügelns zu begleiten. Ganz so gut wie die überrauchte Wäscherin bin ich noch nicht. Treffe ich Bekannte, deutet man mit spitzem Finger auf meine Schultern und Arme und spottet: »Na, wird heute mal wieder das Selbstgebügelte spazierengetragen?« Ärgerlich ist, daß man jenen Teil des Hemdes, den ich am perfektesten meistere, nicht sehen kann, weil es sich um das untere Viertel handelt, welches man in die Hose zu stopfen pflegt. Die Hemdenfabrikanten sollten Hemden entwickeln, die oben leicht und unten schwer zu bügeln sind statt umgekehrt.

Eine Freundin berichtete mir, daß ihr das Bügeln sogar Momente der Glückseligkeit verschaffe, das liege an dem von ihr verwendeten Bügelhilfe-Spray. Man besprühe damit das Bügelgut, welches dadurch zwar keineswegs geschmeidiger werde, wohl aber werde das Nervenkostüm des Bügelnden geschmeidiger, wenn er die durch den Kontakt mit dem heißen Eisen entstehenden Dämpfe einatme. Man fühle sich dann wie Ludwig der Zweite bei einer nächtlichen Schlittenfahrt durch den Bayerischen Wald. Bügelhilfe sei die beste legale Droge der Welt, am besten seien die billigsten No-Name-Produkte. Ich weiß übrigens nicht, ob König Ludwig je Schlittenfahrten durch den Bayerischen Wald unternommen hat, aber das habe ich ja auch nicht behauptet. Falls er sich auf solche Reisen begeben hat, hat er dabei möglicherweise auch Durchfall und Depressionen gehabt und furchtbar gefroren, aber das ist ja dem sein Problem. Er würde sich glänzend gefühlt haben, hätte er sich nur beizeiten mit reichlich Bügelhilfe umwölkt.

Ich hab es übrigens nicht ausprobiert. Denn was mache

ich um Drogen? Einen Bogen! Wie ist der Bogen beschaffen? Der Bogen ist groß. Es ist einer der größten Bögen, die man abgesehen vom Pariser Triumphbogen als Mensch machen kann. Jedoch ist der Bogen, den ich um Dogmen mache, in seiner Größe nicht demjenigen unterlegen, den ich um Drogen mache. Eines meiner Lieblingslebensmottos ist: »Ab und zu ist auch mal was egal.« Kürzlich war ich in Amsterdam, und vor meiner Abreise suchte ich noch geschwind nach Mitbringseln für die lieben Daheimgebliebenen. Es war jedoch Montag, und anders als bei uns pflegen Ladeninhaber und Verkäufer an diesem Tag bis mittags im Bette zu liegen. Sie schnarchten, daß sich das Wasser in den Grachten kräuselte. Nur die Fachgeschäfte für Rauschgift und Pornographie waren geöffnet. Also tätigte ich einen Kauf im Haschcafé. Daheim probierte ich die Ware zusammen mit einem zu Selbstversuchen neigenden Kollegen aus. In guter alter Selbstversuchstradition machten wir einen Kassettenmitschnitt, auf dem man mich u. a. folgende Sätze äußern hören kann: »Wenn es doch wenigstens lustig wäre«, »Ich kann nicht aufstehen«, »Und diesen Zustand wollen Leute legalisieren?«, »Wieso dauert das denn so entsetzlich lange?«, »Ich will, daß das wieder weggeht« und »Manuela hat sich ein Bein gebrochen, deswegen mußte sie früher gehen.«

Ich werde nie meine Kraft dafür einsetzen, zu erfechten, daß dieser Quatsch legalisiert wird, aber ich werde nie jemanden beschimpfen, der solcherlei fordert. Man sieht, um die Fußstapfen Voltaires mache ich keinen Bogen, sondern stapfe direkt hinein. Sollte mein Leben mal verfilmt werden, wird der Film sicher heißen: »Toleranzedikte pflastern seinen Weg.« Doch ich benötige keine Rauschgiftorgien. Ich will tagsüber kopieren, ohne vorher eine halbe Stunde zu latschen, und abends möchte ich irgendwo nett sitzen und mild ermüden. Ein paar Biere reichen dazu. Jedes Jahr nimmt man ein Kilo zu, irgendwann macht das Herz nicht mehr mit, und drei Wochen später wird man von einer geruchsempfindlichen Nachbarin gefunden. Daß manche Menschen vom Bier wüst werden und andere tätlich bedrängen, kann ich gar nicht verstehen. Ich tapse lieber schweigsam heim. Andere tun Garstiges. Im Vermischtes-Teil des ›Schwäbischen Tageblattes‹ stand neulich folgende Überschrift: HAMMERWERFER VERGEWALTIGTEN HAMMERWERFERINNEN. Das wollen wir den Hammerwerfern nie verzeihen, jenen Schwaben aber, die beim Lesen dieser Nachricht still in sich reinschmunzelten, müssen wir unbedingt verzeihen. Noch schöner wäre die Überschrift: PNOM-PENHER PENNTE MIT PNOM-PENHERIN, aber diese Überschrift wird es nie geben, denn das passiert ja alle Tage, sonst gäbe es Pnom-Penh ja gar nicht mehr. Ich habe eben im Lexikon nachgeschlagen, um zu erkunden, wie man Pnom-Penh schreibt, und da stand, daß Kambodscha offiziell »Ravax Samaki Songkruos Cheat Kampuchea« heißt. Das erinnert mich daran, daß der vollständige Name des Komponisten Franz von Suppé »Francesco Ezechiele Ermenegildo Cavaliere Suppé-Demelli« lautet. Das Wissen der Leser erfährt gerade signifikante Auswölbungen. Gerne will ich weiterwölben: Ein Mann kann bis zu einem Alkoholgehalt von 2,4 Promille im Blut einen Samenerguß haben. Dies erfuhr ich eigenartigerweise aus der ›Frau im Spiegel‹. Dort stand, daß eine Frau einen volltrunkenen und daher steinern schlafenden Mann »anzapfte«, um ihm aus irgendwelchen niederen Gründen hinterrücks eine Vaterschaft reinzuwürgen. Wenn einem diese Dame auf der Straße begegnet, sollte man nicht zaudern, sie grimmig anzublicken. Eigentlich wollte ich so etwas nicht lesen, sondern nur die auf dem Titel angepriesenen »schönsten Bilder« von einer komischen Fürstenhochzeit sehen. Ich habe nämlich einen Adelsfimmel. Ich spreche nicht von den Grimaldis und Windsors, sondern von den normalen, werktätigen Adeligen. Die sind mir sympathisch. Die werden schon als Kinder getriezt, müssen fechten und reiten, möglicherweise sogar bügeln, lernen Klavier spielen und französisch parlieren, haben sich in Internaten und auf komischen Fürstenhochzeiten zu behaupten, so daß sie als Erwachsene über eine eigentümliche Bodenständigkeit und Gelassenheit im Meistern des Lebens verfügen. Hysterie, Nervosität und Ängstlichkeit, die das im

Charmante Zukunft

Einer der vielen originellen Einfälle der Kaufleute in der neuen Mariahilfer Straße.

Wenn man bei diesen beiden Bildern die Unterschriften vertauscht, wird das Leben auch nicht angenehmer.

Netz urbaner Daseinsalternativen verstrickte Bürgertum auszeichnen, sind ihnen fremd. Nicht lange her ist es, daß ich auf eine Party mitgeschleppt wurde, wo nur jüngere Adelige waren. Zunächst saß ich eingeschüchtert auf der Kante einer Renaissancekiste und wartete darauf, daß mir jemand Kirschkuchen anbietet. Ich hatte nämlich gehört, daß es in hohen Häusern üblich ist, die Gesellschaftsfähigkeit bürgerlicher Gäste so zu testen, daß man ihnen Kuchen mit nicht entkernten Kirschen reicht. Es gibt nämlich Leute, die ihre Vornehmheit dadurch demonstrieren wollen, daß sie die Kirschkerne herunterschlucken. Solche Leute werden von den Einladungslisten rigoros gestrichen. Falsch soll es auch sein, den Kern hinter vorgehaltener Hand auf die Kuchengabel zu spucken. Das einzig Richtige ist, den Kirschkern, so wie es alle Leute machen, geräuschlos auf die Gabel zu spucken und am Tellerrand abzulegen. Dann freut sich die Gräfin, und man darf ihre schöne Tochter sofort mitnehmen und heiraten. Es gibt überhaupt nur einen Kern, den man schlucken darf, und das ist derjenige von schwarzen Oliven, denn diese werden vom Magen zersetzt und gelten z. B. in Rumänien als Mittel gegen Darmträgheit. Auch Kokainisten empfiehlt man, täglich einige Olivenkerne zu schlucken. Auf der Party wurden mir jedoch weder Oliven noch Kokain noch Kirschkuchen angeboten, sondern nur Bier, und wie man das trinkt, war auch in meiner, ansonsten unzulänglichen Ausbildung ausgiebig zur Sprache gekommen. Interessanterweise trank keiner der Adeligen, wie ich es erwartet hatte, Sekt oder Wein, sondern alle, auch die Damen, bewiesen in geringen zeitlichen Abständen große Geschicklichkeit im Öffnen von Bierflaschen. Körperlich neigt der Adelige zu einer bäurischen Grobknochigkeit und Breite. Dick war niemand, aber alle kräftig. Eines fiel mir besonders auf. Alle, aber auch alle trugen auffallend unmodische, aber extrem saubere Blue Jeans, und die Herren trugen dazu vom Vater geerbte Jacken in abgemildertem Trachtenstil. Die Frauen waren ungeschminkt und trugen anstrengende Frisuren. Wenn Sie nicht wissen, was anstrengende Frisuren sind, dann schlagen Sie bitte im Lexikon unter »Frisuren, anstrengende« nach. Wenn das in Ihrem Lexikon nicht drinsteht, haben Sie ein genauso schlechtes Lexikon wie ich, und wir könnten eine Podiumsdiskussion zum Thema »Unser Lexikon ist schlecht« organisieren, uns hinterher besaufen und möglichst ordinär Brüderschaft trinken. Sie wissen schon: Zungenküsse bis weit runter in die Speiseröhre. Mit einer bierseligen Baronin, oder was das für eine war, tanzte ich gar zu den konsequenten Rhythmen einer Gruppe, deren Name, von der Sprache Shakespeares in diejenige Goethes übertragen, Urbanes Kekskollektiv heißt. Das war schon ein besonderes Getanze: Die Sängerin wurde nicht müde zu betonen, daß sie den Schlüssel habe. Immer wieder von neuem beteuerte sie es. Den Schlüssel zu was, verschwieg sie, oder ich habe es nicht verstanden. Ist ja auch egal. Hauptsache, sie hat einen Schlüssel und teilt uns ihre Freude darüber mit. Ich habe mir den Schlager gleich gekauft, und schon seit drei Monaten teile ich fast täglich der Sängerin krähende Ergötzung am Schlüsselbesitz. Immer wieder ärgere ich mich darüber, daß so etwas niemand auf deutsch singt. Ella Fitzgerald gelang der große Durchbruch mit einem Lied, in dem sie den Verlust eines gelben Körbchens beklagt. Was hört man statt dessen in unserer Sprache? Neunmalkluge Jugendliche, die zu 08/15-HipHop antirassistische Weisheiten rappen. Man stelle sich bloß einmal vor, man wird von einem Panzer überrollt, und im Sarg wird HipHop mit deutschen Texten gespielt. Das ist doch unangenehm! Das gute am HipHop ist doch, daß einem der Inhalt dieser vulkanösen Wortschwalle normalerweise verborgen bleibt. Gegen die Musik habe ich nichts. Ich höre auch gerne die Enten schnattern. Ich wünsche aber nicht zu wissen, was sie schnattern. Es reicht mir, daß sie schnattern. Apropos Enten: Wissen Sie, was Schnepfen machen?

Die schnattern nämlich nicht, sondern sie quorren. Das steht in meinem Lexikon. Mein Lexikon scheint so schlecht nicht zu sein. Anders ist das Fernsehen. Dort gibt es Sendungen, in denen Sechs- bis Zehnjährige von irgendwelchen knallbunten Minirock-Schnepfen gedungen werden, zu den unvermeidlichen Einheits-Beats zu zappeln. Dazu rappen die Zappelphilippe verkehrserzieherische Ratschläge oder daß Gewalt nicht gut ist. Da weiß man nun gar nicht mehr, wie man das finden soll. Vielleicht sollte man es einfach nur verzeihlich finden. Interessant ist, daß man bei der Beurteilung fast sämtlicher Popmusik mit diesem einen Adjektiv auskommt.

Wenn die Kinder mal nicht tanzen und rappen, dann sitzen sie auf Wolldecken am Bürgersteig und verkaufen alte Pferdekalender und Benjamin-Blümchen-Kassetten. Natürlich nicht jetzt im Winter. Da ist es ganz trist im Viertel. Doch was sehe ich? Eine Frau in einem senffarbenen Überwurf, die einer Gruppe von Geschlechtsgenossen gestikulierend die Gegend erläutert. Aha, ein Stadtteilrundgang nur für Frauen. Da will ich man die Ohren spitzen. Bestimmt werden die mich wegjagen wollen, dürfen die aber nicht, weil ich nämlich hier wohne. Die Führerin spricht: »Hier war früher mal die Wäscherei der berühmten düsteren Wäscherin. Aber sie mußte ihr Geschäft aufgeben, weil das Patriarchat nun selber bügelt.«

»Typisch Typen«, grummelt die Gruppe.

»Jaja«, denke ich, »meckern, aber schlafende Trunkenbolde anzapfen.«

»Und dort«, fährt die Erklärerin fort, »verkaufen zwei Frauen peruanische Mützen, und da drüben, auf der gegenüberliegenden Straßenseite, in der Boutique Diana, habe ich mir meinen senffarbenen Überwurf gekauft.«

»Chic«, quorrt die Gruppe, stürmt zur Boutique Diana, muß jedoch feststellen, daß diese vor kurzem das Zeitliche gesegnet hat. Es würde mich überhaupt nicht wundern, wenn in ihren Räumen demnächst ein Fachgeschäft für Zyklopenbedarf aufmacht. Oder, um der großen Ella Fitzgerald aus der Patsche zu helfen, ein Fachgeschäft für gelbe

Körbchen. Aber Ella Fitzgerald ist gar nicht mehr in der Patsche. Kurz nachdem sie so erfolgreich beklagt hatte, daß sie ihren Korb verloren hat, nahm sie ein weiteres Lied auf, welches hieß: »Ich habe mein gelbes Körbchen gefunden.«

Man muß sich ganz schön abstrampeln, um akzeptiert zu werden
(Februar 1994)

Wir erinnern uns: Vor drei Monaten beweinte ich den Zustand meiner Kopfkissen und stellte die Vermutung an, daß sie aufgrund ihres Dienstalters zu gut und gerne 50% aus Milben, Milbenkadavern und Milbenexkrementen bestehen.

Kurz nach Weihnachten konsultierte ich zuerst das Branchenbuch und anschließend das Fachgeschäft Betten-Rutz (»Lieferant königlichen Schlafs«). Die Firmen Betten-Wildner (»Naßbehandlung preiswert und gut«), Betten-Anthon (»traumhaft schlafen seit 1927«), Betten-Mier (»Wir füllen jedes Bett in Ihrer Gegenwart«) und Bettenjumbo (»Parkplätze ausreichend vorhanden«) hatten das Nachsehen. Die Verkäuferin riet mir zu kanadischen Federn und begründete dies mit dem schönen Satz: »Kanada hat sehr gute Federn.« Da mochte ich nicht lange fackeln, und es machte Spaß, daheim auf die Kissen zu deuten und auszurufen: »Diese Kissen sind mehr als frisch bezogen. Sie sind frisch gekauft.« Als dann die Nacht hereingebrochen war und ich erstmals meinen Kopf auf den Federn unseres dünnbesiedelten NATO-Partners installierte, kam mir ein Gedanke: Ich als Mensch sondere jede Nacht soundsoviel Gramm Milbennahrung, also abgestorbene Hautzellen ab. Es kann nicht lange dauern, bis die Milben in meinem Teppich die Nachtigall trapsen hören und ihr Ränzlein schnüren. Ich schlief ein, doch nach einigen Stunden schreckte ich hoch. Es war etwas geschehen. Eine innere Stimme sagte mir, was: Die erste Milbe hat in mein Kissen gekackt. Nachdem ich mich dem Kissen entwunden hatte, sah ich als erstes meine Fernseherfernbedienung auf dem Tisch liegen. Daneben lag eine Axt. In ihren hölzernen Griff war folgender Sinnspruch eingekerbt: DICHTER OHNE HÄNDE SCHREIBEN SELTEN DICKE BÄNDE. Was macht denn die beknackte Axt da, fragte ich mich. Dann fiel es mir wieder ein: Mein Neujahrsvorsatz für 1994. Wenn ich vor 22 Uhr die Fernbedienung bediene, will ich mir eine Hand abhacken. Ich habe Gründe zu solchen Vorkehrungen. Ich merke das immer, wenn ich einen Freund treffe. Neulich z. B.

»Hallo, lieber Freund«, rief ich, »wie ist es dir denn seit letzter Woche ergangen?«

Der Freund antwortete: »Ich habe ein neues Auto, das alte ist explodiert, meine Frau ist schwanger, ich spiele Trompete mit zwei Perkussionisten aus Burundi, ich habe ein Restaurant eröffnet, bin am Knie operiert worden, habe Douglas Adams kennengelernt, habe meine neue Wohnung tapeziert, besuche einen Fallschirmkurs und habe ein Buch darüber geschrieben, daß man in Frankreich genauso schlecht essen kann wie bei uns, wenn man nur will. Und was hast du erlebt?«

»Tja, äh«, entgegnete ich, »in der Sendung ›Verzeih mir‹ war neulich eine Frau, die hat ihrer Schwester eine Couch verkauft, die Schwester hat die Couch aber nicht bezahlt, und in der Sendung wurde ihr das dann verziehen.«

»Sag mal«, erwiderte der Freund, »kennst du eigentlich das Buch ›Hundstage‹ von Walter Kempowski?«

»Logo kenn ich das.«

»In diesem Buch steht, daß das Publikum eine Schriftstellerbiographie, in der der Satz ›jeden Abend machte es sich der Schriftsteller vor dem Fernsehapparat bequem‹ steht, nicht recht lieben würde. Aber tschüs jetzt, ich habe noch einen Schwellkörper-Piercing-Termin.«

Nachdenklich ging ich von dannen. Da sah ich in einem Heimwerkerladen eine Leuchtschrift: IHRE AXT MIT IHRER GANZ PERSÖNLICHEN GRAVUR. Ich ging hinein.

Seit drei Tagen sitze ich nun gemütsgetrübt auf meiner

Couch. Bezahlt ist sie immerhin. Ich starre auf die böse Axt. Die Mattscheibe ruht still wie ein See in der Lyrik. Plötzlich denke ich, daß es jetzt aber reiche, hole mir Schmirgelpapier, schmirgele die Inschrift vom Axtgriff und kerbe eine neue hinein, welche lautet: »Sag mal, findest du nicht auch, daß das ganze Extremgetue, Body Piercing, Free Climbing, Filme mit fünf Explosionen pro Minute, Minderheiten quälen etc. auf einem unglaublichen Mangel an innerer Erlebnisbereitschaft beruht?« Die neugravierte Axt lege ich meinem Freund auf die Fußmatte, danach gehe ich ins Freie und rufe: »Kosmos, dies wisse: Dein Kopfkissen ist meine nimmer ermüdende, liebende Seele.«

Ich brauche mir nämlich überhaupt nicht vorzuwerfen, daß ich zuviel fernsehe. (Da ich meine Haßliebe zu verstaubten und auf dem letzten Loch pfeifenden Scherzsynonymen nie verhehlt habe, wird es niemanden vergrämen, wenn ich im weiteren Text das Wort Fernseher durch Flimmerkiste ersetze.) Seit ich verkabelt bin, flimmert meine Flimmerkiste seltener als früher, als ich noch, wenn die neue ›zitty‹ (die Berliner Stadtillustrierte) rauskam, zwei Wochen im voraus die Sendungen, die mich interessierten, mit Marker anstrich. Bei nunmehr dreißig Kanälen ist mir das zuviel Arbeit. Und wenn ich doch gucke, dann bin ich aufmerksam wie ein Luchs, lerne viel und schreibe ständig was auf. Sehr gerne sehe ich Gesprächsrunden zum Thema Ausländer. Manchmal kann man die Ausländer gar nicht verstehen, aber die Moderatoren sagen nie: »Was hamse da gerade gesagt?«, »Hä?«, »Wie bitte?« oder »Wieso sprechen Sie eigentlich, wo Sie doch seit 20 Jahren hier leben, so unheimlich schlecht Deutsch?« Dies prangere ich nicht an, ich bemerke es nur und lobe sogar der Moderatoren vielleicht vereinzelt rassistische Höflichkeit. Wenn Rassismus keine anderen Folgen als Höflichkeit hätte, wäre ich ein Fan davon. Einmal sagte ein Flimmerkistentürke, daß man sich als Ausländer in Deutschland abstrampeln müsse wie ein Eichhörnchen, um akzeptiert zu werden. Aus Höflichkeit lachte niemand über diesen Satz. In einer anderen Show fiel mir ein türkischer Gemüsehändler aus Solingen auf, der wohl auch eingeladen war, damit er sich eichhörnchenmäßig beklage, sich statt dessen aber über »Scheinasylanten« und andere »geldgierige Nichtsnutze« ereiferte. Da zuckten beträchtlich die Moderatorenmundwinkel, ich fand's nicht reizlos, zückte den Kuli und kicherte politisch höchst inkorrekt.

Ganz, ganz früher gab es gar keine Talkshows in der Flimmerkiste. In einer der ersten Veranstaltungen dieses Genres vor ca. 20 Jahren trug Inge Meysel einen Jeansanzug, um zu zeigen, daß sie SPD ist, denn normale Omas trugen damals keine Jeans. Noch bei meiner ersten Amerikareise 1980 war ich geschockt, daß dort alte Leute, und zwar nicht nur Inge Meysel, sondern auch normale Omas und Opas, Jeans trugen. In den letzten Jahren hat es ja auch bei uns eine wahre Jeans-Oma-Explosion gegeben, aber Star der deutschen Jeans-Oma-Premiere war Inge Meysel, welche übrigens ein Haustier hat, das kein Hund ist, sondern ein Adjektiv namens *unverwüstlich,* was bedeutet, daß man sie nicht verwüsten kann. Aber wer würde denn auch die nette Inge Meysel verwüsten wollen?

Ein historisches Parallelereignis zur Jeans-Oma-Premiere war die Abschaffung des Lenor-Gewissens. Ich habe in den letzten Tagen Nachforschungen betrieben und herausgefunden, daß die meisten Personen unter 25 das Lenor-Gewissen überhaupt nicht mehr kennen. Daher täte ich es gern dem Machtgriff der Zeitzange entziehen. Um den Verlust ideeller Personen kann man genauso trauern, wie wenn wirkliche Menschen hinüber sind. Ein Beispiel: Ein junger Mann hat keine Freundin. Daher stellt er sich, wenn er sich des

Nachts zu seinen Milben gesellt, gerne eine unbekleidete Dame vor, die sich nicht so benimmt, wie man es von einer Dame erwartet. Er hat viel Freude an ihr. Dann gerät der junge Mann aber in einen zweifelhaften Kreis, in welchem gedächtniszerfressende Substanzen verschnabuliert werden. Eines Tages bereitet sich der junge Herr wie gewohnt auf die Bettruhe vor und denkt: »Hihi, gleich stelle ich mir wieder die unbekleidete Dame vor.« Doch wie er daliegt, fällt sie ihm nicht mehr ein. »Wie sah die denn noch bloß aus?« grübelt er. Rauschgift verwüstet! Zumindest tötete es diese Masturbationsphantasie. Sein Lebtag wird der junge Mann trauern! Deshalb möchte ich das Lenor-Gewissen wieder zum Leben erwecken. Es war so: Die Kinder oder der Mann von einer Frau standen im Bad und trockneten sich ab. Dabei schimpften sie, denn Mutti hatte ihnen Zwiebackhandtücher hingelegt. So lautet in Fachkreisen der Fachbegriff für nicht weichgespülte Handtücher. Da legte die Frau nachdenklich den Zeigefinger an die Unterlippe, und dann bimmelte es so komisch märchenhaft, und schräg hinter Mutter tauchte ihr Gewissen auf. Interessanterweise hat sich die Mutter nie nach dem Gewissen umgedreht. Es sah genauso aus wie sie selber, nur etwas heller und verschwommener, und es hatte eine Lenor-Flasche in der Hand. Das hat sich mir so eingeprägt, daß es noch heute, wenn ich z. B. mit dem Gedanken spiele, den Gelbe-Tonne-Müll nicht in die Gelbe Tonne zu tun, weil die immer voll ist mit Sachen, die nicht in die Gelbe Tonne gehören, und ich drauf und dran bin, den Gelbe-Tonne-Müll in die normale Tonne zu tun, daß es in solchen Fällen noch heute komisch bimmelt und hinter mir eine falbe Version meiner selbst mit einer Weichspülerflasche auftaucht. Ein Gewissen ohne Weichspülerflasche ist mir so fremd wie ein Norwegen ohne Kastagnetten.

»Sie meinen wohl Spanien?« fragt nun Inge Meysel.

»Nein, ich meine Norwegen. Dort war ich noch nie. Ein Norwegen ohne Kastagnetten ist mir daher genauso fremd wie ein Norwegen mit Kastagnetten.«

»Sie reden wirr«, versetzt Inge Meysel. »Sie sollten etwas frische Luft schnappen.«

Da ich mich ungern zu dem Personenkreis rechnen lassen möchte, der einer Pionierin des Jeans-Omatums naßforsche Repliken gibt, befolge ich ihren Rat und gehe in den Stadtpark. Wie süß, ein Eichhörnchen! Es schnauft allerdings.

Rohre ohne Kinder – so undenkbar wie Kinder ohne Rohre.

»Was schnaufst du so, liebes Eichhörnchen?« frage ich.

»Als Eichhörnchen muß man sich, um akzeptiert zu werden, genauso abstrampeln wie ein Ausländer in Deutschland«, kommt als Antwort.

»Wegen mir mußt du dich nicht abstrampeln, ich akzeptiere dich auch so.«

»Du bist nett«, meint das Eichhörnchen, »soll ich dich zum Dank in den Zaubermärchenwald der Phantasie geleiten? Dort hausen totgeglaubte Seelen, und ebenfalls ist dort die Stammkneipe der Lenor-Gewissen.«

»Super«, entgegne ich und folge dem Tier.

Im Zaubermärchenwald der Phantasie ist es so, wie man sich das vorstellt.

Die Käuzchen rufen, und die Pilze tragen Marienkäferkostüme und singen Medleys aus Disney-Film-Melodien. Nach einiger Zeit des Wanderns erblicken wir eine nackte Frau, die an einem Baum sitzt und auf sehr vulgäre Weise ihre Schamausstattung zur Schau stellt.

»Ein Lenor-Gewissen habe ich aber etwas anders in Erinnerung«, beklage ich mich beim Eichhörnchen, welches sich von einem Pilz ein Marienkäferkostüm gemopst hat und etwas debil darin wirkt.

»Nein, nein, das ist die vergessene Masturbationsphantasie des jungen Mannes, der aus unserer Verantwortungsgemeinschaft gerutscht ist«, bekomme ich erklärt.

»Kampf den Drogen«, ergänzt die vergessene Masturbationsphantasie und jammert, daß man im Zaubermärchenland ein absolutes Scheißleben führe und wie schön das gewesen sei, wenn der junge Mann sich ihrer in seiner Phantasie angenommen habe, aber jetzt sei es unerträglich, erst gestern sei sie von einer vergessenen Masturbationsphantasie von Ralf König beinahe vergewaltigt worden.

»Kommen Sie doch mit, wir gehen in die Stammkneipe der Lenor-Gewissen«, raten wir ihr.

Nach einer weiteren Weile des Wanderns kommt uns ein Mann entgegen. Eine Art nackichter Scheich.

»Das ist Ralf Königs vergessene Masturbationsphantasie. Können Sie echt vergessen, den Typ«, sagt die nackte Frau.

Als der nackichte Scheich näher kommt, ruft er: »Halli Hallo Hallöchen, was für ein schönes Frauenzimmer. Wollen Sie mir nicht ein paar Haselnußtafeln backen?«

»Haselnußtafeln? Ich höre immer Haselnußtafeln! Sie haben mich gestern fast vergewaltigt!« poltert die Frau.

»Ach, das hatte ich ganz vergessen. Wer vergessen worden ist, wird selbst vergeßlich«, versetzt der Scheich, »aber das macht ja nichts. In der Phantasie sind doch selbst Vergewaltigungen erlaubt.«

»Stimmt ooch wieder«, sieht die Dame ein. »Los, mitkommen, in die Lenor-Kneipe.«

Die Zustände in der Kneipe sind wenig erbaulich. Zwar befinden sich darin um die zwanzig sonderbar opaleszierende weibliche Wesen, doch hängen ihnen ölige Flusen ins Gesicht, die Zähne sind braun wie ungeputzte Petersilienwurzeln, und sie ziehen ihren Rotz die Nase hoch. Manche liegen in speckigen Ecken, andere schwanken im Raum herum und lallen heiser irre Silben. Zwar trägt manches eine Flasche in der Hand, doch nicht Lenor ist darin, sondern Wermut. Eine Dame, die noch relativ beinander erscheint, begrüßt uns seltene Gästeschar, voran die beiden vergessenen Masturbationsphantasien, tut Bedenken kund ob deren Nacktheit und reicht ihnen Bademäntel, auf daß sie nicht frieren. Die Frau und der Wüstensohn gucken wie das Leiden Christi: »Ii, die sind aber kratzig!«

Das Gewissen schlägt die Augen nieder und spricht: »Ach, wir sind schon so lang außer Diensten, ich hatte es schon fast vergessen, wofür wir einst standen. Die Firma beliefert uns schon ewig nicht mehr mit Weichspüler, aber trinken Sie doch Wermut. Wer Wermut trinkt, den kratzt sein Bademantel auch nicht mehr.«

Die beiden Masturbationsphantasien befolgen den Rat, und bald liegen auch sie in der Speckecke und beleidigen einander mit unsacht gewählten Worten. Das ist ekelhaft! Daher kehre ich dem Phantasiemärchenwald den Rücken und in die reale Welt zurück.

»Hallo Realität«, sage ich, »da staunst du, daß ich dich noch immer ertragen kann.«

PS: Während des ganzen Jahres 1993 waren sich die ach so hohen Herren Satiriker zu fein, in ihrem Heftchen die 875-Jahr-Feier von Zwickau auch nur zu erwähnen. Ich sitze nicht auf so einem hohen Roß und sage daher: »Letztes Jahr war die 875-Jahr-Feier von Zwickau.« Ich hoffe, es war eine schöne Feier. Gab es Klöße zu Mittag?

Bomben gegen Bananen im Mund? Niemals!
Kühe gegen Entspannungs-CDs? Immer!
(März 1994)

Heut mußte ich zweimal schmunzeln. Das erste Mal, als ich im Reiseprospekt eines Billiganbieters »Ferien fast wie im Märchenbuch« angepriesen sah. Wie muß man sich das denn vorstellen? Fast den ganzen Tag Holz im Wald suchen und fast nichts zu essen kriegen außer Hirse und vergiftete Apfelhälften? Auch verhält es sich so, daß die Menschen in jenen Epochen, aus denen unsere Märchen stammen, das Ferienmachen gar nicht kannten. Daher ist auch in den Märchen ein jeder, ob Königstochter, Lindwurm oder armer Müller, stets auf Posten. Urlaub machen die nie. Hänsel und Gretel haben keine Chance, das Knusperhaus aufzufuttern, denn dessen Bewohnerin weilt mitnichten an der Costa Brava. Zum zweiten Mal schmunzelte ich beim Lesen eines Interviews mit Peter Maffay in der AOK-Zeitschrift ›Bleib gesund‹. Der Rockstar wird mit der Bemerkung zitiert, daß in seinem Geschäft der Rechenschieber für manche wichtiger scheine als die Gitarre. Der Rechenschieber? Was für eine Rolle spielen denn Rechenschieber im Rockbusiness? In einer alten Kolumne erwähnte ich zwar mal Sam Cooke, der in dem Lied »What a Wonderful World« singt, daß er nicht wisse, wozu ein Rechenschieber (engl.: slide rule) gut sei. Aber sonst? Meint Peter Maffay vielleicht Taschenrechner? Daß den Bossen nur am Gewinneausrechnen gelegen sei? Oder meint er Computer? Daß die viele Technik das Musizieren entmensche? Wie auch immer, Peter Maffay hat da was verwechselt. Das macht aber nichts. Auch ich verwechsele öfter mal was. Um gesund zu bleiben, wollte ich mir jüngst ein stärkendes Süppchen bereiten. Ich tat den Suppentopf auf Herdplatte 1, stellte aber versehentlich Herdplatte 3 an. »Menno, wieso wird denn das Süppchen nicht heiß?« rief ich und bemerkte meinen Irrtum erst, als Herdplatte 3 rot war und knisterte wie ein Pavianpopo. Trotz der Verzögerung schmeckte das Süppchen ausgezeichnet. Es handelte sich um eine Suppe aus roten Linsen, Himbeeressig und Totentrompeten. Totentrompeten sind mit dem Pfifferling verwandte Pilze, doch sie sind schwarz wie ein Wildschweinpopo. Man kauft sie getrocknet in gehobenen Supermärkten. Da die Trockenpilzvertriebsmogule aber keine Laufmasche im Gehirn haben und daher die Abneigung der Verbraucher gegen Nahrung kennen, die den Tod im Namen mitführen, werden die Pilze als Herbsttrompeten angeboten. Neben Stockschwämmchen sind sie die gaumenbezauberndsten Pilze des ernsten deutschen Waldes. Man weicht sie einige Stunden ein, tut dann die roten Linsen in einen Topf, hält den Topf unter den rauschenden Wasserhahn, stellt den Topf auf den Herd und eine logische Verbindung zwischen Herdplattennummer und Schalternummer her und kocht das, bis die Linsen einen zweifelhaften Eindruck machen. Dann schüttet man irgendwelche Gewürze in die nun eher breiig als suppig wirkenden Linsen, kippt etwas mehr Himbeeressig dazu, als einem der gesunde Menschenverstand einflüstert, und dann nichts wie rin mit den Totentrompeten samt Einweichwasser. Noch ein bißchen blubbern lassen, und dann schmeckt das so gut wie ein Gericht, für das sich normalerweise die Herren Krawatten und die Damen Brillanten anlegen, bevor sie es essen. Lecker kochen ist ganz leicht! Auch die aus dem Märchenbuch bekannte Hirse sollte man mal wieder probieren. Man muß überhaupt nicht Vegetarier sein, aber jemand, der es nicht wenigstens mal ein oder zwei Jahre probiert hat, fleischlos zu leben, ist irgendwie ein armseliger Dödel. Was man da alles entdecken kann! Z. B., das muß ich einräumen, Früchte mit komischen Namen für sechs Mark das Stück, die man aufschneidet, und innen drin sind nur Kerne mit einer Hülle aus geschmacksneutralem Glibberkram. Trotzdem eile ich jedesmal, wenn im staatlichen Rundfunk verlautbart wird, es sei eine neue Frucht am Anrollen, sofort zum zuständigen Fachhandel. Ich eile so schnell, daß die Passanten denken, ich sei ein Spezialmensch mit einem Auspuff hintendran. Nur einmal enthielt ich mich: Im KadeWe gab es ein rugbyeiförmiges, stacheliges Monstrum, wo drunterstand: »Frucht aus Thailand, 50 Mark.« Es gab auch nur ein Exemplar, und selbst der Verkäufer wußte nicht, wie das Gebilde genannt wird.

So gut das Früchteessen auch sein mag, immer geschieht es, daß die besten Gedanken von schlechtdurchbluteten Hirnen in Beschlag genommen werden, darin verfaulen, worauf das Faulwasser die fürchterlichsten Ideologien und Ersatzidentitäten nährt. Man kennt dies vom Feminismus, einer an sich absolut notwendigen Sache. Ich gehe davon aus, daß intelligenten Feministinnen viel mehr als jedes Mackergedröhne jene Trittbrettfahrerinnen auf die Nerven gehen, die unter der Schirmherrschaft des Feminismus Phrasen dreschen und mit Säbeln rasseln. Insbesondere aus Leserbriefspalten ist einem ja die Auffassung vertraut, daß jeder Artikel, jedes Kunstwerk, wo nicht aus allen Ritzen die Haltung hervorquillt, daß Frauen makellose Menschen seien, frauenfeindlich sei. Sollte ein Mann es gar wagen, weibliche Sexualität zum Gegenstand seiner Betrachtung zu machen, konvulviert manch hypernervöser Feministenabklatsch schon mal in Richtung Dynamit. Kann man sich denn nicht mehr ohne Bomben ärgern? Natürlich wird viel Dreck geschrieben. Aber alle Welt wird ständig falsch dargestellt, nicht nur Frauen. Obendrein gibt es nun mal nicht nur sich aufopfernde Mütter, mutige Kämpferinnen und Krisengebietskleidersack-Heldinnen, sondern auch Zimtzicken, Schreckschrauben und Rummelplatzhuren. Das muß man den Menschen doch sagen dürfen! Ich habe mich allerdings auch schon oft über eklige, »sexistische« Darstellungen geärgert. Vor einigen Jahren reiste ich mit einer Art Rockgruppe durch die Lande. In der Stadt Ludwigsburg waren wir in einem Hotel untergebracht, wo über den Betten Spiegel hingen, auf denen wenig nachdenklich wirkende Frauen abgebildet waren, die in Minibikinis auf einem Autodach liegen und sich Bananen in den Mund schieben. Man kennt solche Darstellungen. Theoretisch könnte man sagen, daß das ja prima ist, wenn in Hotels für das Essen von Obst geworben wird. Da diese Frauen aber nie Preiselbeeren oder Papayas essen, sondern stets Bananen, weiß man, daß da andere Gedanken im Spiel sind. In der Beatgruppe war auch eine Dame beschäftigt, welche meinte, unter einer solchen Abbildung könne sie nicht erholsam dahindämmern. Wir hängten die Bilder ab, pfefferten sie in die Ecke und rieten unserem Agenten, daß er dieses Hotel künftig nicht mehr buchen solle. Ich denke, das war der richtige Weg. Wir hätten das Hotel auch in die Luft jagen oder den Hotelmanager kastrieren können. Dies schien uns aber keine angemessene Reaktion zu sein. Vielleicht waren wir auch nur zu müde. Man möge uns verzeihen. Irgendwo im Hinterkopf wohnt bei manchen Leuten aber noch eine schwer definierbare Komponente namens gesunder Menschenverstand. Dieser wird von manchen Leuten inzwischen für so spießig gehalten wie die gutbürgerliche Küche oder sogar für identisch damit. Welch ein Irrtum. Wohl weiß ich, daß ich mit meinen Appellen zur Besonnenheit einen schweren Stand habe in einer Welt, wo amerikanische Frauen Straßenfeste veranstalten, weil eine Frau freigesprochen wurde, die ihrem brutalen Mann den Penis abgeschnitten hat, aber ich sage trotzdem: »So geht das nicht.« Man kann sich auf einen Stuhl setzen und sinnieren, tja, einerseits ist dieses Urteil ja mal eine hübsche Abwechslung, Signalwirkung etc. blabla, aber andererseits, wo soll das hinführen, Lynchjustiz etc. blabla. Aber Sambagruppen engagieren und Konfetti in die Luft werfen? Ich weiß ja nicht. Andere Leute wissen immer alles ganz genau. Frauengruppen sagen: Geiles Urteil, Männergruppen: Kacke-Urteil. Ein Gespräch über so ein Thema, das nicht stockt, ist kein Gespräch, sondern eine Talkshow. Bei den Anschrei-Shows wundert mich immer, daß die Leute immer alles so genau wissen. Woher wissen die denn alles? Ich weiß noch nicht mal genau, ob ich das, was ich genau weiß, überhaupt glauben kann. Immer weniger Menschen gönnen sich den Luxus, ihre Überzeugungen mal gemächlich wanken zu lassen. Keine Angst, man fällt nicht in ein Vakuum. Man pendelt sich ein in präsidialer Mitte, und »Mitte« ist nicht identisch mit Bürgerlichkeit. Gerade das Bürgertum neigt immer wieder gern zu extremen Ansichten.

Mit am extremsten hört man zur Zeit die Vegetarier schreien. Ich meine jetzt nicht die militanten Veganer, die das Grab von Marlene Dietrich verwüstet haben und »Pelzmantelschlampe« auf ihren Grabstein sprühten. Sicher wird der Tag kommen, an dem der Staat beginnen muß, auf die Untaten sowohl radikaler Vegetarier als auch Feministen ein ähnliches Auge zu werfen wie auf rechte und linke Gruppen. Ich meine die normalen Talkshow-Vegetarier. Es gibt ja x gute Gründe für Fleischverzicht, doch welches blöde Argument schreien sie am liebsten? Ob man sich vorstellen könne, das Tier, was man vertilgen möchte, selber zu schlachten? Was für ein Quatsch. Man könnte einen Biertrinker ebenso fragen, ob er sich vorstellen könne, das Bier, was er trinken möchte, selber zu brauen, und das Glas, woraus er es trinken möchte, selber zu blasen. Ja natürlich, entgegne ich da, ich kann mir alles mögliche vorstellen, aber ich muß kolumnieren und habe daher leider keine Zeit zum

Bierbrauen, Gläserblasen und auch nicht zum Küheschlachten, und ich erwarte auch von niemandem, der eine Kolumne lesen möchte, daß er sich diese vorher selber schreibt.

Ich halte die Arbeitsteilung für eine menschheitsgeschichtliche Errungenschaft, die ich nicht missen möchte. Eine Kuh zu zerteilen ist ja auch kompliziert, und ein Fleischer braucht eine dreijährige Ausbildung, bis er weiß, wo genau bei einer Kuh vorne und hinten ist und aus was für Körperteilen man Teewurst und aus welchen Partywürstchen macht. Daher finde ich es richtig, daß nicht jeder, der einmal Kuhkörperteile essen möchte, in seiner Wohnung mit irgendwelchen spitzen Gegenständen auf einem Rind herumhackt in der Hoffnung, daß glückliche Fügung das Tier in eine Partywürstchengirlande verwandelt.

Es lebe das Handwerk! Die Arbeitsteilung! Die Zellteilung! Nieder mit dem Do-it-yourself-Wahn! Und vor allen Dingen: Es lebe die Kuh! Und zwar möglichst lange und unzerkleinert! Der Mensch braucht Kühe. Manchmal hat man ja auf Wanderungen Gelegenheit, sich einem solchen Tier zu nähern. Es ist ein unglaublich schönes Gefühl, eine Kuh zu umarmen oder eine Weile in ihre Augen zu schauen. Aller Trost der Welt liegt in ihren Augen. Darein zu blicken läßt friedliche Akkorde in der Seele klingen. Sollte mal eine Kuh herumzappeln, geht man halt zur nächsten Kuh. Eine gütige ist immer dabei. Es müßte in jeder Stadt Parkanlagen mit Kühen darin geben. Die nervöse Menschheit könnte sich dann ihre Entspannungsmusik-CDs und Delphin-Videos an den Hut stecken. Delphine gehören ins Wasser und nicht in Musikvideos. Man soll sie in Ruhe lassen. Kühe dagegen gehören in die Nähe von uns Menschen. Es gibt Ansätze von Bestrebungen, die Kühe von unseren Weiden zu verjagen und durch Strauße zu ersetzen. Die Anti-Cholesterin-Szene hat da die Fäden in der Hand. Schon gibt es erste Zuchterfolge in Deutschland. Die Wienerwald-Kette hatte neulich

Straußensteak-Testwochen. Ich esse nicht oft Fleisch, aber das mußte ich probieren. Das Fleisch schmeckte nur nach uninteressantem, blödem Fleisch, noch nicht mal nach Geflügel. Ich will daher, wenn ich durch den Schwarzwald spaziere, auch in Zukunft keine Strauße herumrennen sehen. Ihre ökologische Funktion besteht m. E. darin, daß quietschende Südafrika-Touristen sich auf sie draufsetzen, um von ihren quietschenden Ehepartnern fotografiert zu werden. Im Schwarzwald gibt es jedoch keine Südafrika-Touristen, und sich an einen Straußenkopf zu lehnen, ist bestimmt nicht tröstlich. Die Nutztiere der Schwarzwaldbauern können von mir aus so viel Cholesterin enthalten, daß sie platzen. Wenn da mal eine Kuh platzt, dann möge man Schuhe, Geldkatzen, Handtaschen, Seife und sogar Gummibärchen aus dem Leichnam herstellen. Ich finde das absolut richtig. Ab und an kann man ja auch mal eine herauspicken und

Studentinnen beim Lackieren von Einzelteilen einer Turmuhr.
Foto: Antje Falkenhagen

Es bedarf großer journalistischer Erfahrung, zu einem Bild eine passende Unterschrift zu finden.

schlachten. Wenn der Bürgermeister Silberhochzeit feiert, wollen wir ihm und seinen Gästen doch wohl den Braten nicht mißgönnen!

Vegetarier verdienen Respekt und lobende Worte. In Ausnahmefällen verdienen sie auch Ohrfeigen. Ich habe von zwei Engländern, die sich in Polen tummelten, gehört. Sie lernten Einheimische kennen, nach unseren Maßstäben »arme Leute«, und wurden von diesen in deren Wohnung zum Essen eingeladen. Die Polen ließen es sich nicht nehmen, Dinge aufzutischen, die sie sich normalerweise nicht leisten können. Die Engländer verschmähten die Speisen, weil sie Fleisch enthielten. Für diese Stoffeligkeit verdienen sie nichts anderes als Ohrfeigen.

»Wir hatten vorher gesagt, daß wir kein Fleisch essen, aber sie verstanden so schlecht Englisch«, sagten sie später.

Tja, wer ins Ausland fährt und es versäumt, sich verständlich zu machen, der kommt evtl. in Gelegenheiten, wo er Dinge tun muß, die er nicht gewohnt ist. Wer das nicht aushält, soll zu Hause bleiben. Die große Welt steht Prinzipienreitern nicht offen.

Insgesamt gehört der Vegetarier jedoch gelobt. Wer ab und zu mal Fleisch ißt, verdient auch Respekt und irgendwelche Worte. Wer jeden Tag Fleisch ißt, ist vielleicht auch ein liebenswerter Geselle, doch möge sich ein Kreis von Moralisten um ihn scharen und ihm was erzählen. Ich halte das Moralisieren für eine gute Tätigkeit. Daß Moralisten in so einem schlechten Ruf stehen, liegt vielleicht daran, daß sie so oft die Hände falten oder so sind wie Hildegard Hamm-Brücher. Die behauptete dieser Tage im Fernsehen allen Ernstes, daß sie keinen Politiker kenne, der so viel für die Menschen in der DDR getan habe wie sie selber. Selbst wenn das stimmte – ist Eitelkeit eine Eigenschaft, die man an einer alten Dame schätzt? Sich sicher zu sein, daß diese geltungsbedürftige Person nicht Bundespräsidentin wird, ist fast noch tröstlicher, als in die Augen einer Kuh zu schauen.

PS: Diese Spiegel, wo Frauen mit Fingernägeln wie Feuerhaken auf Kühlerhauben liegen und Bananen im Mund haben, gibt es immer noch. Ich sah sie in einem Ramschladen. Was treibt die Damen auf die Autos, auf die Motorräder? Wenn man »Ein ausbeuterisches System« sagt, enthält man Zustimmung von Leuten, die sich *vermutlich irrtümlicherweise* für intelligenter halten als Leute, die »Schamlosigkeit und Geldgier« sagen. Wenn man die Bananenschluckerinnen selber fragte, würde man hören: »Ich habe einen schönen Körper. Warum soll ich den nicht zeigen? Außerdem lerne ich auf diese Weise interessante Menschen und andere Länder kennen.« Ich finde solche Fotografien doof, aber nicht frauenfeindlich. Schließlich gibt es ja auch genügend Bilder, wo sich nackte Männer albern herumrekeln. Oder die eine Postkarte, die mir schon dreimal zugeschickt wurde von Leuten, die vermeinen, ich stehe auf so was: Ein nackter Herr öffnet in Lendenhöhe eine Sektflasche, und der Sekt schießt heraus, so daß es aussieht wie, na wie wohl. Das ist saudoof, aber doch nicht männerfeindlich. Selbst wenn irgendwelche Frauenpower-Kabarettistinnen Witze über kleine Penisse machen, ist das nicht männerfeindlich, sondern geistlos. (Einzige mir bekannte Ausnahme: Lisa Politt. Die macht geistreiche Witze über kleine Penisse! Tolle Frau!) Daß Menschen mit allerlei Geschlechtsteilen behaftet sind, sollte man akzeptieren, und wenn jemandem was Witziges dazu einfällt, soll er das sagen dürfen. Daß Menschen einander geschlechtlich begehren oder nicht, ist ein ständiger Quell von Komik. Frauenfeindlichkeit dagegen ist nie witzig.

PPS: Man verzeihe mir, daß in diesem Text ein Rezept für eine Pilzsuppe drin ist. Es ist da so reingerutscht. Ganz schlimm ist es, daß hier jetzt auch noch das Rezept für ein besonders wohlschmeckendes Dessert reinrutscht: Einige Feigen aushöhlen, das Fruchtfleisch mit dem Saft einer halben oder ganzen Limone bekleckern und kaltstellen. Zitrone bringt es nicht!

Nachbemerkung Herbst 1994:

Diverse Leser waren so gut, mich zu informieren, daß die genannte »Frucht aus Thailand, 50 Mark« den Namen *Durian* trägt. Zum Zeitpunkt der Niederschrift des Aufsatzes war mir dies bereits bekannt, aber wer soll das ahnen? Der deutsche Name der Durian ist Stinkfrucht, denn ihr Pulp (warum begegnet man diesem hübschen Synonym für Fruchtmark so selten?) soll so unapart riechen, daß es untersagt ist, sie in Hotels oder Kinos mitzunehmen. Kein Problem für mich. Ich gehe eh nie mit an Handgranaten erinnernden Früchten ins Kino, sondern immer nur mit kleinen Eimerchen mit Pfirsichpulp. Das ist nicht verboten.

Voll die Botten ey, die Alte
(April 1994)

Ich senke mein Haupt und bekenne mit bebender Stimme: Ja, ich bin Pullunderträger. Ich stehe an der Schwelle zum 21. Jahrhundert und trage Pullunder, Es fällt mir schwer, darüber zu sprechen. So schwer, wie es mir fiele, einen tausendseitigen Roman über die spanischen Erbfolgekriege zu schreiben, und zwar nicht daheim im Schein der Lampe, sondern in einem Postamt, mit Hilfe eines dieser angeketteten Kulis, die immer nicht gehen. Hinter mir stünden zeternde Berliner mit Zahlkarten, welche riefen: »Spanische Erbfolgekriege? 1000 Seiten? Det kann donni wah sein! Schreib lieber was Kurzes über Pullunder!« Nun gut. Manche Leute wissen vielleicht gar nicht, was Pullunder sind. Es handelt sich um ärmellose Pullover mit V-Ausschnitt. Das Wort Pullunder ist, ähnlich wie Dressman, ein vorgetäuschter Anglizismus, d. h. im Englischen gibt es diese Ausdrücke nicht. Sehr wohl aber gibt es im Englischen den Begriff *fashion victim,* zu deutsch: Modeopfer. Damit werden Menschen bezeichnet, die gut aussähen, wenn sie sich irgend etwas Normales anziehen würden, die es aber bevorzugen, etwas »aus sich zu machen«, d. h. in sonderbaren Creationen herumgehen. Es gibt sogar Fachgeschäfte für *fashion victims,* sie befinden sich in Kurfürstendamm-Seitenstraßen und heißen »Chez Daniel« oder »Boutique Arabesque«. Man sieht dort Schlagersänger, Presseballbesucher und Assistentinnen von Zauberkünstlern einkehren. Aber auch unter sogenannten Jugendlichen finden sich *fashion victims.* Jugendliche lassen sich eigentlich leicht daran erkennen, daß sie jung sind. Manche meinen aber, das reiche nicht, und versuchen mit aller Kraft zu unterstreichen, daß sie *dieser* Generation und nicht etwa einer anderen angehören, indem sie sich dermaßen generationstypisch rausputzen, daß sie wie ein lustiges Klebebildchen wirken und gar nicht mehr hübsch jung. Natürlich sind Jugendliche nicht jung, um von anderen Generationen reizvoll gefunden zu werden, gewiß ist es auch amüsant, zu beobachten, daß auch der Schnickschnack- und Verunstaltungsbereich einem stetigen Wandel unterliegt, und ganz sicher brummt in mir die Grundüberzeugung, daß jeder so herumlaufen soll, wie er meint, doch mit einem erlaube ich mir herauszuplatzen: Die Kombination *Rasta-Locken + Ballonmütze + Ohrringknäuel an mehreren Stellen des Kopfes* – das macht aus jedem ein *fashion victim*, eine jahrzehntspezifische Fratze. Zumindest die Ballonmütze schreit nach Weggelassenwerden wie ein verlassenes Kind nach der Mutter. Hören Sie nicht das diesbezügliche Schreien der Ballonmütze?

Ich höre es!

Allerdings habe ich gelernt, daß die Menschen für ihre Kleidung fast ebenso wenig verantwortlich sind wie für ihre Hautfarbe. Sie kommt einem so zugeflogen. Ich z. B. kann für meine berüchtigten Sammlungen von Karohemden und Strickjacken überhaupt nichts. Die sind genetisch vorprogrammiert. Ich besitze sogar mehrere Pullunder und ziehe die zum Schrecken meiner Umwelt auch noch häufig an.

Mein Standardargument: »An den Armen friere ich nicht.« Pullunderträger genießen keine hohe Wertschätzung. Es ist schon vorgekommen, daß ich mit Bekannten zum Besuch eines top-hippen Trend-Lokals verabredet war, und als ich in meinem blauen Lieblingspullunder mit den hübschen gelben Sternen eingetrudelt kam, schlugen die Bekannten vor, doch lieber in den Ratskeller zu gehen und ein Glas Mosel-Saar-Ruwer-Wein zu trinken. Das war aber auch gut, ich habe nichts gegen Mosel-Saar-Ruwer. Am wenigsten gegen Ruwer. Ruwer ist ja immer am leckersten.

Mir behagt es nicht, Kleider zu kaufen. Es gibt ja zwei Sorten von Geschäften. Erstens Disco-Jeansshops, in denen zwanzig Fernsehapparate herumhängen, aus denen MTV dröhnt und wo mit dem Phänomen des Arbeitseifers noch nicht in Berührung gekommene Stadtrand-Schminkteufel am Kassentisch lehnen und sich kaugummiblasenwerfend die Nägel feilen. Zweitens die Chez Daniels, wo sogleich ein Gustav Gans herbeischwebt und sagt: »Beige ist jetzt wieder sehr aktuell, besonders für den, hüstel, etwas stärkeren Herrn.« Wenn ich Hosen kaufen muß, dann blicke ich erstmal ganz lange von außen ins Schaufenster, um zu gucken, wie die Verkäufer aussehen. Wenn ich das Glück habe, eine ältere, verständig wirkende Frau zu erspähen, stürze ich direkt zu ihr und flüstere: »Bitte geben Sie mir irgendeine normale Jeans, deren Beine die gleiche Länge haben wie meine und die oben zugeht!« Nach zwei Minuten ist der Handel beschlossen. Was für eine Marke, ist mir eigentlich powidl. Dies ist ein schmuckes Wörtchen aus Österreich. Es bedeutet wurscht. Wenn ich wissen wollte, was für ein Fabrikat ich just in diesem Augenblick trage, müßte ich auf die Straße gehen und Passanten auffordern, doch bitte mal einen Blick auf mein Gesäß zu werfen und mir die Jeansfirma zu sagen. Ärgerlich ist, daß man achtgeben muß, nicht versehentlich eine jener Marken zu erwischen, die dafür berühmt sind, daß Teenager sie tragen *müssen,* damit Gleichaltrige mit ihnen sprechen. Modefachleute sprechen von »Cliquenkleidung«. Ein großer Segen für diejenigen, die im Besitz von Teenagern sind, ist die Ladenkette *Hennes & Mauritz*. Die dort angebotenen Strickwaren sind preislich auf den Geldbeutel des noch nicht zu wirtschaftlicher Vollpotenz herangeschwollenen Jungverbrauchers abgestimmt, genießen aber bei den meisten Jugendlichen Akzeptanz. (Schnarch, schnarch, schnarch.) Ich als erwachsener Mensch möchte aber nirgendwo mit einer DIESEL-Hose gesehen werden und finde es unheimlich süß, daß hinter dem vorigen Satz in Klammern »Schnarch, schnarch, schnarch« steht. Ich in einer DIESEL-Hose, das würde doch gleich psychologisch gedeutet werden. »Er trauert seiner Jugend hinterher«, würden die Menschen tuscheln. Dabei stimmt das gar nicht. Ich bin froh, in einer Zeit herangewachsen zu sein, in der von Teenagerkleidung nicht viel mehr erwartet wurde, als dreckig zu sein. Na ja, es wehte ja auch der allen Willen zur Eleganz erstickende Atem der Sozialdemokratie durchs Land. Ich lebte ungern. Noch weniger gern würde ich heute Schüler sein. Die Jungmänner von heute trinken täglich 8 Liter süße Limonade, essen drei Fruchtjoghurts und ein halbes Dutzend flauschige Brötchen, und um die durch diese Speisen errungene Zappeligkeit auszugleichen, müssen sie jeden Tag stundenlang Sport treiben, so daß sie im Durchschnitt zwei Meter groß sind und 100 Kilo wiegen. Ich übertreibe keineswegs. Man lasse sich mal eines Jugendlichen Terminkalender zeigen. Darin steht es schwarz auf weiß: »9 Uhr süße Limonade saufen, 10 Uhr süße Limonade saufen, 11 Uhr süße Limonade saufen.« Und dies ist nur ein kleiner Auszug! Gegen so was müßte ich mich als Schüler heute durchsetzen. Die Lehrer, von denen erwartet wird, diesen aufgeputschten Kohlehydratkolossen etwas beizubringen, verdienen jedermanns Anteilnahme. Nicht ganz so arg sind die weiblichen Jugendlichen, die der grausame Volksmund Pipimädchen nennt, denn die trinken nur 4 Liter Cola am Tag, und gerade die Berliner Mädchen sagen häufig drollige Sachen. In der S-Bahn saß ich einmal gegenüber zwei solchen. In Sichtweite von uns saß ein besonders arabesquer Fall von *fashion victim,* eine Dame mit Schuhen, die sowohl Glitzerapplikationen als auch Puschelbesatz aufwiesen. Da sagte der eine Quietschteenager zum andern: »Voll die Botten ey, die Alte«, worauf beide quietschten, wie es Meerschweinchen tun, wenn einer mit der Heutüte raschelt. Ihre Bemerkung bedeutete: »Diese Frau bildet sich mächtig was auf ihre häßlichen Schuhe ein.« Keiner Übersetzung bedarf ein S-Bahn-Dialog zwischen zwei Herren, den eine liebe Leserin erhaschte und mir zukommen ließ:

Herr 1: Ey, die Alte, die haß ick jetzt echt. Anderthalb Jahre warn wa zusammen, und jetzt verarscht se mir so.
Herr 2: Hau ihr doch eine runter, wenn de se siehst.
Herr 1: Nee, dit kann man ja heute nich mehr machen.
Herr 2: Dann spuck se doch an.

Fashion victims gibt es auch unter Gebäuden. Aufgrund einer profilneurosebedingten kollektiven Sinnesschwäche hat es der Bundestag dem langweiligsten Künstler der Welt erlaubt, das Berliner Reichstagsgebäude zu verhüllen. Ich habe keine Lust, mir wegen des Namens des Künstlers auch nur eine Schrecksekunde lang die Lippen zu verbiegen. Eberhard Diepgen war ganz außer Atem vor Freude über die drohende künstlerische Aussage, die m. E. ziemlich exakt derjenigen einer Saalwette in *Wetten daß* entspricht. Lustig war, daß die Berliner Abendschau gleich nach Bekanntgabe der miserablen Entscheidung eine Umfrage durchführte, wie denn der Berliner Volksmund das verhüllte Parlament nennen werde. Die Einheimischen waren spritzig wie eh und je: »Deutschlands größtes Kondom«, »Butterbrot«, »Wickelkommode« und natürlich »Kohl-Roulade« lauteten die schnauzigsten Vorschläge. Eine Schande, daß gar die Grünen für die affige Aktion stimmten. Wieso ist denn dieses Vorhaben befürwortenswerter als die Olympischen Spiele? Ein Leitsatz der Politik sollte immer lauten: Gräßliche Großereignisse sind zu vermeiden!

Ich bin überhaupt nicht gegen Sport. Man muß neidlos anerkennen, daß Menschen, die Sport treiben, besser aussehen als Menschen, die das nicht tun, und Schönheit ist das Salz in der Suppe der visuellen Wahrnehmung. Es ist ein erstklassiges Vergnügen, gutgestaltige Personen über die Erdoberfläche spazieren zu sehen und nicht nur Gestalten meines Niveaus. Das wichtigste Argument für den Breitensport ist aber, daß die Menschen davon schön müde werden. Wer des Abends müde ist, geht zu Bett und treibt keinen Unfug. Der Staat muß alles fördern, was die Menschen rechtschaffen ermüdet. Arbeit, Familie und Sport löschen zur Wohlzeit die Nachttischlampen.

Auch gegen Spitzensportler hab ich wenig zu mosern. Es sind ja nicht meine Gelenke, die sie ruinieren. Wer findet, daß im Fernsehen zu viele Sportsendungen kommen, der meckere nicht, sondern greife zum Buch, zur CD, zum Körper des lieben Lebensgefährten. Einen Einwand habe ich aber. Einmal am Tag möchte ich gerne so richtig von vorne bis hinten mit allen Schikanen durchinformiert werden. Dazu bieten sich die Hauptnachrichten des Fernsehens an. Mich wundert, daß ich bislang aus keinem außer meinem eigenen Munde Kritik daran gehört habe, daß in diesen Sendungen Sportergebnisse gleichrangig mit Nachrichten aus Politik, Wirtschaft und Kultur behandelt werden. Ich denke, daß Sportergebnisse überhaupt keine Nachrichten sind, sondern Mitteilungen auf dem Niveau von Treppenhausklatsch. »Brummweins aus dem ersten Stock haben sich eine neue Ledergarnitur gekauft, und Nadeschda Schostakowitsch aus der Ukraine ist in München 1 cm höher gehopst als Antje Müller aus Zwickau.« Diese Meldungen passen doch sehr gut zusammen. »Menno, Sport interessiert halt viele Leute«, entgegnen nun genervt die Freunde der Welt, wie sie ist. Ich kann das nicht akzeptieren. Es interessieren sich auch Millionen von Menschen für die Aktivitäten von Phil Collins und Bryan Adams. Sollen demzufolge in seriösen Informationssendungen allabendlich deren aktuelle Hitparadenplazierungen durchgegeben werden? Wer tatsächlich meint, zwischen Sportergebnissen und Hitparadenpositionen sei ein essentieller Wertunterschied, der möge mal fünf Jahre bei Mönchen und Nonnen unterkriechen, damit er zu sich findet und merkt, was er Ungutes schwatzt.

Wenn Sportlern oder Sängern mal was Ungewöhnliches passiert, dann soll das schon in den Nachrichten kommen. Wenn die eine Eislauftrulla der anderen die Knie zerschmettert, klopft sich ja vor Mitleid und Empörung die halbe Welt auf die Schenkel. Marianne Rosenberg ist es neulich ähnlich ergangen. Nicht daß ihr von einer neidischen Kollegin die Knie zertrümmert wurden. Aus Künstlern knospt der schäbige Rohzustand der menschlichen Natur seltener hervor als aus Sportlern. Aber der Sängerin Kosmetikkoffer wurde in die Luft gesprengt. Zwecks Gesangsdarbietung in arabeskem Gewand flog sie am 25. 2. von Hamburg nach Düsseldorf und geriet dabei ihres Schminkkoffers verlustig. Die Düsseldorfer Polizei fand ihn, konnte auf dem Röntgenbild nichts erkennen und entschied sich zu einer »routinemäßigen Sprengung an Ort und Stelle«. Dem Fernsehen hätte es gut zu Gesicht gestanden, sein Programm zu unterbrechen und die sprengmeisterliche Aktion direkt zu übertragen. Da rennt eine Berliner Sängerin ohne ihre Schminksachen durch eine wildfremde Landeshauptstadt, und das Fernsehen überträgt Schneehasen aus Norwegen. Ein neuerlicher Peitschenhieb in das von Faustschlägen und Ohrfeigen dauerverschorfte Gesicht von uns Gebührenzahlern!

PS: Vielleicht hätte ich doch lieber in ein Postamt gehen und mit einem angeketteten Kuli, der nicht geht, einen tausendseitigen Roman über die spanischen Erbfolgekriege schreiben sollen.

TEX RUBINOWITZ

Lotsa lotsa legggggggs
(Mai 1994)

Ich bin jüngst mit einem interessanten Fall von verkürzter Faktenvermittlung konfrontiert worden. Die Wiener ›Kronen-Zeitung‹ berichtete über das Damentrio, welches dieses Jahr Deutschland beim Grand Prix de la Chanson vertreten wird. Der Journalist wollte rüberbringen, daß es sich um ein gesamtdeutsches Gesangsteam handelt, denn eine der Damen stammt aus Frankfurt an der Oder. Allerdings vermutete der Autor wohl, daß die meisten Österreicher nicht wissen, ob diese Stadt im Osten oder Westen des verhaßten Nachbarlandes liegt. Daher gab er den Herkunftsort der Sängerin mit »Frankfurt an der Ost-Oder« an.

Das finde ich innovativ, und es kann von mir aus Schule machen. Wenn man z. B. trotz Platzmangels ausdrücken möchte, daß in dem anderen, größeren Frankfurt das Satireheftchen ›Titanic‹ ersonnen wird, dann kann man die Stadt ja einfach »Frankfurt am Witzemacher-Main« nennen, und jeder weiß, was gemeint ist. In diesem Aufsatz soll aber von Berlin an der Damenklo-Spree die Rede sein.

Glücklicherweise nicht oft, aber immerhin manchmal passiert es in Gaststätten, daß entweder das Damen- oder das Herrenklo kaputt ist und beide Geschlechter sich eine Örtlichkeit teilen müssen. In solchen Fällen ist eine Verhaltensveränderung festzustellen. Während Männer ihre Damentoilettenbesuche eher befangen absolvieren, erblühen Frauen in Herrentoiletten zu ungewohnter Vulgarität, zumal wenn sie in kleinen Gruppen dort eintrudeln, dann kriegen sie sich gar nicht mehr ein vor lauter Lust und Laune. Man hat in diesen Situationen aber auch Gelegenheit, liebgewordene Vorurteile zu revidieren. Ich war z. B. bis vor kurzem völlig davon überzeugt, daß an allen, aber auch wirklich allen Damenklotüren der Satz steht: »Als Gott den Mann schuf, übte sie nur«, obwohl ich seit Jahren keinen gegengeschlechtlichen Abort aufzusuchen genötigt gewesen war. Nun schwebte aber kürzlich eine düstere Wolke mit der Inschrift »Herrenklo kaputt« über das Land und hatte die Laune, es sich just über dem Lokal gemütlich zu machen, in welchem ich einen Abend ausklingen ließ. Und wie ich fremdelnd saß auf der gegnerischen Kloake, bemerkte ich, daß das mit dem »übte sie nur« dort gar nicht stand, sondern nur »Was benutzen Elefantinnen als Tampons? Schafe.« Das klingt sehr nach Gary Larson, dachte ich, aber es mag auch einer lustigen Dame eigene Leistung sein. Man weiß es nicht. Des weiteren fiel mir das makellose Weiß des Toilettenspülkastens ins Auge. Herrenspülkästen sind oft übersät mit braunen Flecken, weil gewisse Existenzen es nicht lassen können, während ihrer Verrichtungen brennende Zigaretten auf dem Spülkasten abzulegen. Eines Tages werde ich, wenn auch unter einem Pseudonym, einen 128 DM teuren Bildband herausbringen, der große Mengen künstlerisch gemeinter Fotos mit verkokelten Spülkästen zeigt. Diese repräsentative Geschenkidee wird heißen: »Ich klage an, wenn auch unter einem Pseudonym.« Drittens bemerkte ich im Damenklo die Anwesenheit eines Abfalleimers. Aufgrund der großen Spannweite meines Wissens mußte ich nicht lange über seinen Zweck rätseln. Wohl aber rätselte ich darüber, was Herren in einen solchen Behälter tun würden, wenn es auf ihren Toiletten einen gäbe. Mir fiel absolut nichts ein. Frauen dagegen, das vermute ich tolldreist, benutzen das Verdauungsfinale gern dazu, ihre Handtasche auf den Schoß zu nehmen und diese gründlich auszumisten. »Ein Interflug-Erfrischungstuch! Ein Reichsbahn-Pfefferminzbonbon! Fort mit diesen Dingen! Ein Bierdeckel mit der Anschrift eines Kavaliers vom letzten Tanzvergnügen!

Pah, aus der Welt damit! Eine Tube Kieselerde-Gesichtsmaske mit Haltbarkeitsdatum 1982! Jahrelang sinnlos mit herumgeschleppt! Das soll ein Ende haben! Und diese angebissene Tafelbirne von der Silberhochzeit Tante Julias benötige ich auch nicht mehr!« Im Nu hat die Dame den Eimer gefüllt.

Gewiß haben Frauen recht, wenn sie von Zeit zu Zeit die Birnengriebsche aus ihren Handtaschen entfernen. Den Bierdeckel hätte ich aber behalten. Ich liebe Zettel mit handschriftlichen Mitteilungen. Mein schönster enthält eine Kurzkorrespondenz zwischen einem Nachbarn und einem Herrn von der GASAG, das ist die Berliner Gaszählerablesegesellschaft. Der Nachbar wollte dem Gaszählerablesebeauftragten mitteilen, daß er gar kein Gas habe, und klebte ein kleines gelbes Haftzettelchen an seine Wohnungstür, auf dem stand: »Ich habe nur Elektrogeräte.« Der GASAG-Mann schrieb darunter: »Das wissen wir!«

Diesen Zettel mopste ich. Manchmal, in köstlichen Stunden abendlicher Muße, nehme ich mir eine Flasche Mosel-Saar-Ruwer-Wein, schlüpfe in meine Lieblingsstrickjacke, setze mich in den Ohrensessel und knipse die Stehlampe an. Knips! Das ist ein hübsches Geräusch, leider etwas kurz. Daher ziehe ich noch mal an der Schnur. Knips! Leider ist es nun ganz dunkel. Aber wenn ich ein drittes Mal an der Schnur ziehe, wird es ja wieder hell. Die Welt bietet soviel Trost. Man muß ihn nur entdecken. Knips! Und nun nehme ich mir das gelbe Zettelchen und betrachte es im Schein der Lampe. »Ich habe nur Elektrogeräte.« »Das wissen wir!« Es geht ein eigentümlicher Reiz von diesem Zettel aus. Er ist so eigentümlich, daß ich drauf und dran bin, das Wort »eigentümlich« mit th und y zu schreiben. Und auf das Ypsilon würde ich am liebsten noch zwei Umlaut-Pünktchen machen. Das würde der Eigentümlichkeit des Zettels nur gerecht werden. Man kann sich stundenlang mit dem Zettel gedanklich beschäftigen. Z. B. habe ich auch kein Gas. Was würde wohl passieren, wenn ich bei der nächsten Zählerablesung auch einen Zettel an die Tür klebte: »Ich habe nur Elektrogeräte, z. B. eine schöne Stehlampe mit Fransen dran.« Würde der GASAG-Mann auch darunterschreiben »Das wissen wir!«? Wenn ja, wäre ich ganz schön geschockt. Woher weiß der, daß ich eine Stehlampe habe? Das ist ja schrecklich! Befinde ich mich hier in einem freien Land oder bin ich gläserner Bürger in einer von Grusel-Altmeister Hitchcock verfilmten Zukunftsvision von Zukunftsvisionen-Altmeister Orwell? Bestimmt weiß die GASAG sogar, wie viele Fransen meine Stehlampe hat. Das weiß noch nicht mal ich!

Im vorangegangenen Absatz gab ich an, daß ich einen Zettel gemopst habe. Dies erlaubte ich mir, weil mein Nachbar ein ganz anderes Naturell hat als ich. Nie hätte ihm der Zettel zur feierabendlichen Ergötzung gereicht. Er hätte ihn verstoßen und fortgeworfen. Normalerweise bin ich ein glühender Geißler des Mopsunwesens. Als Kind war ich allerdings ein Schrecken des südniedersächsischen Einzelhandels. Damals wurden die Brötchentüten noch nicht zugeknipst, und heimlich tat ich noch teure Süßigkeiten in die Beutel, bevor ich zur Kasse ging. Ich war einmal, so will es scheinen, eine Kreatur mit miserablen Eigenschaften! Gerne würde ich noch heute an den Spätfolgen jener schweren Strafen psychisch leiden, die mir damals leider nicht zuteil wurden, weil ich natürlich nicht so doof war, mich erwischen zu lassen. Höre ich heute von Leuten, die anderen etwas wegnehmen, verfinstert sich mein Blick derartig, daß die Menschen mir Würste und Brathähnchen opfern wollen, weil sie mich für den Herrscher der Finsternis halten. Doch ich mag Brathähnchen nicht. Vor kurzem hatte ich das nicht sehr große Vergnügen, in ein besetztes Haus hineinzugehen. Bei den Bewohnern handelte es sich um theoretisch nette junge Hüpfer, die aber nicht nett hüpften, da sich in ihren Köpfen kein Gedanke um etwas anderes als um Diebstahl und Rauschmittelkonsum drehte. Täglich mopsten sie mehrere Flaschen echten Champagners; bei deutschem Sekt rümpften sie die Nase. Sie kackten ohne Tür, und ihre träge, parasitäre Existenz rechtfertigten sie mit einem politischen Bewußtsein, welches aus einer durcheinandergeratenen Sammlung von Klosprüchen aus der Generation ihrer Eltern bestand. Gern, ja überaus gern sogar, verließ ich diesen durch und durch unguten Ort. Ich will natürlich nichts verallgemeinern. Ich bin mir vorsichtshalber völlig sicher, daß es auch heute besetzte Häuser gibt, in denen die gute Tat, der kühne Gedanke und der Griff nach der Brauseflasche vorherrschen.

Zum Thema Brause fällt mir ein, daß das Getränk, das entsteht, wenn man Cola und Orangenlimo zusammengießt und welches normalerweise Spezi geheißen wird, in manchen Ausflugslokalen früher als »Jugenddrink« angeboten wurde. Interessant ist auch, daß der Marktführer unter den Plüschtausendfüßlern »Lotsa lotsa leggggggs« heißt. Die Menschen wissen ja immer nicht, über was sie mit anderen Leuten reden sollen, daher mache ich solche Mitteilungen. In einem Benimmbuch von 1940 fand ich mal eine Aufzählung von Sätzen, die geeignet sind, ein Gespräch mit einem Fremden einzuleiten. Der tollste war: »Gnädige Frau, würde es Sie interessieren, etwas über die herrlichen deutschen Mittelgebirgswälder zu erfahren?« Ich halte diesen Satz für wenig praktikabel. Darüber jedoch, wie Mischgetränke in den verschiedenen Teilen des deutschen Sprachraumes genannt werden, kann man sich stundenlang unterhalten, wenn man etwas darüber weiß. Ich meine jetzt keine Cocktails oder Spirituosenspezialitäten, ich meine lediglich die Resultate

Aurora Mono-Blocksessel *
Vollkunststoff, weiß, stapelbar, wetterfest
Stück

6⁹⁹

Endlich ist es raus: Diese scheußlichen Stapelstühle heißen Aurora Mono-Blocksessel.

volkstümlichen Zusammenkippens. Leute mit Leistungsfach Lebensstil, Gourmets und Puristen rümpfen die Nase ob solcher Zusammenfügungen, das Volk beweist aber große Ungezwungenheit beim Mischen, es wird eigentlich alles mit allem vermischt. Bis vor ca. zehn Jahren war Kiba ein beliebtes Getränk, es bestand zu gleichen Teilen aus Granini-Nektaren der Geschmacksrichtungen Kirsche und Banane. Das tranken immer strenge, fleißige Mädchen, die die Party schon um elf verließen. Es war der Drink für die Frau, die »noch fahren muß«. Am liebsten gemischt werden freilich Bier und Limonade. Das Ergebnis heißt in den neuen Ländern oft Potsdamer, in einzelnen deutschen Gegenden auch Tango, Fliegerbier, Hammel, Ententeich, Sport(ler)molle, in der Schweiz und im Saarland Panasch oder Panaché, in Schleswig sogar Schleiwelle, in den meisten Gebieten aber Alsterwasser oder Radler(maß). Viele sind der Auffassung, daß diese beiden Namen das gleiche bezeichnen, andere meinen, die eine Bezeichnung stehe für Bier mit Zitronenlimo und die andere Bezeichnung für Bier mit Orangeade. Tummelt man sich aber durch die deutschen Provinzen, wird man feststellen, daß beide Mischungen unter beiden Bezeichnungen ausgeschenkt werden. Mancher, der nur seine eigene Stadt kennt, neigt in bezug auf Mischgetränkebezeichnungen zum Fundamentalismus. Seine Augen funkeln aggressiv, wenn man ihm sagt: »Mein Gutester, Alsterwasser ist nicht immer mit weißer Limo, das kann auch mit Fanta sein!« Solche Reden verstören manchen. Schauen wir einmal nach Berlin. Hier wird das Bier meistens mit Fanta vermischt, und beide Bezeichnungen koexistieren bar jeder Zwietracht. Zumindest im Falle des Alsterwassers kann man also sagen, daß dies eigentlich Bier mit Fanta ist, denn an welchem Fluß liegt Berlin denn? Na also. Ich kann mir nicht vorstellen, daß jemand die Stirn hat, mir ins Gesicht zu sagen, daß Berlin nicht an der Alster liegt. Im Sommer unternehmen wir ja auch immer unsere berühmten Floßfahrten auf der Alster. Es wird ein Klavier aufs Floß gehievt, und dann geht's mit Bier und Boogie-Woogie durch unser unverwüstliches Berlin.

Auch Rotwein mit Cola hat einen Namen, und der lautet meistens Korea, manchmal auch Ochsenblut oder Cola-Schorle. Bisweilen mißrät der Rotwein halt, wegen des Wetters oder weil die Frau des Winzers schwer atmend unter Bettwäsche mit verblichenen Walt-Disney-Motiven liegt und gepflegt werden muß, da ist der Wein nur noch mit Cola genießbar. Andernorts ist die Cola verhagelt und muß mit Altbier gemischt werden, das nennt sich Krefelder. Krefelder kann aber auch wieder Pils mit Limo sein. Die Welt der Mischgetränke ist nicht unverwirrend. Wilde, sonderbare Existenzen kippen gar Bier mit Cola zusammen und sagen Diesel oder Cola-Bier dazu, im Rheinland Drecksack, in Hessen auch Dreckisches (das sch weich sprechen wie das J in »J'ai seulement des appareils électriques«). Noch wildere vermengen Weißwein mit Fanta – dies heißt angeblich Seiltänzerbouillon. In Adelskreisen, so hörte ich, trinkt man gern Kikeriki, was entsteht, wenn man Eierlikör in gelbe Limo gießt. Bier mit Sekt heißt Prokuristenbier, und ein Gemisch aus Wein und Sekt und manchmal auch Fruchtsaft heißt Kalte Ente, das trinken aber nur Omas und Opas bei Ehejubiläen. Die Mäntel der Gäste bilden während des Trinkens einen interessanten Mantelhaufen auf dem Bett des Jubelgespanns. (Deutsches Brauchtum!) Das verwegenste Mischgetränk gibt es an der Nordseeküste, es heißt Möwenschiß und besteht aus einem Klaren und grober Leberwurst. Oft sind Getränkenamen auf winzige Gebiete beschränkt. In Nienburg an der Weser versteht man unter einem Eskimo-Flip ein Gemisch aus flüssigem und festem Wasser, also Mineralwasser mit Eiswürfeln. Ich wüßte auch gerne, wie z. B. ein Mischgetränk aus Diät-Fanta und normaler Fanta im Markgräflerland genannt wird oder wie man in Vorpommern zu einem Gemisch aus kalter Milch und heißer Milch sagt. Man sollte eine kleine Expedition machen. Den Aral-Schlemmerführer in der linken Potasche, den Aral-Schlummerführer in der rechten Potasche und dann Brause saufen in den herrlichen deutschen Mittelgebirgswäldern.

Nun ist man also im Walde. Schön ist's dort. Knallrote Vögel sitzen in giftgrünen Sträuchern und quietschen vor Vergnügen. Dies sage ich in bitterer Erinnerung an einen Kunstlehrer, der mir mal eine Vier minus gab, weil ich ein Landschaftsbild in Rot und Grün malte. »Das sind Komplementärfarben, du Idiot«, brüllte der Idiot. Der soll mal in die Natur gucken. Überall giftgrünes Gesträuch mit knallroten Vögeln drin. Man muß nur die Augen aufmachen. Das Christentum wäre wohl kaum so groß rausgekommen, wenn die Menschen Gott für Vögel und Pflanzen eine Vier minus gegeben hätten. Zwar ist es schön im Wald, doch nun macht die weibliche Begleitung ein besorgtes Gesicht, denn sie muß mal. »Ich muß mal, ich muß mal, ich muß mal.« Zwar könnte sie sich auch dem raschelnden Laub anvertrauen, doch manche Frauen mögen das nicht, weil sie fürchten, es könnten ihnen Schnecken oder Tausendfüßler in den Schlüpfer kriechen. Lotsa lotsa legggggs! Brrr! Da kehren wir lieber zum Damenklo zurück. Einmal war ich mit einer lieben Dame in Budapest, und es ergab sich folgendes Zwiegespräch.

Sie: »Ich muß mal aufs Klo!«
   Ich: »Dann geh doch.«
   Sie: »Hier ist aber kein Klo.«
   Ich: »Dann mußt du dir eins suchen.«
   Sie: »Du, wenn du nur stänkern willst, dann schlag ich vor, daß wir den Rest der Reise getrennt verbringen.«

Sie rauschte davon, und erst am Abend traf man sich wieder. Zu ihrer Ehrenrettung muß ich aber anmerken, daß wir seither bei jeder Begegnung die Situation nachspielen und daß sie dabei genauso herzlich lachen muß wie ich. Bei unserem letzten Treffen erzählte ich ihr von meinen Damenklobeobachtungen. Als Damenklobesucherin mit bald schon jahrzehntelanger Routine wußte sie manches zu ergänzen. Daß Gott nur übte, als sie den Mann schuf, stehe nur in etwa 50% aller Damenklokabinen. Aber in 90% von ihnen sei zu erfahren, daß Männer wie Toiletten seien, entweder besetzt oder... »Jaja, ich weiß, wie der Spruch weitergeht«, unterbrach ich sie, »entweder besetzt oder ein klein wenig unreinlich.« Die Freundin bestätigte schmunzelnd, daß genau dies der Wortlaut des populärsten weiblichen Toiletten-Evergreens sei. Viel typischer für das Damenklo sei aber der Ringkampf zwischen schmachtender Verliebtheit und weiblichem Selbstbewußtsein. Daß eine Frau schreibe »Peter, ich liebe dich, aber du bist es nicht wert« und eine andere hinzufüge »Lern erst mal, Frau zu sein«. So etwas würde in Herrenkabinen nie stehen.

»Elvira, ich liebe dich, aber du bist es nicht wert.«
»Lern erst mal, Mann zu sein.«
»Ich habe nur Elektrogeräte.«
»Das wissen wir!«

Etwas, was ebenfalls damenkloexklusiv sei, fuhr die Freundin fort, sei Graffiti mit Nagellack. Daß es aber in Damenklos keine von Zigarettenglut verkohlten Spülkästen gäbe, könne sie leider nicht bestätigen. Frauen seien inzwischen fast so üble Ferkel wie Männer. Das Entsetzen, das mich durchrieselte, als ich dies erfuhr, ist nicht mit Worten wiederzugeben.

Mein schönstes Erlebnis mit Damenklobezug spielte sich auf einem Flughafen ab. Vor der Toilettentür umarmten sich ein Mann und eine Frau mit großer Leidenschaft. Die Frau ging hinein, der Mann wartete vor der Tür. Drei Minuten später kam die Frau wieder raus, und die beiden umarmten sich erneut, und zwar so, als ob sie einander wochenlang nicht gesehen hätten. So eine Liebe möchte ich auch mal erleben!

Die Frau unter der Bettwäsche mit verblichenen Disney-Motiven denkt auch: So eine Liebe möchte ich auch mal erleben. Der Winzer, der ihr die Schweißtropfen von der Stirn tupft, denkt: Ich lieb sie nicht mehr ganz so sehr wie früher, doch sie ist mir momentan wichtiger als der Wein.

Ich bin zufrieden.

Nachbemerkung Herbst 1994:
Daß Elefantinnen Schafe als Tampons benutzen, scheint nicht einer Toilettenbenutzerin eigener Phantasie entsprun-

gen zu sein. Ein netter Leser hat mich informiert, daß dieser Einfall aus einem in der ›Kowalski‹ erschienenen Comic von Philippe Vuillemin stammt.

TEX RUBINOWITZ

**Das neue Buch von Enid Blyton:
67 Freunde und die sprichwörtlichen Hummeln
im Hintern der Melkkuh der Nation**
(Juni 1994)

In Anschluß an den letzten Grand Prix, dem ersten, bei dem ich ohne Schalk der Hoffnung Raum gab, es möge der deutsche Beitrag gewinnen, brachte die ARD einen Thriller, in welchem Rex Harrison zu einer sich in hysterischer Auflösung befindlichen Doris Day sagte: »Wenn der Nebel in London so dick ist wie Erbsensuppe, dann werden die Spaßvögel mobil.« Diesen Satz will ich unkommentiert funkeln lassen, aber beim Wort »mobil« fällt mir was ein: Wieso herrscht eigentlich in allen Kreisen, in denen Zeitkritische, Kluge und Stilbildende verkehren, vollständige Einigkeit darüber, daß es unglaublich peinlich und angeberhaft sei, ein Mobiltelefon zu benutzen? Vor Einvernehmlichkeit prustend, erzählen sie einander die haarsträubendsten Geschichten wie die von dem jungen Aufschneider, der mit einem solchen Gerät an einer Straßenkreuzung steht, und plötzlich hat direkt neben ihm eine Frau eine Sturzgeburt und schreit, er solle mit seinem famosen Apparat doch bitte einen Krankenwagen rufen, und er muß zugeben, daß er nur eine Attrappe hat.

Ich persönlich glaube eher, daß diese Story in die Sparte der urbanen Mythen einzugliedern ist. Warum kommt nicht einmal ein Angehöriger der avancierten Geschmackskader auf die Idee, dieses Meinungsunisono mit einer hübschen Gegenstimme aufzufrischen, indem er ruft: »Ach, ich find das toll, so schön im Feierabendverkehr an der Straße zu stehen und mit meinen Freunden zu telefonieren. Bei dem Krach kann ich nämlich nicht verstehen, was sie sagen, und das ist gut, denn ich kann meine Freunde nicht ausstehen.«

Leider kann ich nicht in diese Rolle schlüpfen, denn ich bin ein schlechter Schauspieler, und aus jeder meiner Gesten würde hervorschimmern, daß ich eigentlich auch der Auffassung bin, daß Mobiltelefone »irgendwie das Hinterletzte« sind.

Aber vom Gepiepse abgesehen, wieso? Ist nicht Telefonieren an sich peinlich? Daß man seine eigenen Gedanken für so dringend hält, daß man sie Menschen, die teilweise viele Kilometer weit weg wohnen und teilweise auf dem Klo sitzen, stante pede mitteilen muß? Oder finde ich Mobiltelefone doof, weil ich meine, daß die Eigentümer dieser Geräte Menschen sind, die vor nichts zurückschrecken und sogar auf dem Klo telefonieren? Ich möchte nicht von einem Kackenden angerufen werden! Vielleicht ist dies der Grund für meine Abneigung gegen Mobiltelefone. Ich weiß es aber nicht. Es tröstet mich die Sicherheit, daß die anderen Leute, die Mobiltelefone doof finden, auch nicht wissen, warum. Sind es mal wieder nur Standeszugehörigkeitsdünkel?

Interessant ist, daß der Mann im vorigen Absatz gesagt hat, daß er seine Freunde nicht ausstehen kann. In der ›zitty‹ las ich ein Interview mit einer *Einsamkeitsforscherin*. Die Dame entspringt einer Universität, nicht meiner Phantasie. Sie sagte, daß das Problem der meisten Menschen nicht Einsamkeit sei, sondern die *Unzufriedenheit mit dem Freundeskreis*. Das hab ich mir schon immer gedacht. Daß jeder, der mit einem redet, eigentlich lieber mit jemand anderem reden würde. Das Tätigkeitswort »reden«, welches im Satz hiervor auftaucht, kann man effektvoll mit anderen Verben wie z. B. »eumeln«, »Pixiebücher lesen« oder »sterben« vertauschen. Das Problem der Menschen ist also die niedrige Qualität ihrer Freunde. »Interessante Leute kennenlernen!« denkt der Student, der morgens auf dem Rennrad starren Blicks in Richtung Bildungsstätte rast. Dort lernt er interessante Leute kennen. Nicht interessant genug: »Interessantere Leute kennenlernen!« denkt daher der Student, wenn er am Nachmittag zur Sportarena fährt. Dort trifft er Herren von Fairneß und Bürgersinn. Doch er rast weiter, Richtung Kneipe. »Noch interessantere Leute kennenlernen!« Nun trifft er Popstars, Advokaten, Ehrenmänner von Reife und Rang, in Seide gewickelte Damen vom böhmischen Hofe. Doch auch die sind ihm nicht gut genug. Er läuft durch die Straßen seiner Stadt. Er möchte »Strangers in the Night« pfeifen, doch eine vermummte Gestalt mit einem Kofferradio, aus dem Kurt-Weill-Musik klingt, stört ihn bei der Melodiefindung. Plötzlich steht ein gewaltiger Zuber mit kochendem Eisenerz vor ihm, da ruft er »Gott kennenlernen!« und stürzt kopfüber in die Glut. Zu seiner Beerdigung kommt kein Mensch, denn er hat immer nur gesucht, und ist nirgendwo geblieben.

Früher, als die Menschheit noch keine sprichwörtlichen Hummeln im Hintern hatte, saß ein jeder auf seinem Dorf fest, und jeder war irgendwie auf jeden angewiesen. Des Abends saß alle Welt zusammen und bestickte Küchenlappen mit christlichen Parolen. Die werden sich beim Buttern und Spinnen nicht überlegt haben, ob es nicht besser wäre, mit interessanteren Leuten zu buttern und zu spinnen. Neue Leute haben die damals nur kennengelernt, wenn sie welche gebaren. Dann aber kamen die sprichwörtlichen Hummeln als Eisenbahnen und Autos maskiert in den Hintern der Menschheit geflogen. Plötzlich gab es die Möglichkeit, Leute von woanders zu treffen. Die tollsten Typen von außerhalb. Auf einmal tanzten Kölner mit Düsseldorfern und fanden das noch nicht mal aufregend. Daraufhin tanzten die Kölner mit Aachenern. Auch Kacke. Inzwischen tanzen die Kölner mit Berlinern und Kriegern in Baströckchen und empfinden nichts dabei. Noch gräßlich häufig werden die Glocken der zwölf romanischen Kirchen in Köln schlagen, die keinen Menschen mehr interessieren, seit die Fernsehserie *Die zwölf romanischen Kirchen in Köln* nicht mehr kommt, bis wir die Ära erreichen, in der Kölner wieder mit Kölnern oder wenigstens mit Düsseldorfern tanzen. Noch rennen die Menschen wie Süchtige durch die Welt, gierend nach immer sensationelleren Qualitätsbekanntschaften. Doch nicht glücklich, sondern müde macht die Sucht nach dem prallen Adreßbuch.

Ein Aids-Aktivist sagte, er habe schon 67 Freunde durch Aids verloren. Da dachte ich: »67 Freunde! Sicher alles sehr intensive, langjährige Beziehungen. Noch toller wären freilich 670 Freunde. Doch 67 Freunde sind auch schon allerhand. Nur schade, daß sie alle tot sind.«

Die Menschen wollen also viele aufregende Freunde haben. Deshalb ist Oskar Lafontaine mit Peter Maffay befreundet, und Rudolf Scharping sogar mit Konstantin Wecker. Der Gedanke, daß diese beiden einander interessant finden, ist total süß. Gerne wüßte ich, ob Heidemarie Dingsbums-Zeul mit jemandem befreundet ist. Vielleicht mit Milva, Gitte Haenning, Gianna Nannini oder Cindy Berger? (Cindy Berger ist Cindy von »Cindy und Bert« ohne Bert, aber mit Cindy.) Vielleicht ist sie auch mit jeder der vier Damen befreundet, und jede hat einen eigenen Aufgabenbereich. Viele Menschen besetzen heute ihren Freundeskreis wie Regierungschefs ihr Kabinett. So wie es einen Minister für Reaktorsicherheit oder Senioren gibt, gibt es Freunde fürs Kino, welche für Sport, Urlaubsfreunde, Bettfreunde und Sauffreunde. Noch gibt's viele Schnittmengen, doch der Universalfreund wird rar wie das Universalgenie werden.

Nach meinem Dafürhalten ist Heidemarie Dingsbums-Zeul übrigens eine ganz Olle. Man verzeihe mir diese derbe Ausdrucksweise. Der Karikaturist Haitzinger hat ja für die SPD zur Europa-Wahl ein Plakat gemalt, auf dem Europa auf einem Stier reitet, und die Weiblichkeit der Europa hat er durch einen großen Balkon betont. Heidemarie Dingsbums-Zeul hat daraufhin einen Tobsuchtsanfall bekommen, weil das busenlastige Bild die Frauen verzerrt darstelle. Es wurde nicht verwendet. Wenn diese Dame zusammen mit Scharping Machthaberin wird, dann dürfen Witzzeichner nur noch »Tischlers Tochter« zeichnen, und es wird so kommen wie in Schweden, wo Frauen durchgesetzt haben, daß einer, der zu einem Arzt geht, der keine Frau ist, sagen muß, er gehe zu einem männlichen Arzt. Anzumerken wäre hier noch, daß Volker Elis Pilgrim im Fernsehen sagte, es sei ganz schlimm, daß das Tier sächlich sei. Der Mann, die Frau – aber *das* Tier! Ganz schlimm sei das.

Ich persönlich finde meine Freunde übrigens halb so schlimm. Sie sind nicht internationale 1a-Topqualität, aber solide. Das einzige, was doof an ihnen ist, ist, daß keiner ein Auto hat. Jeder Gymnasiast kriegt heute zum Abitur von den Eltern ein Auto hinterhergeschmissen, aber ich kenne nur Leute ohne. »In Berlin braucht man nicht unbedingt ein Auto!« krähen sie. Jaja, das weiß ich wohl, aber eigentlich reicht es doch, wenn ich der fanatische Autogegner bin. Am Wochenende würde ich mich gerne mal zur Mecklenburgischen Seenplatte kutschieren lassen, um Adler zu ärgern. (Der Satzteil »Um Adler zu ärgern« ist lediglich spaßig gemeint.) Um meinen Prinzipien treu zu bleiben, würde ich auf der Rückfahrt nach Berlin Vorträge darüber halten, was für miese Erdenwürmer Autofahrer sind. Der Getadelte könnte dann zurückfauchen, was das denn für eine Kinderstube sei, sich erst zu Mutter Grün

Die *Lampe,* der *Appetit, aber* das *Tellergericht – Schlimm!*

chauffieren zu lassen und dann so was, und außerdem seien Autofahrer ohnehin schon die *Melkkühe der Nation* – muh, muh –, da müsse ich nicht auch noch drauf rumtrampeln. Wie schön wäre das! Komisch, daß keine Melkkuh der Nation – muh, muh – meine Freundschaft sucht. Am liebsten wäre ich mit Dorkas Kiefer befreundet. Das ist dasjenige Drittel des vom Grand Prix bekannten deutschen Damentrios MEKADO, das immer rechts steht. In der kleinen Runde, in welcher ich das Schlagerfestival sah, herrschte große Bedrückung, als feststand, daß der in die Tanzglieder fahrende Discobumstitel der drei Damen nur den dritten Platz errungen hat und die Iren *schon wieder* gewonnen haben. Die Stimmung war etwa so wie die, welche herrschte, wenn sich am Bundestagswahlabend herauskristallisieren würde, daß die Republikaner 20% haben. Zum Trost täte ich Dorkas gerne heiraten. Den ganzen Tag würde ich sie mit ihre Wohlbeschaffenheit betreffenden Komplimenten unterhalten und sie mit Botengängen und leichten haushälterischen Tätigkeiten beschäftigen. Ich würde sie nicht überfordern. Wäre eine schwere Eichenkommode zu bewegen, würde ich Dorkas nicht tatenlos zuschauen, sondern ihr genaue Anweisungen geben. »Ich will aber keine Kommoden verrücken, singen will ich!« ruft Dorkas jetzt. »Das sollst du auch, meine Taube«, entgegne ich. »Das eine schließt das andere nicht aus. Du kannst gerne während deines Möbeldienstes singen. Die Baumwollpflücker haben während ihrer Arbeit auch gesungen, und aus deren Wehklage und Gottesfurcht sind Gospel, Blues und 95 andere Musikrichtungen hervorgegangen. Wer weiß, was du für neue Stile entdeckst.«

Was scheine ich nur für eine Existenz zu sein! Erst bezeichne ich eine gewiß umtriebige und hochkarätige SPD-Schreckschraube in ärgster Killerkampagnen-Tradition mit dem Schlammschlacht-Hetzwort »Olle«, dann will ich Adler quälen, wovon ich mich mit fadenscheinigen Hinweisen halbherzig distanziere, und nun will ich auch noch eine zartgliedrige Melodienfee als Möbelpacker verheizen. In dem Gefängnis, in das einer, wie ich es bin, hineingehört, sind die Matratzen mit Juckpulver und die Kopfkissen mit Niespulver gefüllt, der Brotkorb jedoch nur mit Disteln. Daß ich so übel bin, liegt daran, daß ich mich in Charakterfragen oft selbst berate, um das Geld für den Charakterberater zu sparen.

Wäre ich selber Charakterberater, würde ich jedem Ratsuchenden sagen: »Ehr deine Freunde, such nicht ständig neue, gib ihnen Nachsicht, Liebe und Treue. Sing bei der Arbeit, dann wirst du froh, und telefoniere nicht auf dem Klo. Und setz dich gefälligst anständig hin, wenn ich mit dir spreche. Wir sind hier nicht im Zirkus!«

TEX RUBINOWITZ

Unvergessen ist die große Rede, die Richard von Weizsäcker 1985 im Bundestag über Schlemmerfilet hielt
(August 1994)

In der Schar von Kritikern abgeschmackter Wortverdrehungen gelte ich sowohl als einer der glühendsten als auch als einer derjenigen, die den Zeigefinger besonders dramatisch erheben. Manchmal ist man aber gegen Verhaltensweisen, für die man andere tadelt, selbst nicht gefeit. Obwohl ich z. B. als Radaugegner jeden Kompromiß verschmähe, erinnere ich mich gut daran, wie ich einmal nächtens mit einer Auswahl anderer Bürger »Amazing Grace« grölend durch die Dresdner Innenstadt schwankte. Ähnliche Inkonsequenz mußte ich mir im Bereich des Wortspiels in jüngster Zeit gar zweimal vorwerfen. Als ich gefragt wurde, ob ich denn im Superwahljahr brav meine Kreuze machen werde, entgegnete ich: »Natürlich werde ich das! Ich bin doch nicht König Politikverdrosselbart!«

Das zweite Mal war noch schlimmer. Ich saß im Intercity *Carl Maria von Weber*. Einmal wackelte der Zug so sehr, daß die Reisenden bang aufheulten. Da dachte ich: »Ich scheine hier nicht im IC *Carl Maria von Weber* zu sitzen, sondern im IC *Julio Entgleisias*.« Auch in Gottes sonderbarer Realität gibt es ulkige IC-Bezeichnungen. Zwischen Wien und Vorarlberg verkehrt ein Zug namens *NÖ Tonkünstler*. Klingt wie »Tonkünstler, nein danke«, dachte ich zuerst, und daß sich hinter dem Namen vielleicht die Bitte verbirgt, während der Reise das Musizieren zu unterlassen. Dann ging mir ein Licht auf. *NÖ Tonkünstler* steht für *Niederösterreichische Tonkünstler!* Dieses Bundesland scheint also mehrere Musikschaffende hervorgebracht zu haben, und man wollte nicht einen hervorheben und dadurch die anderen kränken. Ich hoffe, daß derlei nicht Schule macht. Ich möchte auch künftig mit dem IC *Sophie Scholl* fahren und nicht mit dem IC *Mutige Münchner Studentinnen*. Noch weniger Geschmack als die Österreicher beim Benennen von Expreßzügen beweisen die Franzosen in puncto Gebirgenamen. Wenn man sich mal eine Landkarte schnappt und einen Blick darauf wirft, wird man kopfschüttelnd feststellen, daß es mitten in Frankreich ein Gebirge mit dem Namen »Zentralmassiv« gibt. Zentralmassiv! Das Benennen französischer Gebirge scheint einmal zu den Zuständigkeiten Walter Ulbrichts gezählt zu haben. Ich meine, so heißt man nicht als Gebirge. Als anständiges Gebirge heißt man z. B. Schwarzwald. Schwarzwälder Kirschtorte vereint Wohlklang mit lukullischem Liebreiz. Ich glaube kaum, daß die Franzosen ebenbürtige Freude an ihrer Zentralmassiv-Kirschtorte haben. Die schmeckt sicher hart und sandig, so daß sie von denjenigen, die sich mit ihr abplagen, als Zentralmassiv-Knirschtorte verhöhnt wird. Doch der Hunger treibt's rein.

Es ist nicht grundsätzlich schön, wenn der Hunger was reintreibt. Viele Menschen haben schon unangenehme Erlebnisse mit Schlemmerfilet gehabt. Ein Schlemmerfilet ist ein aus einer Tiefkühltruhe stammender Aluminiumnapf mit etwas Fisch drin. Auf dem Fisch befindet sich ein nicht sonderlich pikanter, aber solide bürgerliche Mampfigkeit ausstrahlender Matsch von ominöser Zusammensetzung. Es ist genau die Art von Speise, auf die Menschen, deren Lebenswandel nicht immer über so manchen kleinen Zweifel erhaben ist, gelegentlich einen vulgären Heißhunger verspüren. Der Alu-Napf muß leider geschlagene 45 Minuten in die Backröhre gestellt werden. Nicht wenige Non-Micro-Waver zerbrechen an dieser langen Wartezeit und stopfen sich eine Tüte Haribo-Weingummischnuller in den Rachen, so daß sie, wenn das Schlemmerfilet endlich fertig ist, lustlos darin herumstochern. Denjenigen, die sich mit Hilfe von Gebeten und Gymnastik haben zügeln können, ergeht es oft nicht besser. Nach der qualvollen Dreiviertelstunde reißen sie das Schlemmerfilet aus dem Ofen und machen sich mit schwer rasselndem Atem daran zu schaffen. Nach einigen Minuten müssen sie feststellen, daß das Innere des Fischfilets noch ganz roh ist. Der Ofen ist aber schon am Abkühlen, nochmal zwanzig Minuten warten ist nicht drin, also wird der halbgare Fisch verschlungen. Nach dieser Mahlzeit fühlen die Menschen eine für die Industriegesellschaft des 20. Jahrhunderts typische Unzufriedenheit in sich aufkeimen. Von beachtlichem Unterhaltungswert ist es aber, beim Verzehr eines Fertiggerichtes die Abbildung auf der Verpackung mit dem zu vergleichen, was man auf dem Teller hat. Ich glaube, Lebensmittelfotografen lackieren die Speisen mit farblosem Nagellack. Ein Fertiggericht zu essen ist ungefähr so, wie wenn man mit Claudia Schiffer verabredet ist, und dann kommt Günter Strack. Günter Strack hat allerdings eine große Ähnlichkeit mit Claudia Schiffer. Fiese Mitbürger werden jetzt sagen: »Quatsche nicht. Günter Strack sieht aus wie ein Schwein.« Ich widerspreche. Wenn man sich wirklich mal die Mühe macht, Günter Strack einerseits mit einem Schwein und andererseits mit Claudia Schiffer zu vergleichen, wird der objektive Betrachter feststellen, daß Günter Strack erheblich mehr Gemeinsamkeiten mit dem Top-Model als mit dem Haustier hat. Das ist nicht nur verblüffend, sondern auch tröstlich.

Die fiesen Mitbürger entgegnen nun: »Hören Sie doch auf mit Ihren sonderbaren Vergleichen. Sie haben ja einen Spleen.« Da es Sinn meines Daseins ist, fiesen Existenzen Kontra zu geben, widerspreche ich erneut. Das Wort Spleen ist englisch und bedeutet Milz, also das komische Organ in uns allen. Die Milz kann man sehr gut mit dem Pfingstfest vergleichen. Jeder hat eine Milz, kaum einer weiß, welche

Dienste sie leistet. »Die Milz ist irgendwas mit den Blutkörperchen«, wird gesagt. Pfingsten ist genauso. »Pfingsten ist irgendwas mit dem Heiligen Geist.« Exakteres weiß nur der greise Bischof in der kühlen Kathedrale. Alle paar Jahre liest man zwar in einer Illustrierten Artikel über den Sinn der Milz und den Zweck von Pfingsten, aber da sich der Inhalt solcher Aufsätze stets durch eine gewisse unbeliebte Kombination von Eigenschaften auszeichnet, nämlich durch die Fügung *hochkompliziert und stinklangweilig,* bleibt nichts im Gedächtnis kleben.

Apropos Gedächtnis und apropos kleben. Ich erinnere mich sehr gut daran, daß ich neulich vor dem Eingang eines Warenhauses einen jungen Mann stehen sah, welcher einen besonders klebrigen Klebstoff verkaufte. Die Vorführungen des Propagandisten fand ich sehr beeindruckend, und ich kaufte mir ein Fläschchen. Der Klebstoff heißt »Galaxy Glue« und soll angeblich von der NASA entwickelt worden sein. Merkwürdiger Gedanke, daß man seinerzeit in mit Klebstoff zusammengekleisterten Raketen zum Mond gefahren ist. Daheim hatte ich einen zerborstenen Aschenbecher. Mit einem winzigen Tropfen vereinte ich die beiden Scherben unwiderrufbar. Dann klebte ich einen Handtuchhalter an meine Badezimmertür. Man kann einen Sack mit bleiernen Kugeln an den Haken hängen, so toll ist der Klebstoff. Euphorisiert von meinen Erfolgen, lief ich mit dem Fläschchen in der Hand durch meine Wohnung und suchte fieberhaft nach Dingen zum Zusammenkleben. In einer solchen Situation muß man sehr, sehr stark sein. Sonst klebt man die Kühlschranktür zu oder den Fernseher an die Zimmerdecke. Erlösung fand ich in Form einer Tüte mit Weinflaschenkorken, die ich irgendwann mal zum Recyceln geben wollte. Diese Korken klebte ich der Länge nach aneinander, so daß ich nun Besitzer einer zweieinhalb

Meter langen Korkstange bin. Sicher eines der am wenigsten gewollten Nebenprodukte der Weltraumforschung. Es gibt nur eine Substanz, die es in puncto Klebrigkeit mit Weltraumkleber aufnehmen kann, und das ist Meerschweinchensperma. Eine meiner Hauptbeschäftigungen der Kindheit war es, Sperma aus dem Fell meines weiblichen Meerschweinchens herauszubürsten. Das Männchen war ein Tolpatsch der Liebe. Daß die beiden es trotzdem auf ca. 30 Nachkommen brachten, ist erstaunlich. Die Meerferkelchen hat mein Vater, wie er sagte, an Arbeitskollegen weitergegeben. Ich glaube ihm das. Ich bin meinem Vater noch heute dankbar dafür, daß er mich, meiner Kinderseele zuliebe, angelogen hat. Schade, daß mein Vater nicht bei der NASA war. Vielleicht hätte er einen Geistesblitz bekommen, woraufhin mit Meerschweinchensperma zusammengeklebte Raketen zum Monde hätten fliegen können.

Im vorigen Aufsatz gab ich Auskunft über meinen Hamster, in diesem schob ich meine Meerschweinchen ins Scheinwerferlicht. Nun mag in manchem Aufsatzkonsumenten die Frage herangereift sein, ob es denn sinnvoll sei, als Kind Tiere in Obhut zu nehmen. Die Antwort lautet, ja, das ist es. Wer Tiere hatte, kann als Erwachsener die Erinnerungen an die Tiere in Aufsätze einfließen lassen und ersprießliche Summen Geldes dafür einstreichen. Davon kann man sich Fabergé-Eier kaufen oder wertvolle Richard-von-Weizsäcker-Gedenkmünzen. Es besteht vermutlich Anlaß zu der Annahme, daß eine gute Methode, seinen Freundeskreis zu stabilisieren, darin besteht, die Freunde zu sich zu bitten und ihnen in einem mit Fabergé-Eiern vollgestopften Salon eine Sammlung von Weizsäcker-Gedenkmünzen zu präsentieren. Jeder wird gern wiederkommen, denn dieser Präsident war ein Glücksfall für Deutschland. Unvergessen ist seine Rede von 1985, in welcher es um den 40. Jahrestag von irgendwas ging. Er war ein Präsident des Ausgleichs. Kerngehäuse seines Handelns war Mahnen, Drängen und im Ausland einen guten Eindruck machen. Unvergessen ist, wie bereits erwähnt, seine Rede von 1985. Sie war weder hochkompliziert noch stinklangweilig. Auf den vielen Banketten mit ausländischen Staatsgästen ist ihm so manches Schlemmerfilet vorgesetzt worden, trotzdem war er kein Präsident des Schlemmens, sondern, wie bereits erwähnt, einer des Ausgleichs. Wenn das Schlemmerfilet innen noch roh war, hat er kein großes Tamtam veranstaltet, sondern ist mit staatsmännischer Anmut darüber hinweggegangen. Das sollten wir Deutsche ihm danken. Unvergessen ist obendrein seine Rede von 1985.

Aus diesem Grunde ist es also gut, wenn Kinder kleine Tiere haben. Aber muß es, meine Herren Präsidenten, Herr Bundeskanzler, Exzellenzen, meine Damen und Herren und liebe Landsleute, wirklich ein Hamster sein? Diese Tiere beißen gern, wollen mit abstoßenden Würmern und kostspieligen Pinienkernen gefüttert werden, sind quengelig, wenn man sie streichelt, schlafen den ganzen Tag und machen nachts einen unvorstellbaren Krach. Kaum daß man sich endlich an ihre Unarten gewöhnt und den Ekel vor den Mehlwürmern, ihrer Leibspeise, überwunden hat, sterben sie aus statistischen Gründen. Es ist schon sonderbar, daß gerade diese Tiere als ideale Spielgefährten für Kinder angepriesen werden. Meerschweinchen sind besser. Sie lassen sich gerne streicheln, leben ewig und drei Tage und beißen auch dann nicht, wenn man ihnen stundenlang den kleinen Finger in den Mund steckt. Sie ersetzen auch den Familientherapeuten. Wenn die ganze Familie auf allen vieren durch die Wohnung kriecht und ein ausgebüxtes Meerschweinchen sucht, entsteht große innerfamiliäre Solidarität. Einst fragte mich ein Theaterdirektor, ob ich ihm ein Stück schreiben würde. Ich reichte ihm einen groben Entwurf namens *Eine Familie sucht ein Meerschweinchen – Drama für Schauspieler mit belastbaren Kniescheiben*. Der Höhepunkt des Schauspiels sollte darin bestehen, daß der Vater eine Waschmaschine auseinanderbaut. Die letzten Worte sollten lauten: »Na, da ist unser kleiner Ausreißer ja wieder!« Der Theaterdirektor sprach: »Das ist nicht ganz das, was ich mir vorgestellt habe«, worauf ich dachte: »Fahr zur Hölle, du elender Direx, und schmore darin wie ein Schmorbraten.«

Hat man ein Tier, muß man jedoch immer Sorge tragen, daß man das Futter bezahlen kann. Pinienkerne sind teuer. Ich weiß das, denn ich habe meinem Hamster immer welche gekauft und sie dann selber gegessen. In der Zeitung war von einer Frau in Frankreich zu lesen, die zuerst ihre 16 Hunde und dann sich selber erschoß. Die Miete für ihr Haus war erhöht worden, und sie konnte sich das Hundefutter nicht mehr leisten. Diese etwas fadenscheinige Begründung stand zumindest in der Zeitung. Wahrscheinlicher ist es aber doch wohl, daß sie die Bluttat aus Frust über die scheußlichen französischen Gebirgenamen beging, oder?

Nachbemerkung Herbst 1994:
    Hermes Phettberg informierte mich, daß *NÖ Tonkünstler* der Name eines Orchesters ist.

Ich will wissen, ob die Schwester von Claudia Schiffer schwitzte (In Unterhose geschrieben)
(September 1994)

Ein noch nicht altes Phänomen ist es, daß Fotomodelle Namen haben und interviewt werden. Als ich noch klein war und Mineralwasser »Brause ohne Geschmack« genannt wurde und die Models noch Mannequins hießen, waren diese nicht mehr als mobile Bügel aus Fleisch und Blut. Wie sie heißen und was sie so meinen, wollte niemand wissen. Vereinzelt gab es Ausnahmen, z. B. wenn die schöne Dame ein Poussierverhältnis mit einem von Boulevardzeitungen für wichtig gehaltenen Künstler hatte. Man denke an Jerry Hall. Andere hatten einen Namen, weil sie in ihrer Freizeit zum Mikrofon griffen, dies an ihre Lippen führten und teils gar nicht mal so üble Laute ausstießen: Grace Jones und Amanda Lear. Dann gab es noch Margaux Hemingway, die einen öffentlichen Namen hatte, weil ihr Opa ein bekannter Schriftsteller war. Welcher, fällt mir gerade nicht ein. Ich glaube, Bertolt Brecht oder Franz Kafka. Einer von den zwei beiden Hübschen wird es wohl gewesen sein.

Heute hat jede hübsche junge Frau einen Namen. Ich könnte mehr Namen von Top-Models herunterrasseln als Namen von Atomphysikern. Hübsche junge Männer haben noch nicht so häufig Namen. An männlichen Models könnte ich nur Marcus Schenkenberg runterrasseln, aber wer »Marcus Schenkenberg«-Sagen für Runterrasseln hält, der hat ja wohl ein ziemlich fragwürdiges Verständnis vom Sinn des Wortes Runterrasseln und eine unterentwickelte Runterrasselkultur. Ich habe auch noch kein Interview mit einem Männermodel gesehen. Vielleicht verhindern deren Agenten solche Gespräche, weil der erotische Reiz, den ein Mann auf Frauen ausübt, erheblich sinken kann, wenn er eine Quäkstimme hat oder ungeschickt formuliert, da kann er noch so schön sein. Männer sind da weniger kompliziert. Angesichts der Schönheit einer Frau nehmen sie Stimmen wie rostige Türen in Draculaschlössern in Kauf, und es mindert ihre Begeisterung auch nicht, wenn die Bewunderte Advocado statt Avocado sagt und Lampignon statt Lampion. Was die jungen Damen sagen, ist daher bestens dokumentiert. Sie sagen folgende Sätze:

»Ja, es ist schon wahnsinnig anstrengend, immer so früh ins Bett zu gehen und nie das essen zu können, worauf man Lust hat. Ja, meine Familie ist für mich total wichtig. Meine Familie gibt mir sehr viel Halt. Ohne meine Familie würd ich das nicht aushalten. Ich find natürlich auch, daß Models überbezahlt sind. Verglichen damit, was ein Arbeitsloser zur Verfügung hat, ist das natürlich schon absurd, was wir verdienen. Mit Karl (bzw. Gianni, Wolfgang, Gianfranco etc.) zusammenzuarbeiten ist immer total spannend. Er ist wirklich einer der ganz Großen. Kinder ja, aber nicht jetzt. Ruhig mehrere Kinder. Natürlich sündigen wir auch mal, wir sind ja keine Disziplinmonster, obwohl Disziplin natürlich schon wichtig ist. Ich gehe schon manchmal mit meinen Freunden von früher ein Bier trinken, leider natürlich viel zu selten. Es ist schon sehr interessant, interessante Länder und interessante Menschen kennenzulernen. Natürlich sind wir privilegiert, aber privilegiert heißt nicht automatisch abgehoben. Sorgen um meine persönliche Zukunft mache ich mir nicht, aber wenn ich sehe, was in Bosnien oder Ruanda passiert, wird mir echt schlecht. Natürlich hab ich manchmal einen Pickel. Wann ich das letzte Mal eine Cremeschnitte gegessen hab, weiß ich nicht mehr, aber letzte Woche habe ich ein Stück Pflaumenkuchen gegessen.«

Ich habe dieses Top-Model-Antwortendestillat ohne fremde Hilfe aus meinem Gedächtnis destilliert. Das hab ich gut gemacht, oder? Wenn einer sagt: »Das haben Sie gar nicht gut gemacht«, bin ich aber auch nicht böse. Es kommt jeder zu Wort in einem freien Land. Claudia Schiffer, der bekannteste mobile Fleisch- und Blutbügel Deutschlands, sagte neulich etwas, was über meine Auflistung von Top-Model-Phrasen hinausging. Es gibt in Berlin einen TV-Sender namens »IA«. So wie der Esel macht. Ein Mitarbeiter dieses Senders fragte die reiselustige Klatschspalte, ob sie denn jetzt, wo sie schon soviel erreicht habe, noch Träume habe. Da sagte Claudia Schiffer: »Ja, ich bereite gerade den Claudia-Schiffer-Kalender für 1996 vor.« Ich muß aber einräumen, daß der Eselsschreisender-Journalist sie an einem sehr lauten Platz interviewte. Arbeiter zersägten ein Betonrohr, oder Gewitterlesben zankten sich. Weiß nicht, woher der Lärm kam. Wahrscheinlich hat Claudia Schiffer die Frage akustisch nicht verstanden. Es ist nämlich nicht meine Meinung, sondern die Meinung von Menschen, die anderer Meinung sind als ich, daß schöne Menschen doof sind. Im Gegenteil: Schöne Menschen sind im Durchschnitt intelligenter als häßliche, weil sie mehr geliebt und gelobt werden und leichter mit anderen Menschen in Kontakt kommen. So was fördert das geistige Fortkommen. Das haben Wissenschaftler, denen niemand verboten hat, Sachen herauszufinden, bei denen jeder denkt, warum in Gottes Namen erforscht jemand das, herausgefunden.

Claudia Schiffer war neulich mit ihrer Schwester in Berlin, um sich eine Musicalaufführung anzusehen. Die Medien berichteten darüber wie über einen Staatsbesuch. Auch die Schwester wurde interviewt. Sie sprach: »Also ich könnte das nicht, immer so früh aufstehen und nie das essen, worauf man Appetit hat.« Es wurde auch bemerkt, daß Claudia Schiffer trotz Jahrhundertsommerhitze nicht schwitzte. Zu melden, ob die Schwester schwitzte, wurde leider seitens der Medien verschwitzt. Die Hitze mindert auch die Schaffenskraft der Journalisten. Ich meine aber, es gehört zu den Aufgaben der Presse zu verkünden, wer schwitzt und wer nicht. Ich will mit gutem Beispiel vorangehen, indem ich gestehe, daß ich in diesen Tagen durchaus ein wenig schwitze. Das macht mich sehr unsympathisch. Wenn Frauen, die schlechte Erfahrungen mit Männern gemacht haben, interviewt werden, sagen sie gern, daß Männer so eklig schwitzen. Besonders beanstandet werden Schweißperlen auf der Oberlippe. Solche Männer sind immer gleich Vergewaltiger. Zur Zeit ist es so heiß, daß sogar die Fußgängerzonen-Indios ihre Ponchos ausgezogen haben und im T-Shirt flöten. Allerdings tragen sie ihre Ponchos auch im Herzen, und das ist schlimm genug. Vielfältig sind an heißen Tagen die Gelegenheiten, weniger wertvolle Erfahrungen zu sammeln, z. B. in der U-Bahn den Geruch der andern Leute wahrzunehmen und zu denken: *So rieche ich vermutlich auch.* Es gab mal den Werbespruch »Ein Duft, der Frauen provoziert«. Das war, soweit ich mich erinnere, der Slogan für irgendein Körpersäuberungs-Gelee für 3 Mark 95. Der Spruch »Ein Körpersäuberungs-Gelee für 3 Mark 95, das Frauen provoziert« ist keinem Werbetexter eingefallen, aber mir. Als Werbetexter wäre ich ebenso chancenlos wie ein Freund von mir, der mal in einer Agentur arbeitete, die einen Auftrag zu einer Imageverbesserungskampagne für den Flughafen Wien-Schwechat erhalten hatte. Mein Freund entwarf ein Plakat mit der Inschrift: FLUGZEUGE STÜRZEN AB. FLUGHÄFEN NIEMALS. Da half ihm der Werbechef in den Mantel und wies ihm den Weg in die Freiheit.

Wenig erforscht ist bislang, was Autoren anhaben, wenn sie etwas schreiben. Ich erwähne dies, weil ich beim Meißeln dieser Zeilen mit nichts anderem bekleidet bin als mit einer blütenweißen Herrenunterhose mit Eingriff. Eingriff heißt

Sie macht es richtig: Wenn sie unbekleidet durch die nächtliche Stadt spaziert, nimmt sie einen vertrauenswürdigen Beschützer mit.

das wohl, weil mancher Schlingel manchmal möchte, daß da jemand reingreift. In meiner Kindheit hieß das anders, da sagte man »Schlüpfer mit Schlitz«, und Mineralwasser hieß »Brause ohne Geschmack«. Bei Kindern sagt man nicht »Eingriff«, denn wenn da jemand reingreift, ist das ein Eingriff in die kindliche Entwicklung, und man ist ja kein Unmensch, der so was befürwortet. Wissen tät ich gern, ob es einen Leser abstößt, wenn er weiß, daß ein Werk von einem Autor in Unterhose verfaßt wurde. Vielleicht war es auch sehr heiß, als Paul Celan die ›Todesfuge‹ dichtete? Vielleicht trug er auch nur einen Schlüpfer? War der wenigstens sauber? Das will man hoffen als Leser. Hatte er einen Eingriff?

Hat jemand reingegriffen? »Nicht jetzt, Darling, ich sitze gerade an der ›Todesfuge‹« Ich will jetzt mal eines der letzten großen literarischen Experimente des 20. Jahrhunderts wagen: Den folgenden Absatz werde ich nackicht schreiben! Es ist der 4. 8. 1994, eine Viertelstunde vor Mitternacht, und ich ziehe meine Unterhose aus! Hier nun der nackicht geschriebene Absatz:

Donald Weatherfield bog mit seinem Range-Rover in seine Hazienda ein. Die Abendsonne von Süd-Michigan versank hinter der frisch verchromten Pergola, und irgendwo in der Ferne schien ein dunkelhaariger junger Mann Xylophon zu spielen.

»Pamela, Pamela, es ist etwas Schreckliches geschehen«, rief der attraktive Holzhändler.

Eine Blondine lag phlegmatisch in der Hängematte, sog pedantisch an ihrer Zigarette und sagte sarkastisch: »Jaja, ich weiß, unsere Pergola ist verchromt worden. Darüber hinaus bin ich nicht Pamela. Ich bin Margaux. Deine Putenfleisch-Minifrikadellen hat der Pergolaverchromer gegessen. Es ist aber noch Puten-Mortadella da und Rotkäppchen-Käse.«

»Ich kenne keine Margaux«, dachte der wirklich TipTop – ja, wir schreiben tiptop heute mal wie HipHop – aussehende, übrigens nicht nur Holz- sondern auch fertige Möbelhändler, »aber Rotkäppchen-Käse kenne ich. Die Menschen auf den Boulevards der volkreichen Metropolen raunen einander zu, er sei der Marktführer.«

Nun habe ich meine Unterhose wieder angezogen. »Der im Adamskostüm verfaßte Abschnitt gefällt uns aber nicht!« bellen und miauen jetzt die Leser. Womit bewiesen ist: Nackicht geschriebene Werke mögen die Leser nicht. In Unterhose darf man, aber nackicht nicht.

Ich möchte, weil es zur Hitze paßt, nun noch einige Worte über Milchspeiseeis aus mir herauspressen. Ich muß heute tatsächlich etwas pressen, denn wenn die Worte aus mir herausrönnen wie die Schweißtropfen, wäre ich fein raus. Milchspeiseeis besteht weitgehend aus gefrorenem Fett. In Vanilleeis, so habe ich gehört, sind sogar Rindernasen enthalten. Ich bevorzuge daher Wassereis. Ein besonders beliebter Gefrierfettbatzen ist ein Eis namens »Magnum«. Über dieses Produkt habe ich gelesen, es sei ein »Kult-Eis«. Da Magnum aber auch der Marktführer ist, besteht Anlaß, zu untersuchen, ob das Wort »Kult« in letzter Zeit einen Bedeutungswandel erfahren hat. Früher war es ein Kult, wenn eine kleinere, aber nicht allzu kleine Gruppe von Menschen um irgendwas ein geheimbündlerisches Brimborium veranstaltete. Eine typische Kultgruppe war (und ist) XTC, eine Band, die von der breiten Masse weitgehend ignoriert wird, aber seit vielen Jahren eine ergebene Verehrerschaft hat, die Zeitschriften herausgibt und sich auf Kongressen trifft, wo sie Texte interpretieren usw. Ein sicheres Kennzeichen von Kult war es, daß die meisten Bürger, die nicht an dem Kult teilnahmen, auch noch nie von der Existenz des Kultes gehört haben. Um an einem Kult teilzunehmen, waren früher auch gewisse Anstrengungen notwendig, größere jedenfalls, als in eine Gefriertruhe hineinzugreifen.

Heute scheint alles Kult zu sein. Die Bürger beißen in »Magnum« und lauschen den Songs von Kult-Star Elton John. »Du, Tobias, der hat schon über 100 Millionen Schallplatten verkauft. Der Typ ist echt Kult.« Doch ich will nicht weiter scherzen. Wahrer Kult ist schwer zugänglich und denen, denen er gar nicht zugänglich ist, auch unverständlich. Wenn ein Kult allgemeine Bekanntheit erlangt, kann man sicher sein, daß es sich um etwas Mattes handelt wie z. B. um die *Rocky Horror Picture Show*. Das meiste, von dem heute behauptet wird, ihm hafte Kultstatus an, setzt sich aus fließbandmäßig hingeschusterten Plattheiten zusammen. Man denke nur an die ganz und gar nicht überdurchschnittliche Comedy-Serie mit dem Schuhverkäufer und seiner zotigen Frau. Da wird immer die gleiche Masche verfolgt. Nie gibt es eine Überraschung. Ein noch drastischeres Beispiel stellen die MTV-Figuren Beavis and Butthead dar. Die Geräusche, die diese von sich geben, sind nicht länger als eine halbe Minute lang von Interesse. Bezeichnend ist auch, daß die Simpsons, eine Zeichentrickserie, die sich durch einfallsreiche Liebe zum Detail und auch Liebe der Macher zu ihren Figuren auszeichnet, bei uns nicht diesen neuzeitlichen Fake-Kultstatus erlangt haben, obwohl man sich anfangs darum bemüht hat. Die Serie ist zu komplex. Vor einigen Jahren haben mal einige Leute alle berühmten Kultfilme analysiert und anhand ihrer Ergebnisse den grauenhaften Film *Delicatessen* gedreht. Da stand sogar schon auf den Verleihplakaten, daß es sich um einen Kultfilm handle. Das Publikum ist leider prompt darauf reingefallen. »Kultstatus« ist heute nur noch ein Blubberwort einfältiger Medienmacher und -konsumenten, also derjenigen, die auch jeden Mist »spannend«, »witzig gemacht«, »genial« und »schräg« finden. Daher sollten mündige Bürger dieses Wort nicht mehr im Munde führen. Was ich mir jetzt in den Mund führen werde, ist eine Schnitte mit Rotkäppchen-Käse, den Kult-Camembert. Ich galube, das wird lecker. Huch, da ist er ja wieder, mein häufigster Tippfehler: »galube« statt »glaube«. Wenn man es recht bedenkt, ein wahrer Kult-Tippfehler! Alle Leute, die ebenfalls immer «galube» tippen, können sich ja mit mir in einem schrillen Venue zum Tippfehler-Kult-Weekend treffen. Da können wir dann feststellen, daß wir außer »galube« keine Gemeinsamkeiten haben, und uns gegenseitig anschnauzen.

Qualität wird oft in die Ecke gedrängt.

Endlich wird mit der Irrlehre aufgeräumt, es gebe nur 6 Musik zum Streicheln. Es gibt natürlich 7!

Wenn so richtig ganz große Stars wie z.B. Liza Minelli auf Tournee sind, müssen sie darauf achten, daß sie nicht jeder erkennt.

Kein Hammer im Haus? Zur Not tut's auch eine Kaffeetasse. (Kleiner Tip: Den Kaffee vorher austrinken. Oder, falls man keinen Kaffee mag: aus dem Fenster gießen. Noch ein kleiner Tip: Das Fenster vorher öffnen.)

Dieses ungewöhnlich blöde Foto von einem ungewöhnlich hellen Dark Room, in dem ungewöhnlich viel telefoniert wird, erfährt erstaunlicherweise keine Verbesserung dadurch, daß jemand sehr Nettes mit der Hand draufgeschrieben hat, wie der Bodensee auf türkisch heißt.

Bei einem weiblichen Orgasmus wird bekanntlich Jahrtausende altes weibliches Urwissen freigesetzt. Leider ist es bislang noch nicht gelungen, einen weiblichen Orgasmus durchzuschneiden. Daher hier, als matter Ersatz, ein Querschnitt durch einen männlichen Orgasmus. Das Grüne im Hintergrund soll die stark stilisierte Partnerin sein.

An der Gestaltung der Fassade des neuen »Zentrums für ein Leben ohne Sucht, Angst und Kloppe« fasziniert alles außer dem vollständigen Fehlen eines Eingangs.

Wunschtraum wohl jeder durstigen Dame mit Sinn für die Reize von Retro-Kultur: Vor die Tür zu treten und in einen Schwarm altmodisch verpackter Getränke zu geraten.

Positiv, daß Frauen jetzt auch Führungspositionen anstreben. Bedacht werden sollte aber, daß sich nicht mit jeder Kopfbedeckung ein internationaler Automobilkonzern glaubwürdig ins 21. Jahrhundert führen läßt.

Klar: Wenn man die ganze Nacht Kotzekrusten von Rockerwampen geschleckt hat, empfiehlt sich ein Tag der Ruhe.

Unbeschreiblich das Gefühl, wenn diese mulmig sirrenden Vibrationen in einen Männerkörper fahren und ihm sagen: »Gattin hin, Gemahlin her, jetzt mußt du irgendwo hingehen, um im Sinne männlichen Nichtanderskönnens auf die Pauke zu hauen.«

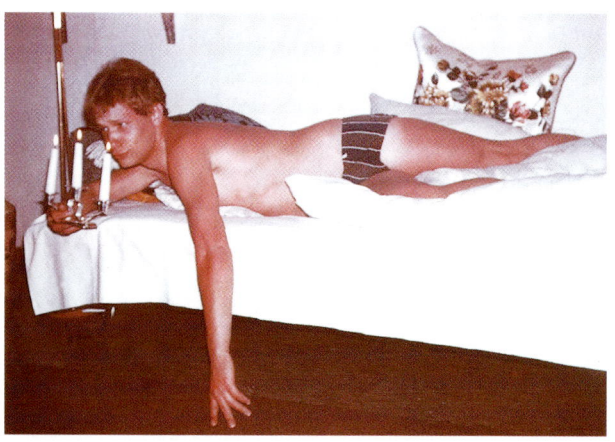

Er denkt: »Bevor ich meine Badehose abstreife, will ich lieber noch einmal an dem Blumenstrauß riechen, den mir meine böse Stiefmutter aus der DDR geschickt hat... Wieso habe ich eigentlich eine Stiefmutter in der DDR? Heißt das etwa, daß ich selber in der DDR wohne? Kann ja gar nicht sein bei meiner schönen Westbadehose, die ich demnächst abstreife. Oder hat die mir nur meine böse Stiefmutter aus dem Westen geschickt? ›Statt Blumen‹, wie es immer so charmant lispelnd in den Todesanzeigen heißt?«

Man würde ja von der Gattin dieses Staatslenkers gern mehr als den Arm sehen, aber nein, der Herr Fotograf – und es war bestimmt keine Frau – fand das Fenster interessanter. (Oder geschah es aus Rücksicht? Weil die Präsidentengattin einen Nesquik-Bart hatte? Dann war der Fotograf vielleicht doch eine Frau.)

Wenn Elvis Presley mit seinem Troß durch die DDR tourte, wurden die Holzverkleidungen der Hotelrezeptionen extra nur für ihn mit Möbelpolitur eingerieben. Noch auf dem Totenbett schwadronierte der »King« ununterbrochen von dem beißenden Geruch der DDR-Möbelpolitur. (Die Blumen hatte der Hoteldirektor eigens in Irxleben »organisiert«, weil es in Magdeburg wieder mal nur Löwenmäulchen gab und man sich unsicher war, ob es passend sein würde, »The King of Rock'n'Roll« mit Löwenmäulchen zu begrüßen.)

Auch heute haben wohl wieder Dutzende von Menschen aus lauter Ärger über ihre doofe Mutter den Entschluß gefaßt, Selbstmord zu begehen. Doch haltet inne! Verschiebt die kühne Tat um ein Jahr! Und sprecht an jedem Tag dieses Jahres ein Tonband voll mit Anschuldigungen, Demütigungen etc. Und stellt euch vor, daß sich die Mutter nach eurem Tod all diese Tonbänder anhören muß.

Seit über zehn Jahren klebt auf Hunderten von Berliner Litfaßsäulen dieses Plakat. Einem Bewohner der westlichen Innenstadtbezirke ist es praktisch unmöglich, einen Tag zu erleben, an dem er nicht mit diesem Gesichtsausdruck konfrontiert wird. Die Einwohnerzahl Berlins sinkt. Wie viele Menschen ins Umland ziehen, weil sie sich nicht weiter dem Anblick dieser Frau aussetzen wollen, kann nur vermutet werden. Es dürften so einige sein, die nachts nicht mehr schweißgebadet hochschrecken wollen, weil sie träumten, sie müßten mit Mademoiselle Gesichtsausdruck ein Gespräch führen.

Wir können es uns aber auch netter machen und einen Runterrassel-Workshop organisieren. Ich kannte mal einen, der konnte sämtliche US-Bundesstaaten mit ihren Hauptstädten runterrasseln, und nicht schwer wird es sein, jemanden zu finden, der die Spieler aller Bundesligavereine runterrasseln kann. Es gibt wahre Runterrasselmeister. Bevor zum Beispiel in Radio-Hitparaden enthüllt wird, wer auf Nr. 1 ist, rasselt der Moderator oft die Titel und Interpreten der Hits auf den Plätzen 40 bis 2 herunter, und das ist ganz wunderbar – *DJ Culture at its best*. Ich hätte vor achtzehn Jahren die B-Seiten sämtlicher T. Rex-Singles runterrasseln gekonnt. Ich bin aber nie gebeten worden, dies zu tun, daher ist mir diese Fähigkeit abhanden gekommen. Ich könnte es aber wieder lernen. Soll ich? Oder reicht es etwa aus, wenn ich einmal Marcus Schenkenberg sage? Die Menschen sagen: »Ja, das reicht uns.«

Okay Mutter, ich nehme die Mittagsmaschine
(Oktober 1994)

Besonders schwer zu spielen: Klavierkonzerte von Rachmaninow. Besonders schwer zu spülen: Schneebesen mit eingetrockneten Vanillesoße-Resten. Besonders schwer zu sagen: Ob dies ein guter Anfang für einen Aufsatz ist, in dem es unter anderem um Obdachlosenzeitungen geht. Leuten, die in Gegenden wohnen, wo sich unter den Fenstern die Ferkelchen suhlen, wird man erklären müssen, was das ist, eine Obdachlosenzeitung. Also, eine Obdachlosenzeitung ist, wenn da so Obdachlose sind, und die machen irgendwie eine Zeitung, die sie für zwei Mark in der U-Bahn verkaufen. Eine Mark ist für den Verkäufer, und die andere kommt in einen großen sozialen Topf. Letztes Jahr gab's das in England und Frankreich, und seit einiger Zeit gibt's das auch hier. Da ich dem Gedanken der Eigeninitiative nahestehe, kaufe ich die Druckerzeugnisse immer. Wie lange ich sie mir weiterhin kaufen werde, weiß ich nicht, denn wenn da immer nur drinsteht, daß es nicht schön ist, obdachlos zu sein, dann welkt auch des Gutwilligen Interesse dahin. In der Ausgabe Nr. 5 der ›platte‹ war allerdings ein Interview mit der brandenburgischen Starministerin Regine Hildebrandt drin, die in ihrem Bundesland so beliebt ist wie Elvis Presley, gutes Wetter, Harald Juhnke und Nutella zusammen. Chic, dachte ich, das lese ich, die Obdachlosen werden sicher so bohrend fragen, daß die Ministerin knallharte Konzepte vom Stapel läßt. Doch was wurde Frau Hildebrandt gefragt? Folgendes: »Gehen Sie gerne ins Kino?«, »Schauen Sie gerne Liebesfilme an?«, »Haben Sie einen Lieblingsschauspieler?« etc. Man erfährt, daß der Bruder der Ministerin früher Waldhornist im Opernorchester Meiningen war und daß er just dort, also in Meiningen, auch seine Frau kennengelernt hat. Regine Hildebrandt geht gern ins Museum, findet *Schindlers Liste* gut, hört gern Elton John, und Sexfilmchen mag sie gar nicht. Wer hätte das gedacht? Die meisten werden ja bis dato davon ausgegangen sein, daß Regine Hildebrandt von früh bis spät Sexfilmchen guckt. Immerhin, auf die Frage »Wie ist Ihre Meinung zur Obdachlosigkeit?« antwortet sie: »Ich kann Obdachlosigkeit in keinster Weise akzeptieren.« Ich frage mich, warum mich der Inhalt dieses Interviews so baß erstaunt. Dachte ich, daß das Interesse an »normalen Dingen« schlagartig erstirbt, wenn man obdachlos wird? Vielleicht dachte ich das. Aber die Normalität bleibt wohl auch in Extremsituationen immer erhalten. Auch in der Nazizeit war zwölfmal Spargelzeit.

Möglich ist, daß es bald auch ein Obdachlosenfernsehen und ein Obdachlosenradio gibt. Da es viele Leute gibt, die den Satz »In Amerika gibt es das schon« gut finden, lasse ich hier etwas Platz, auf den diese Menschen mit Kuli »In Amerika gibt es das schon« schreiben können.

Man kann natürlich auch etwas anderes dahin schreiben, wie z. B. »Wolf-Dietrich-Schnurre-Fanclub ist ein schlechter Name für eine Death-Metal-Gruppe« oder »Wenn man eine junge Dame zu einem Candle-Light-Dinner in ein Romantic-Hotel einlädt, wird man wahrscheinlich etwas anderes als Eisbein bestellen«. Tja, diese Kolumne ist jetzt auch interaktiv. Schön ist das nicht, aber man kann den Zeitläuften nicht ewiglich trotzen. Doch ich sprach vom Obdachlosenradio. Ich würde wohlwollend lauschen. Ich würde jedem Sender lauschen, der anders ist als die 24, die ich im Kabel habe. Ich möchte einen Radiosender, der den ganzen Tag neue und interessante Musik spielt. Die Moderatoren sollen jedes Stück ordentlich an- und absagen. Nur dies sei ihre Verantwortung.

Sie sind nicht dafür zuständig, meine Laune zu verbessern. Ich bin ein erwachsener Mensch und daher in der Lage, meine Laune selber zu gestalten. Die Nachrichten sollen stündlich und ausführlich sein. Das Wetter soll nicht zur Sprache kommen. Wer wissen will, wie das Wetter ist, soll aus dem Fenster gucken. Wer wissen will, wie das Wetter morgen sein wird, der möge morgen aus dem Fenster gukken. Ob am Sachsendamm ein Stau ist, möchte ich auch nicht erfahren, denn ich höre daheim Radio. In den Autofahrersendern wird ja auch nicht vermeldet, ob sich bei mir das Geschirr oder die Schmutzwäsche staut.

Das wichtigste am Radio meiner Träume ist aber, daß die Hörer nur zum Zuhören da sind. Verschont werden möchte ich von nervösen Volkskörpern, die, wenn sie mal zum Moderator »durchgekommen« sind, so erschrocken sind, daß sie das, was sie eigentlich sagen wollten, vergessen und statt dessen, um ihre Nervosität zu vertuschen, ins Dreiste abdriften und Dinge reden, für die sie sich den Rest ihres irdischen Gastspiels schämen müssen. Und niemals dürfen Stimmen vom Tonband ertönen, die sagen: »Ich bin die Yvonne aus Hohenschönhausen und höre diesen Sender sehr gern.« Diese vielleicht Hörer-Sender-Bindung genannte Rundfunkfäulnis greift seit längerem im Berliner Äther um sich. In einem guten Sender muß jede Stunde ein Jingle kommen, in dem es heißt: »Dieser Sender hat eine alte Hexe eingestellt, die jeden, der hier anruft, dahingehend verhext, daß ihm die Geschlechtsteile abfaulen.«

Ich bin nicht grundsätzlich gegen Yvonne aus Höhenschönhausen eingestellt. Ich wünsche ihr keineswegs alle Wurzelkanalbehandlungen und Bariumeinläufe der Welt an den Hals, denn mein Charakter ist bei aller Selbstkritik zu gut, um jemandem, den ich gar nicht kenne, so etwas bedenkenlos zu wünschen, und der Charakter ist ja das wichtigste. Haarfarbe, Größe, Sternzeichen und ob Raucher oder nicht, all das ist doch nebensächlich, wenn der Charakter in

Ordnung ist. Auch den Kindern von Yvonne wünsche ich nicht, daß sie auf dem Weg in die Kita von einem Meteoriten erschlagen werden. Aber was kratzt mich, welchen Sender sie gerne hört? Schlimm, wenn die Unsitten des Rundfunks Schule machen würden. Wenn man sich nach abgeleisteter Tagesmühe mit einer Tasse Fixbutte unter seine Stehlampe setzt und in der ausgezeichneten Novelle ›Victoria‹ von Knut Hamsun folgendes lesen müßte: »Ach, die Liebe macht des Menschen Herz zu einem Pilzgarten, einem üppigen und unverschämten Garten, in dem geheimnisvolle und freche Pilze stehen. Hallo, hier ist der Tobias aus Hannover, und ich lese dieses Buch sehr gerne.« Möchte man so etwas?

Oder möchte jemand eine Packung Schoko-Crackies öffnen, und es kommt eine kleine Frau aus der Schachtel spaziert, die sagt: »Ich bin die Marisa aus Saarbrücken und esse diese Schoko-Crackies sehr gern«?

»Bitte sehr, greifen Sie zu«, sagt man dann als Mensch mit gutem Charakter, und schon futtert einem die Frau alles weg. Ich möchte das nicht!

Zwischen der wilden und brandneuen Musik würden im Radio meiner Träume alte Menschen interviewt werden. Nur ganz alte über 80, die von der Summe ihrer Erfahrungen berichten können. Jüngere haben noch nichts addiert und ausgewertet. Die lügen einem nur die Hucke voll. Wer den Tod jedoch in sicherer Nähe spürt, der braucht sich und anderen nichts mehr vorzumachen. In einer englischen Zeitung las ich ein Interview mit einer 90jährigen Schauspielerin. Die sagte, daß sie früher, als sie noch jünger war, in der Liebe so viel falsch gemacht habe und jetzt, wo sie wisse, wie die Liebe gehe, einfach zu alt dafür sei. Ob das nicht frustrierend sei, wollte der Reporter wissen. Nein, antwortete die Schauspielerin, es ist amüsant.

Ich freue mich schon sehr auf meinen 90. Geburtstag,

denn ich bin wahnsinnig neugierig darauf, wie das ist, sich darüber zu amüsieren, daß man zu alt für die Liebe ist. Es müßte auch mehr alte Sänger geben, die in ernsten Chansons über das Alter singen. Peggy Lee sang mal darüber, wie das ist, wenn sie nach dem morgendlichen Einsetzen des Gebisses ganz allmählich das Gefühl bekommt, es seien ihre eigenen Zähne. Ich kann mir vorstellen, daß das ein schönes Gefühl ist. Zu selten dringen Lieder solchen Inhalts in mein mitteleuropäisches Ohr. Why? Warum müssen Sänger immer so tun, als haben sie sich nicht verändert? Bauch einziehen und Oldies blöken – was ist das für ein Sängerherbst? Das sind Fragen an den Wind, doch nicht nur der Wind weiß die Antwort, sondern auch ich: Grund dafür ist der Kreativitätsvernichter Nummer eins, das Publikum. Applaus ist eine Wohltat, aber die Phrase, er sei das Brot des Künstlers, ist unzutreffend. Applaus ist das Valium des Künstlers. Das Publikum honoriert immer eher den Stillstand als den Wandel. Insgeheim verachten viele Künstler ihr Publikum zutiefst. Das ist verständlich und bedauerlich. Der Sänger soll das Publikum achten, sich aber nicht um dessen Meinung scheren. Das Publikum klatscht doch nicht, weil ein Lied besonders gut ist, sondern weil es ein Lied bereits kennt. Es beklatscht sein eigenes Gedächtnis, es beklatscht, daß die vielen Flaschen Voltax nicht umsonst getrunken wurden. Das übelste ist der Brauch, zu Beginn eines Liedes zu klatschen, um damit zu prahlen, daß man es erkannt hat. In solchen Fällen sollten die Sänger den Vortrag unterbrechen und sagen: »Ja, wenn Sie das Lied schon kennen, dann brauche ich es ja nicht zu Ende zu singen. So kommen wir alle früher ins Bett.«

Die Sänger könnten überhaupt viel frecher und aufmüpfiger sein. Sie sollten die erheblichen Anstrengungen nicht scheuen, die nötig sind, um sich frei und froh im Kopf zu fühlen. Sonst werden sie zynisch, betreten die Bühne und denken: »Was hat mein werter Name denn da wieder für Kroppzeug angelockt?« und nehmen gleichzeitig breit lächelnd Blumensträuße in Empfang. Sie sollten das Publikum lieber fest ansehen und sagen: »Ich singe heute nicht meinen Schmuse-Mitsing-Pogo-Evergreen ›Fickt das faschistoide Schweinestaat-Bullensystem‹, sondern ein weniger anbiederndes Lied namens ›Ich bin intelligent und habe keine finanziellen Sorgen‹.« Dies wäre der provokanteste und subversivste Songtitel, der sich denken läßt. Jedes Publikum würde vor Wut platzen bzw. dem Sänger Mund und Nase zuhalten, worauf er stirbt, denn Sänger sind wie Käse, Wein und Leder: Sie müssen atmen.

Ich würde das genannte Lied aber auch nicht singen. Irgendwie ist es uncool, ein Provo zu sein. Was genau das Wort cool bedeutet, weiß ich nicht, es gärt aber die Ahnung in mir, daß jemand cool ist, der sich vom Leben nicht groß beeindrucken läßt. Einmal las ich ein Interview mit einer Band. Der Journalist konfrontierte die Musiker mit dem Vorwurf, daß sie wie alle anderen Bands auch klingen. Darauf sagte ein Bandmitglied: »Eine Band, die nicht klingt wie andere Bands auch, ist nicht cool.« Das heißt vielleicht auch, daß es cool ist, sich in puncto Originalität nicht interessiert zu zeigen. Vielleicht weiß der Geier, was genau cool ist, aber ich kenne keinen Geier, den ich fragen könnte. Trotzdem benutze ich dieses Wort und bin mir z. B. sicher, daß eine Vorliebe für Gänseleberpastete oder Rossini-Opern definitiv uncool ist. Es ist sicher auch nicht cool, sich mit einem mit Vanillesoßeresten verklebten Schneebesen säuberungsmäßig abzuplagen. Ein Cooler wirft den Schneebesen weg und kauft sich einen neuen. Bzw. ein Cooler ist gar nicht erst im Besitz eines Schneebesens. Ich glaube nicht, daß das Selbermachen von Süßspeisen im Katechismus der Coolness erwähnt wird. Das Bedürfnis der Leute, cool zu sein, ist riesig.

Man merkt das im Flugzeug, wenn die Flugbegleiter die Sicherheitsvorkehrungen demonstrieren. Da gucken alle immer krampfhaft in die Zeitung oder aus dem Fenster, weil sie denken: »Oh my God, wenn ich da hingucke, dann denken die Leute ja, ich fliege zum ersten Mal – wie uncool!« Ich gucke mir die Sicherheitsgymnastik immer ganz genau an und stelle mir dabei gerne vor, wie cool die Nichthingucker wohl in einem Notfall reagieren. Schade ist, daß es kein gutes Wort für Flugzeug gibt. Abgebrühte Businesstypen sagen Flieger oder Maschine. Wenn man Flugzeug sagt, wird man angeschaut wie ein kleines Kind.

»Entschuldigung, ist das hier das Flugzeug nach Amerika?«

»Nein, mein Kleiner, das ist die Maschine in die Staaten.«

Ganz coole Leute sprechen sogar von Mittagsmaschinen. In einem TV-Film war Ruth Maria Kubitschek mal in der Bretagne, und ihr Mann bekam einen Haschmich. Da rief sie ihren Sohn in Deutschland an und rief: »Komm her, dein Vater bekommt einen Haschmich«, worauf der Sohn sagte: »Okay Mutter, ich nehme die Mittagsmaschine.«

Der schlimme Schal oder: Der Unterschied zwischen Wäwäwäwäwä und Wäwäwäwäwäwäwä

(November 1994)

Man kennt den guten alten Slogan: »Willst du schnell und sicher reisen, nimm die Bahn, die Bahn aus Eisen.« Dies ist ein beherzigenswerter Slogan. Darüber hinaus gibt es aber auch regelrechte Eisenbahnfanatiker. Sie lesen nur Eisenbahnliteratur und Kursbücher und besitzen CDs mit den Geräuschen berühmter Züge. Wenn sie Silberhochzeit haben, mieten sie sich einen Sonderzug, in dem sie und ihre Freunde die Strecke Hamburg–München tanzend zurücklegen. Wenn eine neue S-Bahn-Strecke eingeweiht wird, kommen sie von überall her, kaufen Feuerzeuge und Kugelschreiber mit der Aufschrift BVG und geben viel Geld aus für Briefumschläge mit Sonderstempeln. Wenn sie sterben, werfen ihre Kinder das Gelumpe auf den Müll. Neulich trugen sich Feierlichkeiten zur Verlängerung der Berliner U-Bahn-Linie 8 zu. So etwas ist normalerweise nicht meine Idee von Party, aber als ich hörte, daß in die Ausrichtung der Feier am Bahnhof Dietrich-Bonhoeffer-Klinik die Patienten miteinbezogen würden, dachte ich, das ist exakt meine Idee von Party: Eine von psychisch Kranken gestaltete U-Bahn-Verlängerungskirmes, das gibt es selten. Ich also hin. Viel los war nicht. Es gab dicke Eimer mit der Aufschrift Antischimmel Latex-Farbe mit fungizidem Wirkstoff, in denen von psychisch Kranken gestalteter Kartoffelsalat vergebens auf hungrige Mäuler wartete, allein die von psychisch Kranken erhitzte Wurst hatten die Bahnfreaks schon weggefressen. An einem Stand gab es von Insassen der forensischen Psychiatrie gebastelte Klobürstenständer, die aber auf niemandes Interesse stießen, denn die meisten Leute haben schon einen Klobürstenständer. Wer braucht schon zwei? Vielleicht einen, wo »Er«, und einen, wo »Sie« draufsteht? Ja, wenn BVG draufgestanden hätte, dann! Dann wären die Bahnfreaks vielleicht von den Sonderstempelständen wegzulocken gewesen.

Der Zeichner Tex Rubinowitz hatte im ›Zeit-Magazin‹ mal einen Witz, in welchem auf einem Tischchen ein Aschenbecher mit der Aufschrift SPD stand. Nur so, damit die Betrachter neben der Pointe noch ein bißchen was zu gucken haben. Daraufhin bekam Tex einen Brief von einem Akademiker aus Berlin-Kreuzberg, in dem gefragt wurde: »Können Sie mir vielleicht mal erklären, warum auf dem Aschenbecher SPD steht?« Wie der wohl zu seinem akademischen Grad gekommen ist, wenn er sich noch nicht mal selber erklären kann, warum auf einem SPD-Aschenbecher SPD steht? Ich frage mich nicht, warum auf meiner Telefonkarte »Erdgas für Berlin« steht. Man soll halt beim Telefonieren immer daran denken, was Berlin ohne Erdgas wäre. Beim Ascheabklopfen soll man an die SPD denken, und beim Kartoffelsalatessen ans Renovieren.

Bei Roland Kaiser soll man an den Ersten Weltkrieg denken. Wieso das, fragen die Menschen, ist Roland Kaiser mit ERSTER WELTKRIEG beschriftet? Das nicht, aber nach Aussagen der Zeitschrift ›Heim und Welt‹ gibt es »karmische Hinweise«, daß Roland Kaiser schon einmal gelebt habe und in seiner letzten Inkarnation »auf eine noch unbekannte Weise« am Ausbruch des Ersten Weltkriegs beteiligt gewesen sei. Daher auch sein gesangliches Engagement für Bosnien (»Sarajewo weint«). Es ist überwältigend, was man alles aus den Medien erfährt. Daß die DDR der größte Zierfischexporteur Europas war, daß in Deutschland jedes Jahr neun Millionen Kochtöpfe verkauft werden und daß die Grande Dame des deutschen Nepal-Tourismus Ludmilla Tüting heißt. Das Wissen der Menschheit verdoppelt sich angeblich alle sieben Jahre, und die Medien zögern nicht, dieses Wissen zu verbreiten.

Auch ich bin nicht zögerlich, z. B. wenn es darum geht, damit rauszurücken, was ich schon alles in der U-Bahn erlebt habe. Einmal saß ich neben einem, der hörte im Walkman Marschmusik! Und einmal saß neben mir ein Student, der in einem reichbebilderten Hautkrankheitenbuch las. Mir wurde nicht unblümerant. Wie mir wohl geworden wäre, wenn der Märsche-Fan und der angehende Dermatologe eine Personalunion gebildet hätten? Wenn ich also neben einem gesessen hätte, der Marschmusik hört, während er einen gewagt farbenfrohen Hautkrankheitenkatalog studiert? Ich glaube, ich hätte mich woanders hingesetzt. Ein anderes Mal hatte ich mir vor einer U-Bahn-Fahrt ein Pfund Kirschen gekauft und naschte davon im Zug. Da es nicht meine Art ist, Kirschkerne in Verkehrsmittel zu spucken, beschloß ich, die Kerne, einem Hamster ähnlich, in den Wangen zu sammeln und am Zielbahnhof in einen hoffentlich bereitstehenden Kübel zu speien. Am Ende der Fahrt hatte ich einen sehr vollen Mund. Beim Aussteigen bemerkte mich ein einsteigender Bekannter und fragte: »Hallo, wie geht's?« Ich antwortete: »Hmpf, hmpf, Kirschkerne.« Ich habe den Bekannten seither nicht wiedergesehen, und es würde mich interessieren, was er für einen Eindruck von mir gewonnen hat. Nun noch ein ganz grausiges U-Bahn-Erlebnis aus meiner Jünglingszeit. Vor ca. 16 Jahren hatte ich mal Motten in der Wohnung, hatte es aber nicht bemerkt. Eines Tages wurde es plötzlich kalt, ich zog einen Schal aus dem Schrank und eilte zur Bahn. Darin bemerkte ich, daß die anderen Fahrgäste das Bedürfnis hatten, vor mir zurückzuweichen, es aber nicht konnten, weil der Waggon nicht mehr papp sagen konnte, so voll war er. Prüfend blickte ich an mir herab und entdeckte, daß in meinem Schal Dutzende von Maden wuselten. Die zehn Sekunden, die der Zug bis zum nächsten Haltepunkt brauchte, waren die zählebigsten Sekunden meines Lebens. Niemand sagte was, aber alle guckten. Madig und malade machte ich mich davon.

»Madig, malade, machte? Das sind Alliterationen! Ist so etwas nicht manieriert, ein Zeichen von Originalitätssucht?« So urteilt der naßforsche Laie. Unser Alphabet besteht aus nicht sehr vielen Buchstaben, und einige davon sind obendrein selten. Es ist daher völlig natürlich, daß es in normaler, gesprochener Sprache ständig zu Alliterationen kommt. Werner wäscht Waltraud mit warmem Wasser. An dieser Aussage ist nichts Gekünsteltes, denn Waltraud würde schreien, wenn man sie mit kaltem Wasser wäscht. Waltraud ist übrigens das süße Töchterchen von Werner. Ein ganz süßer Fratz. Dies nur nebenbei zur Klärung der werten Sachlage. Wenn sich eine Dame im Modehaus Brummer in Berlin eine blaue Baumwollbluse kauft, wird sie das mit genau diesen Worten ihren Freundinnen erzählen. Nur wenn sie einen Knall hat, wird sie sagen: »Bei Brummer in der deutschen Hauptstadt habe ich mir ein kornblumenfarbenes Damenhemd gekauft, welches aus Samenhaaren verschiedener Arten der Malvengattung Gossypium besteht, die zu Garn versponnen wurden.« Der lernwillige Laie möge mir daher folgende Erkenntnis abluchsen: Nicht ein Text, in dem Stabreime enthalten sind, ist manieriert, sondern einer, in dem gar keine vorkommen.

Es bedarf schon eines sehr fragwürdigen Stilwillens, diese Naturerscheinung der Sprache ständig zu umschiffen. Kein Autor, der bei Sinnen ist, wird Alliterationen als bewußtes Stilmittel einsetzen, aber wenn am Himmel Wolken sind, dann sind am Himmel Wolken, und es wäre töricht, dem Himmel zu unterstellen, er setze die Wolken als Stilmittel ein. Etwas anderes ist es freilich, wenn in Feuilletons Nigel Kennedy als provokanter Punk-Paganini bezeichnet wird.

Das ist der flotte Ton der eiligen Faulen, nicht schön, nicht schlimm, man blättert weiter. Journalisten haben sowieso ihre Grillen. Sie lieben es z. B. heiß und innig, Texte, in denen etwas angekündigt wird, mit dem Satz »Man darf gespannt sein« zu beenden. Man sollte aber nicht so streng mit ihnen sein. Sie müssen viel und schnell schreiben, und ich habe großes Verständnis dafür, daß sie sich abends, statt das

Wenn einer kommt und erzählt, aus dem rechten Jungen sei späterhin ein Schurke und Tunichtgut geworden, aus dem linken gar ein Übeltäter und motorisierter Rowdy, dann jage ich ihn weg und sage, er solle mich in Ruhe lassen mit seinen Geschichten.

Geschriebene noch mal durchzulesen, lieber mit Kollegen im Wirtshaus treffen und dort mehrere große Gläser Limonade trinken.

Journalisten schreiben oft Dinge, über die ich schmunzeln muß. In einem ›taz‹-Artikel über die Bahamas wird über ein Ausflugsschiff gesagt, daß es »riesig und lärmend wie ein gleitendes Mittelklassehotel« sei. Ich hatte viel Freude daran, daß die Autorin riesige Größe und großen Lärm für Charakteristika von Mittelklassehotels hält. Na ja, vielleicht, wenn es sich um ein gleitendes handelt. Vielleicht müssen die riesig und laut sein. Kann ja sein, daß so lütte Püppi-Hotels, wo man nicht mal papp sagen kann, weil sonst einer kommt und »pst« sagt, nicht gut gleiten. Aber ich weiß es nicht. Ich war schon mal in einem rollenden Restaurant. Es rollte gut. Dann ging ich auf die rollende Toilette. Doch in einem gleitenden Mittelklassehotel war ich noch nicht. Obendrein kann ich, wenn ich es mir in den Kopf setze, viel windschiefere Sätze schreiben als die Dame von der ›taz‹. Als ich neulich in einem rollenden Restaurant dahinrollte, bereitete ich mir das Vergnügen, den scheußlichsten Satz der Welt zu schreiben. Er geht so:

»Wenn Boris Becker, ein Tennis-Crack, in Paris, der Hauptstadt Frankreichs, unseres an Atomkraftwerken und Käsesorten nicht eben armen Nachbarlandes, ist, hört er in seiner Luxusabsteige gerne CDs, eine Erfindung, die seit 1982 auf dem Markt ist, mit Kompositionen von Mozart, einem leider bereits verstorbenen Komponisten aus der Mozart-Stadt Salzburg, dessen Gebeine irgendwo verscharrt wurden und der sich mit erstem Vornamen Wolfgang ›schimpfte‹, also genau wie Herr Brückner, der Besitzer des Buchladens ›Snoopy‹ in Essen, der fünftgrößten Stadt Deutschlands, des Nachbarlandes von Frankreich, dem Atom- und Käsestaat.«

Wenn jetzt der Presserat kommt und mir wegen des Satzes eine Rüge erteilt, dann sage ich Wäwäwäwäwä. Was bedeutet das? fragen die Menschen. Es ist ein Wort, das ich schon oft gehört, aber noch niemals gedruckt gesehen habe. Kein Wörterbuch führt es auf. Wäwäwäwäwä – das sagen weibliche Jungendliche, wenn sie von Erwachsenen auf fehlerhaftes Verhalten hingewiesen wurden und es darauf anlegen, ganz patzig und unausstehlich zu sein. Auch erwachsene Frauen, die sich untereinander streiten, benutzen es gelegentlich in Ausbrüchen kleinen, nicht ganz seriösen Zorns. Männer benutzen das Wort, so meine ich, niemals. Ausgesprochen wird es wie folgt: Die ersten vier Wä ganz kurz sprechen, wie das We in Wespe. Das fünfte Wä ca. dreimal so lang und im Ton abfallend. Das zweite Wä hat den höchsten Ton, das letzte den niedrigsten. Es gibt auch eine Variante mit siebenmal Wä: Wäwäwäwäwäwäwä. Den Unterschied verschweigen die wütenden Backfische. Zum Thema »Teenager kritisieren« möchte ich noch eine historisch fällige Bemerkung machen: Wenn Erwachsene Kinder und Jugendliche tadeln und ermahnen, dann sind in 90% aller Fälle die Erwachsenen im Recht. Aufgrund einer weitverbreiteten und völlig verständlichen Sympathie für die Unverschrumpeltheit und Drolligkeit der Jugend könnte mancher zu dem Trugschluß gelangen, der Prozentsatz sei geringer. Aber damit ist es jetzt vorbei; ich habe die Dinge ja klargestellt. Klarstellen möchte ich auch noch etwas anderes: Daß Balzac täglich 50 Tassen Kaffee getrunken hat und 51 Jahre alt wurde, heißt noch lange nicht, daß er 71 geworden wäre, wenn er täglich 70 Tassen Kaffee getrunken hätte. Auch diese Sache ist nun endlich geklärt. Schön, wenn der Staub von der Kommode geblasen, die Arbeit vom Tisch ist.

Gleich werde ich mich in meinen Geheimratssessel setzen, unter meine Stehlampe, eine Tasse Fixmalve trinken, ein paar Gedichte von Annette von Droste-Hülshoff lesen, oder was man als Mann abends sonst noch so macht.

Vorher möchte ich aber noch ein paar Buchtips an den Mann bringen und natürlich, das darf man, olala, heute nicht mehr vergessen, auch an die verehrte Dame des Hauses. Frauen lassen sich heute nicht mehr mit Nougatbällchen, Muffs und Pillendosen abspeisen. Die wollen auch mitreden und was lesen. Ich weiß das aus zahlreichen Zuschriften. Wir Männer sollten daher endlich von unseren Männerdomänen herunterkrabbeln und einsehen, daß auch Frauen ein Recht auf gutgemeinte Ratschläge und lauwarme Händedrücke haben. Also, Girls und Boys, hier sind die Bücher: Das erste ist von Erich Preuss und heißt ›Eisenbahnunfälle der achtziger Jahre‹ (transpress-Verlag). Man erhält es in Bahnfreak-Spezialshops. Darin sind nur Abbildungen von entgleisten oder sonstwie havarierten Zügen, versehen mit keineswegs spaßig gemeinten Kommentaren. Das zweite heißt ›Seneca für Manager‹ und ist im Artemis-Verlag erschienen. Ich habe es nicht gelesen, aber der Titel gefällt mir. Es hat sich der Gedanke in mir eingenistet, mich dem Artemis-Verlag als Herausgeber der Werke ›Erich Mühsam für Manager‹ und ›Georg Trakl für Top-Models‹ anzubieten. Ob der Verlag auf mein Angebot eingeht? Darf man gespannt sein? Nein, man darf nicht gespannt sein. Wehe, es ist einer gespannt! Wer gespannt ist, kriegt Dresche.

Zehn Minuten weniger Gelegenheit zur Zwiesprache mit höheren Wesen
(Dezember 1994)

Manchmal wird man verspottet, weil man etwas nicht falsch macht. Ich war in einer Bierschwemme und begehrte Weizenbier. Das studentische Nervenbündel, welches kellnerte, schenkte mir das Bier wegen Arbeitsüberlastung nicht ein, sondern reichte mir Glas und Flasche separat. Da mein Durst durchaus keine Wüstenwitz-Dimensionen hatte, gönnte ich mir große Bedächtigkeit beim Einschenken. Ich setzte den Flaschenhals oben am schräg gehaltenen Glas an und ließ das Bier in dünnem, regelmäßigem Strom an der Innenwand des Glases hinabgleiten. Nach einer halben Minute lachte ein perfekt eingeschenkter, äußerst schaumarmer Dämmertrunk einen höchst zufriedenen Dämmerwilligen an. Am Nebentisch aber saß ein Rüpel. Der fragte mich, ob ich denn noch nie gesehen habe, wie man ein Weizenbier einschenkt. Er grinste frech und hielt mich für unkundig. Ich antwortete: »Lieber Rüpel, spitz mal die Ohren. Ich sehe leider andauernd, wie andere Leute Weizenbier einschenken, und Abscheu bemächtigt sich meiner dann immer. Die Wirte rammen die Flaschen ins Glas, daß sie bis zum Etikett im Bier hängen, es klappert und gluckst, und dann rollen sie die Flasche auf der Theke umher und schleudern den letzten Schaumrest in den sich nur mühsam beruhigenden Glasinhalt. Daß das ›alle‹ so machen, bedeutet aber nicht, daß es die richtige Herangehensweise ist. Der Flaschenhals darf *niemals* in das Getränk hineinhängen. Die Bierkästen werden nämlich in Kellern und Kammern aufbewahrt, an deren Türen aus gutem Grund ›Zutritt verboten‹ steht, denn man will in den Hälsen der Gäste ja keine Würgeeffekte erzielen. Es sind Reiche der Asseln und Mäuse, der Staubschwaden und Schlieren, Theater des Verwesens und Vergärens, wo die Flaschen im Nu mit schnodderigen Belägen überzogen werden. Mit Belägen wie auf der Zunge eines Schwerkranken oder auf dem Boden eines Abfallbehälters im Pausenhof, einer Schule in einem Viertel, welches den Stadtvätern schon seit langem große Sorgen bereitet. Solche Beläge. Bei der Einschenkmethode, die Sie, verehrter Rüpel für die richtige halten, vermischen sich diese Beläge mit dem Bier. Nur ein sittlich oxydierter Satiriker könnte da noch ›Wohl bekomm's!‹ sagen.«

Der Rüpel, dem ich dieses vortrug, kam nicht ins Grübeln, denn Rüpel grübeln nicht. Dieser kein Geld kostende Freizeitspaß scheint allerorten in Vergessenheit zu geraten. Schon lange nicht mehr ist Grübeln auf der Haben-Seite einer In-und-Out-Liste aufgetaucht. Jüngeren Leuten ist vielleicht gar nicht mehr bekannt, wie grübeln geht. Es geht so: Man sitzt zu Hause mit seinen Puschelschuhen, hat keine echten Sorgen, aber ohne Sorgen verflacht man emotional. Daher macht man sich ein paar Fun-Sorgen, indem man z. B. denkt: »O weh, was wird in zehn Jahren sein? Vielleicht haben wir dann wieder einen Diktator, oder es kommt wieder ein Superwahljahr, und die *Lindenstraße* kommt dauernd um 20.15 statt um 18.40, oder ich habe Schmutzwasser im Knie, worauf ich mir einen dieser Treppenlifte einbauen lassen muß, für die immer in den Apothekenzeitschriften geworben wird.« Oder: »O weh, vielleicht stimmt es doch, was der verrückte Wissenschaftler vorausgesagt hat, daß nämlich im Jahr 2020 sämtliche Daten von allen digitalen Datenträgern der Welt verschwinden, und dann sitzt man da mit seinen ganzen CDs und nüschte is druff außer lasergelesener Schweigsamkeit.« Grübeln ist der ideale Sorgensport für jedermann. Täglich eine halbe Stunde, und man bewahrt sein Gemüt vor ernsthaften Eintrübungen. In einer Welt aber, in der erwartet wird, daß die Menschen perfekt eingeölte Roboter sind, haben nicht alle Gelegenheit, ab und zu ein paar Tage entspannt durchzugrübeln. Wenn man z.B. bei der NASA ackert, muß man präsent sein wie ein Seniorenehepaar in einer Stärkungsmittelreklame. Auch nach Dienstschluß jagen einem noch die Raketen durch den Kopf, da kann man nicht einfach schnell mal auf Grübeln umschalten. Es wundert mich, daß noch niemand auf die Idee gekommen ist, in unseren Citys Grübelsolokabinen-Arkaden zu gründen. Man steckt eine Mark in einen Schlitz, und schon kann man eine Minute lang nach Herzenslust grübeln. Anregungen kommen von 16 Videos nach Wahl. 1) Pfützen vor einem geschlossenen Kurzwarengeschäft in einem niederbayrischen Marktflecken. 2) Ein Luftballon, auf dem »Love« steht und dem allmählich die Luft ausgeht, schwebt in geringer Höhe über ein strukturschwaches, ja extrem strukturschwaches Gebiet. 3) Lateinamerikanische Kinder suchen auf einer Müllkippe nach Überraschungseiern. 4) Sabrina Hoppe trinkt ein Glas Wasser etc., also alles eher düstere Themen. Video Nr. 4 ist natürlich nicht ideal für Neulinge, für einen im Training stehenden Grübler ist es jedoch eine Kleinigkeit. Er grübelt: »O weh, unsere Ressourcen werden knapp, Wasser wird bald teuer wie Sekt sein. Was hätte man mit dem Wasser, das die Frau gerade trinkt, nicht alles anfangen können. Man hätte es auf ein Blumenbeet kippen können und sich an Aurikeln und Rittersporn erfreuen können, aber o weh, die Olle säuft den Blumen alles weg, heißer Wind saust über tote Kulturen.«

Wer Sabrina Hoppe ist, weiß ich nicht. Vielleicht ist sie eine dieser »unheimlich frisch rüberkommenden« Moderatorinnen jener sich an 16- bis 25jährige wendenden Talkrunden, wo die Gäste auf Barhockern sitzen und mit steinernem Selbstbewußtsein über Sexy-Themen reden. Oft wirken sie leicht angetrunken, so als ob man sie eine halbe Stunde vor Sendungsbeginn auf einer Erstsemesterfete eingefangen hat und mit Tequilas und billigen Komplimenten ins Studio gelockt hat. Ich habe mir diese Sendungen eine Zeitlang mit Interesse angesehen, da sie mich in eine mir ganz ferne Welt entführten, eine Welt, in der Zwanzigjährige beiderlei Geschlechts ihre Partner – das Wort Partner wird dort überwiegend im Plural gebraucht – ständig mit »schöner Unterwäsche« und Parfums zu beschenken scheinen und mit nicht verstummen wollender Offenheit Auskünfte über ihre von krächzigen Rockballaden in Gang gesetzte Sexualität erteilen, die sie nur auf »schöner Bettwäsche, z. B. Satinbettwäsche« ausüben.

Die extremste dieser Shows kommt im »Kabel-Kanal« und wird von einer rigoros uncharmanten Blonden geleitet, die das Leben als eine endlose Kette von Gelegenheiten begreift, »tolle Leute« kennenzulernen und auf ihre sexuelle Dienstbarkeit hin zu testen. »Ich habe mal den Vorschlag gemacht, daß Mitfahrzentralen Fotos in ihre Karteien aufnehmen, aber damit hatte ich leider keinen Erfolg«, rief die unwahrscheinlich frisch Rüberkommende, niemals Unschnippische neulich. Viel hält sie sich in bezug auf ihre Gewieftheit, ihre Menschenkenntnis und ihre Fähigkeiten im Umgang mit anderen Menschen zugute, doch sie kennt die Menschen nicht, sie kennt nur sich selber, und aus anderen will sie herauskitzeln, daß sie, die anderen, eigentlich genau so sind wie sie, die frisch Rüberkommende. Es werden aber sowieso nur Leute eingeladen, die so sind. Wesensmäßig Frühverdorrte. Interessante Gäste hat die frisch Rüberkommende nie, immer nur welche, die es wahnsinnig abturnen würde, mit jemandem schlafen zu müssen, der oder die einen Fünferpack-Slip trägt.

Immer mehr gerate ich in die wohltuende Nähe der Auffassung, daß eine Flimmerkiste nicht ins Wohnzimmer gehört, sondern in den Keller, wo sie die Asseln anflimmern möge, die dort tanzen. Beläge sollen sich auf ihr niederschlagen, Beläge wie auf der Zunge eines Schwerkranken, eines sehr schwer Kranken, ca. 1,2 cm dicke Beläge, etwa wie Sahnemeerrettich, aber gelblicher und von unattraktivem Odeur, pelzig und pilzig zugleich, Beläge, die man nicht gern auf seinem Pausenbrot entdecken möchte, ein Belag wie das, was man unter den Fingernägeln hat, wenn man ein Fußbad nimmt und kräftig an seinen Fußsohlen kratzt, ein Belag wie geriebener Parmesan, in den eine Katze uriniert hat. Zu den Belägen gesellen sich Geräusche, Rasselgeräusche und pumpende, leise Geräusche, die man durch die Wand hört, wenn man nachts nicht schlafen kann. Eine Stimme ist zu hören, die eines unheilbar kranken Menschen, der Rockballaden krächzt und einen auffordert, ihm die Fußnägel zu schneiden. Die Fußnägel sind von porphyrnem Ton und hart wie Hirschhorn, denn die sieche Kreatur hat seit Jahrzehnten keine Fußpflegerin von innen gesehen. Und während man mit Hilfe von Apparaten an den Fußnägeln herumwürgt, bittet einen der Todkranke, die Beläge von seiner Zunge herunterzukratzen. Man tut dies anhand eines beinernen Spachtels, man spachtelt und der Kranke schnauft, und bald hat man einen ganzen 500-g-Rama-Becher voll mit leicht dampfendem Zungenbelag, also jenem Belag, von dem ich wünsche, daß er meinen Fernsehapparat unter sich begräbt, denn die Programme sagen mir nicht zu.

Vielleicht wird es irgendwann in fernen, verschwommenen Epochen mal ein Supergenie von Ingenieur geben, der einen Fernsehapparat erfindet, der nur ARD und Bayern 3 überträgt. Den würde ich mir kaufen. Das ist natürlich noch Zukunftsmusik, doch war nicht Hoffnung stets der Menschen Brot und Motor? Was ist in diesem Jahrhundert schon alles erreicht worden! Wenn man den Menschen des Jahres 1914 gesagt hätte, daß eines Tages die Kaffeerösterei Eduscho gegründet würde, hätten sie heiser gelacht. »Hahaha!« Und was geschah zehn Jahre später? Eduscho entstand! Und, wie wir alle wissen, ist aus dem Rösterei-Baby mit gerademal einer Handvoll Bohnen eine unüberhörbar krähende Geschwulst geworden, die in allen deutschen Städten gut geölte Metastasen unterhält. Auch sonst gibt es die unglaublichsten Phänomene wie z. B. Männer, die sich beim Rasieren an der Stirn verletzen.

Vielleicht gibt es ja schon ein unterirdisches Geheimlabor in Japan, in dem ein Team an meinem Fernseher herumtüftelt? Den Franzosen ist ja auch eine bahnbrechende Neuentwicklung gelungen: die »CD deux titres«. Das ist eine CD-Single, wo nur zwei Stücke drauf sind, so wie früher bei der 7"-Single. Sie wird parallel angeboten zur regulären, remix-verseuchten CD-Maxi. Man bekommt ja heute entschieden zu viel für sein Geld. Man hört im Radio ein drei Minuten währendes Gestampfe, entschließt sich, Besitzer des Gestampfes werden zu wollen, hüpft wohlmotiviert zum Plattenladen, kauft die Single, und daheim vermeldet die Leuchtanzeige des Abspielgerätes: 47 min 35 sec. Das ist doch wirklich etwas viel für 12 Mark 90. Acht Mixe des gleichen Stückes sind da drauf, vier davon ellenlange Instrumentalmixe, nichtssagende anonyme Rhythmus-Tracks, die so wenig Ähnlichkeit mit dem Originalsong haben, daß sie theoretisch auch Remixe von jedem anderen Gestampfe der Welt sein könnten. Man wollte aber nur drei Minuten lang hüpfen und nicht 47 Minuten lang den gar nicht immer sehr erstaunlichen Ergebnissen »neuartiger kommunikativer Prozesse« beiwohnen. Her mit der »CD deux titres« und her mit dem »TV deux programmes«!

Einer der wenigen wirklichen Nachteile der CD gegenüber der Analogplatte ist, daß die Abspielgeräte die Gesamtspieldauer anzeigen, wodurch dieser eine nicht zu rechtfertigende Aufmerksamkeit zuteil wird. Der Kunde denkt, bei einem 50 Minuten langen CD-Album bekäme er mehr für sein Geld als bei einem 40 Minuten langen. Man könnte aber auch sagen, er bekommt weniger. Weniger Stille, zehn Minuten weniger Gelegenheit zur Zwiesprache mit höheren Wesen. Nicht die Länge der Musik ist zu bewerten, sondern ihre Dichte. Die LPs waren früher oft nur 30 Minuten lang, doch niemand wurde zornig, weil kein Mensch auf die Idee gekommen wäre, die Laufzeiten der Einzeltitel, falls diese überhaupt angegeben waren, zu addieren. Heute jammert die Kundschaft bei würziger Kürze, daher fügen die Künstler noch »irgendwas« hinzu, damit die Kundschaft milde blickt. Wäre es kommerzieller Selbstmord, sich diesem Unfug nicht zu fügen?

Apropos Selbstmord: Einen ihrer angeblichen Selbstmordversuche soll Lady Diana unternommen haben, indem sie sich mit einem Zitronenschneider auf den Oberschenkeln herumgeschabt hat. Tolle Methode. Es ist wohl so: Wenn ich mir die Fußnägel schneide, dann sagen Beobachter: »Na ja, ab und zu muß man sich die Fußnägel schneiden, sonst werden sie ja hundert Trilliarden Kilometer lang. Oder sogar Seemeilen. Von Werst ganz zu schweigen.« Wenn aber Lady Diana ihre Zehennägel kürzt, dann rufen die Hofgrübler: »Ojemine, sie unternimmt schon wieder einen Selbstmordversuch!«

Ich weiß übrigens eine ziemlich sichere Art, Selbstmord zu begehen. Man begebe sich in die Nähe eines Sportstudios und warte, bis eine Gruppe von drei oder vier kräftigen Unterschichtsherren mit großen, bunten Sporttaschen herauskommt. Dann stellt man sich vor sie und sagt: »Na, ihr Doofen!«

Besser als Halme: Blutmagen, grob

(Januar 1995)

Als ich hörte, daß dem 87jährigen Schauspieler Leon Askin, der nach 56jähriger Emigration in sein Heimatland Österreich zurückgekehrt ist, das »Silberne Ehrenzeichen der Stadt Wien« verliehen wurde, dachte ich: Was für eine Taktlosigkeit! Wohl kann man einen Menschen in mittleren Jahren silbern ehren, auf daß er es als Ansporn verstehen möge, sich weiterhin verdient zu machen, auf daß ihm eines Tages die goldene Ehrung nachgereicht wird, aber einen Mann, der sicher nicht mehr viele Jahre leben wird, sollte man entweder gar nicht ehren oder erstrangig. Sonst klingt es wie: »Sicher, wir ehren Sie schon, aber so doll, wie wir manch anderen ehren, ehren wir Sie nun auch wieder nicht.« Ehrwürdigkeit ist keine sportliche Disziplin, da sollte man mit der Vergabe minderer Metalle vorsichtig sein. Hoffentlich hat er das Abzeichen wenigstens vom Bürgermeister persönlich erhalten. Einmal las ich, daß jemandem irgendeine Ehrennadel von der »Ehefrau des Volksbildungsstadtrates von Berlin-Lichtenberg« ausgehändigt wurde. Warum nicht gleich von der zweitbesten Freundin der geschiedenen Ehefrau des stellvertretenden Volksbildungsstadtrates? Eine ebenso heikle Materie wie die ungeschickte Ehrung ist das eingeschränkte Lob. Man darf niemals zu einer Dame sagen: »Sie sehen einfach bezaubernd aus, aber durch Ihre schweren Ohrringe sind Ihre Ohrläppchen ganz ausgeleiert.« Zwar besteht die Dame zu höchstens einem Promille aus Ohrläppchen, aber der kleine Tadel macht das Lob, welches 999‰ ihrer Körpersubstanz betrifft, vollkommen zunichte. Und was ist von jemandem zu halten, der zu jemandem nicht sagt: »Sie haben eine Haut wie ein Pfirsich«, sondern: »Sie haben eine Haut wie Dosenpfirsiche«? Wir wollen hoffen, daß dieser Mann die gleiche Eigenschaft hat wie derjenige, der Käsebrote gegessen hat, am folgenden Tag weinend über der Toilettenschüssel hängt und ruft: »Oh, ihr armen Käsebrote! Wie dauert mich euer Zustand!« D. h. wir wollen hoffen, daß ein solcher Mensch nicht existiert. Es entsteht immer wieder Anlaß zu vorsichtiger Lebensfreude, wenn man sich vor Augen hält, was es alles nicht gibt und was es daher vielleicht auch niemals geben wird.

Doch hört man immer wieder sagen: »Es gibt schon alles, alles ist schon dagewesen.« Meist sagen dies Musiker, die rechtfertigen wollen, daß sie altes Terrain beackern. Es gebe ja nun mal nur soundso viel Töne. Ich meine, nicht jeder muß zu neuen Ufern aufbrechen. Auch an alten Ufern liegt noch manche ungeknackte Muschel. Aber in der Behauptung, es sei schlechterdings unmöglich, noch wesentlich Neues zu schaffen, kämpfen Selbstzufriedenheit und Feigheit um die Vorherrschaft. Erfahrene Beobachter werden auch Doofheit und Weichlichkeit mitkämpfen sehen. Solange es Menschen gibt, wird sich der Drang zur Veränderung behaupten. Keine Kunst ist je zu Ende und getan.

Auch die der Werbung nicht. Ich habe bemerkt, daß es im deutschen Fernsehen keine Werbung für Salz gibt. Es ist mir aufgefallen, als Freund Tex Rubinowitz mir schrieb, im österreichischen Fernsehen gebe es welche. Er hat mir den Spot auch geschildert. Ich verstehe ihn überhaupt nicht, aber er soll so gehen: Ein alter Mann schnipst mit dem Zeigefingernagel auf seinen Schneidezähnen das Lied »Hänschenklein«. Dann ertönt eine Stimme, und die sagt »Salz«. Seit Tagen versuche ich, auf meinen Vorderzähnen »Hänschenklein« zu spielen. Ich glaube ja schließlich an den Fortschritt der Musik. Man hat zuerst den Eindruck, daß es wirklich so klingt wie das Lied, aber das ist eine Täuschung, weil man beim Schnipsen die Melodie immer mitdenkt. Zumindest meine

Zähne klingen alle gleich. Soll der Salz-Werbespot aussagen, daß einem bei tüchtigem Salzkonsum die Zähne so unterschiedlich groß wachsen, daß jeder einen eigenen Tonwert hat? Mich vermag dieser Gedanke nicht recht zu verführen.

Ich habe mir daher die Mühe gemacht, über bessere Salzkampagnen nachzudenken, leider war der Ertrag des Denkens nur ein matter Sechszeiler:

> Gestern noch in der Saline,
> Heut rieselt's dir auf die Praline.
>
> Gestern noch im Meer versteckt,
> Heut streust du dir es aufs Konfekt.
>
> Boy, o boy, o boy, o boy,
> Mit Salz schmeckt Schokolade neu.

In den windigen Berliner Wintern sieht das Brandenburger Tor oft so ulkig aus, daß die Touristen es gar nicht erkennen und rummeckern. »Wir reisen ab!« – »Wir gehen zurück zu unseren Müttern!« echot es durch die Stadt.

Salz hat in Apotheken-Gratiszeitschriften lesenden Kreisen einen genauso schlechten Ruf wie Zucker. Ärzte erbleichen, müssen sich setzen, bitten um Riechsalz, wenn einer ihnen unterbreitet, daß er ohne Todesangst zum Salzstreuer greift. Gegen das Dickmach- und Zahnzerrüttungs-Image von Zucker hat es allerlei Werbefeldzüge gegeben, in denen es hieß, daß Zucker zaubere und Kalorien nur vom Hörensagen kenne. Den Salzfritzen ist derlei nicht eingefallen. Das ist verwunderlich, denn Salz hat wirklich keine Kalorien, und zaubern kann es auch. Es zauberte mir einmal einen fassungslosen Blick ins Gesicht. Ich hatte ein feines Süppchen gekocht, eine Spezialkomposition mit frischen Kräutern, zehnmal abgeschmeckt. Da erscholl von der Besucherpforte her ein Pochsound. Ein Gast wurde willkommen geheißen und gefragt, ob er von der Suppe wolle, was bejaht wurde. Ich füllte seinen Teller. Ohne die Suppe zu kosten, griff der Gast zum Salzstreuer und knallte schätzungsweise fünf Gramm Salz in meine ausgeklügelte Speise. Ich war fassungslos, beleidigt und wunderte mich darüber, daß ich mit Rohlingen Umgang pflege.

Man kann jemanden natürlich auch subtiler beleidigen. Im Radio hörte ich, wie eine Journalistin ein Buch eines prominenten Schinkenschreibers über den grünen Klee lobte. Das ganze Lob machte die Rundfunkdame aber wertlos, indem sie den Schriftsteller in einem Nebensatz als »Buchautoren« bezeichnete. Sie tat dies wohl weniger aus Bösartigkeit, sondern versehentlich, aus Unkenntnis über Nuancen des Ausdrucks. Buchautor nennt man jemanden, den man auf keinen Fall als Dichter oder Schriftsteller durchgehen lassen möchte. Wenn z. B. Petra Schürmann ein Buch mit Schönheitstips herausgibt, dann ist sie Buchautorin. Ein Buchautor ist auch jemand, der Auskunft darüber erteilt, wie man mit einer bestimmten Krankheit besser zurechtkommt, und im

Anhang Adressen von Selbsthilfegruppen aufzählt. Das kann durchaus lobenswert und nützlich sein, und für so jemanden ist die Bezeichnung Buchautor auch nicht zu beanstanden. Für einen geltungssüchtigen Epochalromancier wie den genannten Schinkenschreiber ist der Ausdruck die perfideste Beleidigung, die denkbar ist. Es ist etwa so, als ob man von einem Schauspieler sagt, daß er »schauspielere«. Schauspielern – das tun Amateure. Echte Schauspieler *spielen*.

Manchmal ist es ja so, daß der Film noch nicht voll ist, man aber furchtbar neugierig auf die Bilder ist und den Film noch schnell vollmachen möchte, damit er zum Entwickeln kann. Zum Filmvollmachen werden meist irgendwelche Enten fotografiert, denn Gewässer mit Enten gibt es überall. Neben Filmvollmachenten finden sich aber vereinzelt auch Filmvollmachschlagersängerinnen.

Ich spiele ebenfalls, und zwar mit dem Gedanken, auch unter die Buchautoren zu gehen. Ich könnte einen Fotoratgeber verfassen. Es reicht aber vielleicht auch, wenn ich mich kurzfasse und mein Wissen im hier vorliegenden Medium unter die Leute peitsche. Das wichtigste ist, daß die Kamera so klein ist, daß man sie immer dabeihaben kann. Wenn man eine schwere Ausrüstung hat und Streifzüge durch die Welt speziell zu dem Zweck unternimmt, Bilder zu machen, dann fotografiert man nur »poetische« Kalenderblätter. Unscharfe Halme mit scharfer, zerklüfteter Landschaft im Hintergrund oder, als kreative Alternative, vorn scharfe Halme, hinten unscharfe Gegend. Wenn man das mit 16 macht, ist das völlig okay. Man kann dann auch ein bißchen selber im Labor herumplanschen und seine eigenen Abzüge jungen Mädchen zeigen, falls man es versteht, solche herbeizulocken und zu beeindrucken. Die sagen dann, daß die Halm-Bilder sehr ausdrucksstark seien, »irgendwie beinahe poetisch«, und fragen, ob sie vielleicht mal mit in die Dunkelkammer dürfen. Sie dürfen vielleicht. Wenn sie nett sind, dürfen sie die Abzüge auch mit der Entwicklerzange aus der Wässerungswanne holen und aufhängen. Beim gemeinsamen Beurteilen der aufgehängten Bilder kann man dann sehr dicht beieinanderstehen, und es wird eine »besondere Atmosphäre« herrschen, aus der sich vielleicht Nutzen ziehen läßt. Als Erwachsener gibt man seine Filme lieber ins Fotogeschäft. Das größte Problem beim Fotografieren sind die glotzenden Passanten. Sobald man etwas fotografiert, was keine Ähnlichkeit mit dem Kolosseum oder den Niagara-Fällen hat, bleiben sie stehen und denken, was fotografiert der denn da, fragen schlimmstenfalls sogar. Mir ist es sehr unangenehm, wenn Leute mir dabei zugucken, wie ich das in einem Fleischereischaufenster hängende Schild »Blutmagen, grob, 100 g 88 Pfennig« fotografiere.

Praktisch ist es, wenn man jemanden dabeihat. Dann

kann man so tun, als ob man den Begleiter knipst, während man in Wirklichkeit eine Frau fotografiert, die gehend und Kinderwagen schiebend eine geräucherte Makrele verzehrt. Auf Reisen wird man oft von der aufdringlichen Erhabenheit des Pomps bombastischer Baulichkeiten gefangengenommen. Man wisse aber, daß der Pomp in der Kameralinse verdorrt. Kaum jemand schaut sich gern vor zwanzig Jahren selbstgemachte Fotos mit Kirchen und Schlössern an. Man muß immer darauf achten, daß noch etwas anderes mit aufs Bild kommt, damit man Lust bekommt, die Fotos in späteren Jahren überhaupt mal anzugucken. Praktisch ist die Kirche Notre-Dame in Paris. Davor steht stets ein mit Souvenirs beladenes Eselchen. Dies Eselchen ist mein heimlicher Freund. Es guckt genauso, wie ich gucke, wenn ich eine Bilanz meines bisherigen Lebens ziehe. Das Eselchen läßt sich auch gut fotografieren, denn man hat es, ähnlich wie mich, nehme ich an, mit Drogen vollgepumpt, um den Fluchtwillen zu ersticken. Die von den internationalen Glotzaugen erstaunlicherweise noch nicht weggeglotzte Kirche hinter ihm wird täglich von hunderttausend grünen Fickfröschen fotografiert, da muß man nicht der hunderttausenderste sein. Bedauerlicherweise steht nicht vor jeder ranzigen Pißkirche ein süßes Eselchen. Ein einigermaßen akzeptabler Eselersatz ist der Reisegefährte. Wenn man keinen hat bzw. bereits 10000 Fotos besitzt, wo der drauf ist, dann sollte man versuchen, mit der Kamera fremde Leute zu erhaschen, Frauen mit komischen Frisuren oder Männer, die sich bücken, wodurch die sogenannte Klempnerfalte hervorguckt. Wenn die Reisebranche in der Lage wäre, auf die Bedürfnisse des Marktes zu reagieren, dann gäbe es in der Nähe aller vielbesuchten Gebäude sogenannte Groteskpassantenvermietungen, wo man für zehn Mark abwegig gekleidete Personen mieten kann, notorische Sackkratzer mit Makrelen im Mund, Frauen mit nach Schubkarren schreienden Brüsten, Männer, deren Körperbehaarung wie rußiger Qualm aus Kragen und Ärmeln herausdringt, schmutzige Kinder mit fettigen Brillen, die durch Klebestreifen zusammengehalten werden. Wenn aber, wie es oft der Fall ist, keine solchen Leute da sind, dann sollten wenigstens Autos oder Müllbehälter mit aufs Kirchenfoto kommen. Dann kann man im Jahre 2020 neben seinem bis dahin wahrscheinlich völlig verrunzelten Lebenspartner sitzen und sagen: »Guck mal, das ist doch so ein typischer schriller Neunziger-Jahre-Mülleimer.« Über Fotos, auf denen *nur* eine Kirche zu sehen ist, kann man sich nicht unterhalten.

Sie denkt: »Was glotzen Sie so? Wenn der Bundespräsident zur Gartenparty in den Schloßpark Bellevue einlädt, kann man ja schließlich nicht in vollgekackten Jeans antanzen.«

Andere Regeln sind zu beachten, wenn man auf einer Geselligkeit, möglicherweise gar einer alkoholisch geprägten, fotografiert. Wenn man da nicht aufpaßt, schnappt sich irgendwer die Kamera und macht den ganzen Film mit irgendwelchen Sauffotos voll. Es gibt nichts Uninteressanteres als von Angetrunkenen geschossene Bilder mit entfernten Bekannten drauf, die einander zuprosten oder sich in den Armen liegen. Sehr wichtig ist es auch, darauf zu achten, daß auf keinen Fall notorische Abzugschnorrer mit aufs Bild kommen, also Gestalten, die dafür aktenkundig sind, daß sie von allem Abzüge wollen. »Davon will ich aber unbedingt einen Abzug! Ich bezahl ihn auch, wirklich!« Den Teufel werd ich tun und für irgend jemanden Abzüge machen lassen, es sei denn, ich komme selber auf die Idee. Trifft man die Schnorrer auf der Straße, schreien sie einem schon auf zehn Meter Entfernung entgegen: »Und? Wo bleiben meine Abzüge?« – »Deine Abzüge sind in Abrahams Wurstkessel, und dort bleiben sie auch!« muß man da entgegnen. »Wieso denn«, wird gemeckert, »bei Fotos, wo ich selber drauf bin, habe ich ein Recht auf einen Abzug.« Quatsch! Wer Fotos will, soll selber einen Fotoapparat mitnehmen, wenn er auf ein Remmidemmi geht, und nicht andere bedrängen, sich mit Negativnummern abzuplagen.

Ich denke, daß ich nun alles Wesentliche, was man über das Fotografieren wissen muß, genannt habe. Professionelle Fotokünstler werden das gern bestätigen und sich bei den zuständigen Stellen dafür einsetzen, daß mir dereinst von der Vizefriseurin des Staatssekretärs für Senioren und Reaktorsicherheit ein eiserner Ehrennagel in die Brust gerammt wird.

Der aufblasbare Schrei meiner Altstadt
(Februar 1995)

Eine verläßliche Quelle des Mißvergnügens ist es, in einer fremden Stadt unterwegs zu sein und jemanden nach dem Weg fragen zu müssen. Große Vorsicht muß man bei der Wahl der Auskunftgeber walten lassen. Nie darf man Paare fragen, denn die fangen sehr wahrscheinlich sofort an, sich wegen des Weges in die Wolle zu kriegen. Man bevorzuge eine berufstätige Einzelperson mittleren Alters. Alte Leute haben oft zuviel Zeit und erklären einem auch um die Ecke liegende Straßen so umständlich, daß man meint, man müsse eine Expeditionsausrüstung und einen Sherpa mieten, bevor man sich auf den Weg macht. Niemals frage man Kinder. Die wissen nie etwas. Meiner Erfahrung nach wissen 99% aller Unter-16jährigen nicht den Namen der Stadt, in der sie wohnen, oder aber sie fühlen sich von der Erkenntnis, daß es Menschen gibt, die nicht wissen, wo die Friedrich-Springorum-Straße in Düsseldorf-Düsseltal genau liegt, dermaßen überrumpelt, daß es ihnen die Zunge lähmt. Sie glotzen nur apathisch.

Noch unangenehmer, als jemanden fragen zu müssen, ist es manchmal, selber um Auskunft angegangen zu werden. Fußgänger sind meist harmlos. Nur wenn einer wirklich unsympathisch ist, wird man ihn so schicken, daß er am Alexanderplatz von der S-Bahn in die U-Bahn nach Pankow umsteigen muß. Das schafft keiner auf Anhieb. Problematischer sind motorisierte Fragesteller. Den Kopf gefüllt mit erlesensten Eingebungen, spaziert man durch die Stadt, und an einer Ampel kurbelt ein Beifahrer das Fenster herunter und fragt einen nach dem Weg zu einer Baumschule in einem 15 km entfernten Stadtteil. Den Straßennamen wisse er leider nicht, doch man sei ja wohl Berliner und werde sich doch auskennen, nur fix müsse es gehen, es werde ja gleich grün, und er wolle den Verkehr nicht behindern. Einmal wurde ich von einem Autofahrer nach dem Schloß Schönbrunn gefragt, worauf ich sagte, das läge in Wien, er meine wohl Charlottenburg, worauf der Autofahrer etwas von der sprichwörtlichen Unfreundlichkeit der Berliner zischelte und undankbar davonbrauste. Vielleicht liest jemand von der Konferenz der Kultusminister meine Zeilen. Ich habe nämlich eine kleine Bitte. Ich weiß nicht, mit was für Sätzen die Schulfibeln für Erstkläßler heute beginnen, aber zu meiner Zeit waren es die Sätze »Da ist Heiner« und »Ule, ule, ule, wir gehen in die Schule«. Ich möchte bitten, bei den nächsten Fibeln als ersten Satz den folgenden zu nehmen: »Leute, die Autofenster herunterkurbeln und einen blöde Sachen fragen, neigen dazu, in Gedanken versunkene Passanten zu überfordern.« Sicher werden die Kultusminister nicht die Herzenskälte haben, sich meiner Bitte zu verschließen.

Am häufigsten fragen die Autotouristen nach dem Brandenburger Tor. Was wollen die Leute bloß immer von dem pathetischen Gebälk? Es ist das ausgelaugteste Symbol der Welt. In meiner Kindheit gab es eine Margarine, der das Brandenburger Tor in Plastik beilag. Es ist ein Symbol für Freiheit, Unrecht, Einheit, Teilung, Krieg, pflanzliches Fett, Frieden und Vaterland, und für alles andere, was es sonst noch so gibt, ist es vermutlich auch ein Symbol. Im Sommer ist es auch beliebt als videogene Kulisse für Wunderkerzen-Popkonzerte. In den Jahren nach der Wende haben sich auf seiner östlichen Seite russische Händler breitgemacht, die kommunistisches Kleingerümpel verhökerten. Da schrie der Senat: »Rabäh, rabäh, das ist doch kein Weltstadtniveau.« Nun sind die Russen woanders, und das Weltstadtniveau wird von gähnender Leere und einer Leierkastenfrau mit einem Dobermann verkörpert. Wenn ein Kind kommt, formt die Frau ein Lächeln, wie man es von Präsidentengattinnen auf Waisenhausbesuch kennt, und gibt dem Kind ein Bonbon. Noch mehr Weltstadtniveau hätte es, wenn die Musikantin den Kindern eine Scheibe Mortadella geben würde, so wie es Fleischer machen, wenn Stammkunden vom Nachwuchs begleitet werden. Es könnte ja eine Spezialmortadella sein, wo in der Mitte der Scheibe der Berliner Bär in einer etwas blutreicheren Wurstsorte dargestellt ist. Oder vielleicht lieber gekochter Schinken? Dieser ist eine große Plage. Bestellt man irgendwo einen Salat, ist es recht wahrscheinlich, daß die Rohkost von einer großen Zahl übelriechender Streifen aus Formschinken verunziert ist. Manche Menschen haben noch nie eine Leiche gesehen bzw. gerochen. Kein Problem! Man muß nur in einen Supermarkt gehen und eine Plastikfolie mit eingeschweißtem gekochtem Vorder- oder Hinterschinken kaufen und diese daheim öffnen. Getan werden muß dies über dem Ausguß, denn aus der Folie kommt eine scheußliche Flüssigkeit geronnen, eine Art Fett-in-Leichenwaschwasser-Emulsion. Die rosa bis purpurnen, meist deutlich nach Verwesung riechenden Scheiben soll man essen! Dies ist lediglich eine Information für nervenstarke Erwachsene. Jüngere Leser möchte ich bitten, sich mit einer Keule auf den Kopf zu schlagen, damit das Schreckliche aus ihrem Gedächtnis entweicht, denn solche Informationen hinterlassen bei jungen Heringen und Sprotten Narben im Gemüt.

Wie schützt man sich als Salatpatron vor Kochschinkenstreifen? Auf jeden Fall muß man Gaststätten meiden, in denen der Salat als »knackig« gelobt wird. In der Spezialsprache der Gastronomie ist »knackig« ein Synonym für »nicht frisch«. »Knackige Salate mit Super-Dressings« – die sollte man nicht essen, denn die stehen schon ewig herum.

Frische wird in diesen Fällen durch Kälte simuliert. In einem vorzeigbaren Betrieb ist es selbstverständlich, daß der Salat vom Tage ist. Man tut sich damit nicht auf der Speisekarte dicke. In gleicher Richtung interpretiere man »knusprig-krosse Croissants«. Solche Anpreisungen lassen Naturidentisches, Emulgiertes, Bestrahltes, Stabilisiertes

Berliner Leben

und Kennzeichnungspflichtiges erwarten. Für andere Bereiche gilt ähnliches: Wo »topmodische Kleidung in superaktuellen Dessins« angeboten wird, sind nicht die neuesten Erkühnungen aus Mailand und Paris anzutreffen. Und sagt man etwa »der weltberühmte Komponist Beethoven«? Nein, das sagt man nicht. Dazu ist Beethoven viel zu bekannt. Viel eher hört man von dem weltberühmten Keulenschwingduo Marlies und Norbert Richter. Und hat man je einen New

Yorker Bürgermeister von der »Weltstadt New York« reden hören? Wohl kaum, denn es weiß ja jeder, daß New York eine Weltstadt ist. Muß man wirklich nichts dazusagen. Lediglich an der Spree hört man die Redenschwinger allewiel von der »Weltstadt Berlin« referieren. Berlin hat Knopflochschmerzen! So sagte man früher, wenn jemand allzu deutlich auf einen Orden erpicht war. »Weltstadt Berlin« – das hört sich doch an wie »Weltstar Tony Christie«. Am schlimmsten trieb es in dieser Hinsicht die DDR. Deren Staatsführung war sich nicht zu dusselig, mitten in der Landschaft ortseingangsschildartige Metalltafeln aufzustellen, auf welchen stand: DIE DDR – EIN IN DER WELT GEACHTETER STAAT.

Man hüte sich, in sogenannten Weltstädten knackige Salate zu essen und Konzerte von Weltstars in topaktueller Kleidung aufzusuchen. Diese Attribute umgibt die Aura des Möchtegerns, des Abkupferns, des Geflickschusterten, des deprimierenden Ehrgeizes derer, die im ewigen Nebel hausen und nicht wissen, daß es einen Himmel gibt.

Unter einer Aura verstehen Okkultisten einen Lichtkranz, der den menschlichen Körper umscheint. Wenn der Lichtkranz verblaßt, kann man ihn reinigen. In Esoterikotheken gibt es für DM 17,50 ein Kräuterwasser, welches als »Aura-Dusche« bezeichnet wird. Einmal logierte ich in einer fremden Wohnung, und als ich morgens vom Zähneputzen kam, umsprang mich meine an sich prima Beherbergerin, besprühte mich mit Aura-Dusche und rief selig: »Es wirkt, es wirkt.« Natürlich wirkte nichts, denn ich habe leider keine Aura. Wenn ich eine hätte, würde ich sie längst angemeldet haben und die fälligen Gebühren vom Girokonto abbuchen lassen. Diese Einzugsermächtigungen ersparen einem ja viel Scherereien. Aber ich bin ja nur Deutscher, und als solcher habe ich keinen Anspruch auf eine Aura oder sogar Chakren. Als Deutscher habe ich gerade mal Anspruch auf eine Seele, und das reicht mir auch. Die Seele ist für einen Bürger Deutschlands das, was für eine Stadt die Fußgängerzone ist. Tagsüber boomt das Geschäft, aber nach Ladenschluß torkeln nur noch ein paar Zerzauste herum. Da ich aber ein Mensch bin und keine Gebietskörperschaft, habe ich keine historische Altstadt, sondern nur eine arme Seele. Doch wenn ich statt ihrer eine Altstadt hätte, dann stünde die nicht auf der Weltkulturerbe-Liste der UNESCO, denn sie wäre ein Reich der Gasfunzeln, Opiumhöhlen und Engelmacherinnen. Sie wäre ein glatter Fall für das Abrißkommando der UNESCO, von dem man ja immer wieder gern nie etwas hört.

Die schicksten Altstädte Deutschlands haben, wie jeder wissen sollte, Bamberg und Görlitz. Die Altstadt von Görlitz ist dermaßen ehrwürdig, daß sie sogar das einzige Karstadt-Warenhaus ohne Rolltreppen beherbergt. Der Denkmalpfleger hatte einen berechtigten Rolltreppenkoller bekommen, und nun wachsen den Görlitzern dicke Schenkel. Als ich einmal das Görlitzer Naturkundemuseum besuchte, war gerade der ausgestopfte Uhu umgefallen. Eine Museumsangestellte sagte zu einer Kollegin: »Och, unser alter Uhu! Fällt einfach um!« Das muß man sich nun in sächsischem oder Oberlausitzer oder niederschlesischem Dialekt, oder was immer die Frau sprach, vorstellen. Es ist immer wieder schön zu hören, was die Leute zu erzählen haben. Ich meine jetzt nicht »dem Volk aufs Maul schauen«. Dies ist ein fragwürdiges Tun, geschieht es doch meist entweder, um die Unverbildetheit »einfacher Menschen« zu idyllisieren, oder in der Absicht, den Leuten reaktionäre Ansichten zu unterstellen. Man sollte einfach mal hübsch horchen und nicht immer alles gleich einordnen und bewerten. Ich muß nicht alles mit meiner Meinung besudeln. Mancherlei hat das gottverdammte Recht, von mir und anderen nicht kommentiert zu werden. Doch gelauscht werden muß. Sogar der in diversen Fernsehsendungen überstrapazierte Kindermund ist oft erbaulich. Ein mir bekanntes Baby bekam kürzlich einen Laufstall. Da sagte sein fünfjähriger Bruder: »Das Baby hat aber einen schönen Spielsalon.«

Was ich mit fünf alles gesagt habe, weiß ich nicht mehr. Ich muß aber mal ein Kind gewesen sein, denn ich kann mich noch gut an das Gefühl erinnern, im Dunkeln barfuß auf einen Legostein zu treten. Und natürlich an die leicht schleimigen Mortadellascheiben, die mir von Fleischerfrauen in den gierig nach oben gereckten Mund gestopft wurden. Die Fleischerinnen trugen ärmellose Kittel aus synthetischen Textilien, und auf ihren umfangreichen Oberarmen prangten riesige Impfnarben. Wenn ich nicht wüßte, daß man seinen Erinnerungen nur bedingt trauen kann, würde ich sagen, daß meine Kindheit überwiegend von uralten, unentwegt Zigarren schmauchenden Männern mit Kriegsverletzungen und Urinflecken am Latz der grauen, weiten Opa-Hose sowie von Fleischerinnen mit wabbeligen, impfnarbenübersäten Oberarmen bevölkert war. Die Opas husteten, und die Frauen schrien.

Bei schreienden Frauen muß natürlich ein jeder sofort an den norwegischen Maler Edvard Munch und sein berühmtestes Gemälde ›Der Schrei‹ denken. Mir wurde berichtet, daß es dieses Bild in amerikanischen Museums-Shops in aufblasbarer Form zu kaufen gebe. Dies erzählte ich neulich in einer geselligen Dämmerrunde. Ein Witzbold fragte daraufhin: »Wo gibt's noch mal den Schrei in aufblasbar? In Sexshops?« Darauf zerfiel die Geselligkeit in drei Fraktionen. Die erste hatte das Bild von Munch geistig nicht parat und verstand die Witzigkeit nicht. Die zweite versank wegen der Obszönität des Gedankens in stumme Zweifel an der ethischen Brillanz der Zechkumpane. Die dritte aber kugelte sich und schrie. Auch so kann man die bleiernen Nächte herumkriegen, liebe Leser.

Am besten aber man bleibt daheim und festigt seine Sittlichkeit. Wenn man auf die Straße geht, kurbeln ja eh nur alle das Fenster herunter und fragen, ob man ihnen nicht mal ganz schnell sagen könne, wie sie zum Institut für Parasitologie in Berlin-Zehlendorf kommen. Da lädt man sich lieber Gäste ein. Neulich führte ich ein Video vor, das ich während einer Amerikareise gedreht hatte. Ich hatte mir Frühstück aufs Hotelzimmer bestellt, weil ich das sonst nie mache. Da ich mich im Badezimmer zu beschäftigen hatte, ließ ich einfach die Zimmertür offen. Der Kellner kam und wunderte sich, daß keiner da war. Von meiner unauffällig plazierten Kamera wurde er beim Sich-Wundern gefilmt. Minutenlang stand er im Zimmer und machte gar nichts. Beim Betrachten der immens langweiligen Szene sagte ein Gast: »Wenn er schon nicht weiß, daß er gefilmt wird, könnte er sich wenigstens am Sack kratzen.« Da habe ich recht herzlich schmunzeln müssen.

Ä
(April 1995)

Es gibt als gesichert geltende Sachverhalte, die ich einfach nicht glauben mag, ich streck den Kompetenzen die Zunge entgegen und bin renitent wie ein Esel auf Kuba. Daß träge fließende, breiige Buttermilch viel weniger Kalorien haben soll als munter ins Glas purzelnde Vollmilch, glaube ich z. B. nicht, obwohl es in allen Tabellen steht. Mein Unglaube ist frech, doch mein Recht. Oder daß die menschliche Zunge nur vier verschiedene Geschmacksrichtungen zu erkennen in der Lage ist, süß, sauer, bitter und salzig. Daß alles andere Geruch und Gefühl für Konsistenz sei – glaub ich nicht! Meine Zunge kann mehr! Man versiegle meine Nase, binde mir die Augen zu und mich an einen Pfahl und füttere mich mit Tuttifrutti – ich erkenne jede Frucht. Woran ich ebenfalls gar nicht glaube, ist die Existenz von Sprinkleranlagen. Wenn man zu öffentlichen Zurschaustellungen geht, werden vor Beginn der Veranstaltung die Scheinwerfer oft auf einen Professor oder Pedell gerichtet, welcher sagt, man dürfe auf keinen Fall rauchen, denn das würde die Feuermelder aktivieren und/oder eine Sprinkleranlage in Gang setzen. Es könnte ebensogut gedroht werden, wer raucht, käme in die Hölle. Über die Hölle gibt es auch nur christliche Vermutungen, und nie habe ich eine Sprinkleranlage in action erlebt. Nie habe ich nasse Menschen ein Theater verlassen sehen. Vielleicht fehlt es mir nur an Lebenserfahrung, aber ich kann mir gar nicht vorstellen, daß über Veranstaltungsräumen in Zwischengeschossen Wasserbettmatratzen lagern, die vor Zorn platzen, wenn einer eine Zigarette raucht. Angenehm wäre das möglicherweise. Kann ja sein, daß es sogar erregend ist, sich ein bißchen ansprinkeln zu lassen während einer faden Show. Der Mensch läßt sich ja von mancherlei erregen. Einmal las ich eine Anzeige, in der ein Mann eine Dame suchte, die sich gegen ein »großzügiges Taschengeld« dabei fotografieren läßt, wie sie in Abendgarderobe in einen Schlammtümpel steigt. Was ich auch nicht glaube, ist, daß der Mann eine geeignete Dame gefunden hat. Und wenn doch, wie mag sich die Partnerschaft entwickelt haben? In der ersten Zeit werden sie »es« (Tümpelhüpfen) noch jede Nacht gemacht haben und gleich nach dem Aufwachen noch mal. Mit der Zeit wird die Leidenschaft nachgelassen haben, und nach zwanzig Jahren wird sie nur noch einmal im Jahr in den Tümpel steigen, am Valentinstag vielleicht, und sie wird dabei häkeln und gähnen und an andere Männer oder andere Tümpel denken, und er wird die Filme gar nicht mehr zum Entwickeln geben, oder er wird nur noch eine Kameraattrappe benutzen, eine, worin man Bilder vom Vierwaldstätter See sieht, wenn man hineinblickt.

Und noch vieles andere glaub ich nicht: Ich glaube nicht, daß der Mensch täglich eine warme Mahlzeit braucht, ich glaube nicht, daß in dem Märchen ›Der Froschkönig‹ die Prinzessin den Frosch küßt, und ich glaube nicht an die Unbefleckte Empfängnis. Weil nämlich, aus folgendem Grund: Wie soll denn das vor sich gehen? Wenn Fromme kommen, sag ich immer: »Geht doch gar nicht!« Das ist nach Adam Riese überhaupt nicht möglich, und Maria hat ja viele Jahre *vor* Adam Riese den Erdball bevölkert, da wird es erst recht nicht möglich gewesen sein. Daß aber in meinem Kalender am 8. Dezember »Mariä Empfängnis (Österreich)« steht, finde ich super. Schon allein wegen des Ä. Das Ä in Mariä macht echt Laune. Es ist ein veritables Fun-Ä. Viele Völker beneiden uns Deutsche und die Schweden und Norweger wegen unseres verbrieften Rechtes, Pünktchen auf Buchstaben zu streuen. Man denke an Gruppennamen wie Hüsker Dü oder an das amerikanische Erfolgseis Häagen Dasz.

Ohne die »geile europäische Schreibweise«, ohne die schrillen Umlaute hätten weder die Band noch das Fettzeug so einen Anklang gefunden. Die muttergöttlichen Ä-Feiertage – es gibt auch noch Mariä Himmelfahrt, Mariä Geburt, Mariä Lichtmeß (die scheint dauernd irgendwas angestellt zu haben) – sollte das ganze Volk begehen. Die einen preisen Maria, die anderen den Umlaut. Schöne Prozessionen sind denkbar: Vornweg gehen die Frommen und rufen »Mari-, Mari-, Mari-«, die weniger Frommen schreiten hintan und rufen »Ä, Ä, Ä«. Man muß allerdings recht zart artikulieren, damit es nicht wie das Getröte bei Fußballspielen klingt. Auf diese Weise hätten alle was von den »tollen Tagen«. Volksgruppen fielen einander in die kontaktarmen Arme.

Doch die Volksgruppen meiden einander. Bei vielen Leuten ist es so: Wenn sie ihre Wohnung verlassen möchten und merken, es kommen Leute aus den oberen Geschossen heruntergetrampelt, dann warten sie erst mal, bis diese an ihrer Wohnung vorbei sind, damit sie ihnen nicht »Guten Tag« sagen müssen. Ich weiß dies aus meinen Mitbürgergesprächen. Statt Menschen aus ihrer Gegend kennenzulernen, haben die Leute einen weitverstreuten Bekanntenkreis. Um zu den Bekannten zu kommen, müssen sie mindestens eine halbe Stunde fahren und sich eine Woche vorher anmelden. Die allerbesten Freunde wohnen freilich sowieso in andern Städten. Selbst getanzt wird fern des eigenen Reviers. Man denke an den Rave-Tourismus. In Berlin gibt es mannigfaltige Tanzflächen; auch in Hamburg ist gut hüpfen. Trotzdem treffen sich Hamburger und Berliner auf einem zwischen beiden Städten gelegenen Acker voll grauenerregender Dixie-Mietklos und hüpfen um diese herum. Warum lernen die Leute nicht einfach ihre Nachbarn kennen und tanzen mit denen? Der Ausreden sind viele: »Die haben so blöde

Aufkleber am Auto.«, »Die wählen bestimmt CDU.«, »Die saufen.«, »Die haben Hufe und haarige Tatzen.«, »Die hören so schreckliche Musik.«, »Mit jemandem, der ein so lächerlich quäkiges Sexgestöhne von sich gibt wie die Frau, die unter mir wohnt, könnte ich mich nie ernsthaft unterhalten.«, »Nachbarn kennenlernen, schön und gut. Aber wenn die dann in Urlaub fahren, darf ich so lieb sein und ihre vier dänischen Doggen einhüten, und ich will mir nicht extra irgendwelche scheußlichen Viecher kaufen, nur damit ich mich bei ihnen dafür rächen kann.«

Es ist beachtlich, wegen was sich die Volksgruppen entzweien können. Vor vielen Jahren tobte unter deutschen Hausfrauen der Tortenbodentortenkonflikt. Tortenbodentorten sind wohl etwas passé, daher eine kleine Erklärung: In Geschäften gab es fertige Tortenböden aus sehr langweilig schmeckendem Biskuitteig zu kaufen. Daheim bewarf die Hausfrau den Tortenboden mit eingemachtem Obst und überzog die Kompottschicht anschließend mit rotem oder farblosem Tortenguß. Vorzugsweise »auf Balkonien« oder im Schrebergarten verzehrte das kleinbürgerliche Milieu diese Torten in großen Mengen. Edelleute mit Monokel standen derweil am Gartenzaun und sagten: »Guck mal, die einfachen Leute. Komm Eugenie, wir bleiben hier nicht stehen.« Der Tortenkonflikt entzündete sich an der Puddingfrage. Manche Hausfrauen pflegten vor dem Auflegen des Eingekochten einen Zentimeter Vanillepudding auf den Tortenboden zu streichen, damit das Obst nicht durchsuppt. Andere unterließen dies. Die beiden Gruppierungen beargwöhnten einander und wechselten gegebenenfalls die Straßenseite. In den Augen der Puddingschichtlerinnen waren die anderen Frauen Schlampen, die ihren Gästen durchgesuppten Kuchen zumuten. Die Nichtpuddingdamen sagten: »So schnell suppt das schon nicht durch«, und hielten ihre

Konkurrenz für pedantische Angeberinnen, die »was Besseres« darstellen wollen.

Nach diesem Blick zurück in versunkene Epochen möchte ich wieder paris-exklusiv von den Schlachtfeldern der Gegenwart berichten. Die Tücken meiner Situation nötigen mich gelegentlich, die Provinzen zu bereisen und in Hotels zu nächtigen. Mancherlei Innovation hat sich die Hotellerie in den letzten Jahren ausgedacht. Pornofilmkanäle gehören in den meisten Hotelketten mittlerweile zur Standardausstattung der Zimmer, aber wehe, man fragt an der Rezeption, ob man einen Regenschirm ausleihen kann, das wird verneint, und wenn man sich nun ungeschützt ins Regenwetter trollt, dann tuschelt die Belegschaft über den Sonderling mit den anmaßenden Wünschen. Statt Service bieten Hotelketten lieber Gimmicks, z.B. so nervenzerrüttende Dinge wie *Monitorbegrüßungen*. Zuerst muß man eine Lochkarte oder einen Plastikschniepel durch einen Schlitz hindurchratschen, um die Tür zu öffnen. Da man so etwas erstens nicht täglich macht und diese Systeme zweitens nicht ausgereift und störungsanfällig sind, dauert das mindestens doppelt so lang wie mit einem Schlüssel. Hat man die Tür endlich auf, geht automatisch der Fernseher an, und eine Schrift auf dem Bildschirm brüllt einem entgegen: HERZLICH WILLKOMMEN HERR SOUNDSO. Gleichzeitig erklingt »fröhliche Begrüßungsmusik«. Neulich war dies, in silvesterpartygemäßer Lautstärke, »Spaniens Gitarren« von Cindy und Bert, also das Lied, in dessen Text uns Gitarren »mit Tönen verwöhnen«. Ich wollte die frohsinnige Agitation zum Verstummen bringen, doch ich fand keinen Weg. Nach einer Viertelstunde gingen Monitor und Musik von alleine aus. Zwecks abermaligem Erschrecken. Da Zimmerreservierungen meist telefonisch durchgeführt werden und der Buchende oft nicht identisch mit dem Gast ist, ist die Monitorbegrüßung gelegentlich inkorrekt. Einmal brüllte mir der Monitor entgegen: HERZLICH WILLKOMMEN FRAU BAUERNGOLD STADTBÜCHEREI. »Ich bin nicht Frau Stadtbücherei«, polterte ich, doch rasch wurde mir klar: Frau Bauer von der Stadtbücherei hatte ein Zimmer für Herrn Goldt reserviert, und die Person am Empfang hatte einen ganz, ganz anstrengenden Tag. Eine Hotelkette hat neuerdings Spezialzimmer für alleinreisende Geschäftsfrauen. Diese Zimmer unterscheiden sich von den Zimmern für Herren durch zweierlei. In der Naßzelle wartet ein Vergrößerungsspiegel auf kosmetische Bemühungen, und in der Trockenzelle steht ein Blumenstrauß. Man muß plumpeste Ironie aufbieten, um diese Sonderbehandlung zu rechtfertigen. Etwa in der Art: »Klar doch, Männer hassen Blumen! Männer, die sich an einem Blumenstrauß erfreuen, gibt's doch nur in Schwulibert-Geilhuber-Romanen. Und was soll ein Mann mit einem Vergrößerungsspiegel? Wenn er, wie sehr viele Männer, am Kinn oder am Hals eine ›schwierige Stelle‹ hat, also eine, die millimetergenauer Schabungen bedarf und nur unter dem Risiko des Blutvergießens zu rasieren ist, hilft ihm ein Vergrößerungsspiegel überhaupt nicht weiter!« Da aber plumpe Ironie keine Freude bereitet, sage ich: Gleiche Zimmer für alle Rassen und Klassen. Nieder mit dem Lady-Sexismus! Übrigens habe ich einmal einen Hotelblumenstrauß gesehen – er war gut und gerne zwanzig Mark wert. Trotzdem sind die Damenzimmer nicht teurer. Das bedeutet also, daß ich die Behaglichkeit von herumzigeunernden Rüstungskonzernchefinnen, Pornoproduzentinnen, Talkshowmasterinnen und nasebohrenden Massenmörderinnen mit meinem durch Bescheidenheit, Fleiß und Edelmut erwirtschafteten Geld mitfinanzieren muß! Wo doch die Wartung von Frauen bewohnter Zimmer ohnehin teurer kommt! Ein von einer Frau benutztes Handtuch muß wegen der Lippenstiftspuren stundenlang gekocht werden.

Ein Handtuch, das von einem Mann benutzt wurde, muß man eigentlich nur tadelnd angucken, schon ist es wieder duftig rein. Man denke auch an die Bettwäsche. Erst suhlen sich die Damen in Schlammtümpeln, dann legen sie sich ins Bett, auf meine Kosten. Dazu sage ich: Nein!

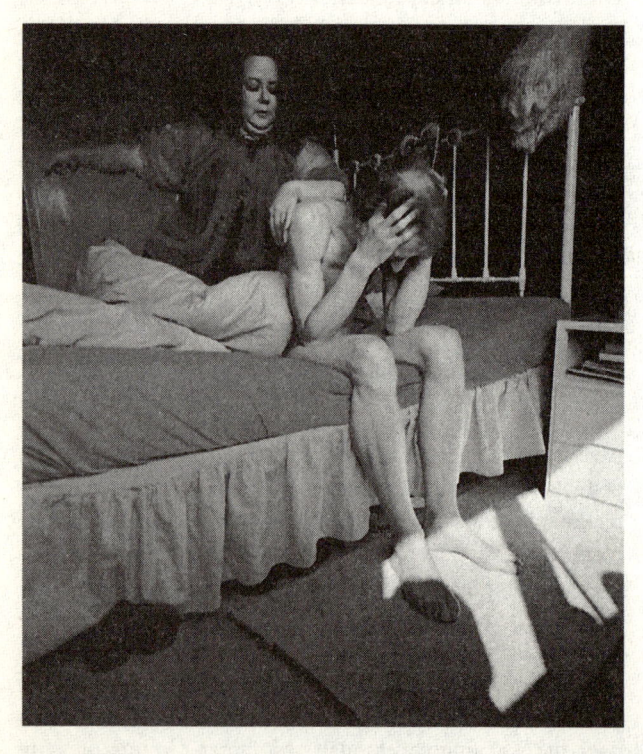

Moderne Hotelketten bieten für alleinreisende Geschäftsfrauen Zimmer mit folgendem Sonderzubehör: 1. Blumenstrauß (zum dran Schnuppern), 2. Vergrößerungsspiegel (zum Pickel ausquetschen), 3. Verzweifelter Mann (zum Trösten).

Was allgemein abgeschafft gehört, ist die sogenannte Mini-Bar. Spät kommt der alleinreisende Geschäftsmann auf sein Zimmer. Wäre er eine Dame, könnte er ein bißchen am Blumenstrauß schnuppern, aber er hat ja wegen dem Lady-Sexismus keinen gekriegt, und er fühlt sich ausgelaugt und verzehrt sich nach den lieben Daheimgebliebenen oder sehnt sich nach sonstwas. Und was steht scheinbar freundlicherweise direkt neben seinem Kopfkissen? Ein prall mit Alkoholika gefüllter Kühlschrank. Welch ein bösartiges Profitieren von dem Wissen um die Schwäche eines einsam die Nacht bestreitenden Berufsvagabunden! Mich persönlich schützt eine oft im rechten Moment auftretende Knickerigkeit vor der Nutzung der perfiden Schränke. Anderen ist in solchen Momenten alles egal. Man sieht das anderntags am Frühstücksbuffet: Viele sehen aus wie der grausige Fund in der Zeitschriftenmeldung »Spaziergänger machten einen grausigen Fund«.

Natürlich gibt's auch heitere Momente in Hotels. Ich entsinne mich an ein Hotel in Hamm/Westfalen, welches eine besonders dumme Protzarchitektur aufwies. Der Frühstücksraum befand sich unter einem merkwürdig geformten und offenbar nur schwer zugänglichen Glasdach. Beabsichtigt war, die Gäste quasi unter freiem Himmel frühstücken zu lassen. Resultat dieser Bemühung war, daß man trotz vormittäglicher Stunde bei elektrischem Licht saß, denn das Glasdach war fast vollständig von Federn und Vogelkot verkrustet. Bleiben wir beim Frühstück. Die Frühstücksbuffets etwas besserer Häuser sind oft gekrönt von einer großen Ananas. Natürlich nimmt niemand die Ananas, denn zum Schälen dieser Frucht braucht man eine teure Ausbildung oder hartgesottenes Personal, wie es Sophia Loren haben dürfte, die täglich eine Ananas ißt. Mir bereitet es oft Vergnügen, mir vorzustellen, wie die Hotelangestellten gucken würden, wenn ich mir die Ananas nähme, zu meinem Platz trüge und dort vertilgte. Die meisten vergnüglichen Momente in Hotels ereignen sich aber beim Studieren des Hausprospektes. In der Broschüre der Hotelkette »Euro-Ring« fand ich folgende Schönheit: »Harmonisch verbinden sich Hotel und Natur und ergänzen sich durch begeisternde Details durch Formen und Farben zu einer Symbiose aus Wünschen und Erlebnis.« In den Begrüßungsunterlagen des Parkhotels Gaggenau ist zu lesen: »Bei uns zu wohnen ist genauso angenehm, wie bei uns zu arbeiten.« Am meisten begeistert hat mich jedoch eine Anpreisung im mehrsprachigen Prospekt eines tschechischen Hotels: »Alle Zimmer sind mit Duschen und Telefonen verziert.«

KATZ + GOLDT

Stinksvans tötet die Theaterstimmung
(Mai 1995)

Ein volkskundliches Interesse verpflichtet mich, gelegentlich das Warenangebot der Firma Aldi in Augenschein zu nehmen. Wie billig alles ist! 200 g Räucherlachs für 3,98 – Konservative könnten etwas von einer Profanisierung des Besonderen murmeln. Es ist beachtenswert, wie rasch Produkte, die noch vor kurzem als ausgesuchte Delikatessen galten, sich einen Platz im Aldi-Sortiment erobern, kanadischer Wildreis etwa. Auch die Macadamia-Nuß, andernorts noch als »teuerste Nuß der Welt« beworben, liegt schon bei Aldi aus, für DM 3,99 das Viertelpfund. Interessant sind auch die Namen vieler Produkte, sie sind noch sonderbarer als die von Ikea. Über das Haken-Set namens »Ömsen«, die Schachtel, die »Love« heißt, und das Kaffeeservice »Gulasch«, schmunzelten schon Generationen von Regalbesitzwilligen. Aber wilder noch ist wohl, daß die Körperlotion von Aldi nach einer in Greifswald gelegenen Klosterruine benannt ist: Eldena. Ein Streichkäse trägt den Namen Creme Noblesse. Der Fruchtaufstrich, der vor kurzem noch Ouvertüre hieß, heißt nun Marmelinchen. Das Hanuta heißt Nutoka, das Nutella Nusskati, der Lady Cake heißt Marina, Speisepulver nennen sich Albona, Milchprodukte Milsani, und man kann wählen zwischen den Ölen Butella und Brölio. Wäre die Luft kein gottgewollter Gratis-Naturgascocktail, sondern ein Aldi-Produkt, dann hieße sie Aerosina, und wenn die Luft von Ikea hergestellt würde, dann wäre ihr Name wohl Stinksvans.

Wenn ich schon bei Aldi bin, gucke ich natürlich nicht nur, sondern kaufe auch etwas. Erstens den Kaffeeweißer Hollands Completa, weil alle anderen Kaffeeweißersorten den

Kaffee töten, so wie Knickerbocker die Theaterstimmung töten, wie jeder weiß, der das eine alte Benimmbuch besitzt, in dem ein Foto von einem Mann in Knickerbockern ist, unter welchem steht: »Knickerbocker töten die Theaterstimmung«, und zweitens ein Zehnerpack Toilettenpapier, weil man dann eine Weile Ruhe hat vor Situationen, in denen es heißt, mit runtergelassenen Knickerbockern in die Küche zu trippeln und sich an der Küchenpapierrolle zu vergehen. Die Klopapier-Familienpackung ist voluminös und paßt nicht in die Einkaufstasche, so daß man sie sich unter den Arm klemmen muß auf dem Heimweg. Einem Gesprächspartner gegenüber erklärte ich neulich, daß es mir immer ein bißchen peinlich ist, mit so einem Großgebinde auf der Straße herumzugehen, ich käme mir dann wie ein rückwärtiger Nimmersatt vor, wie jemand, auf den sich das Gegenteil der Redewendung »Er kriegt den Hals nicht voll« anwenden läßt. Der Dialogpartner erwiderte, wieso denn, jene Sorte von Orten, wo der Kaiser zu Fuß hingehe, übe doch von Zeit zu Zeit auf jeden Organismus eine magische Anziehungskraft aus. Gewiß, so verhält es sich. Trotzdem bin ich mir sicher, daß den meisten Menschen, die gerade ein Toilettenpapier-Zehnerpack gekauft haben, daran gelegen ist, auf direktem Wege nach Hause zu kommen. Niemand macht damit noch einen Boutiquenbummel oder geht zu einem Bewerbungsgespräch. Allenfalls würde man eine Nachmittagsvorstellung im Kino besuchen. Einmal ging ich in eine 18-Uhr-Vorführung, und im Foyer stand eine Frau mit einem Baumwollbeutel, aus dem Lauchstangen herausragten. Sie lächelte mir zu, denn auch ich hatte einen Beutel dabei, aus dem Porree rausguckte. Vor Schreck hätte ich sie beinahe geheiratet.

Neulich kaufte ich mir ein Fahrrad. Im Vorprogramm dieser Anschaffung spielten Gedanken darüber mit, was für eine

Art Fahrrad ich denn gern hätte. Ich dachte, das beste wäre es, ein Fahrrad zu kaufen, an dessen Lenker ein Einkaufsbeutel mit herausragenden Lauchstangen hängt. Das macht jedes Rad unsportlich und unattraktiv; Diebe halten sich die Hand vor Augen, zucken zurück. Niemand stiehlt gern so ein biederes Suppengrün-Fahrrad. Vielleicht ist Porree ein viel sicherer Schutz gegen Fahrraddiebstahl als das feudalste Schloß. Man müßte es halt mal ausprobieren. Handeln statt reden!

Dem Fahrradfritzen sagte ich: »Ich hätte gern ein unauffälliges, langweiliges Fahrrad mit möglichst wenig Gängen.« Ich dachte, dem Händler würden die Ohren abfallen bei einem solchen Kundenwunsch. Er fuhr aber fort, normal zu gucken, so als ob er so etwas zwanzig Mal am Tag zu hören bekommt, und deutete auf ein metallenes Häufchen Elend, ein graumeliertes Herrenvehikel, das phlegmatisch in einer Ecke kauerte. Begeistert griff ich zum Portemonnaie. Nun bin ich Besitzer eines Rades, das man wohl drei Monate in die am wenigsten entwickelte Region von China stellen und von Scheinwerfern beleuchten lassen müßte, bis ein Dieb sich seiner erbarmt. Doch es ist schnell wie ein Pfeil des Amor. In nur zehn Minuten erreiche ich St. Pauli, den Stadtteil, wo das Vergnügen und das Elend Hand in Hand im Bette liegen wie zwei an der gleichen Krankheit erkrankte Geschwister. Ich persönlich möchte dort nicht residieren, aber ich kenne ein armes Würstchen, das dort hausen muß. Ich habe es bei einer Hochhaussprengung kennengelernt. Das erzähle ich jedenfalls immer, weil es viel besser klingt als »Wir haben uns bei einem Tanita-Tikaram-Konzert kennengelernt.« Das mag man ja gar niemandem erzählen. Aber: »Ich habe ihn bei einer Hochhaussprengung kennengelernt« – das kann man noch mit 80 in Talkshows erzählen, und alle werden denken: »Ah, geistig noch rege.«

Jemanden bei einer Hochhaussprengung kennenlernen.

Zur Sprengung des Millerntorhochhauses in St. Pauli, des, wie alte SteifeBriseCity-Hasen berichten, interessantesten Hamburger Ereignisses seit der Vertreibung des Erzbischofs durch die Wikinger vor 1100 Jahren, wurde ich gar nicht vorgelassen, d. h. die U-Bahn stellte kurz vorher einfach den Betrieb ein, und ich mußte mir aus 1 km Entfernung anhören, wie es »Bum« machte. Es machte »Bum«, da machte ich »Grr« und dachte, ein Fahrrad müßte man besitzen. So kam das. Nun erfahren Menschen im ganzen Verbreitungsgebiet dieser Fachzeitschrift, wie der Fahrradwunsch in mir heranknospte. Ein geiles Wissen für geile Leute in ganz Deutschland. Ich spritze dieses geile Wissen bis hart an die Grenzen des deutschen Sprachraumes. Nach dem Gießkannenprinzip? Yeah, ihr motherfuckerinnen und motherfucker, nach dem Gießkannenprinzip! Nach der Sprengung des verlotterten Wolkenkratzers wurde der Sprengmeister im Interview gefragt, was er denn von den 80 000 Schaulustigen gehalten habe. Er sprach: »Das sind alles Perverse und Sprengungstouristen.«

Was mich in sogenannten Vergnügungsvierteln wie St. Pauli immer wundert, ist die in der Leuchtreklame betriebene Unterscheidung von SEX KINO und GAY KINO. Wird denn im GAY KINO gezeigt, wie Homosexuelle züchtig und bescheiden in der Kemenate weilen? Diese Unterscheidung erinnert mich an einen Begriff, der schon seit längerem durch die Randlagen der Damenwelt geistert: Frauenlesben, manchmal auch FrauenLesben geschrieben. Früher hieß es immer Frauen und Lesben, doch dann wird wohl jemand erschienen sein, der gesagt hat, daß das ja nicht klug sei. Darauf wurde beschlossen, das »und« wegzulassen. In anderen Randlagen wurde entschieden, daß es besser sei, wenn homosexuelle Frauen und Männer aus Gründen der politischen Raison an einem Strang ziehen, und man kreierte die SchwuLesben. Um auch Bisexuelle für die Kampfgemeinschaft zu gewinnen, wurden die LesBiSchwulen erfunden. Man könnte das Spiel noch weiterführen und sagen, daß man auch die Heterosexuellen nicht ausgrenzen dürfe, und zu diesem Zweck die LesBiSchwuTeros ins Leben rufen. Und wer singt als Stargast beim Gründungsball dieses Vereins? Natürlich Hitparadenstar LesBiSchwutEros Ramazotti.

Zum Thema Hitparade einige Wörtchen: Zu den finstersten Phasen meiner Teenagerzeit zählt jene, in der ich allsonnabendlich eine Privathitparade in ein Schulheft eintrug. Richtig pedantisch mit der Plazierung der Vorwoche in Klammern. Ich kenne einen einzigen, der das auch gemacht hat. Sollte es noch welche geben, könnte man eine Selbsthilfegruppe gründen, in welcher man sich gemeinsam die Augen aus den Köpfen schämt. Selbsthilfe-Chef wird die Person, deren Hitparade am längsten war. Meine ging, so fürchte ich, eine Zeitlang bis Platz 50. Noch heute üben allerlei Listen, Tabellen, aber insbesondere Hitparaden einen rätselhaften Reiz auf mich aus. Ich besitze auch Fachliteratur. Wenn man das ›Guinness Book of British Hit Singles‹ besitzt, kann man Leute mit Fragen anöden wie: »Welche männlichen Solo-Künstler hatten in den achtziger Jahren die meisten Hits?« Alle werden gähnen und sagen Prince und Michael Jackson. Doch die richtige Antwort lautet Gary Numan und Shakin Stevens. Die Frage betraf ja nicht die größten Hits, sondern die zahlreichsten. In den USA und in Großbritannien sind Hitparadenbücher Megaseller. Manche Bürger geben als ihr Hobby »Chart History« an. Deutschland liegt in dieser Hinsicht noch im Dornröschenschlaf, aber ich bitte niemanden, seine Energie damit zu verschwenden, ausgerechnet dies zu bedauern.

Seit kurzem werden aber immerhin die deutschen CD-ROM-Charts veröffentlicht. Nun wollen wir einander alle mal schön an der Hand nehmen und einen gemeinsamen Blick auf die CD-ROM-Hitparade vom März '95 werfen. Nicht nur Pop ist darin, sondern auf Platz 3 sind ›Falk Stadtpläne, Einzelstädte‹. Platz 5: ›Das magische Auge.‹ Platz 8: ›Snowboarder.‹ Platz 17: ›Die Bibel.‹ Doch der Knüller ist, crashing straight in von null auf 19: ›Gesetze.‹ Wow, abends nach Hause kommen, sich eine Creme-Noblesse-Stulle schmieden und die Gesetze-CD-ROM in den Schlitz schieben, das muß ein Spaß sein! Leider habe ich noch keinen Schlitz. Vom Hörensagen weiß ich, daß man bei CD-ROMs irgendwas hin und her schieben kann. Kann man etwa die Gesetze verschieben, die Reihenfolge verändern? Und sind die Gesetze mit billig gemachter Synthesizermusik unterlegt wie Reiseberichte über Florida oder Delphinfilme? Oder werden die Gesetze von verstorbenen Stimmungskanonen vorgelesen? Lassen sich die Gesetze vielleicht gar verschärfen? All dies tät ich gerne wissen. Vielleicht ist es ja eine echte Alternative zum abendlichen Limonadetrinken, nach einem anstrengenden Tag zur Entspannung die Todesstrafe wieder einzuführen.

Zu den ungeschriebenen Gesetzen, an die sich jedermann hält, zählt folgendes: »Wer zugibt, daß es eigentlich ganz schön schwierig ist, einen Kleiderschrank von Ikea zusammenzubauen, macht sich lächerlich.« Die Umwelt verlangt, daß man verkündet, es sei ein Kinderspiel gewesen, gerade eine halbe Stunde habe man gebraucht. Dabei benötigt man schon Tage, bis einem die wortlosen, rein piktografischen, von Irren gezeichneten Bauanleitungen einleuchten. Vor einiger Zeit war es doch Mode, in Galerien die Kunst von Geisteskranken auszustellen. Regelrecht ausgebeutet sind die worden. Warum wurden da nie die Ikea-Anleitungen berücksichtigt? Es bleiben auch magischerweise immer haufenweise Schrauben über, obwohl die eigentlich genau abgezählt sein müßten. Viele Menschen haben schlecht zusammengebaute, wackelnde Schränke mit schlecht gehenden Türen, über die sie sich täglich ärgern. Trotzdem fahren sie immer wieder zu Ikea. Sonnabends erzeugen sie auf den Autobahnen, die zu den am Stadtrand gelegenen Ikea-Warenhäusern führen, den sogenannten Ikea-Stau. Im oberen Geschoß, wo die Vorführmöbel stehen, schleichen sie mißmutig herum. Wenn sie etwas entdecken, was sie möchten, beträgt die Lieferfrist sechs Wochen. Aus Frust darüber setzen sie sich in die völlig verqualmte Cafeteria und essen die seit Jahren gleichen ultra-unlukullischen schwedischen Fleischbällchen. Damit es sich gelohnt hat, überhaupt zu Ikea gefahren zu sein, beladen sie ihren Wagen im Erdgeschoß mit schäbigem Polterabendgeschirr, nach drei Tagen kaputtgehenden Klemmleuchten und sonstigem Ömsen-Quatsch. Wenn ein Sprengmeister mal den hübschen Einfall haben sollte, ein Ikea-Warenhaus in die Luft zu jagen, dann komme ich und bringe 80 000 Perverse mit.

Auch Tote dürfen meine Füße filmen
(Juni 1995)

In Zusammenarbeit mit den internationalen Fluggesellschaften hat die nimmermüde Evolution uns Deutschen in die Erbmasse kalligrafiert, daß wir von Zeit zu Zeit ein Verlangen verspüren, in die USA zu reisen, um dort Jeans zu kaufen und simple Frühstücksfragen in der Art von »Wie möchten Sie Ihre Eier?« erst beim zweitenmal zu verstehen. Natürlich gibt es auch welche, die ihren Genen den Gehorsam verweigern und sagen: »Nach New York fahren? Das ist doch wie einen Bestseller lesen. Irgend jemand muß doch auch die Bücher lesen, die sonst keiner liest.« Dieser Einwand leuchtet mir ein, doch sobald zwischen Wohlstand und Zeitplan ein Einvernehmen herrscht, hol ich mir ein Bündel Dollars, stell das Bügeleisen ab und werd zur Ölsardine unter Ölsardinen, die alle nur die eine Frage plagt: »Hab ich das Bügeleisen wirklich abgestellt?«

Immer wenn mir die deutsche Heimat gar zu freudlos und sozialneidverpestet erscheint, überlege ich mir, daß es doch eigentlich besser wäre, wenn ich in den USA wohnte. Dort könnte ich mir mit Hilfe konzentrierten Charmes eine chic aussehende schwarze Musikstudentin angeln und mit ihr eine Rasselbande genialer Mischlinge zeugen, die die ganze Erde ökodiktaturmäßig unterjochen. Mit der Mutter der Rasselbande würde ich mich in den Keller zurückziehen und hysterische elektronische Musik erzeugen, die kein Mensch hören will. Da solcherlei Wünsche nichts bringen, beschränke ich mich auf Besuche. Wenn man ein konventionelles Ziel hat, kann man der Reise Würze verleihen, indem man sich mit einer komischen Fluglinie transportieren läßt. Daher wählte ich Icelandair. Auf dem Flugzeugklo erfuhr ich, daß Rauchen auf der Toilette nach dem isländischen Gesetz mit bis zu sechs Monaten Haft bestraft wird. Damit die Raucher überhaupt der isländischen Polizei übergeben werden können, wird auf einem 50 km von Reykjavik entfernten Flughafen viereinhalb Stunden zwischengelandet. Das ist aber nicht schlimm, denn die isländische Tourismusbehörde stopft alle Transitreisenden in einen Bus, und eine Dame erklärt durchs Mikrofon, daß wir nun alle gemeinsam ein Bad nehmen werden. Herzkranke möchten bitte aufpassen, denn das Wasser sei an einigen Stellen 80 Grad heiß, und der Boden sei teilweise sehr scharfkantig. All dies trägt sie ganz nonchalant vor, so als sei es die normalste Sache der Welt, bei einer Zwischenlandung auf Regierungskosten zu einer lebensgefährlichen Badeanstalt chauffiert zu werden. Während man nun durch die vulkanische Ödnis fährt, erzählt die Dame, daß jeder Isländer 40 Quadratmeter Wohnfläche habe, das sei Weltrekord. Außerdem sei es in isländischen Wohnungen im Durchschnitt 25 Grad warm, das sei 5 Grad mehr als in den anderen skandinavischen Ländern. Bewohner solcher großen, warmen Wunderwohnungen sieht man während der Fahrt nicht. Vermutlich haben die sich alle beim Baden verbrüht oder sind im Gefängnis, weil sie auf dem Klo geraucht haben. Nach einer halben Stunde ist ein furchteinflößendes Gedampfe erreicht, das ein wenig an eine brennende Ölquelle im Golfkrieg erinnert. Es handelt sich aber um ein Open-air-Thermalbad mit angeschlossenem Kraftwerk. Für 9 DM kann man sich von der isländischen Regierung eine ausgeleierte Badehose, wo alles raushängt, leihen, und dann geht es unsicheren Schritts in das launisch temperierte Gewässer. Zurück im Flughafengebäude hat man noch ausreichend Zeit, das Sortiment des Duty-free-Shops zu bewundern: Zigaretten gibt's nicht, wohl aber Dosen mit Rotkohl, Björk-CDs natürlich, aber auch ein französisches Buch über Mexiko.

Da der Kamerad, den ich in New York besuchte, ein Zimmer bewohnt, das nur ein Achtel der Wohnfläche eines durchschnittlichen Isländers groß ist, hatte ich ihn gebeten, mir ein Hotelzimmer zu buchen. Es darf ein ganz einfaches Zimmer sein, hatte ich gesagt, denn man weiß ja, eine Tomate kostet in Tokio 3 Mark, und ähnlich Schockierendes weiß man von New Yorker Hotelzimmern. Das Zimmer *war* einfach. Die Bettwäsche trug den Aufdruck »Community Hospital Anderson, Indiana«. Das Hotel war so billig, daß es mehrheitlich von Dauergästen bewohnt war. Rechts von mir lebte ein Elektrogitarrist mit einem Kätzchen, der seiner Gitarre nur selten Ruhe gönnte. Im linken Nachbarzimmer war eine Französin, die jeden Morgen um sechs in Frankreich anrief und danach bis zu einer Stunde lang bitterlich weinte. Durch die von einem Dreigeruch aus Defäkation, Menstruation und Desinfektion erfüllten Gänge schlurften benachthemdete uralte Süd- oder Mittelamerikanerinnen mit noch älteren Zahnbürsten in der Hand. Nennt mich einen Narren und gottlosen Troll, doch ich glaube, in den Händen dieser Frauen die ältesten Zahnbürsten der Welt gesehen zu haben. In den Gesichtern der Frauen konnte man erschütternde Geschichten lesen, doch die Zahnbürsten erzählten noch erschütterndere Geschichten. In Hotels dieser Art haben sich die Dichter der Beatnik-Generation in manch einem Brocken umwälzender Literatur entladen; ich war in einem echten Rock-'n'-Roll-Hotel, nackte Glühbirnen, Flecken am Kleiderschrank und der ganze Zinnober. Das Klanggebräu aus heulendem Warmwasser, schicksalsschweren Telefongesprächen, Deliriumsgebrabbel und fernen Ambulanz-Sirenen mag vor 35 Jahren einmal Genies entfacht haben, doch die Zeiten sind matter geworden – wenn mein Gitarristennachbar nicht selber in die Saiten griff, dann hörte er die Scorpions.

Ich wurde also nicht angeregt. Ich ging weg, um Eier zu essen und dem Ruf des Erbguts zu folgen, sprich: Jeans zu kaufen. In amerikanischen Jeansshops sind dermaßen viele Deutsche, daß mancherorts deutschsprachige Hinweise kleben: DIE HOSEN NICHT AUSEINANDERFALTEN. WIR HELFEN EUCH. Einmal war ich in einer Umkleidekabine und rief zu meinem Kameraden: »Komm doch mal gucken, ob mir die Hose paßt!« Da erscholl aus allen anderen Kabinen die deutsche Muttersprache: »Was? Gucken kommen? Hose paßt? Gucken kommen wo?«

In der Kassenschlange kommen die Deutschen dann miteinander ins Gespräch. Was das für eine Unverschämtheit sei, was einem in Deutschland für ein Paar Jeans abgeknöpft werde. Die deutschen Jeans-Gespräche an amerikanischen Kassen, das sind – hängt mich auf, wenn ich lüge – das sind die langweiligsten Gespräche der Welt.

Freudiges Erleben entsteht in einer Mädchenfreundschaft erst durch eine Prise bedingungslosen Gehorsams bis an die Grenze völliger Selbstauslöschung.

Neben Jeans kaufen und überlegen, wie man seine Eier möchte, ist die Hauptbeschäftigung des Manhattan-Besuchers schier endloses Latschen. Den einen Tag bin ich 150 Blöcke bis hart an die Grenzen einer Latsch-Kolik gelatscht. »Block« ist die US-Latschmaßeinheit. Meine Füße sind Wunderwerke der Biologie. Sie verbinden entenartigen Fleiß mit der Belastbarkeit von uruguayanischen Arbeitsameisen. Heinz Sielmann will einen Dokumentarfilm über meine Füße drehen? Bitte sehr, die Füße haben es verdient. Lebt Heinz Sielmann überhaupt noch? Mir egal, auch Tote dürfen Filme über meine Füße drehen. Man sollte viel mehr Gutes über Füße sagen. Bald wird sich ja wieder mal der Sommer durch unser Land wälzen. Erneut wird man viele Menschen sehen, die gerne zeigen, wieviel sie für ihren Körper tun. Doch wenn man an ihnen herabblickt, sieht man schmutzige, verhornte Füße mit krumpeligen Zehen und eingewachsenen Nägeln. Ein großer, fleischiger Zeigefinger soll nun vor den Gesichtern dieser Menschen auftauchen. Er sollte etwas größer und dicker sein als normal, damit die Leute nicht denken, das ist ja nur ein langweiliger normaler Zeigefinger, er sollte etwa so groß wie ein arbeitsbereiter Penis sein, aber er soll nicht so aussehen wie ein Penis, sondern nur so groß wie einer sein, und er soll mahnend hin und her schwingen und sagen: »Achtet mehr auf eure Füße! In Wahrheit sind es doch eure Füße, die euch abends Zigaretten holen. Sie tragen fette Leute durch Manhattan. Dankt es ihnen, indem ihr jede Woche ein Fußbad nehmt. Es gibt wunderbar grüne, sprudelnde Salze zu kaufen. Und: vier Füße in einer Schüssel, wer diese Liebesouvertüre nie kennengelernt hat, sinkt unterinformiert ins Grab. Aber nicht vergessen, zwischen der Ouvertüre und dem Fleischesakt die Nägel zu schneiden, sonst bohren sie sich wie Kreuzigungsnägel in das Fleisch des nächsten Zehens. Und hinterher das gute Eis-Gel der Firma Efasit anwenden. Eure

Füße werden euch danken, indem sie euch längere und aromatischere Zigaretten holen und noch fettere Leute durch Manhattan tragen.«

Wer gut zu seinen Füßen war, wird folgendes beobachten: Unten in Manhattan sind die Häuser oll, und die Leute sind elastisch und melodiös und gehen gemächlich. Weiter oben werden die Häuser architektonischer und die Leute finanzieller und schneller. Noch weiter oben werden die Häuser chic und die Leute unsichtbar, weil sie zu reich sind, um auf die Straße zu gehen. Dann wird es wieder oller. Was ganz oben ist, ist nicht mehr auf dem Stadtplan drauf, d.h. es weiß keiner, wie es da ist. Überall sind Nagelstudios, Wahrsagerinnen und Geschäfte, wo große Säcke mit vielen verschiedenen Kaffeebohnen auf dem Boden stehen, in denen man herumschaufeln kann. Die gab es in den achtziger Jahren, in denen ich einige Male in New York war, noch nicht. Auch sonst hat sich vieles geändert. Die U-Bahn ist effizient, sauber, sogar beinah graffiti-frei. Es steigen keine Unholde zu, sondern fröhliche Gestalten, die Spielzeug und Lutscher mit Clownsgesicht verkaufen. Früher war es Brauch, zusammenzuzucken, wenn man durch eine unbelebte Straße ging und es kamen einem Afro-Amerikaner entgegen. Heute zahlt sich das Zusammenzucken nicht mehr aus. Die Kriminalität ist irgendwie wegrationalisiert worden. Zusammenzuck-Fans laufen zähneknirschend durch New York und kaufen sich Tickets nach Washington oder Berlin.

Viele Amerika-Fahrer sagen nach ihrer Rückkehr, daß es ja schön sei, wie umgänglich die Amerikaner seien, nur mit den Schwarzen käme man irgendwie nicht recht in Kontakt, und die Schwarzen seien ja das Interessanteste, weiß sei man ja selber. So ist es wohl. Wenn man einen weißen Amerikaner um eine Auskunft bittet, wird man oft gefragt, woher man komme und ob man seinen Aufenthalt genieße. Fragt man einen Schwarzen, fällt die Unterhaltung tendenziell eher knapp aus. In der Zeitschrift ›Newsweek‹ steht geschrieben, daß durch den langen Befreiungskampf der Schwarzen eine alle Bereiche umfassende Selbstsicherheit entstanden sei, die sich zum Beispiel darin äußere, daß drei Viertel aller schwarzen Frauen mit ihrem Körper zufrieden seien, auch die ganz dicken, während der Löwenanteil der weißen ihren Körper schrecklich finden. Daß Selbstsicherheit gelegentlich in Arroganz und oft in Verachtung derer, die nicht selbstsicher sind, umschlägt, ist bekannt. Man darf sich gern im Schein der fahlen Mondessichel sammeln und mir einen Galgen zimmern, wenn ich irre, aber ich meine, daß die Schwarzen die Weißen verachten. Nicht aus diffusen Rachegefühlen wegen früher begangenen Unrechts, das wäre ja auch zu blöd, sondern ebenso spezifisch wie in Deutschland lebende Türken die Deutschen verachten. Diese verachten die Deutschen wegen ihres mangelnden Familiensinns, ihrer mangelnden kulturellen Identifikation, ihrer Wehleidigkeit und ihrer als Liberalität etikettierten depressiven Toleranz. Weshalb die schwarzen Amerikaner die weißen verachten, weiß ich nicht so genau, denn ich stehe ja nicht mit einem Mikrofon vorm Weißen Haus und weiß alles ganz genau. Vielleicht verachten die Schwarzen die Weißen, weil letztere immer wild am Rumzweifeln sind, sich von allem überfordert fühlen, sich mit ihren Eltern zerstreiten, nicht gut tanzen können, Religion als etwas empfinden, was einengt, dauernd Diäten machen und heimlich neidisch auf die Schwarzen sind. Immerhin habe auch ich einmal beim Betrachten der Übertragung eines Baseballspiels, einer Sportart, bei der es darum geht, daß die Spieler ihre Gesäße möglichst bildschirmfüllend in die Kamera halten, zu meinem Kameraden gesagt, daß ich für ein Jahr oder so auch gern mal einen dicken Hintern hätte.

Einmal kamen in New York Tröpfchen vom Himmel. Ich nahm meinen Museumsplan, um zu schauen, welches Museum das mir am nächsten gelegene war. Es war das Geburtshaus von Theodore Roosevelt (1858–1919). Lieber gähn als naß, dachte ich und geriet gleich in eine Führung unter der Fuchtel einer alten Schachtel, der es Freude bereitete, mit ihrer Bejahrtheit zu kokettieren. »Setzen Sie sich nicht auf diesen Stuhl«, herrschte sie einen Herrn aus Chicago an – natürlich mußte jeder sagen, wo er herkommt –, »denn der ist noch älter als ich.« Zur Einführung erwähnte sie, daß die Roosevelt-Familie aus Holland nach Amerika gekommen war. Da deutete sie mit einem 10 cm langen, aufgeklebten Fingernagel auf mich und rief: »Sie sind aus Deutschland. Sie wissen sicher, wo Holland ist.« Ich bestätigte ihre kühne Vermutung, worauf sie krähte: »Das hätte mich auch wirklich überrascht, wenn ein deutscher Junge nicht weiß, wo Holland ist.« Ja, sie nannte mich einen *boy*. Ein Zimmer war mit einer Kordel versperrt. Die Schachtel erklärte den Besuchern warum: »Der Teppich ist noch älter, als ich es bin. Sogar die Tapeten sind älter als ich.« Vom Erdgeschoß führte eine lange Treppe nach oben. Da hielt sie ihren Gruselfilm-Fingernagel auf mich und den Chicagoer. »Das ist jetzt mehr was für die Jungens«, stieß sie hervor. »Sehen Sie dieses schöne, lange Geländer? Würden Sie da nicht gerne einmal herunterrutschen? Ich habe zwei erwachsene Söhne, und eines Tages sagte ich zu ihnen: ›Söhne, eines Tages, wenn niemand zuschaut, werde ich dieses Geländer herunterrutschen.‹ Und raten Sie mal, was meine Söhne antworteten. Ich erzähle es Ihnen, denn Sie werden es nicht erraten. Meine Söhne sagten: ›Mutter, wenn du das tust, dann schießen wir dich tot.‹«

Zum Abschluß möchte ich noch die hübsche Geschichte mit dem Kätzchen des Elektrogitarristen erzählen. Wer die Geschichte kennt, wird verstehen, daß es mir eine Herzensangelegenheit ist, daß möglichst viele Menschen diese Geschichte kennen. Ich lag im Rock-'n'-Roll-Hotel und las den ›National Enquirer‹, eine Fachpublikation über die Gewichtsschwankungen von Liz Taylor und Oprah Winfrey. Da die Hotelzimmertür älter war, als ich es bin, ging sie manchmal von alleine auf. Ein Kätzchen hatte die Gelegenheit beim Schopfe gepackt, in mein Zimmer zu spazieren. Als ich dies bemerkte, rief ich: »Ei, fein, das Kätzchen des Elektrogitarristen!« und wollte es streicheln. Doch bevor ich es berühren konnte, war das Kätzchen durch dieselbe Tür verschwunden, durch welche es kaum eine Handvoll Augenblicke zuvor das Zimmer betreten hatte. Man ramme mir einen Dolch in die Gurgel, wenn ich mich irre, aber ich meine, daß dies eine ganz bezaubernde kleine Geschichte ist.

Lockende Wucherungen, schäbige Irrtümer
(Juli 1995)

Heute bin ich wild. Echt! Wild stoße ich zu: Laut Unfallstatistik entstehen 80% aller Verletzungen an der Zunge durch das Ablecken von Messern. Nach dieser guten Intro-Info dürfte Appetit auf einen polnischen Zungenbrecher entstanden sein. Bitte sehr, hier ist einer:

W Szczebrzeszynie chrzączsz brzmi w trzcinie.

Das müssen Polen sagen, wenn sie anderen beweisen wollen, daß sie waschechte Polen sind und nicht etwa dahergelaufene Reingeschmeckte von sonstwoher. Möglicherweise ist der Satz ein bißchen falsch geschrieben, denn eine polnische Dame hat ihn mir während einer Karussellfahrt auf einen Bierfilz geschrieben. Die Schrift ist ein wenig kreiselig. Ins Deutsche übertragen bedeutet der schwierige Satz etwa folgendes: In Hummelhausen brummt ein Hummelbrummer im Schilf. Fein ist auch der folgende englische Satz: The sixth sick sheik's sixth sheep's sick. (Das sechste Schaf des sechsten kranken Scheichs ist krank.)

Daß Möbel auf estnisch Mööbel heißen, paßt hier auch noch recht gut her. Leider wäre es falsch, daraus zu schließen, daß das estnische Wort für Ölöfen Öölööfen laute. Das wäre ja auch zu schön. (»Akrobat schöön!«)

Weil ich gerade meine Persönlichkeit renoviere, habe ich viele neue Hobbys. Neben dem Übersetzen ausländischer Zungenbrecher zählt dazu das Sammeln von Fotos, auf denen überbelegte Mehrfachsteckdosen zu sehen sind. Also z.B. Sechsersteckdosen, wo in den Sechsersteckdosensechsteln wieder Verteilerstecker stecken. In stark elektrifizierten Haushalten neigen Steckdosen zu einer sehr bildwirksamen Geschwürbildung, auf welche Maler und Fotografen bisher zu wenig ihres Augenmerkes gerichtet haben. Künstler, ran an die Wucherungen! Stellt dar, wie die Kabel sich winden und kreuzen! Dies ist unsere Zeit.

Ein drittes neues Steckenpferd von mir ist das Sichten von Frauensorgen guter Qualität. Eine überdurchschnittlich hübsche Sorge entnahm ich einer Frauenzeitschrift: »Mein Kleiderschrank quillt über, aber ich ziehe immer das gleiche an.« Meine Lieblingssorge stammt von einer Dame, die eine 22stündige Busreise nach Spanien vor sich hat, während der Fahrt aber keinen Trainingsanzug anziehen möchte, weil sie darin nicht hübsch aussehe. Andererseits sei ein Trainingsanzug sehr bequem. Die Sorgenbeantworterin riet ihr, keine engen Jeans zu tragen. Sonst könne sie eigentlich alles anziehen. Supersorge, Superratschlag.

Man sollte sich nun nicht der irrigen Annahme in die Arme werfen, daß Frauen grundsätzlich die malerischeren Sorgen hätten. Au contraire! Männer sind bloß zu schüchtern, sich öffentlich zur Sorge zu bekennen. Vielleicht mache ich ja anderen Männern Mut, wenn ich hier jetzt mal einige echte, selbsterlebte Sorgen runterrassele:

1) Meine Abonnementskarte der Hamburger Verkehrsbetriebe paßt nicht in die Kreditkartenfächer meines Portemonnaies. Wer hilft mir?
2) Ich kaufe immer Bananen, und hinterher esse ich sie nicht.
3) Die meisten Frauen sind ca. 15 cm kleiner als ich. Wenn sie bei Regen durch die Fußgängerzone marschieren, jagen sie mir immer die Schirmspeichen in die sieben Öffnungen

meines Kopfes. Ich finde, das Schlimmste am Regen sind die Schirme der anderen Leute. Sind das normale Empfindungen?

4) Wenn ich abends nach Hause komme und meine Schuhe ausziehe, dann stehen sie morgens nicht schön nebeneinander wie bei meinen Bekannten, sondern befinden sich in unästhetischen Winkelverhältnissen zueinander, sind manchmal sogar umgekippt, liegen mit der Sohle zuoberst und mehrere Meter voneinander entfernt. Einmal ist sogar ein Heizkörperableser über einen Schuh von mir gestolpert. Wenn er das nächste Mal kommt, möchte ich mich gern mit einem Strauß blutroter Chrysanthemen entschuldigen. Da der Heizkörpermann immer sehr früh kommt, müßte ich die Blumen am Vortag besorgen und über Nacht in eine Vase stellen. Möglicherweise tropfen die Blumenstiele dem Heizungsherrn den Overall voll, und es sieht aus, als ob er sich in die Hose gemacht hat. Ich habe Angst, daß er dann erst recht sauer auf mich ist.

5) Mein Radiowecker ist 18 Jahre alt und sieht schon allzu trashig aus. Da er aber noch tadellos funktioniert, möchte ich mir keinen neuen kaufen. Ein Freund von mir hat sogar einen 24 Jahre alten Radiowecker. Er meint, Radiowecker gehen niemals kaputt. Das sei empirisch belegt. Heißt das, daß ich bis zu meinem Tode jeden Morgen auf einen allzu trashigen Radiowecker gucken muß?

7) Seit ich beim Einkaufen immer sage: »Keine Tüte bitte!«, habe ich kaum noch Plastiktüten im Haus. Das ist schade, denn manchmal will man ja etwas, das feucht und widerlich ist, herumtragen, z. B. einen alten Fisch.

Früher gab es in jeder Küche einen speziellen Winkel, in welchem Plastiktüten gelagert wurden. Sehr beliebt war es, sie hinter den Kühlschrank zu stopfen. Wo es noch ein altes Küchenbuffet gab, diente oft die Brotlade als Tütendepot.

Gern wurden die Plastiktütenknäuel, die übrigens nachts manchmal aus unerfindlichen Gründen zu knistern begannen, unter der Spüle untergebracht. Oder der Tütenklumpen wurde in eine größere Plastiktüte gestopft, welche an der Türklinke oder an einem Schrankknauf hing. Komisch, daß Frauenzeitschriften nie Psychotests veranstaltet haben, die unter dem Motto standen: »Sag mir, wo du deine Plastiktüten hinstopfst, und ich sage dir, ob du dich nach Zärtlichkeit sehnst oder nicht.«

Bei schlampigen Jungmännern hing auch die Mülltüte an der Küchentürklinke. Nachts riß dann immer der Henkel, was insbesondere für die Liebhaber von Filterkaffee morgendliche Reinigungsschmach bedeutete. Wenn die Männer mit einer Frau zusammenzogen, hörte das auf mit den Tüten am Türgriff. Frauen bringen immer Mülleimer mit in eine Beziehung. Da fällt mir noch ein weiterer der wenigen Vorteile der LP gegenüber der CD ein: Die LP-Tüten konnte man gut weiterverwenden, und sei es nur für den Abfall. Mit den CD-Tütchen kann man überhaupt nichts anfangen. Um sie an die Klinke einer Puppenstubenküche zu hängen, sind sie wiederum zu groß. Früher in der New-Wave-Zeit, als die Menschen sich in Lokalen mit Metallfußboden trafen, die Café Amok oder Café Wutanfall hießen, war es durchaus chic, seine Zigaretten, Kulis oder Schminksachen in bestimmten Plastiktüten herumzutragen. In Berlin gab es einen Plattenladen namens ZIP, dessen kanariengelbe Tragbeutel ihren Benutzern einen so hohen gesellschaftlichen Rang verliehen, daß man damit sogar zu Nachtkluberöffnungen gehen konnte. Wichtig war aber, daß nur wenig in der Tüte war. Wer sie vollstopfte wie einen Rotkreuzsack, verminderte sein Ansehen. Menschen mit vollgestopften Beuteln dürften auch heute nur wenig szenelokal-kompatibel sein. Ich kenne einen beneidenswerten Mann, der eine ZIP-Tüte aufgehoben hat. Wenn er eine limonadenselige Geselligkeit gibt und die Stimmung den Zenith erreicht hat, wird die Tüte hervorgeholt und gemeinsam bestaunt. Danach wird über die Buzzcocks und Gang of Four geredet. Dergestalt blühen die Päonien der Nostalgie am Boulevard meiner Generation.

Die jetzige Generation ist gar nicht so schlecht: Diese Jugendlichen haben z.B. die Extasekapseln, die Tante Friedchen aus Berlin geschickt hat, nicht alleine gefuttert, sondern haben auch ihrem Kätzchen eine gegeben.

An sich scheine ich mich nicht groß mit irgendwelchen Generationen zu identifizieren. Es gibt da so Indizien. Ich kenne niemanden in meiner Altersstufe, der noch nie wenigstens eines der Länder Spanien, Griechenland, Portugal und Türkei besucht hat. Nur ich wurde dort noch nie erblickt. Dabei habe ich gar nichts gegen diese temperamentreichen

Gebiete, ich bin notfalls auch in der Lage, ölgetränkte Batzen herunterzuwürgen, aber der Reisewind hat mich stets an anderer Herren Strände geblasen. Ich habe auch noch nie in meinem Leben gerülpst oder ein Video aus einer Videothek ausgeliehen. Aber vielleicht rülpse ich einmal oder fahre nach Griechenland und leih mir dort Videos aus. Das wird mich schon nicht zerstören. Es gibt nur weniges, von dem ich absolut sicher bin, daß ich es wirklich nie machen werde. Ich werde z.B. niemals morgens um acht mit einer Bierflasche in der Hand an einem Kiosk stehen, ich werde niemals Karl Kraus zitieren, ich werde mich niemals mit einem vergrößerten Scheck fotografieren lassen, und ich werde niemals mit einem Schimpansen im Arm eine Showtreppe hinuntergehen. Das garantiere ich mit Schlips und Dokumententinte.

Es ist interessant, zu was für sonderbaren Resultaten man gelangt, wenn man sich überlegt, was man alles noch nie gemacht hat. Ich habe noch nie einer schwangeren Frau ein Auto auf den Bauch gestellt. Ich meine jetzt natürlich Märklin-Autos, Spielzeug! Und damit auf dem Bauch herumfahren und »wrum, wrum, wrum« machen. Hab ich noch nie gemacht. Ein Besucher erzählte mir, daß er noch nie in einer Wohnung ohne Allibert-Schrank gewohnt hat. Das ist auch ein aufwühlendes Schicksal. Was Ratten für den Keller sind, sind Allibert-Schränke fürs Badezimmer. Entweder die Türen gehen immer von alleine auf, oder sie lassen sich so schwer öffnen, daß man Angst haben muß, das instabile Plastikgetüm aus der Wand zu reißen. Oft hängen sie so schief, daß nach jedem Öffnen ein Schwung zehn Jahre alter Parfümpröbchen ins Waschbecken klackert. Die innere Beleuchtung ist auf Wackelkontakt abonniert, weshalb man immerzu am Gegenklopfen ist. Also genau wie bei Ratten. A propos abonnieren: Interessant ist auch das Thema Abo-

Prämien. An der Art der Prämien kann man erkennen, wie die Verlage den Lebensstil ihrer Leser einschätzen. Der ›Spiegel‹ lockte vor kurzem mit einem Tischstaubsauger. Das ist ein batteriebetriebenes Etwas, mit dem man Kuchenkrümel von der Tischdecke absaugt. Für ›Spiegel‹-Leser muß es eigentlich ziemlich beleidigend sein, daß man glaubt, ihresgleichen mit so einem affigen Putzteufel-Schnickschnack ködern zu können. Menschen, die einen Abonnenten der noch zu gründenden Zeitschrift ›Schäbige Irrtümer‹ werben, könnten mit einem Allibert-Schrank belohnt werden, denn der Allibert-Schrank ist, das sag ich stramm wie ein Mann, einer der unbrisantesten, aber auch einer der schäbigsten Irrtümer unserer Zivilisation.

Die Plastiktüte scheint mir ein schönerer Irrtum zu sein. Allerdings kann man Plastiktüten, ähnlich wie Hexen oder Tumore, in böse und gute einteilen.
  Böse sind die dünnen Knistertüten, die in die Hand einschneiden, gut hingegen sind die dicken, glatten, des Knisterns unkundigen. Erstaunlich an der Plastiktüte ist, daß sie im Plastikland USA nie den großen Durchbruch geschafft hat. Daß die Menschen dort eingekaufte Lebensmittel in henkellose braune Pappbeutel stecken, die sie wie Kleinkinder auf dem Arm transportieren, fand ich oft rätselhaft. Liegt es daran, daß diese Beutel auf der Abstellfläche ihrer Autos besser stehen? Das wüßte ich gern. Und dann wüßte ich auch gern, wodurch jene 20% Zungenverletzungen hervorgerufen werden, die nicht vom Messerablecken kommen. Durch das Lutschen saurer Drops? Durch das Küssen scharfzüngiger Kommentatoren? Durch Zahnärzte, die durchgemacht haben? Eigentlich eine langweilige Frage. Daher gleich die vermutete langweilige Antwort: Durch das Lecken an Gummierungen von Briefumschlägen.

Viel Treppe, viel Kirche
(September 1995)

Einmal stürzte auf der Straße eine Dame mit einem altmodischen Mikrofon und einer altmodischen Frisur auf mich zu und wollte von mir wissen, was mir zu Jesus Christus einfalle. »Nichts«, sagte ich und setzte meinen Weg fort. Beim Weitergehen fiel mir allerdings auf, daß mir in Wirklichkeit viel zu Jesus Christus einfällt. Daß ich z.B. in einer texanischen Stadt namens Corpus Christi einmal wahnsinnig geschwitzt habe. Oder die Popgruppe Christie, die vor ca. 25 Jahren einen Hit namens »Yellow River« hatte. Der ging etwa so: »Yellow River, Yellow River, damdamdamdam damdamdam.« Natürlich denke ich auch an Christo, dessen Reichstags-Aktion einen noch nie dagewesenen Konsens-Overkill hervorgerufen hat. Alles schnurrte befehlsgemäß vor Erhabenheitsbegeisterung. Gelobt wurde natürlich mal wieder die südländische Atmosphäre, denn die wird ja chronisch gelobt. Es seien Wolldecken ausgebreitet worden, auf welche sich junge Leute zum Weintrinken niedergelassen hätten. Braungebrannte Männer mit freiem Oberkörper hätten gar auf Bongos gespielt. Derlei Schönes wurde allseits freudvoll betont. Medien, Politik und Manövriermasse Mensch im Ekstase-Gleichschritt. Ich habe auch einen kurzen Blick auf die Wolldeckenausbreitungskunst geworfen und habe lediglich das von ähnlichen Berliner Großereignissen gewohnte Rülps- und Furzambiente gewärtigen können. Des weiteren fällt mir zu Jesus der Hamburger U-Bahnhof Christuskirche ein, welcher »mein« U-Bahnhof ist, also derjenige, der für mich zuständig ist, was ja wohl eine der schnuckeligsten Zuständigkeiten ist, die man als U-Bahnhof dem Weltengang abtrotzen kann. Wenn man aus dem Bahnhof herausklettert und nach rechts geht, kommt man in die

Weidenallee, in welcher sich ein Eiscafé befindet, welches für seine haus-, ja handgemachten Eise in häufig wechselnden und zum Teil überaus ausgefallenen Geschmacksrichtungen berühmt ist. Zu welchem anderen Eismann kann man sonst sagen: »Ich hätte gern vier Kugeln, und zwar Avocado-Kumquat, Zeder, Pytahaya und Salak.« Manchmal gibt es auch Limoneneis, welches so peinigend sauer ist, daß sich das Gefühl einstellt, gleich fängt die Zunge an zu bluten. Es ist, als ob man gefrorene Salzsäure nascht. Firsttimer kämpfen mit den Tränen, verwünschen den wackeren Eismann, drohen mit der Polizei. Doch die Polizei hat keine Handhabe gegen Limonenpower. Ich finde es gut, in einem Staat zu leben, in dem man nicht nur gegen meinen und des Bundeskanzlers Willen mit häßlichen Parlamentsbauten pathetische Spielchen treiben, sondern auch unbehelligt extremistische Speiseeise herstellen kann. Dies fällt mir zu Jesus Christus ein.

Zum Kreis mir nahestehender Persönlichkeiten zählen ein paar, die mehr oder minder stark gläubig sind. Die nehme ich immer in Schutz, wenn Atheisten ins Geifern geraten. Ich unterhalte mich auch gern über religiöse Themen, denn ich finde, immer nur über neue Filme und Platten zu reden, das bringt es auf die Dauer wirklich nicht. Heimlich beneide ich die Gläubigen auch. All den schönen Trost und das schöne Nachdenken über ernste Dinge, das kriegen die Gläubigen automatisch ins Haus geliefert. Die anderen müssen täglich von neuem den Alkohol in die Wohnung schleppen. Die Gläubigen sinken nach des Arbeitstages Marter in die Badewanne und spielen mit dem schönen Schaum, und zum schönen Schaum gesellt sich der liebe Gott, und dann werden Pforten gesichtet, Pforten zum Licht. Mir imponiert, daß die Christen annehmen, es gebe immerfort Auswege und Lösungen. Die anderen können nur in der warmen

Brühe liegen und wichsen. Nur Friseure müssen nicht onanieren. Die können auch mal ondulieren. Unter Friseuren soll es sogar zu sehr erregenden wechselseitigen Ondulationen kommen. Da würde ich gern mitondulieren. Doch wie steht es auf dem Aufkleber, der seit einiger Zeit an den Schaufenstern aller Friseure prangt: WAS FRISEURE KÖNNEN, KÖNNEN NUR FRISEURE.

Da ich als unfreiwilliger Heide jedem Atheismus fernstehe, nehme ich mir immer wieder vor, an Gott zu glauben, aber es klappt einfach nicht. In den achtziger Jahren bin ich mit einer katholischen Freundin sonntags oft um die Gotteshäuser gezogen, aber es kam kein Glaube über mich, obwohl ich das Brimborium häufig sehr gut fand, denn ich bin mitnichten ein Brimboriumsverächter. Wenn irgendwo ein gutes Brimborium gegeben wird, sitz ich in der ersten Reihe, denn bei Brimborien muß man nicht befürchten, daß man auf die Bühne gezerrt wird und seinen Namen sagen oder seine Jacke ausziehen oder ähnlich furchtbare Dinge tun muß. Außer vielleicht in den USA. Dort besuchte ich mal mit einer US-Bürgerin und einem anderen Deutschen als Ausflugsauftakt einen schwarzen Gospel-Gottesdienst. Wenn ich nicht mitgekommen wäre, hätte ich den ganzen Tag allein in einer heißen fremden Wohnung sitzen müssen. Natürlich waren wir die einzigen Weißen, aber wir wurden durchaus nicht tadelnd angeguckt. Man nahm uns nicht zur Kenntnis, was mir mehr als anständig vorkam. Doch nach einer halben Stunde schönster, gesangsunterstützter Zeremonien wurden wir von einer Dame mit Funktion, der Religionspräsidentin womöglich, aufgefordert, aufzustehen, der Gemeinde unsere Namen zu nennen und anzugeben, woher wir kämen. Das ging ja auch noch. Die Dame mit Funktion sagte freundlich, oh, we have never had anybody from as far as Germany. Dann fragte sie uns, warum wir uns denn ausgerechnet diesen Gottesdienst ausgesucht hätten.

Ich wollte darauf antworten, we have never been to a black church service before and we were wondering what it's like. Aber ich traute mich nicht. Hätte ich mich doch getraut! Denn dann hätte der andere Deutsche nicht jenen herausragend widerwärtigen Satz gesagt, den er gesagt hat. Es war ein Satz, den zu sprechen er drei Sekunden benötigte, aber in jeder dieser Sekunden verlor ich vor Schande einen ganzen Liter Körperflüssigkeit. Der Satz lautete: »We are friends and supporters of black american culture.« Wenn er sich doch wenigstens das Wort supporters verkniffen hätte. Die Kirche stand ja auch nicht in einem Ghetto, sondern in einer Art Wohnparadies im paradiesischen Gliedstaat Massachussetts, und die Gottesdienstbesucher gehörten dem gehobenen Mittelstand an, der ganz bestimmt keine radebrechende Unterstützung von Deutschen mit kaputter kultureller Identität benötigt.

Die Gottesdienstbesichtigerei habe ich längst aufgegeben. Ich finde es ungehörig, da herumzuhocken, wenn fremde Leute sich ihren Empfindungen widmen, zumal der Voyeurismus ja auch nichts nützt, wenn die Frömmigkeit nicht abfärbt. Ich war 12 Jahre alt, als ich bemerkte, daß ich nicht an Gott glaube. Das erzählte ich meiner Schwester, welche meinte, es sei eine Todsünde, so etwas auch nur zu denken. Doch bei aller schwesterlichen Scharfsicht, es war nicht dran zu rütteln: Mir war mein Jesulein entfleucht. In der Jugend, also einer Zeit, in der viele Menschen ihre oppositionellen Energien in die fragwürdigsten Kanäle leiten, habe ich mich immer sehr gern über Christen lustig gemacht. Hätte es damals schon Aids gegeben, hätte ich mich vor ein katholisches Gymnasium in Fulda oder Paderborn gestellt und dort mit Gratiskondomen um mich geworfen wie mit Karnevalsbonbons. Wenn dann der Bischof in seinen Bischofsklamotten angewetzt gekommen wäre, hätte ich gerufen:

»Ätschibätschi! D.b.d.d.h.k.P. Sie wissen schon, doof bleibt doof, da helfen keine Pillen.«

Schlimmer noch: Hätte ich damals eine Marienerscheinung gehabt, dann hätte ich mich ihr gegenüber nicht gerade als Kavalier aufgeführt. »Wer sind Sie denn?« hätte ich sie angeherrscht. »Mein Name ist Maria.« – »Maria? Waren Sie nicht mal mit Gottlieb Wendehals verheiratet?« – »Nein, das war Mary Roos. Ich bin die Muttergottes.« – »Ach so, kombiniere. Maria, die Chefschreckschraube des Christentums.« Arme Maria! Die arme Sau hätte eher mit dem Teufel angebandelt, als daß sie mir noch mal erschienen wäre. Würde sie heute in mein Zimmer flimmern, dann wäre ich ganz anders. Aus dem Mantel helfen, in den Mantel helfen, Stuhl hinschieben, nicht meckern, wenn sie ihre Binden in mein Klo schmeißt, lauter so galantes Zeug. Fern liegt die Zeit, als ich mich zu dem öden Kreis zählen ließ, für den nur solche Transzendenzen legitim sind, die durch Alkohol und andere Rauschmittel hervorgerufen werden, für den nur die Striche auf dem Bierdeckel und die Ziffern auf dem Scheck zählen. Heute habe ich insgesamt ein gutes, fast kumpelhaftes Verhältnis zur Religion. Ich glaube, ich darf behaupten, die Kirche ist ein Kumpel von mir. Nur: Katholisch muß sie sein. Das Evangelische ist mir so fremd wie die Sozialdemokratie. Die Fügung evangelisch und SPD läßt sich nur noch übertrumpfen durch die Kombi-Kiste evangelisch, SPD und aus Prinzip keinen Fernseher haben. Bei solchen Leuten geht es rund. Auf mir fremde Art rund. Die sitzen abends auf dem Sofa und lesen Bücher. Überall stehen Vasen mit verstaubten Strohblumen. An den Wänden hängen gewobene Wandteppiche mit pfeiferauchenden Bauern beim Wichsen, ich meine natürlich Säen. Irgendwas mit Samen halt. Warme Brauntöne dominieren. Sanftes Licht dominiert auch, das ist logisch. Nicht zuletzt dominiert eine Atmosphäre redlich erworbenen Vertrauens. Auf dem Tisch, hier schiebe ich kein »Wow« ein, die ›Frankfurter Rundschau‹.

Die Möbel sind ganz schlicht und schnörkellos. Wenn einem Stück über Nacht mal Schnörkel wachsen, dann wird das an durchreisende Katholiken verkauft. Buche ist beliebt. Esche ist noch beliebter, aber teuer, und die Differenz Buche–Esche kann man spenden. Oder richtig schön essen gehen für, mit Leuten, denen man schon lange mal sagen wollte, daß sie, wenn mal kein Brot im Haus sein sollte, ruhig anrufen können, auch nachts, auch bei fremden Leuten.

Einmal pro Woche blicken die bücherlesenden Evangelischen auf, schauen ihren Partner an, mit dem sie schon ganz lange zusammen sind, und es wird einander berichtet, auf Seite wieviel man ist.

»Ich bin auf Seite 305 oben, Dietlinde.«

»Schön, Wolfhardt. Ich bin auf Seite 267, und zwar auch oben. Weißt du eigentlich, wie schön ich das finde, daß wir meistens gemeinsam oben sind? Daß wir den kostbaren Augenblick des Umblätterns miteinander teilen? Und möchtest du, daß ich noch ein Stück Brot mit dir teile? Graubrot.«

»Ja, Dietlinde, brich das Brot und teile es mit mir. Und gib die grauere Hälfte ruhig mir. Ich habe übrigens auf Seite 282 unten etwas über Teilen und Ergrauen gelesen, das mir sehr wertvoll erschien. Darüber möchte ich um halb elf mit dir sprechen.«

»Ja, Wolfhardt, um halb elf, wenn wir bereits unsere Pyjamen betreten haben werden.«

Manchmal hören sich Wolfhardt und Dietlinde auch gemeinsam eine wertvolle Jazz-Aufnahme an. Natürlich eine mit dem Goldenen Vertrauenssiegel der ökumenischen Jazz-Akademie. Oder sie lassen sich von Smetanas ›Moldau‹ verzaubern. Wenn das Orchester so richtig strudelt und sprudelt, dann schließen sie die Augen und stellen sich den reißenden Fluß vor. »Da hört man es richtig gluckern, Wolfhardt.« – »Ja, Dietlinde, die Naturgewalten sind musikalisch sehr gut reproduziert, und wenn man sich auf sie einläßt, übertragen sie sich auch auf uns Menschen.« – »Ja, Wolfhardt, sie übertragen sich.« Da reibt sie ihren Kopf an seiner Schulter, und es wäre gar zu indiskret, jetzt nicht das Thema zu wechseln.

Wenn ich mich in meinen in luftiger Höhe gelegenen, angemieteten Hamburger Gemächern aus dem Fenster lehne, kann ich neben der bereits erwähnten Christuskirche noch sieben weitere Kirchtürme erblicken. Auch dies ist Lebensstandard. Viel Feind, viel Ehr, viel Treppe, viel Kirche. Ich glaube, ich könnte auch in den Genuß des Blicks auf zehn Kirchtürme gelangen, wenn ich mich noch weiter herauslehne, doch ich bin geräuschempfindlich, besonders was das Geräusch des Aufpralls meines eigenen Körpers auf Asphalt angeht. Mit Hilfe des Stadtplanes habe ich die Namen der acht Kirchen, die ich sehen kann, herausgefunden, und ich habe vor, jede einzelne dieser Kirchen aufzusuchen, mich in ihre angenehm kühlen und reinigend stillen Schiffe zu setzen und mir den Kopf darüber zu zerbrechen, wie das kommt, daß in mir nichts glauben will.

Die Leutchen und die Mädchen
(Oktober 1995)

Seit Jahren schon ereilt mich immer wieder mal ein Gedanke, mit dem ich nicht den Tag, geschweige denn die Nacht verbringen möchte. Es ist ein gräßlicher, ganz und gar unkooperativer Gedanke der Kategorie:»Was wäre wenn...« Der Gedanke lautet: Was wäre, wenn die großen Katastrophen der Menschheit nicht stattgefunden hätten, wenn Seuchen, Kriege, Hungersnöte, Vertreibungen und Genozide quasi ausgefallen wären? Wenn all jene Leutchen, die ums Leben kamen, bevor sie eine Familie gründen konnten, Kinder bekommen hätten, deren Nachfahren jetzt mit Autos herumfahren, Rindfleisch begehren und Wasser verschwenden würden? Die Erde wäre wüst und grau. Müßte man sich nicht daher bei den Leutchen bedanken, statt sie pauschal zu betrauern? Mannomann, da sitzt man auf der Chaiselongue, hat potthäßliche Gedanken, und keiner offeriert einen stützenden Arm. Vielleicht ist es aber so wie mit dem Masturbieren: Wenn Kinder anfangen, Selbstbefriedigung zu betreiben, dann denken viele jahrelang, daß sie die einzigen Menschen auf der Welt sind, die so etwas tun, und wer weiß, vielleicht bin ich ja nur einer von etlichen, die sich von dem blöden Gedanken irritieren lassen. Da man aus dem Gedanken überhaupt keinen Nutzen ziehen kann, muß man ihn vergraulen. Den Fernseher anstellen und feststellen, daß es zur Zeit zwei Fernsehserien gibt, in denen Hunde Verbrechen aufklären. Warum auch nicht, es gibt ja auch sechs verschiedene miteinander konkurrierende Überraschungsei-Kataloge und, noch wilder, viereinhalb Millionen Menschen, die nachts raus müssen. Oder man rennt ablenkungshalber auf die Straße und guckt, wie weit die Beschriftung der Bevölkerung vorangeschritten ist. Man ist schon sehr weit. Noch vor fünf Jahren war lediglich die Jugend beschriftet, heute hat man alle am Wickel. Neulich sah ich eine ca. 70jährige Dame mit Hüftleiden, welche eine Jacke trug, auf deren Unterkante viermal THE SPIRIT OF FASHION zu lesen war. Auf dem Rücken der Jacke, die nie modern war noch je modern sein wird, befand sich ein funktionsloser dreieckiger Lederaufnäher, auf dem stand ACTIVE LINE MORE AND MORE.

Active ist ein sehr beliebtes Wort. Auf einer Parkbank saß ein alter Mann, der auf der Brustseite seiner Jacke ein Metallschild hatte, wo draufstand URBAN MARINER BE ACTIVE LIKE A MAN. In der U-Bahn sah ich einen Schüler mit einem Rucksack, auf welchem zu lesen war STREETLINE ON GRAPHICS DOWNTOWN LAKEWOOD. Als der Schüler erleichterungshalber seinen Rucksack zwischen seine Füße stellte, so daß man nun auch die Rückenaufschrift seiner Jacke sehen konnte: MOVE IT UP IN THE WORLD ALTERNATIVE NATURE BOYSWEAR ENVIRONMENTAL MESSAGE. (Natürlich stand das nicht wie ein Satz da, sondern unter- und nebeneinander, in verschiedenen Schrifttypen etc.) Nach einer Weile zog er die Jacke aus. Auf der Rückseite seines T-Shirts stand geschrieben: 2 PACK RETRO SOUP MIXES. Ich wäre nicht erstaunt, wenn demnächst z. B. der Eichborn Verlag ein gar lustiges Verschenkbüchlein mit den lächerlichsten englischsprachigen Freizeitbekleidungsbeschriftungen auf den Markt bringt. Warum läßt die Bevölkerung das mit sich machen? Dünkt es einen cool, beschriftet zu sein? Dies ist es gar nicht immer. Einmal spazierte ich mit jemandem durch die Geographie, der ein Fachmann in Stil- und Coolnessfragen ist. Wir sahen einen Mann mit einem Sweatshirt, wo draufstand HARD ROCK CAFÉ BERLIN. Da sagte mein Begleiter fachmännisch: »Uncooler geht's wirklich nicht.« Ich selbst besitze nur eine einzige beschriftete Anziehsache, ein T-Shirt, das mir vor einigen Jahren mal in neckender Absicht ein Weggefährte schenkte, auf welchem steht: Bier formte diesen wunderschönen Körper. Das Shirt war damals gerade ganz neu auf dem Witzhemdchenmarkt und daher noch einigermaßen komisch, aber ich habe es trotzdem nie angezogen. Als eine Freundin von mir hochschwanger war, hatte ich kurz in Erwägung gezogen, es ihr zu schenken, nicht ohne zuvor das Wort Bier durchzustreichen und die ihren Fall betreffende Substanz drüberzuschreiben, aber ich hatte diese Freundin schon einmal mit einem höchst uneleganten, Mutterschaft betreffenden Witz genervt, und ich wollte nicht aus ihrer Gunstsphäre rutschen. Wir waren in einem Café gesessen, es war noch ein Stuhl frei an unserem Tisch, es kam zur Tür herein ein mir bedauerlicherweise flüchtig bekannter Widerling. Es gibt ja Leute, die einem so unsympathisch sind, daß es einem vorkommt, als stünde die gesamte Überbevölkerung in einen Körper komprimiert vor einem. Aus Abscheu vor dem Widerling sagte ich zu der Freundin: »Du bist doch eine Frau. Du kannst doch gebären. Gebär mir doch bitte mal einen Igel und leg den auf den freien Stuhl, damit sich die Drecksau da nicht hinsetzt.« Das fand die Freundin gar nicht gut. Ich möchte ihr bloß nicht noch mal mit so was kommen, muffelte sie, ihren Bauch ängstlich betastend. Daher verbiß ich mir den uneleganten T-Shirt-Witz.

Was ist eigentlich Eleganz? In Wahrigs Wörterbuch steht: »modisch (aber sparsam in den Mitteln), stilsicher, verblüffend gewandt«. Sicher sind aus dem Munde von Coco Chanel, Wolfgang Joop und anderen Experten noch trefflichere Definitionen überliefert. Wie wäre es mit: »Eleganz ist eine Form von Komplexität, die sich nicht über die Einfachheit erhaben fühlt.« Schicke Definition! Sicher von einem Zuckerstückchen, und drunter steht Peter Ustinov, Oscar Wilde oder so Leutchen. Weit gefehlt! Es ist eine selbstgemachte Definition, die ich mit viel Liebe in meinem Privatkopf hergestellt habe. Selbst die gequälteste selbstgemachte Definition ist immerhin etwas Besseres als selbstgemachte Schweinskopfsülze. Manche Hausfrau versucht ihren matt funzelnden Ehehimmel neu zu besternen, indem sie ihren heimkehrenden Mann allabendlich mit Sülze überrascht. Doch seit Jahren spricht der Gatte: »Schweinskopfsülze, nein mein Schatz! Verriegelt bleibt der Hosenlatz!« Spinnenweben bilden sich zwischen seinem und ihrem Kopfkissen, was unter Fachleuten als untrügliches Zeichen gilt, daß die Billardkugel, die wir Sex nennen, von der Salzstange, die wir Verlangen nennen, nicht mehr angestoßen wird auf dem Billardtisch der Ehe. »Sie« sollte der Abwechslung wegen mal versuchen, »ihn« mit einer selbstgemachten Definition zu überraschen. Staunen wird sie: Es knirscht der Schlüssel im Schlüsselloch. Der Mann stellt seine Aktentasche auf seiner Aktentaschenabstellstelle ab. Da kommt die Frau aus der Küche gesprungen und ruft: »Weißt du, was Liebe ist? Liebe ist, einen Mann, der keine Schweinskopfsülze mag, nicht mit Schweinskopfsülze zu überraschen, sondern mit selbstgemachten Definitionen und ernteaktuellen Salatvariationen!« Da freut sich der Mann und ist seiner Frau gern wieder im Sinn der Ehe dienlich.

Ich sollte eine private Zuckerstückchenedition herausbringen mit aphoristischen Definitionen wie »Aufräumen ist, was man macht, bevor Besuch kommt« oder »Die Überbevölkerung sind alle, die dich nicht lieben« oder »Wein ist, was man trinkt, wenn das Bier alle ist«. Besser noch, ich verscherbele die prächtigen Slogans an einen Witzhemdchenfritzen. Ein T-Shirt mit dem Wein-Slogan könnte ein Hit werden unter angepunkten Winzersöhnen, die den väterlichen Betrieb nicht übernehmen wollen. Es wäre auch ein gutes Accessoire für den Frechdachs-Tourismus. Mit besagtem T-Shirt während der Weinlese durch die Weinberge spazieren, ein unschuldig Liedchen pfeifend, das wäre doch mal was. Das Shirt muß mindestens 40 Mark kosten. Was zu billig ist, achten die Leutchen nicht, und Gratiskram ist immer kacke. Überall liegen Gratiszeitschriften auf Treppen, Buffets und Konsolen. Weil sie umsonst sind, greifen die Leutchen danach, und daheim wird das Produkt ungelesen fortgeworfen. Millionen Tonnen Papier sinnlos bedruckt! Die Leutchen drucken so viel Lesestoff, daß man meinen muß, sie wollten alle von Natur und Bruderhand Dahingerafften sämtlicher Epochen lektüremäßig mitversorgen.

Gar nicht prima sind auch Gratis-Kulturveranstaltungen. Da werden die Kulturschnorrer herbeigelockt. Welche, die denken, leise Stellen in der Musik sind dazu da, daß das Publikum in Meinungsaustausch über die lauten Stellen treten kann. Welche, die rascheln, Hunde mitbringen, dauernd rein- und rauslaufen, Zwischenrufe fahren lassen, den Kopf hin und her schleudern und das seriöse Publikum, das auch Eintritt bezahlt hätte, am freudigen Empfinden hindern. Ein großes Thumbs-down! Talking about den Kopf hin und her schleudern: Als ich Anfang August eine kurze Pause zwischen zwei Bombenanschlägen nutzte, um mich in Paris zu tummeln, erklärte mir einer, woran man die deutschen Touristen erkenne. Man erkenne sie daran, daß sie sich um die Straßenmusikanten am Centre Pompidou scharen, mit dem Kopf wackeln und mit um den Po gebundenen Pullovern ekstatisch tanzen. Anderer Nationen junge Abgesandte tapsen nur ein bißchen mit dem Fuß. Die Deutschen müssen immer zeigen, wie unverkrampft sie sind, und ihre Ich-bin-die-Desirée-aus-Tübingen-und-habe-soviel-Körpergefühl-wie-der-gesamte-Senegal-Show abziehen. Ich finde das eher süß als schändlich. Süß ist auch, wie die deutschen Mädchen ihren Paris-Aufenthalt verbringen. Sie gehen von einem Portraitzeichner zum nächsten und lassen sich zeichnen. Die Zeichner sind routinierte Hasen, welche die physiognomischen Merkmale eines Girls mit einem festen Blick erfassen und in wenigen Minuten umsetzen. Die Mädchen aber denken, jetzt komme es ganz furchtbar darauf an, still zu sitzen und jeden überflüssigen Lidschlag zu vermeiden. Sie sitzen ganz starr da, mit kraftvoll aufgerissenen, furchterregend ausdrucksstarken Augen, und der Mund ist immer leicht geöffnet, ein oder zwei Mal lecken sie sich verstohlen die Lippen feucht, denn auch ein feuchter Mund, der einen Spalt weit offen steht, gilt als ausdrucksstark, als erotisch. Die Mädchen könnten sich während der Sitzung auch in der Nase bohren und Hubba Bubba kauen, die Zeichner würden ihnen immer ausdrucksstarke Augen und erotische Münder malen, denn diese Leutchen sind ja nicht vom Mond. Nach dem Modellsitzen gehen die Girls zur Souvenirbude und kichern ganz lange über die Postkarten mit den nackten Männern. »Guck mal, Vanessa, der ist doch voll süß!« – »Mensch Stephanie, du hast echt einen guten Klamottengeschmack, aber dein Jungsgeschmack, also nee!« – »Ich finde, der hat einen unheimlich ästhetischen und ausdrucksstarken Körper.« – »Wetten, der ist schwul?« – »Oh, Vanessa, du bist voll gemein. Wieso soll der denn schwul sein?« – »Weil die alle schwul sind, Stephanie. Das sind nämlich Schwulenpostkarten« etc. Zum Verschicken kaufen sie daher doch lieber eine Karte mit weichgezeichneten Wildpferden in der Camargue oder ein anspruchsvolles Schwarzweißfoto eines alten Mannes, der in einem Bistro sitzt und Zeitung liest. Mädchen: Mit ausdrucksstarken Augen auf anspruchsvolle Bilder blicken, das wollen sie, und warum sollte sie jemand daran hindern.

Wenn vom Thema Postkarten die Rede ist, darf auch ein düsteres Kapitel nicht unter den Teppich gekehrt werden: *Edgars Gratispostkarten.* Wenn die Leutchen in der Kneipe von der Toilette kommen, bringen sie immer einen Schwung davon mit und beömmeln sich dann rundum darüber. Es ist nicht nötig, dies gestelzt und barsch zu kommentieren, doch lustig sind diese Karten nie. Sie sind penetranter Werbejuxschrott, den man niemals an seine Liebsten und Teuersten schicken kann. Stolz an den Ständern vorüberschreiten, dieses sei die Marschparole! Für seine Augensterne sollte man schon 50 Pfennig überhaben. 50 Pfennig reichen aber auch. Die größeren Karten mit »interessanteren« Blickwinkeln von »besseren« Fotografen, die immer gleich DM 1,50 kosten, die kann man getrost im Ständer belassen. Mädchen aus gehobenen Wohnlagen werden sie kaufen.

Manche wohnen ja im falschen Körper und wären gern ein Mädchen. Wenn ich mich jedoch im Spiegel sehe, denke ich: Das ist, traurig wie die Welt nun mal ist, genau der richtige Körper für mich. Doch genau wie ich gerne mal eine Zeitlang ein Schwarzer oder ein Jemenit wäre, hätte ich Interesse daran, ein Jahr lang ein Mädchen zwischen 12 und 16 zu sein. Das muß doch aufregend sein, wenn da mit aller Macht diese wilde weibliche Biologie angerumpelt kommt. Spannend wie ein Krimi. Das Schönste am Mädchendasein muß aber das Kreischen sein. Es gibt unterschiedliche Theorien, warum Frauen später sterben. Für mich ist klar: Das hemmungslose Kreischen entspannt und entkrampft so anhaltend, daß Frauen den Widrigkeiten des Lebens besser trotzen können. Wenn im Fernsehen über die Kreisch-Girls berichtet wird, hört sich das immer so an, als hätten die einen Knall oder wären furchtbar sensibel. Wenn nach dem Auseinandergehen einer Boy Group mal irgendwo ein Mädchen das Wohnzimmer ihrer Eltern zertrümmert, sollte das nicht von der Tatsache ablenken, daß Millionen anderer Mädchen friedlich und fröhlich vor sich hingreinen. Sie tun es, weil es Spaß macht, und natürlich damit der verwirrte Vater sagt: »Ist das noch mein kleines Mädchen?« und weil sie es halt dürfen in dem Alter. Später wird es ja nimmer geduldet. Vor zehn Jahren habe ich mal während einer Achterbahnfahrt gekreischt. Hinterher sagte meine Mitfahrerin, daß sie mit mir nie wieder Achterbahn fahren würde.

In die U-Bahn stieg neulich eine aufgeregte Gruppe von Schulmädchen, die wohl gerade eine Bio-Arbeit geschrieben hatten. In das allgemeine Gegacker hinein krähte eine der ca. Fünfzehnjährigen einen Satz, wegen dem ich beinahe vergnügungshalber geplatzt wäre: »Ich alte Schwuchtel habe vergessen, hinter Enddarm in Klammern Mastdarm zu schreiben.«

So schöne Sachen sagen natürlich auch die tollsten Mädchen nicht alle naslang. Es ist aber auch hübsch zu hören, wenn sie einen jener typischen Jugendsätze sagen, die intelligente Jugendliche halt so sagen, wie z. B. »Ich finde es okay, sich nackt fotografieren zu lassen, solange es ästhetisch ist.« Oder: »Chaos ist der Beginn jeder neuen Ordnung.« Als Erwachsener sollte man solche Phrasen meiden, aber Jugendliche haben einen Brabbelfreibrief. Oder auch sehr gut: »Sexualität hat sehr viel mit dem Tod zu tun.« Sexualität hat zwar rein gar nichts mit dem Tod zu tun, aber wenn jemand mit 15 so einen Satz sagt, dann ist das einfach süß.

Ich sage: »Mädchen sind der Beginn jeder neuen Ordnung und haben sehr viel mit dem Tod zu tun.« Ist das auch süß?

Zur Herzverpflanzung fährt man nicht mit dem Bus
(November 1995)

Dr. Erika Fuchs, Übersetzerin der klassischen Donald-Duck-Stories, hat einmal einer Figur einen Satz in den Schnabel gelegt, an den ich immer denken muß, wenn ich Äpfel mit Birnen vergleiche, was jeder Mensch tun muß, der die Unterschiede zwischen den beiden Früchten kennenlernen möchte. Der Satz lautet: »Wer keine weiche Birne hat, ißt harte Äpfel aus Halberstadt.« Leider sind harte Äpfel aus Halberstadt so gut wie nie im Angebot, doch das grämt mich heute nicht, denn ich habe eine schöne Birne gegessen, und wann kriegt man schon mal eine schöne Birne? Schon Äpfel sind meist nicht perfekt; zu mehlig, zu wässerig, zu sauer, zu groß, zu langweilig, Pelle bitter etc. Irgendwas ist meistens falsch an einem Apfel. Man stopft die Viecher wg. easy Frischzeugzufuhr in sich rein. Ein Apfel ist aber vollkommener als eine Birne. Hat man nicht ausnahmsweise eine frischgepflückte, vollreife Butterbirne zur Verfügung, ist an einer Birne eigentlich alles falsch. Entweder sie ist hart wie das Leben einer Tempelhure in Salt Lake City, oder sie tropft dermaßen, daß hinterher das ganze Appartement unter Wasser bzw. Birnensaft steht und die Bürger, die unter einem wohnen, angetrampelt kommen und Zaster begehren wegen der Flecken an ihrer Zimmerdecke. Am ärgsten sind Birnen, die nach dem Kauf zu hart zum Verzehr waren und dann für drei Wochen in die Obstschale einer verqualmten Küche gelegt wurden: Die schmecken unmißverständlich nach Aschenbecher.

Eine ideale Birne habe ich noch nie gegessen, aber heute eine gute. Manch einem mag es vielleicht öde und auch ordinär erscheinen, einfach sein Gebiß in einen Klumpen blaßgelben Fruchtfleisches zu rammen. Ich kann den Menschen einen Ratschlag geben, wie man den Verzehr einer Birne in ein delikat-burleskes Boheme-Spektakel verwandeln kann. Also: Birne in viele kleine Teile schneiden. Schälen der Birne mitnichten vonnöten. Birnenteilchen in ein Glas mit Ovomaltine-Milch schmeißen. Birnenteilchen mit heiterer Miene aus der Ovomaltine-Milch herauslöffeln. Ovomaltine-Milch auf herkömmliche Weise austrinken. Dieses Rezept, welches heißt »Moderne Milch« oder »Ein burleskes Glas Milch«, habe ich bislang für mich behalten. Es stellte für mich eine private Freudenquelle in einem ansonsten vollkommen trostlosen Dasein dar. Heute aber dachte ich, anderen Menschen geht es bestimmt schlechter als mir, da will ich mal nicht so sein. Deswegen war ich mal nicht so. Ich weiß auch noch eine junge Dessert-Idee mit Ovomaltine. Den Inhalt eines Bechers Aldi-25-Pfennig-Joghurt mit Ovomaltine und einer gewissen Menge Himbeer-Sirups von Spinnrad, der Drogerie mit dem guten Gewissen, verrühren und aufessen. Schmeckt wie Joghurette, nur nicht so super-eklig.

Ich würde gerne mal mit sieben nackten Hermann-Hesse-Fans durch einen Obsthain wandeln und eine selbstgepflückte Birne von idealer, minutengenauer Reife in mich hineinschmausen. Das wäre eine ähnlich essentielle Lebenserfahrung wie eine Geburt oder der Militärdienst. Der Verlockung, dem Militär zu dienen, hab ich seinerzeit männlich widerstanden, denn mein Wahlspruch lautete damals: »Wer keine weiche Birne hat, ißt nicht nur harte Äpfel aus Halberstadt, sondern hält sich auch fern vom Militär, denn beim Militär lernt man nur Popo-Kacke.« Fährt man freitags Zug, drängt sich der Eindruck auf, der Wehrdienst verzaubere nette junge Männer in Gase und Gebrüll ausscheidende Monster, doch dieser Eindruck ist fehlerhaft. Schließlich gibt es auch den »normalen« jungen Mann, den stillen, sensiblen, religiösen, ernsthaften, konservativen, der aus innerer Überzeugung heraus vermutet, es könne irgendeiner guten Sache dienen, dem Frieden etwa, wenn er sich beim Barras verdingt. Ich vermute zwar aus geradezu inbrünstiger Überzeugung heraus, daß alles Militärische dermaßen widerlich sei, daß man es ablehnen *müsse,* aber was kann denn der ernsthafte junge Mann dafür, daß ich frecherweise das Gegenteil von dem vermute, was er vermutet? Ich würde mit ihm gern in eine interideologische Vermutungsgemeinschaft eintreten, aber wen soll das freuen? Jedenfalls sprach ich »No Sir«, als mich seinerzeit das Kreiswehrersatzamt behelligte, und ich strich mir durchs Haar wie Klaus Kinski in der einen berühmten NDR-Talkshow mit Alida Gundlach oder wie die heißt, in welcher er, glaube ich, sein eines Buch promotete, in dem die Formulierung »ihr von Fickwunsch zerfurchtes Gesicht« vorkommt. Ein gutes Buch! Übrigens auch ein recht akzeptabler Zerfurchungsgrund! Wie gesagt, dem Militär habe ich mit zwei aneinandergelegten Händen eine lange Nase gezeigt, aber geboren wurde ich. Mannomann, in fact, geboren – das ist exakt das, was ich wurde.

Familie Schmidt, seit 1923 im Dienste des Greifvogelschutzes.

Ich lag sogar mal in einem mit Salzlake gefüllten Metallsarg und sah die Wiederholung meiner Geburt. Anfang der achtziger Jahre war das kurz mal Mode, Psycho-Tank nannte sich das, und man erlebte wirklich, wie die Erinnerung an seine Geburt erwachte. Es klappte, auch wenn man vorher überhaupt nicht dran geglaubt hatte. Ein Psycho-Tank-Fan hatte mir damals erläutert, daß natürlich kein Mensch ein so wichtiges Ereignis wie seine Geburt vergesse, man verdränge es nur, weil die Geburt für das Kind viel unangenehmer sei als für die Mutter. Die Geburt sei das unangenehmste Erlebnis im Leben eines Menschen, der Tod sei das schönste. Wieso dieser Mensch damals in mir den Wunsch auslöste, ausgerechnet das unangenehmste Ereignis meines Lebens *noch einmal* zu erleben, kann ich mir heute nicht mehr erklären. Ich zahlte aber 75 DM und legte mich zwei Stunden in die tragende Lake. Es herrschte vollkommene Dunkelheit. Klar, daß ich bald allerlei sah. Irgendwann sah ich mich auch in Zeitlupe aus dem endlosen Muttertunnel rausbrechen. (Genauso empfand ich es.) Eine Erinnerung ist aber etwas ganz anderes als die Wiederholung eines Fernsehfilms. Ich weiß noch, daß ich während des Geburts-Revivals dachte, daß das ja keine typischen Fünfziger-Jahre-Klamotten sind, die die Hebamme trägt, und ich bin mir vollkommen sicher, daß ich so etwas bei meiner echten Geburt nicht dachte. Von einem Traum unterschied sich die wiederbelebte Erinnerung durch vollkommene Lautlosigkeit und einen langsamen, ganz kontinuierlichen Handlungsablauf. Wirklich spektakulär war die Chose aber nicht, es war ein eher dröges Geglitsche – das Wiedererleben klappt nicht so richtig, vermutlich, weil der Mensch kein Gedächtnis für körperlichen Schmerz hat. Ich habe es einige Wochen später noch mal versucht, da bin ich aber eingeschlafen in der Psychobrühe und hatte die grausigsten Albträume.

Seitdem habe ich nie wieder etwas von Psycho-Tanks gehört. Sie scheinen out zu sein. Übrigens kann etwas nur dann out sein, wenn es zuvor einmal in gewesen ist. Das scheinen diejenigen, die die In & Out-Liste für die ›Bild‹-Zeitung schreiben, nicht zu wissen. Unter Out stehen da immer die abwegigsten Dinge, neulich z. B. »ohne Schuhcreme verreisen« und »fettige Telefonhörer«. Und am 18.5., das hab ich mir aufgeschrieben, war sogar zu lesen, daß »nach Schweiß riechende Fahrstühle« und »sture Tischler« out seien. Es ist amüsant, sich vorzustellen, daß sture Tischler, die in miefigen Fahrstühlen stehen, von manchen Menschen noch vor kurzem als zeitgemäß empfunden wurden. Spaßeshalber möchte ich mir erlauben, auch eine Out-Liste in dem Stil zu erstellen. Wenn den ›Bild‹-Redakteuren gar nichts mehr einfällt, dürfen sie mich gern gratis fleddern.

Friday night – die alte Frage: Disco, Kino, Grieche oder Italiener? Oder soll es mal was ganz anderes sein? Wie wäre es mit einer zünftigen Vasenbestaunung? Vasenbestaunungen sind bei der pop-urbanen Lebensstil-Elite längst zu Pflicht-Events avanciert. (Was die abgebildeten Night-bopper nicht wissen können: Die Vase ist bis zum Rand mit Sperma gefüllt.)

OUT:
- Reisedunstabzugshauben
- Auf Bierdeckeln KZ-Gedenkstätten entwerfen
- Erkältete Wahrsagerinnen in zu engen Jeans küssen
- Mit öffentlichen Verkehrsmitteln zu Herzverpflanzungen fahren
- Musicals über Kiesgruben, die »Mama« sagen können
- Sich in einer Flugzeugtoilette den Vollbart abschneiden
- Blinden 6,9 kg schwere Pakete mit Abfall schicken, nur weil eine Blindensendung bis 7 kg portofrei ist
- Mit zwei Sonnenbrillen auf der Nase nachts schwarze Tücher suchen
- Geburten im Fernsehen

In meiner mittleren Kindheit war das Fernsehen richtig eklig. Neben den ewigen Mondlandungen wurden *ständig* Geburten und Herzverpflanzungen gezeigt. Selbst während der Tagesschau wurde mir übel, weil oft von der englischen Labour Party die Rede war, und ich mich vor gebratener Leber grauste. Die Farben, welche die Fernsehgeräte damals wiederzugeben in der Lage waren, bellten einen in ihrer Orangelastigkeit an wie herzkranke Köter. Es war nicht schön zu sehen, wie Professor Christiaan Barnard stundenlang in siechen Wänsten herummanschte. Die Übertragungen waren aber beliebt, denn der Herzverpflanzer war auch ein Herzensbrecher, so eine Art Gunter Sachs der Kardiologie. Die Frauen unseres Planeten gurrten erregt beim südafrikanischen Organ-Gemansche. Ihre Gesichter waren zerfurcht von Mitmanschwunsch. Ich bevorzugte die Mondlandungen. Insbesondere gefielen mir die Illustriertenwitze, die diese im Schlepptau führten. Witze, in denen Putzfrauen aus Versehen Mondraketen starteten. Abgefahren waren auch die Anti-Gammler-Witze. Der eine z. B., wo ein Mann vor einem Affenkäfig steht, und der Zoowärter sagt zu ihm: »Nein, das ist nicht John Lennon.« Dazu muß man aber wissen, daß dieser Witz entstand, kurz nachdem John Lennon und Yoko Ono auf dem Affenfelsen Gibraltar geheiratet hatten.

Genannter Witz war vor einigen Monaten in der Kunsthalle Bremen zu sehen, und zwar anläßlich einer Ausstellung über Leben 'n' Werk von John Lennon. Da, wie es oft der Fall ist, nicht genügend Exponate aufzutreiben waren, wurde die Ausstellung mit allerlei zeittypischem Ramsch aufgefüllt. In einer Vitrine war u. a. eine Greatest-Hits-LP von Rudi Carell zu sehen. Haha, diese beiden Weggefährten sollen sich ja gegenseitig massiv beeinflußt haben. Günter Strack hat auch mal eine LP gemacht, zwar nach dem Tode Lennons, aber zu Lebzeiten von Yoko Ono. Die hätte man also eigentlich auch noch dazustellen können. Es hingen in der Lennon-Expo auch Kopfhörer zum Tondokumentelauschen. Ich setzte mir einen auf, da hörte ich ein deutsches Mädchen rufen: »Wir sind vom Intoleranzbekämpfungsklub und kämpfen für den Minirock und Anti-Baby-Spray.«

Ich bin auch vom Intoleranzbekämpfungsklub, aber ich kämpfe nicht für den Minirock, sondern für Lyrikbände in der Hand von Piloten. Mir haben dubiose Winde nämlich das streng geheime Prüfungsmaterial für angehende Lufthansa-Piloten in die Hand geweht. Die darin enthaltenen »Testfragen Psychologie« umfassen ca. 200 Statements, auf welche die Prüflinge ankreuzenderweise mit »stimmt«, »stimmt nicht« oder »unsicher« zu reagieren haben. Ein Statement ist: »Ich bewundere die Schönheit eines Gedichtes mehr als die eines ausgezeichnet gearbeiteten Gewehrs.« Für besonders geeignet, eine Lufthansa-Maschine zu steuern, wird derjenige erachtet, der diese Frage verneint. Auch der

Satz »Ich würde kaum zögern, auch alte und schwerbehinderte Menschen zu pflegen« sollte der Pilot in spe verneinen, sonst gibt es Minuspunkte. Gleiches gilt für »Ich denke oft, daß ich meinen Konsum einschränken muß, um an benachteiligte Menschen abzugeben« und »Wenn jemand weint, möchte ich ihn umarmen und trösten«. Eine Bestätigung hingegen wird erwartet und gut bepunktet bei dem Satz: »Als Kind habe ich manchmal anderen die Arme umgedreht.«

Mir ist klar, daß die Lufthansa keinen Bedarf an nervösen Dandys und Hasenfüßen hat. Nur drängen solche Leute von Natur aus nicht in die Cockpits. Es ist kein Geheimnis, daß die Fliegerei eine der letzten Bastionen des Herrenmenschen kolonialer Prägung ist. Vor einiger Zeit spielte ich mal mit dem Gedanken, einen Flugschein zu machen, denn, das gebe ich kleinlaut murmelnd zu unter meinem nurmehr käsig glimmenden Öko-Heiligenschein, ich finde es ultrageil, in kleinen Flugzeugen herumzufliegen. Ich kann auch schon ganz viel: Wenn man drückt, werden die Häuser größer, wenn man zieht, werden die Häuser kleiner. Aber das Fliegermilieu ist so unsympathisch. Aus glaubwürdiger Quelle kam mir zu Ohren, daß bei einem Fortbildungskurs für junge Piloten niemand Einspruch erhob, als *der Lehrer* die südliche Halbkugel wiederholt als »die Bimbohälfte« bezeichnete. Wie unschön, in einem Linienflug zu sitzen mit dem Wissen, daß der Blechvogel – man sagt doch Blechvogel, oder? – von jemandem bedient wird, der in seiner Freizeit Gewehrläufe anschmackt und gebrechlichen Menschen eher die Arme umdrehen würde, als sie zu pflegen. Ich wäre ja wohl eher so ein Flieger im Stil von St. Exupéry geworden. Ich würde vielleicht keinen ›Kleinen Prinzen‹ schreiben, aber vielleicht, hahaha, mal einen kleinen Prinzen mitnehmen. Hahaha. Oder ich würde Franz-Josef Strauß nacheifern und immer ganz weit unten fliegen, um mich an vertrauten Bierzelten zu orientieren bzw. an Birnenhainen. Wenn ich dann irgendwo die ideale Birne sehe, klappe ich das Fenster auf und pflücke sie mir. Dann gehe ich wieder nach oben und mampfe die Birne über den Wolken. Mjam, mjam, mjam.

Offener Brief an Theo Waigel
(Januar 1996)

Lustig ist die Heiterkeit, lustig ist die Zeitarbeit, lustig ist das Zigeunerleben, valleri, vallera, Widdewiddewitt bum bum, heidewitzka tschingderassa bumsvallera, hey Mann, bleib cool Mann, frag mich bitte nicht, ob ich okay bin, Mann, ich bin okay, sag mir lieber, aus welcher Operette das Lied »Zicke Zacke Zicke Zacke hoy hoy hoy« ist. Lustig auch der ICE-Minibarkellner, der neulich durch den Zug lief und mit ungarischem Akzent rief: »Ässän! Trinkän! Kopfhärär!« Noch lustiger: Ein Mann kurbelt das Autofenster herunter und fragt, womöglich auch mit ungarischem Akzent, einen Passanten: »Können Sie mir sagen, wie ich zur nächsten Samenschluckerei komme?«

In der lustigen Frage liegt natürlich ein herrlicher kleiner Anachronismus. Weiß doch jeder Piepvogel, daß die Zeiten, in denen es noch allerorten die kleine Ecksamenschluckerei gab so wie heute noch die Eckkneipe, daß diese Zeiten zu den als verloren zu betrauernden gehören. Wenn ältere Menschen in den Grünanlagen auf Parkbänken sitzen und verträumt vor sich hin blicken, denken sie oft in schwelgerischer Wehmut zurück an ihre gemütliche, alte Dorfsamenschluckerei. Vorbei! Multinationale Konzerne sind gekommen und haben an den Peripherien unserer urbanen Funktionskomplexe *ein* steriles Samenschluckereicenter neben das andere gebaut. Zehntausend klimatisierte Parkplätze: ja. Endlose Harley-Davidson-Rolltreppen: auch. Aber Atmosphäre, nachbarschaftliches Geborgenheitsfeeling etc.: nein. Disney, Sony und Nestlé haben heute die Zügel in der Hand und werden sie garantiert nicht wieder zurückgeben an »Muhme und Oheim Samenschluck«, wie wir sie aus den Schriften unserer Biedermeierdichter kennen und süß finden. Da muß man schon ein Mörike-Dreitagepaket mit 1 Glas Sekt zur Begrüßung buchen und auf der Schwäbischen Dichterstraße herumlaufen, um auch nur eine vage Remineszenz der Vorkriegssamenschluckereiszene wiederzuschauen.

Wie war es früher schön! Das heimelige Bim-Bam der Eingangstür, das Rattern und Knattern der Registrierkasse, das Kratzen des Bleistifts auf dem Additionsblock, und wenn die Mine mal abbrach, das fast schon vorweihnachtlich lauschige Schnurpseln des Stiftes in Opas altehrwürdigem Bleistiftanspitzer. Nicht zu vergessen das liebenswürdige Rubbeln des Ratzefummels, wenn mal was Falsches aufgeschrieben worden war. Aber das Schönste war doch das geduldige gemeinsame Anstehen. Nazis, Kommunisten, Zentrumsleute, alles stand friedlich beieinander und wartete munter debattierend auf das selige Drankommen. Das waren Sternstunden gutnachbarlichen Informationsaustausches! Was gab es nicht alles zu hören! Daß der Frau Mantovani wieder mal die Holunderkeulchen vom Backbrett geglitten seien, was aber wohl eher kein Anlaß zu einer Staatskrise darstelle, da ihre Holunderkeulchen nie so richtig naturfruchtig-lecker gewesen seien, und daß der kleine Bruno von Familie Möller nun doch laufen könne, weil ihm unerwarteterweise doch noch Beine gewachsen seien. Und stets wurden unsere Bürgergespräche von den geschäftlichen Geräuschen der Frau des Samenschluckereibesitzers untermalt. Der Besitzer selbst stand durchaus auch zur Verfügung, aber er wurde weniger frequentiert, meist saß er nur mit einer gewaltigen Zigarre neben seiner unermüdlich den ehelichen Lebensunterhalt bestreitenden Frau und las den ›Völkischen Beobachter‹. Ein paar Herren legten aber doch Wert darauf, von ihm bedient zu werden. Einerseits die ärmeren. Bei

»ihr« kostete es nämlich 80 Pfennig, bei »ihm« nur 50. Die Preise mögen uns heute beschmunzelnswert erscheinen, aber man muß ja in Relation setzen, daß im Jahr 1936 ein Huhn für ein Ei gerade mal eben schätzungsweise soundsoviel Pfennig verlangte! Andererseits gab es aber auch einen ganzen Haufen gutgestellter Knödeltenöre, die sich extra aus dem Parkviertel herbeichauffieren ließen und die darauf bestanden, daß »er« sich ihrer Erbgutträger annehme. »Er« sei einfach besser, meinten die Tenöre. Insgeheim wußten alle, daß »er« besser war, aber wir Arbeiter und Kleinbürger waren damals noch in bestimmte moralische Vorstellungen verstrickt, die wir nicht einfach so abwerfen konnten wie eine Schnecke ihren Schädel. »Sie« war aber auch keine Unberufene! Ihretwegen kamen Salinenarbeiter aus dem weit entfernten Lüneburg angeradelt! Sie mußten nur 60 Pfennig bezahlen. Der Rest wurde in »Dreschsalz« abgegolten. Die Arbeiter mußten sich während der Samenhervorlockungszeremonie in eine Emailschüssel stellen, und der Schluckereibesitzer drosch mit einem Joppenflegel auf die Kleider der Salzarbeiter ein, worauf Salz in die Schüssel rieselte. Was die Salzarbeiter nicht wissen konnten, war, daß die Samenschlucker das erflegelte Salz für teuer Geld den Knödeltenören vermachten. Sie sollen das Salz mit Nivea-Creme vermengt und sich damit von oben bis unten eingerieben haben. Es hieß, so eingesalbt haben sie besonders libidinös knödeln können. Es ist vielleicht nur eine Legende ähnlich der, derzufolge die Beatles, nachdem sie von der Queen für ihre Verdienste in der Exportbilanz ausgezeichnet wurden, in der Toilette des Buckingham-Palastes gehascht haben sollen. Hier aber noch ein humoriges Nebenbei, das ganz bestimmt stimmt: Der Samenschluckereibesitzer war wie vernarrt in die Lektüre des ›Völkischen Beobachters‹. Auch wenn er einen Kunden hatte, mochte er von dem Blatt nicht lassen. Also begutachtete er vor dem Kundendienst das zu bewirtschaftende Leibesorgan und schnitt ein entsprechend großes Loch in die Zeitung. Da sah er dann immer aus wie ein Detektiv in einem Kriminalfilm, ein bißchen anders allerdings auch. Wir Nazis, Kommunisten und Zentrumsleute haben dieses Schauspiel immer gern zum Anlaß genommen, die neuesten Sherlock-Holmes-Witze auszutauschen. 's wird nimmer so kommen, wie's war. Man sollte sich nun aber nicht in scheinheiliger Weinstüberlnostalgie wohlfühlen. Das überlassen wir lieber Peter Alexander, dem Tausendfüßler unter den Allesfressern. Verzeihung, ich habe mich ein wenig verschrieben. Ich meine natürlich »Tausendsassa unter den Alleskönnern«. Der hatte mal einen Hit namens »Die kleine Samenschluckerei in unserer Straße«. Verflixt, schon wieder verschrieben: Statt Samenschluckerei muß es natürlich Kneipe heißen. Wattige Melancholisierung der Veränderung städtischer Strukturen soll jedenfalls in dieser Philippika keinen Unterschlupf finden. Wer das Verschwinden der intakten Kiezkultur bedauert, sollte sich mal an den eigenen Hosenlatz fassen. Wer fährt denn immer auf die grüne Wiese zu den Centern mit den von selber aufgehenden Türen und den chromblitzenden Roadrunner-Rolltreppen? Das sind nicht immer »die anderen«, die Pablo Nerudas, Tilman Riemenschneiders und wie sie alle heißen mögen. Das sind doch wir! Jawohl, wir, die wir hier fett und selbstgerecht herumfleezen, uns mit Hubba Bubba zuknallen und Krokodilstränen wegen des Samenschluckereisterbens vergießen. Wann sind wir denn das letzte Mal durch die Bim-Bam-Tür unserer theoretisch heißgeliebten Tante-Emma-Schluckerei getreten? Wann haben wir das letzte Mal das Schnurpseln eines Bleistifts im Anspitzer gehört? War's letzten Monat, letztes Jahr, ja, waren wir überhaupt schon geboren? Ei ei, da haben wir aber plötzlich ein schlechtes Gedächtnis! Okay okay, am Wochenende, sonnabends kurz vor Ladenschluß, wenn es gar nicht mehr anders geht, da ist der Laden plötzlich gerammelt voll. Da besinnen wir verlogenen Idioten uns plötzlich auf die Werte unseres Kiezes, auf die kleine Drehtöpferei, auf die staubige Gebißmanufaktur der blinden Frau Prinz, auf die Samenschluckerei in dritter Generation. Die restliche Woche sitzen die Tante Emmas in ihren Läden und studieren Sarg-Prospekte. Sind wir wirklich innerlich so verfrostet, so durchgewalkt und abgedroschen, daß uns das nicht mehr aufwühlt? Haben Drogen und die allgegenwärtigen Schreckensszenarios in den Medien uns so abstumpfen lassen, daß wir uns eine Samenschluckerin ohne Sarg-Prospekt in der Hand gar nicht mehr vorstellen können? Könnte sie nicht auch einen Urlaubsprospekt in der Hand halten oder einen Blümchenkleid-Katalog? Auch ein Samenschluckereibesitzer braucht von Zeit zu Zeit einen neuen Anzug. Es geht immer mal was daneben, und es bilden sich allmählich wenig high-society-gemäß wirkende Chromosomalbreikrusten auf den Schultern.

Als der westliche Teil des Berliner S-Bahnnetzes in den achtziger Jahren eingestellt werden sollte, weil kaum jemand S-Bahn fuhr, ertönte an der Spree ein vielzüngiges Geschimpfe. Die Verantwortlichen, nicht völlig doof, erwiderten darauf: »Wer S-Bahn fordert, soll auch S-Bahn fahren.« In Anlehnung daran meine ich: Wer Nachbarschaftssamenschluckereien fordert, soll auch in Nachbarschaftssamenschluckereien hineingehen.

Die lieben Lesefröschchen sollten die nächste Gelegenheit nutzen, unbequem und kämpferisch für den Erhalt »ihrer« kleinen Samenschluckerei einzutreten.

Das Argument, dies sei etwas, was der Bekanntenkreis der Lesefröschchen nicht erwarte, lasse ich nicht gelten. Die Berliner Grünen-Fraktion hat sich auch mal für den Erhalt des Café Kranzler eingesetzt, indem sie just in diesem Etablissement demonstrativ Kaffee trank. Das hatte von den

Grünen auch keiner erwartet. Tun Sie es den Grünen gleich, machen Sie etwas Unerwartetes. Essen Sie auf der Toilette eines Vegetarierlokals eine mitgebrachte Mettwurstschnitte! Stellen Sie sich auf der Toilette eines Homo-Lokals unbekleidete Damen vor! Oder tun Sie noch viel Blöderes: Konstruieren Sie sich ein Liegefahrrad und gondeln Sie damit durch die Stadt! In jeder Stadt gibt es zwei oder drei Liegefahrradfahrer, da kommt es auf einen mehr nicht an. Befestigen Sie an Ihrem Liegerad ein schäbiges Transistorradio aus rotem Plastik, aus dem deutsche Schlager und Märsche herausquäken. Hissen Sie drei große Flaggen auf Ihrem Liegefahrrad, die der USA, die von Deutschland und die Ihres Bundeslandes! Bilden Sie sich während des Liegeradelns ein, daß alle Leute Sie wegen ihres Vehikels beneiden. Erlangen Sie zu keinem Zeitpunkt Kenntnis von der Tatsache, daß alle Leute Sie wegen Ihres Vehikels bemitleiden! Hängen Sie an ihr Liegefahrrad einen Anhänger voll Katzenfutterdosen, denn Sie haben 30 Katzen daheim! Treiben Sie es noch wilder. Gewöhnen Sie sich ab, die Tätigkeit, der man mit einem Fernmeldegerät nachgeht, telefonieren zu nennen. Sagen Sie immer telefonanieren oder telenieren. Wenn Sie sich neben einen Reiseleiter setzen wollen, sagen Sie immer »Stück ma'n Rück, Herr Leisereiter«. Kaufen Sie sich mehrérére Platten von zum Bleistift Barbara Streusand, aber in Sterero! Und wie heißt noch der italienische Filmschauspieler? Ach ja, Marcello Masturbani. Liegt einmal Schnee, dann sagen Sie: »Deutschland. Ein Wintermärchen.« Fährt der Fahrer im Auto vor Ihnen bei Signalwechsel nicht sofort los, fauchen Sie bitte: »Grüner wird's nicht!« Drehen Sie eine gräßliche deutsche Komödie, dann betiteln Sie diese bitte: »Liebe und andere Katastrophen.«

Geben Damen aufgrund ihrer lustigen Ausdrucksweise dezibelstarke Töne von sich, dann sagen Sie: »Die Frauen haben gekrischen.« Eine der Frauen wird sich für Ihre Humorigkeit auch gewiß revanchieren wollen und Sie fragen, was die Steigerung von imposant sei. Na, was ist die Steigerung von imposant? Natürlich »im Hintern Kiesel, im Arsch Felsen«. Sagen Sie, wenn jemand um einen Aschenbecher bittet »Nimm den großen«, und wenn jemandem etwas runterfällt »Tritt sich fest«. Machen Sie einfach alles, was billig, abgedroschen und naheliegend ist. Hören Sie die Sirene eines Krankenwagens, dann singen Sie: »Zu spät, zu spät«. Wenn Sie das Alter eines alten Menschen beschreiben müssen, dann sagen Sie, dieser sei zwischen achtzig und scheintot. Und wenn Sie dann so richtig kalt und leer sind, dann setzen Sie Ihrem geistigen und sittlichen Niedergang ein Sahnehäubchen auf, indem Sie einen offenen Brief an Theo Waigel schreiben. Aber nicht so einen schönen wie diesen hier.

Während des Sprungs in die Tiefe verhungern
(Februar 1996)

Zur Zeit habe ich einen Lieblingssatz. Man muß sich vorstellen, daß zwei Kinder, die sich nicht gern waschen, nach Baden-Baden gefahren werden. Auf der Reise sagt das eine Kind zum anderen meinen Lieblingssatz: »Ob wir in Baden-Baden gebadet werden-werden?« So einfach können Dinge sein, die mich erfreuen. Wenn mich aber mal einer so richtig schikanös anöden will, dann geht das auch einfach. Er muß mir nur Babyfotos von sich selber zeigen. Wer jedoch möchte, daß ich mich grusele, der hätte mich zu einer Veranstaltung schleppen müssen, für die kürzlich mit Plakaten geworben wurde: *Plattdeutsch gesungene Weihnachtslieder im Dixieland-Sound.* Vor Jahren haben ein Freund und ich uns die Zeit vertrieben, indem wir uns besonders furchterregende Genres des Unterhaltungswesens ausdachten, aber darauf sind wir nicht gekommen. Unsere Höchstleistungen klangen konstruierter, wie z. B. *Kinder-Mitmach-Eistanz-Grusical.* Nie hätte ich gedacht, daß ich eine solche Veranstaltung je aufsuchen würde, aber neulich ist's passiert. Die Darbietung fand zwar nicht auf dem Eise statt, und die Zuschauer wurden auch nicht angehalten mitzumachen, aber es handelte sich doch um ein Grusical für Kinder. Eine Freundin, die einen Mitwirkenden kennt, hatte mich mitgeschleppt. So saß ich also mit einer anderen Erwachsenen zwischen 500 Kindern. Mir war zuvor nie aufgefallen, daß Kinder einen besonderen Geruch haben, aber als die unbetagten Fleischmassen um mich rum saßen, fühlte ich mich rasch veranlaßt, meiner Begleiterin die Frage ins Ohr zu flüstern, ob sie meinen Eindruck teile, daß die Kinder stinken. Sie habe das auch schon bemerkt, wurde retourgeflüstert, und wir diskutierten ein wenig darüber, wie man den Geruch beschreiben könnte. Wir einigten uns auf eine Mischung aus Mandarinen und Bierschiß. Klar, die Kinder waschen sich nicht, weil sie denken, das müsse man erst mit Einbruch der Geschlechtsreife tun. Auch sonst waren die Kinder recht fürchterlich. Als eine schöne Maid auf der Bühne sich an den Herrscher der Finsternis ranmachte, riefen Kinder hinter mir, was man an so einer Mißgeburt denn schön finden könne. Und als der von einem schmächtigen jungen Mann dargestellte Herrscher wenig später seinen Umhang abwarf, wodurch sein freier Oberkörper sichtbar wurde, schrien die Kinder: »Igitt!« Sicher gibt es Menschen, die sagen, das sei doch löblich, daß die lieben Kleinen ihre werte Gedankenwelt nicht hinter einer bleiernen Mauer aus Konventionen verbergen, aber ich finde, es kommt auf die Güte der Gedankenwelt an. Bei den lustigen Stellen im Stück lachten die Kinder nicht, sondern raschelten nur arrogant mit ihren Chipstüten. Nur einmal, als die Kelly Family erwähnt wurde, da brüllten sie. Die Kinder waren schon genau wie die Erwachsenen. Man muß nur die Namen bestimmter Prominenter nennen, schon wird gelacht. Sie lachen los, wenn jemand »Harald Juhnke« sagt, weil sie denken, ah, jetzt kommt was Lustiges wg. Saufen.

Ich mußte neulich lachen, als ich beim Senderdurchgucken Franziska von Almsieck sah. Nicht daß ich die Dame lächerlich finde. Es war wegen des Geschenks, das ihr der Moderator vom *Aktuellen Sportstudio* überreichte. Prominente bekommen ja in Fernsehshows oft kleine Gastgeschenke, meist Blumensträuße oder häßliche Mitmach-Souvenirs zum Auf-die-Fensterbank-Stellen. Die Älteren werden sich auch noch des Bembels aus dem *Blauen Bock* entsinnen. Die Schwimmerin erhielt nichts von alledem, sondern eine *sechsteilige Videodokumentation über Hitler*.

Ich weiß den Grund für diese Gabe nicht, und ich hoffe,

ich werde ihn auch nie erfahren, denn dann könnte ich vielleicht nicht mehr drüber schmunzeln, und wenn jetzt eine schöne Großmutter käme und sagte, ei, ja, Schmunzeln sei Vanille für die Seele, dann sag ich: »Okidoki, schöne Großmutter, prächtig sind Ihre Worte.« Prächtig sind aber auch die Worte der Eisläuferin Witt. In einer Ausfrag-Show sprach sie über ihre Kindheit und sagte: »Es war so heiß, wir wollten Kuchen essen, da sind wir in den Wald gerannt zum nächsten Bäcker.« Eine Kindheit mit Bäckern im Wald, die Kuchen gegen die Hitze backen, hätte ich auch gern gehabt. Diejenigen meiner Bekannten, die in der DDR aufgewachsen sind, berichten übrigens alle gern von ihren schönen Kindheiten. Ich glaube, eine Kindheit in der DDR, das war das Paradies. Weil Autorität Geborgenheit schafft. (Den letzten Satz muß man sich von einem berühmten Werbesprecher gesprochen vorstellen, dazu erklingt die Werbemusik von Dallmayr prodomo, und man sieht Kinder, die einander Sträußchen aus Gänseblümchen schenken: WEIL AUTORITÄT GEBORGENHEIT SCHAFFT.)

Eine meiner alten Nebenfragen an das Leben ist: Was machen Prominente, insbesondere singende, eigentlich mit den enormen Mengen von Blumensträußen und Präsenten, die sie von Gastgebern und Fans überreicht bekommen? Über die Kelly Family las ich in einem gewiß viel zu böswilligen Artikel, daß sie ihre Stofftiere im Hotelzimmer liegen lassen. Da staune ich, daß sie die Teddys überhaupt mit ins Hotel nehmen. Ich würde den Mist einfach in der Garderobe vermodern lassen. Über Sophia Loren hörte ich, daß sie bei einem Berlin-Besuch während der Filmfestspiele ihren Chauffeur anwies, die Sträuße in Kneipen zu verteilen. Das ist eine Problemlösung auf hohem Damenniveau. Die Fans denken aber vermutlich, daß die Stars die Blumen mit ins Flugzeug nehmen. Daß sie dann dasitzen und sich ein gewaltiges Bündel von Blumensträußen an den Busen pressen und die ganze Zeit erregt schnurrend an ihnen schnuppern und Freude empfinden. Daß sie die Blumen daheim in der Villa liebevoll auf kostbare Vasen verteilen. Wer wohl der Star mit den meisten Vasen ist? So rein gefühlsmäßig vom Bauch her meine ich, daß Shirley Bassey mehr Vasen besitzt als Tina Turner. Vom Kopf her ist mir das piepegal. Ich finde es übrigens ganz okay, daß man Tina-Turner-artigen Personen Blumensträuße gibt und nicht Hitler-Videos. Ich finde es auch ganz verständlich, daß sich die Damen ein routiniertes Blumenstraußempfangs-Lächeln antrainiert haben. Sollen sie sich etwa für jede Blume eine neue Grimasse ausdenken? Schade in diesem Zusammenhang, daß sich Anneliese Rothenberger von der Bühne zurückgezogen hat. Sie war die Königin des Blumenstraußempfangs-Lächelns. Sie hat bestimmt auch die eine oder andere scharfe Vase im Schrank, Mannomann, ich könnte es fast schwören.

Also, Stars mit Blumengebirgen auf dem Schoß sah ich nie in Flugzeugen. Doch manch anderes schob sich vor meine Augen. Einmal wurde ich mit einem Phänomen der Wahrnehmung konfrontiert. Ich bibbere fast bei dem Gedanken, davon berichten zu müssen. Doch nun gibt es kein Zurück mehr. Es trug sich zu, daß ich dereinst ein Flugzeug nach Zürich erklomm. Im vorderen Teil der Maschine, also da, wo sich die Giganten an Sitte und Rang zu sammeln pflegen, da sah ich Carolin Reiber sitzen. Nun ja, so was kann vorkommen. Da muß man sich keine Achselhaare auszupfen vor Erschütterung. Aber man darf jetzt ja auch nicht denken, das sei der Hammer schon gewesen. Nein, der werte Hammer kommt noch. Es ist wirklich der absolute Hyper-Klopper. Manchmal ist ja an einer Geschichte, die so pompös angekündigt wird, hinterher gar nichts dran. Aber ich verspreche, daß das bei mir nicht der Fall ist. Manch ein Lesefröschchen hat heut vielleicht beim Frühstück entschieden, seinen Selbstmord auf morgen zu verschieben. Dies will ich eine erfrischende Entscheidung nennen! Allein wegen meiner samtig schimmernden Geschichte hat sich der Aufschub gelohnt. Auch ich verschiebe »es« täglich, aber nur, weil meine erträumte Todesart unpraktikabel ist. Ich möchte gerne während des Sprungs in die Tiefe verhungern. Doch nun zu meiner crescendoartig angekündigten Pointe. Herzkranke sollten allerdings vor dem Weiterlesen Sorge tragen, daß ihr Medikament in Reichweite ist. Falls es doch zu einer kleinen Attacke kommen sollte: Die Notrufnummer ist 01167. Glaub ich jedenfalls! Hier nun also endlich das Irre: Als ich von Zürich zurückflog, war schon wieder Carolin Reiber im Flugzeug.

Damen lieben es, sich auf Damentoiletten zu tummeln. Doch die Dame ist ein Geschöpf der Freiheit. Wird sie dieser beraubt, gerinnt sie zur Frau. Die Nazis errichteten keine Damen-KZs, sondern Frauen-KZs. Auch heute wird im Frauengefängnis geschmachtet. Gäbe es trotzdem Damengefängnisse, dann wäre dies vielleicht das Fenster der Todeszelle von Christiane Hörbiger.

Von einer bekannten Frau im Flugzeug zu einer unbekannten Frau in der Eisenbahn. Auch sie bot mir Gelegenheit, dem Schicksal tief in seinen bodenlosen Schlund zu blicken. Riechen tat sie nach einer dem gesellschaftlichen Aufstieg wenig dienlichen Mischung aus Erzeugnissen der kosmetischen und spirituosenerzeugenden Industrien. Ihre Fingernägel waren erstens lackiert, zweitens angeknabbert und drittens mit Trauerrändern ausgestattet.

Mit großem bemaltem Mund biß sie in ein überdimensioniertes Baguette mit warmem Leberkäse. Allerlei fiel seitlich raus beim Reinbeißen. Leider war es schwierig, da nicht hinzugucken. Man liest ja manchmal, daß jeder Zug an einer Zigarette das Leben um soundso viele Sekunden verkürze, aber hier schien mir, daß jeder Biß in dieses unbravouröse Brötchen ein Leben um ein Jahrzehnt zu verkürzen imstande sei. Als die Mitreisende ihr grauenhaftes Spektakel beendet hatte, stand sie auf und sprach: »Können Sie bitte mal auf meine Dose aufpassen? Da ist noch was drin. Ich meine, damit sie nicht umfällt.« Ich antwortete: »Dazu müßte ich die Dose in die Hand nehmen.« Die ungünstige Frau: »Nein, das bitte nicht. Sie sollen ja nur von Zeit zu Zeit einen Blick auf sie werfen.« Ich: »Ob ich einen Blick darauf werfe oder nicht, wenn sie umfällt, fällt sie um.« Die Frau: »Ja, soll ich die Dose etwa mitnehmen?« Ich: »Ja, wäre denn das so schlimm? Sie können doch nicht von mir verlangen, daß ich die ganze Zeit Ihre Dose anglotze. Ich will lesen.« Da nahm die Frau ihre Dose, knallte sie bei den verdutzten Leuten vor uns auf den Tisch und sprach: »Ich darf ja wohl mal meine Dose hier hinstellen. Andere Leute sind ja leider nicht so nett wie Sie.«

Somit hab ich ein Weiberelend geschildert. Doch das Elend ist bisexuell, nachts kriecht es ins Bett der Unbetreuten, egal ob Mann, ob Frau. Ich hatte mal einen Nachbarn, der hatte an der Wohnungstür ein Sofortbild von einer Katze. Drunter stand: »Hier wohne ich. Miau.« In der Adventszeit pflegte der Mann das Treppenhaus mit Kränzen zu dekorieren, im Frühjahr und im Sommer flankierten zwei Seidenblumenbouquets seinen Türrahmen. Das ist noch kein Elend, das ist nur bemerkenswert für einen erwachsenen Mann. Einmal aber kam der Heizkörperableser und bat mich, ihn in die Wohnung des Nachbarn zu begleiten. Alleine dürfe er nicht in die Wohnung eines abwesenden Mieters.

Ich kam also mit und entdeckte etwas Entsetzliches, nämlich ein kleines Regal, in welchem eine ganze Reihe von Bilderrahmen aufgestellt war. In den Rahmen befanden sich aber keine Bilder von Freunden des Nachbarn, vielmehr enthielten sie jene Bilder von Fotomodellen, die beim Kauf bereits in den Rahmen enthalten sind, damit die Rahmen im Geschäft nicht so leer aussehen. Da habe ich beinahe ein wenig weinen müssen. Das Allertraurigste war aber, daß der Nachbar nicht nur hundsgemein vereinsamt zu sein schien, sondern als Dreingabe auch noch irrsinnig unsympathisch war.

Trotzdem wünsche ich ihm, daß sich eines Tages ein apartes Wesen zu ihm gesellt. Nur wie soll er eines kennenlernen? In der Zeitschrift ›Punch‹ war einmal ein »Wie man Frauen anmacht« betitelter Witz. Er bestand aus zwei Zeichnungen. In der einen ging ein mittelmäßig aussehender Mann mit zwei Bierhumpen in den Händen grinsend auf eine am Tresen lehnende Frau zu. Unter diesem Bild stand »Falsch«. Im benachbarten Bild, unter welchem »Richtig« stand, näherte sich der Frau am Tresen ein ebenso grinsender, aber gutaussehender Mann mit zwei Bierhumpen in den Händen. Dies ist ein Witz von knusprigster Realitätsnähe. Ich weiß noch eine dritte Anbaggermethode. Sie dürfte zwar ganz und gar falsch sein, aber sie ist immerhin neu: sich vollkommen lautlos von hinten an sie ranschleichen, eine eiskalte Hand auf ihre Schulter legen und sagen: »Ihr Mantel müßte aber auch mal wieder in die Reinigung «

KOLUMNEN
~~ROMANE~~
FÜR DEN
FROHEN
FEIERABEND

Knallfluchttourismus ins Magnifik-Montanös-Privatknallfaule
(März 1996)

»Wenn der Schriftsteller Heinrich Heine an Deutschland dachte, dann war er um den Schlaf gebracht. So ähnlich geht es Horst Breitpohl, dem Vorsitzenden des Arbeitskreises Bettwäsche.« Mit diesen Worten beginnt ein Zeitungsartikel über die Zurückhaltung der Deutschen beim Kauf von Bettwäsche, und als ich ihn las, dachte ich: »Superartikelanfang. Den stehle ich.« Was hiermit geschehen ist. Was soll sonst noch geschehen? Ich könnte über eine Reise berichten, die mich nach Hongkong führte, doch wen wird es fesseln, daß das Nutella dort in Senfgläsern angeboten wird? Ich meine solche Gläser mit Dinosauriern drauf, die man später zum Trinken benutzen kann, und wenn dem Nachwuchs das Glas runterfällt, sagt die Mutter: »Macht nichts, ist ja nur ein Senfglas.« Die Hongkonger Mutter sagt hingegen: »Ist ja nur ein Nutellaglas«, nimmt ein Kehrblech und bückt sich zwecks Aufkehrens, wobei das Kind ihr frech auf den entgegengereckten Hintern guckt. Man sieht also, Hongkong ist nicht sehr aufregend. Es gibt tausend funkelnagelneue Hochhäuser, die sofort abgerissen und durch neue ersetzt werden, wenn sie nicht mehr nagelneu funkeln, und ein fast geradezu als asiatisch zu bezeichnendes Gedränge, aber alles andere, was man von einer Sechsmillionenstadt erwartet, gibt es nicht zu sehen und zu erleben, Kriminalität etwa oder Prostitution. Null Anzeichen von einer florierenden Drogen- oder wenigstens Kunstszene, lediglich Säcke mit getrockneten Pilzen gibt es überall und Nudelsuppe mit kilometerlangen Nudeln drin, die das peinigendste Sodbrennen der Welt erzeugt. Wer ohne Bullrichsalz nach Hongkong reist, der dürfte schief gewickelt sein.

Hongkong ist sehr gebirgig, die doppelstöckige Straßenbahn kostet 25 Pfennig, und jeden Tag bekommt man eine neue Flasche Haarconditioner aufs Hotelzimmer gestellt. Ich habe sie alle mitgenommen, und jetzt stehen sie auf meinem Toilettenspülkasten und sind mir bei der Suche nach dem Sinn des Lebens nicht behilflich. Wie gesagt, Hongkong ist gebirgig. Wie jeder weiß, mochte Winston Churchill keine Gebirge. Auf die Frage, warum er denn so irre alt sei, antwortete er: »Keine Gebirge.« Des weiteren gefragt, was er denn von Hongkong halte, sprach er: »Magnifik, doch weit zu montanös.« Soviel zur Gebirgigkeit Hongkongs und im speziellen über das Verhältnis Sir Winstons zur Montanösität. Hongkong verfügt über 91 Filialen von McDonald's, aber Burger King gibt es keinen einzigen, und das, obwohl mir alle Leute, die sich da auskennen, versichern, Burger King sei besser als McDonald's. Die Produkte von Burger King scheinen mir in der Tat nicht ganz so tamponös zu sein wie die der Mitbewerberkette. Man sagt ja, depressive Menschen ließen sich nicht nur an ihrer Vorliebe für die Farbe Lila, sondern auch an ihrem Hang zu weichen Nahrungsmitteln erkennen, aber die Hongkonger wirkten insgesamt recht heiter, sie sehen sehr nett aus in ihrer teuren modischen Bekleidung, sie hören Simply Red, tun ihre Pflicht, können unerwarteterweise überhaupt kein Englisch und trinken Soft Drinks. Unauffällig und unvernörgelt erledigen sie ihre Biographie. Conditioner verleiht ihren Haaren einen schimmernden Liebreiz. Gerne würde der europäische Besucher gleichwohl gutgekämmte fremde Menschen intensiv kämmen. Alle telefonieren immerfort, und zwar mit schnuckeligen kleinen Klapp-Handies, deren Klingeln so dezent ist wie das Sirren in der Glühbirne. Ein Handy hat jeder, aber niemand trägt einen Walkman. In Deutschland sieht es seit ca. anderthalb Jahren so aus, daß der Walkman allmählich am Aussterben ist bzw. sich in die Unterschicht und die ältere Generation zurückzieht – in Hongkong ist er schon weg, und wenn einer sagt, dies sei der Grund, warum dort immerzu die Sonne scheint, dann hat der ganz bestimmt nicht recht, aber einen gewissen Charme.

Als ich mal bei McDonald's war, fragte gerade eine Abordnung charmanter Studentinnen der Universität Hongkong westliche Besucher aus. Sie wollten herausfinden, ob die Neigung der Chinesen, bestimmte Dinge zu essen, dem Tourismus schade. Zu diesem Zweck stellten sie unwissenschaftliche Suggestivfragen wie z. B., ob ich gehört habe, daß in einigen Restaurants der Stadt »schreckliches Essen« angeboten werde, worauf ich beinahe gesagt hätte, daß ich »your stinky noodle soups« in der Tat für schreckliches Essen halte und die Sitte, Nudelsuppe mit Stäbchen zu essen, für eine antiquierte regionale Schrulle. Aber die Studentinnen fügten rasch hinzu, was genau sie mit »terrible food« meinten, nämlich Schlangen und Hunde. Ob ich vorhabe, aus diesen Tieren zubereitete Gerichte zu essen. Ich antwortete, daß ich dies wahrscheinlich nicht tun werde, aber ich hätte überhaupt nichts dagegen, wenn Hunde gegessen würden, vom Aussterben seien diese ja nicht gerade bedroht. In Deutschland gebe es ungefähr doppelt so viele Autos wie 1970, aber schätzungsweise zehnmal soviel Hunde, früher hätten eigentlich nur Hitler und die Jacob Sisters einen Hund gehabt, heute halten sich alle, die nichts zu tun haben, vom autonomen Zerfetzti bis zur reichen Vorortschnatze, ganze Rudel dieser indezenten Tiere, und wenn man sympathische Rinder und Schweine schlachte, dann brauche man den lästigen und gefährlichen Hunden keine Schonung zu gönnen. Am besten freilich, man würde gar keine Tiere essen oder gar nichts. Die Studentinnen waren unzufrieden, sie hatten in der Schatztruhe meiner Antworten keine Perlen entdeckt.

Nun drängt sich wohl auch dem dümmsten Leser die Frage auf: Was ist eigentlich der Unterschied zwischen Hongkong und Paris? Ich weiß ihn. In Hongkong bekommt man sein Wechselgeld in Lokalen nicht auf Blumentopfuntersetzern gereicht. Ich weiß sogar noch einen Unterschied, nämlich den zwischen Horst Breitpohl und Werner Matzke. Horst Breitpohl ist Vorsitzender des Arbeitskreises Bettwäsche, und Werner Matzke ist der Sprecher des Verbandes der Deutschen Daunen- und Federindustrie. Das ist natürlich noch lange keine befriedigende Antwort auf die Frage, wie das kam, daß ich in die Stadt mit den langen Nudeln und der längsten Rolltreppe der Welt flog. Es kam so: Ein Freund kam an und sprach: »Ich will Silvester in Hongkong verbringen, und du kommst mit.« Ich entgegnete: »Na, wenn du meinst, mein Gebieter, dann ja.« Gelegentlich liebe ich es nämlich, mich willenlos fremder Bestimmung auszuliefern. Normalerweise sagt mir nie einer, was ich tun soll. Alles entscheide ich selbst, morgens, abends, in nebligem Mond. Um so mehr genieße ich es, wenn mir mal jemand was befiehlt oder verbietet. Wunderbar ist es, an einer roten Fußgängerampel auch dann stehenzubleiben, wenn alle anderen Passanten es für nötig halten, wie rebellische Teenager zwischen den fahrenden Autos herumzuhecheln. Der niederländische Schriftsteller Harry Mulisch soll gesagt haben, an einer roten Ampel stehenzubleiben, das sei typisch deutsch. Als ich dies hörte, dachte ich: »Aha. Soso. Man kann also gleichzeitig Niederländer, Schriftsteller und Inhaber öder Ansichten sein. Naja, wenn er Freude daran hat...« Es ist nämlich nicht typisch deutsch, sondern typisch okidoki, an einer roten Ampel stehenzubleiben. Auch der Hongkonger bleibt gern stehen! Soll der Massenwahn hasten und rennen! Mir wird von oben, von einer süßen, anonymen Macht, eine Pause angeboten, und ich bin so offen, dieses Angebot anzunehmen, indem ich friedensreich verharre. Warum soll ich unentwegt um Souveränität und Unabhängigkeit ringen? Ich bin doch kein pubertierender Zwergstaat. Der rote Mann bietet mir eine freie Minute an, und ich als freier Mann knabbere den Zeit-Snack gern. Sich kurz und freiwillig dem Geheiß des roten Mannes zu unterwerfen erspart einem auch den Gang zur Domina. Ist doch viel besser, ein bißchen am Zebrastreifen zu stehen, als sich von einer geldgierigen Ziege Streifen auf den Rücken peitschen zu lassen. Ich bleibe immer schön stehen, es sei denn, es sind Kinder zugegen. Dann gehe ich auch bei Rot, damit sie schreien können: »Sie sind aber ein schlechtes Vorbild!« Das haben ihre Erzieher in sie einprogrammiert, und man muß ihnen ja Gelegenheit geben, das Erlernte abzuspulen.

Lustgewinn empfinde ich auch an Orten, wo man mir das Rauchen verbietet. Sich einem harmlosen Diktat ganz selbstverständlich zu fügen ist eine süße und runde Sache. Da denke ich: »Eine mir unbekannte Autorität verbietet mir etwas, und in mir regt sich kein Widerstand. Ich beginne zu ahnen, was Frieden sein könnte.« Das eigenartigste Rauchverbotsschild, welches ich je sah, hängt im Café des Stadtmuseums von Offenburg. Es lautet BITTE HIER NICHT RAUCHEN, SONST ABER ÜBERALL. Komisch, daß mir in Offenburg ausdrücklich gestattet wird, in der Antarktis oder in Kathedralen zu rauchen. Nett sind auch Schilder, aus denen hervorgeht, daß die Verbotsautoren ja *eigentlich* vom Verbieten gar nichts halten. Am Schaufenster einer Café-Kneipe mit nachmittags frühstückender Kundschaft klebte neulich ein Zettel, auf dem stand: LIEBE LEUTE! HIER BITTE LEIDER KEINE FAHRRÄDER ABSTELLEN! Natürlich lassen sich die lieben Leute von einem dermaßen hasenfüßig formulierten Verbot gar nicht beeindrucken, und alles ist schwarz vor Fahrrädern. Wenn man meint, anderen etwas verbieten zu müssen, dann muß das mit Schmackes, mit rotwangiger

Überzeugung geschehen. Wenn ich irgendwo läse RASEN LEIDER NICHT BETRETEN – dann würde ich ein Zäunchen übersteigen und mich auf dem Rasen kugeln vor Lachen über das verängstigte Gemenschel.

> *VERNÜNFTIGE fahren hier nicht Rad, den ANDEREN ist es verboten!*

Der Plage des Hochradfahrens in unseren Wäldern ist nicht mit tantigen und leisetreterischen Schildern zu begegnen, sondern mit beherztem Handeln.

Vieles, was heute für selbstverständlich in Kauf zu nehmendes Übel gehalten wird, hätte, wenn es neu wäre, nicht die geringste Chance auf gesetzliche Zulassung. Würde ich heute die Zigarette erfinden oder die Hundehaltung – man würde meine Errungenschaften bekämpfen wie Kinderpornografie im Internet. Oder man denke an das aggressive Privatgeknalle um Silvester herum. Vielleicht würde man sich um einen Kompromiß bemühen und wie mancherorts ein nettes, zentrales Feuerwerk zur allgemeinen Ergötzung zünden oder irgendwo einen netten, zentralen Hund aufstellen. Manche Deutsche können es gar nicht fassen, wenn sie hören, daß man in anderen Ländern nicht eine geschlagene Woche lang von enthemmt böllernden 10jährigen terrorisiert wird, sondern daß dies im großen und ganzen eine Eigenheit Deutschlands und einiger kultureller Dependencen ist. Schon in der Schweiz gibt man sich sympathisch privatknallfaul. Auch in Hongkong spritzen die Leute einander nur spaßig gemeinte Plastikfäden aus Sprühdosen in die Haare und in die Nudelsuppe. Es war einer der sanftmütigsten Jahreswechsel, die mir je vergönnt waren. Wir saßen Hefeweizen trinkend in einer deutschen Kneipe namens »Schnurrbart« inmitten von Chinesen, die sich an Schmalz- und Leberwurstbroten gütlich taten. Da die chinesischen Stullenfreaks nicht müde wurden, ein bestimmtes Lied von Simply Red zu drücken, spielte ich ihnen nach einiger Zeit einen frechen deutschen Streich. Ich warf ganz viele Münzen in die Musicbox und programmierte sie so, daß zwölfmal hintereinander das Lied »Isobel« von Björk erscholl. Sonst war nichts Gescheites in der Maschine. Die Chinesen tatzelten mich dafür aber nicht, sondern fuhren vergnügt mit der Verputzung der Graubrotscheiben mit grober, westfälischer Landleberwurst fort.

Eigentlich hatte ich Silvester ganz anders verbringen wollen. Vor einigen Jahren war in der Zeitung von einem Silvesterunglück in Hongkong zu lesen. In einem Vergnügungsviertel waren die Leute dicht gedrängt auf einer steilen Straße gestanden und hatten Bier getrunken. Mit der Zeit hatten sie so viel Bier auf die Straße gekleckert, daß jemand ausrutschte, damit andere zu Fall brachte und eine verderbnisbringende Kettenreaktion auslöste. 19 Menschen waren gestorben. In dieser actionträchtigen Straße wollte ich also eigentlich zechen, aber beim Vorbeigehen am »Schnurrbart« bekam der Begleiter, der eine Woche lang nichts lieber getan hatte, als durch Gedränge gehend mit Stäbchen Nudelsuppe zu essen, leberwurstbrotbedingte Stielaugen.

Zurück am Hamburger Flughafen, nahm ich mir ein Taxi. Der Fahrer fragte mich, wo ich gewesen sei. Ich gab brav Auskunft. Da meinte er, dann wüßte ich wohl gar nicht, daß die Alster zugefroren ist. »Doch, ich weiß«, gab ich maulfaul zurück. Ich hatte immer die Welttemperaturentabelle in der ›South China Morning Post‹ gelesen. »Ach so, ja«, sagte der Fahrer, »in Hongkong gibt es ja auch Fernsehen«, worauf ich dann aber doch meinte erwidern zu müssen, daß das Zufrieren der Alster nicht zu den Ereignissen zählt, die im Hongkonger Fernsehen übertragen werden. Darauf der Fahrer: »Wieso nicht?«

In meinem Kühlschrank hatte sich während meiner Abwesenheit aufgrund einer durch Abreisehektik verursachten Unachtsamkeit ein Schimmel gebildet, welcher ungewöhnlich pelzig, fast schon hübsch war. Da fiel mir ein, daß es heutzutage doch möglich sein müßte, den pelzigen Eigenschaften des Schimmels gentechnisch so beizukommen, daß man aus ihm einen Pelzmantel herstellen kann. Damen in Schimmelpilzpelzen werden bei Marks & Spencer gefrorene Orchideen kaufen. Das werd ich noch erleben, denn ich bin jung und habe Bullrichsalz und quetsch mein Gastrecht aus.

Die Mitgeschleppten im Badezimmer
(April 1996)

Gäste haben! Gäste zu haben ist ein Jumbo-Plaisir, doch will beachtet werden, wie die Gastlichkeit zu bewerkstelligen sei. Ich weiß nicht mehr genau, ob es Immanuel Kant oder Uwe Seeler war, der einmal bemerkte, wenn man Gäste zu sich bittet, solle deren Anzahl diejenige der Grazien, also drei, nicht unter-, und diejenige der Musen, neun, nicht überschreiten. Ich halte mich an diese Regel, denn wenn man nur zwei Personen einlädt, ist man ja insgesamt nur zu dritt, und zu dritt ist man ja schon, wenn man zu zweit ist und der Heizkörperableser klingelt. Bittet man aber zu viele Gäste zu sich, weiß man gar nicht, wie die alle heißen. Auf jeden Fall muß man den Gästen beizeiten einbläuen, daß sie auf gar keinen Fall jemanden mitbringen dürfen! Sonst hat man ein oder zwei Stunden lang die Wohnung voll mit Gestalten, die man überhaupt nicht kennt und auch nicht kennenlernen wird, die dafür aber um so ungehemmter in die byzantinischen Bodenvasen aschen, und wenn dann um zwölf die Getränke alle sind, setzt ein großes Woandershin-Walking ein, und schließlich sitzt man da mit ein paar trüben Tassen, für die man später Luftmatratzen aufpusten darf. Nein, die Gäste müssen sorgsam aufeinander abgestimmt werden wie die Aromen in einem Parfum; ein einziger Mitgeschleppter kann wie ein einzelner Gallenröhrling in einem Steinpilzgericht wirken und alles verderben.

Nun ist es 20 Uhr, und die Gäste tun das, was nur Gäste können, nämlich *eintrudeln.* Hat man je davon gehört, daß Arbeiter in der Fabrik eintrudeln oder Fußballspieler auf dem Spielfeld? Sind die Deutschen anno '39 in Polen eingetrudelt? Nein, eintrudeln ist gästespezifisches Ankunftsverhalten. Zuerst nötigt man die Besucher, in rascher Abfolge zwei oder drei Manhattans oder Old Fashioneds zu trinken, damit sie nicht wie dösige Ölgötzen bräsig in der Sitzschnecke abhängen. Gästezungen wollen wachgekitzelt werden. Nun mag es sein, daß die Menschen von des Tages Knechtungen mattgepaukt sind und trotz der munterlaunigen Drinks nicht in Schwätzchenstimmung kommen. Für diesen Fall sollte man stets einige Gegenstände zum Zeigen haben, denn Gäste, denen man etwas zeigt, müssen wohl oder übel das Maul aufkriegen zwecks Kommentar. Da trifft es sich gut, wenn man gerade eine wertvolle Gesamtausgabe der Werke Rainer Barzels oder ein Prunkschwert aus dem Hindukusch gekauft hat. Es muß aber gar nicht unbedingt so etwas Großartiges sein, oft reicht schon eine repräsentative Blumenkohlhaube, ein Mardergerippe oder ein vom Mittelmeer mitgebrachter Badeschwamm, um die Konversation zum Moussieren zu bringen.

Nun darf man sich aber nicht pathetisch vor den Gästen aufbauen und den Schwamm angeberisch hochhalten wie Hamlet den Totenschädel, sondern man muß allen Anwesenden mit viel Einfühlungsvermögen das Gefühl vermitteln, daß das jetzt nicht irgendein wildfremder, anonymer Schwamm ist, der ihnen da wortgewandt präsentiert wird, sondern daß es auch, zumindest vorübergehend, »ihr« Schwamm ist. Man muß die Gäste teilhaben lassen an den durch den Schwamm ausgelösten emotionalen Updrifts. Dies erreicht man, indem man Nähe ermöglicht, Betatschungen zuläßt, den Gästen also erlaubt, den Schwamm zu betatschen. Man muß sie bitten, die Augen zu schließen und sich vorzukommen wie ein blindes, blondes Mädchen in einem Blindentastgarten, wodurch bedauerlicherweise die Frage aufgeworfen wird, ob auch Blinde Blondinenwitze machen, und wenn ja, dann gäbe es in solchen Witzen vielleicht Blondentastgärten, in denen lauter dornige Sträucher stehen, und die blinden Blondinen schreien immer »Aua, Aua«. Doch zurück zum Schwamm. Man kann ihn kreisen lassen im Gästerund, von rechts nach links, jeder darf »ihn« zwei Minuten halten, gleichzeitig kann man von links nach rechts das Mardergerippe herumgehen lassen. Da kann es passieren, daß der in der Mitte sitzende Besucher beides hat, Schwamm *und* Gerippe, und man glaube mir, es wäre ein lausiger Gastgeber, wer dies nicht zur Gelegenheit nähme, bleichesten Gesichtes zu verkünden, daß man in der Ukraine glaube, einer, der in der einen Hand einen Schwamm halte und in der anderen ein Mardergerippe, dessen Namenszug im Buch des Lebens werde bald verdorren. Nach einiger Zeit ist es allerdings geboten, zu erwähnen, daß nichts Ernstes zu befürchten sei, daß man nur gerade ein wenig geistreich habe erscheinen wollen. Man sieht hieran, wie kinderleicht es ist, seinen Gästen Kaiserstunden der Geselligkeit zu bieten.

Nach den ersten Cocktails wird bald eine erste Stimme erdröhnen, die ankündigt, der Toilette einen Besuch abzustatten. Da ist zu hoffen, daß man das Bad gut gewichst, gewienert und poliert hat, wie überhaupt die ganze Wohnung, denn wenn man das nicht tut, ist ja kein Platz für den neuen Schmutz, den einem die Gäste in die Bude schleppen mit ihren verdammten Drecklatschen. Gerade jüngere Menschen, die darauf erpicht sind, sich eine gut besonnte gesellschaftliche Position zu erstreiten, sollten wissen, daß die Reputation im Badezimmer mitgebacken wird. Man mache sich doch nichts vor: Fast jeder, der in einer fremden Wohnung aufs Klo geht, macht das Badezimmerschränkchen auf und guckt, was da drin ist. Und wenn da zig Medikamente gegen Depressionen, Inkontinenz, Pilzbefall und Impotenz drin sind, dann nimmt der Gast seine Menschenbewertungsskala und schiebt einen nach unten.

Deswegen: Solche Sachen immer schön verstecken. Die Menschen sind dünkelhaft und gierig danach, Schulnoten zu verteilen. Zeitschriften und Talkshows haben die halbe Menschheit in dumpfe kleine Hobbypsychologen verwandelt. Legt einer seinen Zeigefinger zwischen die Lippen, dann wird allen Ernstes geglaubt, das bedeute irgendwas. Und wenn jemand im Bad eine sogenannte Badezimmergarnitur hat, lautet das Urteil der Jury »proll«. Eine hundertprozentige Fehldeutung liegt hier indes nicht vor: Eine Klodeckelbespannung aus altrosa oder türkisem Frottee mit passender Badezimmermatte und Klofußumpuschelung läßt weder humanistische Bildung noch Adel erahnen. Doch muß man differenzieren: Die vor der Wanne liegende Matte mindert das Risiko feuchtfüßigen Ausgleitens, des leidigen »Pardauz, Tatü-Tata, Friedhof«. Aber warum müssen Toiletten umpuschelt werden?

Ich muß jetzt leider etwas Hartes äußern. Ich habe in meinem Leben so manche resttröpfchengetränkte Toilettenumpuschelung sehen müssen, und immer hieß mich der Takt zu schweigen. Doch nun muß das Harte aus mir raus, und ich sage: Resttröpfchengetränkte Klofußumpuschelungen sind nicht sehr hübsch. Obendrein sind, wenn man sie spitzen Fingers umdreht, immer Haare darunter und erinnern an der Maden Vielzahl, die einem ins Auge springt, wenn man auf einem Spaziergang mit dem Stock einen toten Vogel umdreht. Ich habe nichts gegen Haare an sich. Wenn sie gut sitzen, bilden sie nützliche natürliche Mützen, die uns vor vorwitzigen Blicken und Blitzen schützen. Man kann auch gut in ihnen wuscheln, falls einem das erlaubt wird von dem, wo die Haare drauf wachsen. Aber die Sorte Haare, wie man sie unter Umpuschelungen antrifft, wird sich kaum einer gern in den Frühlingsquark rühren. Nicht auszuschließen ist, daß es Lesefröschchen gibt, die eine syphige Umpuschelung ihr eigen nennen und jetzt aufgrund meiner rauhbeinigen Worte bittere Tränen vergießen, Tränen, die bitterer sind als die bitteren Tränen der Petra von Kant. Diese Perspektive knickt mich. Zum Trost sag ich den Fröschchen: Stellen Sie sich doch mal vor, jetzt kommt der Mensch, den Sie am meisten liebhaben, in Ihr Zimmer und sieht Sie weinen. Natürlich möchte er Ihnen die Tränen fortwischen, aber er findet kein Taschentuch und nähert sich Ihren blaugeweinten Wangen mit Ihrer Kloumpuschelung. Da würden Sie doch auch zurückweichen, gell?

Die Gäste sind nun abgezischt. Das ganze Wohnzimmer voll mit benutzten Einwegspritzen, Kondomen, geplatzten Gummipuppen, blutigen Peitschen, kotbeschmierten Dildos und zertretenen Mardergerippen! Ich übertreibe natürlich ein wenig. In Wirklichkeit ist der Salon nur leicht krümelübersät. Doch Grund genug zu sagen: »Nie wieder Gäste! Das nächste Mal treffe ich mich lieber wieder wie dereinst mit meinen alten Existenzkomplizen, nennen wir sie mal spaßeshalber Bruno, Ewald und Hugo, am schrammigen Holztisch im Wirtshaus zum knallgrünen Huhn.«
»Hallo Hugo, hallo Ewald, hallo Bruno!« tönt es daher bald durch die Gasse. Doch da ist ja noch wer. Ächz, ein Persönchen. »Das ist Claudia«, sagt Ewald im Ton verkrampfter Lockerheit, und ein kurzer Blick von ihm erzählt die ganze fade Story. Daß sie den ganze Tag rumgenölt habe wegen heute abend, daß er dann gesagt habe: »Komm doch einfach mit!«, worauf die gesagt habe: »Ihr wollt ja nur wieder Bier saufen!«, daß sie dann mit ihrer Schwester telefoniert, daraufhin geweint, dann Bauchweh bekommen und sich in letzter Minute doch entschieden habe, mitzukommen.

»Vier Hefeweizen und eine kleine Sprite!«

»Wieviel trinkt ihr denn davon, wenn ihr euch trefft?« fragt die Mitgebrachte. »Och, so vier oder fünf sind das schon«, wird geantwortet. »Fünfmal 5 Mark 50, das sind ja 27 Mark 50 für jeden. Also, ich muß von elfhundert Mark im Monat leben bei 680 Mark kalt, ihr ja offenbar nicht«, bemerkt die Stimmungskanone, worauf sie ihren von einem widerwärtigen roten Samtding zusammengehaltenen Pferdeschwanz öffnet und das widerwärtige rote Samtding mitten auf den Tisch legt. Ihre weiteren Gesprächsbeiträge lauten: »Kannst du deinen Rauch nicht mal in eine andere Richtung blasen?« und »Was bist du eigentlich für ein Sternzeichen?« Irgendwann fängt sie an zu heulen, weil der Hund ihrer Schwester vorige Woche gestorben ist, und um halb elf stellt sie fest, daß es schon halb elf sei und Ewald ganz furchtbar müde aussehe, worauf sie sich denselben krallt und zum Abschied in scherzhaft ironischem Ton meint, daß sie hoffe, uns nicht den Abend verdorben zu haben. »Aber nein«, sagen wir und meinen das auch sehr ironisch.

Bruno sagt: »Die tollsten Frauen laufen auf der Straße herum, aber die besten Freunde, die man hat, geraten immer an solche mißgünstigen Ranzteile.« Hugo weiß noch mehr: »Unseren Ewald sehen wir so bald nicht wieder. Der wird für Jahre in der Ranzschnecke verschwinden. Besuchen ist auch nicht drin. Sie würde es ihm selbstverständlich erlauben, aber wenn wir dann mal kämen, würde sie mit einer Wolldecke auf dem Sofa liegen und die Bürde unserer Anwesenheit als qualvoll lächelnde Märtyrerin geduldig ertragen. Sollte unser Gespräch trotz allem mal ein bißchen in Fahrt kommen, dann würde es bald unter der Wolldecke hervortönen: ›Ewald, ich hab so kalte Hände. Kannst du sie mir nicht ein bißchen warmrubbeln?‹ oder ›Ich will euch nicht hetzen, aber kannst du mir sagen, wie lange ihr ungefähr noch braucht? Nur ganz ungefähr.‹ Und dann dieser übertriebene Fruchtgestank überall von diesen Produkten aus dem Body Shop.« Ich weiß zu ergänzen: »Sie wird ihn zuschleimen mit Elton-John-Songs und Astrologie, wird ihn einspinnen in einen Kokon aus esoterischem Wirrwarr und hausfraulichem Quatsch, wird die ganze Bude vollstellen mit Schälchen, in denen kleine Perlen sind und verstaubte Blumenblätter und die widerwärtigen Samtdinger für den Pferdeschwanz, und bald wird er auch einen Pferdeschwanz haben, zusammengehalten von der männlichen Variante, einem widerwärtigen Frotteeding.«

Aus Sorge um den armen Ewald trinken Hugo, Bruno und ich noch ganz viel, machen sogar noch ein Woandershin Walking. Bruno meint dann in dem Absturzladen, die Menschen werden von ihrem Vornamen geprägt, es gebe z. B. regelrechte Manfred- oder Christoph-Typen. In Frankreich sei sogar ein Buch zu diesem Thema auf dem Markt. Tatsache sei, daß mindestens 50% aller blöden Freundinnen von netten Freunden Claudia heißen, das sei ein richtiger Migränetantenname. Bei blöden Lebenspartnern von netten Freundinnen sei die Bandbreite viel größer, die heißen Jens, Clemens, Oliver, Torsten und Tobias. Nur Ewald, Hugo und so weiter heißen die nie, denn die sind nett, und es folgt ein endloses Gebrabbel, welches meine Meinung bestätigt, daß dem Phänomen des trunkenen Woandershin Walking prinzipiell kritisch gegenüberzustehen ist und daß das meiste, was nach zwei Uhr am Morgen passiert und gesprochen wird, ohne Reu vergessen werden kann.

Veränderungen des Neigungswinkels von Hutablagen sind keine Hausmädchenarbeit
(Mai 1996)

Rei in der Tube! Dies soll auf keinen Fall vergessen, dessen Weg in die Fremde führt. Denn einerseits will man sich nicht mit tonnenweise Dessous durch Wüsten und Tropen schleppen, andererseits möchte man doch reinlich und apart wirken unter Palmen und Hibiskus. Man möchte ad majoram gloriam Germanorum auf dem Kamel sitzen. Das ist lateinisch und bedeutet, daß man sich auf Kamele draufsetzt, um den Ruhm des deutschen Volkes zu mehren. Man will ein perfekter Botschafter des deutschen Vaterlandes sein, und das kann nur jemand sein, der weiß, daß Rei für Reinlichkeit steht! Die Fremden sollen sagen: »Dies ist Exportexperte Josef Thalbach nebst gepflegter Gattin Magda. In ihrer knappen Freizeit schwärmt die international gefeierte Waldhornistin für Albert Schweitzer. Wie absolut bewundernswert diese hochgeschossenen, kerzengeraden Menschen sind. In weißer Sportbekleidung gehen sie durch unser schmutziges Land. Sportlich, doch korrekt.«

So möchte man also, daß die unverfälschten Menschen von woanders, die sich immer einen wunderbaren Rest von Kindlichkeit bewahrt haben, von einem denken.

Bevor man ihnen aber Gelegenheit gibt, dies zu tun, müssen einige Dinge durchkalkuliert werden. Die grundsätzliche Frage: Soll man in Begleitung oder alleine verreisen? Die Tage lassen sich allein ohne Zweifel besser bewältigen. Begleitungen sind wie Lügen, sie haben kurze Beine und sagen immer: »Renn doch nicht so!« In Museen brauchen sie ewig. Sie gucken sich sogar den Steinzeitmist an, für den leider in jedem Regionalmuseum ein Zimmer verschwendet wird. Vor den ebenfalls häufigen verrußten alten Bürgermeisterporträts, die man ja wirklich endlich mal wegschmeißen könnte, bleiben sie stehen und sagen: »Guck mal, der sieht aus wie Volker Rühe.«

Doch die Abende. Abends ist alleine nicht gut munkeln in einer fremdartigen Gegend. Melancholie kommt angaloppiert. Dann sitzt man mit seinem Souvenirsombrero in einer vollkommen leeren Bar, weil man sich in die mit Lachen und Musik erfüllten nicht reingetraut hat so alleine, und wenn dann nicht jemand da ist, der sagt: »Trink doch nicht so viel, Lars-Udo!«, dann ist man tagsüber nicht empfänglich für die kulturellen Juwelen der Region, und der bucklige, hinkende, einäugige, schlecht verdienende Kellner hat Mitleid mit der stattlichen Erscheinung aus der respektablen Industrienation, er denkt: »So reich und doch so arm!«, was ja wohl nicht auszuhalten ist.

Begleitung ist somit anzuempfehlen. Wer launisch ist und dazu neigt, seine Reisegefährten anzugrölen, der sollte die Tage getrennt verbringen und sich abends was erzählen. Auf die ewig pikante Frage, ob auch Damen geeignet sind zur Begleitung, möchte ich keine Antworten von Gesetzeskraft geben, denn das muß jeder selber wissen. Es kommt hier auf persönliche Neigungen und Unterwerfungsbereitschaft an. Da will ich niemandem dreinreden. Eines muß aber in die Diskussion geworfen werden: Damen haben oft sehr viel original Damengerümpel dabei. Und wenn eine Dame sagt: »Ächz, von dem Riemen meiner Reisetasche habe ich schon eine richtig fiese Hornhaut auf der Schulter«, dann sagt sie das nicht, um den Herrn durch das süße Rinnsal ihrer Stimme zu erfreuen, sondern sie verbindet damit finstere Strategien. Doch lasse man sich keinesfalls versklaven, man schenke der Dame lieber eine Hornhautraspel.

Übrigens sind auch Herren zur Reisebegleitung nicht besonders gut geeignet.

Am besten man reist mit einer geschlechtsneutralen elektronischen Gouvernante. Womit wir wohl bei dem Thema sind, was den meisten Lesern neben den hohen Steuern am meisten unter den Nägeln brennen dürfte: *Wo bekommt man heute noch gutes Personal?* Ich hatte in dieser Hinsicht nur Pech. Malwine hat mich beschummelt. Ich mußte mich von ihr trennen. Selma hat mich behumst. In ihr Zeugnis schrieb ich: »Selma ist unreinlich und hat mich behumst.« Mit dem Eintrag kann die sehen, wo sie unterkommt. Dann kam Grete, eine derbe Niederländerin mit einer Rasta-Frisur. »Rasta-Frisuren mag ich bei meinen Hausdienerinnen aber nicht so gern«, sprach ich und sagte dem Mädchen, es solle sich von Iwan, meinem faulen Gärtner, eine Heckenschere reichen lassen. Das Mädchen schmollte zwar etwas, doch es fügte sich in sein Schicksal. Ich habe ihr am Abend eine Tafel Schokolade geschenkt. Gute Sprengel-Schokolade! Ich weiß leider nicht mehr genau, ob es Vollmilch-Nuß oder Mandel-Krokant war. Ich würde es sagen, wenn ich mich erinnerte, aber ich bin ehrlich und gebe zu, daß ich es nicht mehr weiß. Um so lebhafter gegenwärtig ist mir das glückliche Licht innerlichsten Dankes in den Schweinsäuglein der grobholzigen Schwester Frau Antjes. Wohl wegen dieser schmackhaften Schokolade entwickelte sich Grete, die in ihrem Heimatland wohl wenig mehr getan hatte, als, von einem Rudel junger Hunde mit roten Halstüchern umsprungen, behascht Disco-Fox zu tanzen, zu einer fleißigen Arbeiterin. Ich war sehr zufrieden. Fast jeden Monat legte ich Grete einen wunderbar schimmernden Groschen unter ihr Kopfkissen, ganz frisch geprägt, »polierte Platte«, wie die Münzsammler sagen.

Dann kam aber die schlimme Geschichte mit der Hutablage. Ich war schon seit Jahren, um es pietätvoll auszudrücken, »not amused« über den wenig eleganten Neigungswinkel meiner Hutablage. Ich sehe ein, daß eine Hutablage ein wenig nach oben weisen muß, damit nicht bei jedem kleinen Erdstoß die Hüte runtersegeln. Aber so sehr rumpeln wie in der Eisenbahn, wo die Gepäckablagen berechtigterweise sehr vulgäre Neigungen haben, tut es doch in einer mitteleuropäischen Wohnung selten. Ich klingelte nach der von mir dem Fleiß zugeführten Holländerin. Sie möchte doch bitteschön die Hutablage abschrauben und »irgendwie anders« wieder anschrauben. Da rief sie »Neigungswinkelveränderungen von Hutablagen sind Männerarbeit« und drohte mit der Gewerkschaft. »Eine Gewerkschaftliche hat in meinem Hause keine Zukunft«, rief ich und schrieb ihr mit rabenschwarzer Tinte ein todesurteilähnliches Entlassungszeugnis. Nun sitze ich alt und verbittert allein in meiner Villa, habe eine doofe Hutablage und niemanden zum Schikanieren. Doch wer kann sich überhaupt noch Personal leisten in der »Theo-Kratie«, was eine ganz schön böse Bemerkung gegen den deutschen Finanzminister ist, aber gute Jungens kommen in den Himmel und böse überall hin, was nun wieder eine hübsch einfallslose Abwandlung eines zur Zeit entschieden zu oft gehörten Kotz-Würg-Satzes ist.

Wenn man kein Geld mehr hat, sind Reisen ein gutes Mittel, wieder welches herbeizuschaffen. Man muß nur mit einem möglichst unbequemen Verkehrsmittel in eine öde Gegend fahren, alles knipsen und dann Diaabende in Volksbildungseinrichtungen veranstalten. Unsere Städte sind zuplakatiert mit Hinweisen auf diese Abende, die Diafritzen machen monatelange Vortragstourneen durch rammelvolle Hallen und werden stinkereich. »Mit dem Tandem durch die Antarktis«, »Auf dem Dreirad durch das australische Outback« – das gibt es sicher schon. Aber »Auf Puschelpantoletten durch die

Wüste Gobi«, »Auf dem Mofa durch Hannover«, »Mit der Walze über Hollands Tulpenfelder« – das gibt's noch nicht! Hüpft los, Lesefröschchen, werdet reich, baut Paläste, verlangt Eintritt für die Besichtigung der Schlösser, werdet noch reicher! Reiche Leute sind sympathisch, denn die jammern nicht, daß sie kein Geld haben.

Einmal wurde im Fernsehen Top-Models die top-öde Frage gestellt, was sie auf eine einsame Insel mitnehmen würden. Fast alle wollten intelligent erscheinen und sagten: »Ein Buch.« Die beste Antwort gab Naomi Campbell. Sie sagte: »Trinkwasser.« Claudia Schiffer sagte: »Einen Bikini.« Die hier abgebildeten Herrschaften hätten gesagt: »Zwei nostalgische Lämpchen zum an die Palme schrauben.«

Bevor ich nun den einzigen Grund schildere, aus dem eine Reisebegleitung vonnöten ist, muß ich eine Arbeitsmethoden transparent machende Insider-Info durchsickern lassen. Der Ich-Erzähler ist seit mehreren Sätzen schon kein verbitterter autoritärer Mummelgreis mehr, sondern jetzt wieder ein wenig mehr an die Person des Autors angelehnt. Hier nun also der einzige Grund: Die Kackfrage. Man muß ja auf Reisen oft kacken. Da muß jetzt gar nicht nervös gefächert werden auf den vornehmen Balkonplätzen. Soll ich etwa, nur weil Sie mit den körperlichen Besoins auf Kriegsfuß stehen, behaupten, man müsse auf Reisen keineswegs kakken? Das würde ja gar nicht stimmen! Ich leide, wenn ich lüge. Le mensonge ne mène pas loin! Das ist französisch! Das kann man mir getrost glauben. In New Mexico gibt es eine Stadt namens *Truth or Consequences*. Wahrheit oder Konsequenzen. Die Wahrheit ist, daß man im Ausland kacken muß. Die Konsequenz einer Lüge, also der Behauptung, daß man gar nicht ins Ausland kacken muß, wäre, daß die Lesefröschchen sagen würden: »Das stimmt doch überhaupt nicht, daß man das Ausland nicht vollkacken muß.« Wem würde der Aufruhr nützen?

Man muß kacken! Wir befinden uns jetzt plötzlich in einem indischen Erfrischungs-Schuppen. Wir müssen die Zeit rumkriegen, denn der Bus zur nächsten Destination fährt erst später. Wir haben all unser Gelumpe dabei. Dicke Säcke mit stinkenden Socken und zwanzig Gardinenstangen. Gardinenstangen sind nämlich in Indien billiger als bei uns. Umgeben sind wir von Menschen, denen man ja nichts unterstellen will, aber naja. Zwar könnte man die Düsternis ihrer Mimik auch als angestrengte Nachdenklichkeit interpretieren, aber hm. Wenn man nun zu zweit ist, und einer muß aufs Klo, dann kann der andere im Gastraum sitzenbleiben und ein Auge auf die Habe werfen. Wenn man jedoch allein unterwegs ist, muß man die monströse Bagage mitsamt der Gardinenstangen mit zur Toilette nehmen. Das ist nichts weniger als unapart. Da mich das Schicksal bislang stets von Indien ferngehalten hat, weiß ich nichts über indische Toiletten. Aber vielleicht hat man dort, ähnlich wie mancherorts in Europa, nur Löcher im Boden, über welche man sich hocken muß. Dabei ein Bündel mit Gardinenstangen festzuhalten ist möglicherweise nicht leicht. Wenn man sie aber nicht festhält, werden sie einem vielleicht von einem flinken Kletterer aus der Nachbarkabine heraus gestohlen. Ich würde das gar nicht hochnäsig verurteilen. Für uns austern- und almighurtgemästete Europäer ist eine Gardinenstange ein Klacks, ein Zubrot, eine Erdnuß. Ein Inder jedoch kann von einer Gardinenstange ein halbes Jahr lang beschwingt leben. Zum Vergleich: Von all den vielen Leckereien, die ich täglich in mich hineinexpediere, könnte die gesamte Bevölkerung der Schweiz lediglich eine Hundertstelsekunde täglich überleben. Daran immer denken, wenn man sich beklagt, daß es in anderen Ländern so laut ist und so stinkt!

Ein Freund von mir, der in Indien war, erzählte, in Bombay habe er drei Tage das Hotelzimmer nicht verlassen, weil ihm die Leute auf der Straße so unsympathisch erschienen wären. Er sagte auch etwas über indische Toiletten. Er sagte es mir während eines einsamen Waldspazierganges. Nur die Flora war Zeuge! Er sagte, daß er schon Hübscheres als indische Toiletten gesehen habe.

Wer freilich mit solchen arroganten Reiseeindrücken zurückkehrt, dem sei empfohlen, die Finger von der Ferne zu lassen. Ich wiederhole gern meinen alten Rat, das Heimatland kennenzulernen. Man muß ja nicht wochenlang auf Spiekeroog abhängen. Die Zeiten des vierwöchigen Monumentalurlaubes sind eh vergangen. Man macht zum Mißvergnügen der ökologischen Vernunft mehrere kurze Reisen. Schnupper mal an Wuppertal! Eine Fahrt mit der Wuppertaler Schwebebahn ist schöner als eine Fahrt mit dem Cable Car in San Francisco. Ich weiß das! An der Ostseeküste gibt es die coole Halbinsel mit dem schmucken »ß« und den Bindestrichen, Fischland-Darß-Zingst. Wer nicht in der Lage ist, Halbinseln mit zwei Bindestrichen allein wegen der Bindestriche zu lieben, leidet unter verkümmerter Bindungsfähigkeit. In Thüringen ist gar ein neuer Urwald entdeckt worden. Hainich heißt er. Als ich einmal in der Wüste von Nevada stand, sagte ich: »Holla, holla! Die Felsen hier sehen ja aus wie die im Dahner Felsenland, welches in der Pfalz befindlich. Aber das Licht, das hier herrscht, ist so wie das Licht an dem einen Tag, als wir auf dem Kamelfelsen im Huy standen.« Der Huy ist das kleinste Mittelgebirge Deutschlands. Es liegt nördlich von Halberstadt. Es ist so klein, daß manche Leute sich kringeln und sagen, Mittelgebirge sei aber etwas geprahlt. Und überall gibt's mütterlich dampfenden Schmorbraten mit dicken Klößen. Was allerdings wieder der Nachteil daran ist, nicht nach Indien zu fahren. Der üble deutsche Sodbrennenfraß. Es gibt ja vier Dinge, auf die wir uns nichts einbilden sollten: 1) die deutsche Vergangenheit, die dunkle, 2) die deutsche Komödie, die neue, 3) die deutsche Rock- und Popmusik, die glanzlose und 4) das deutsche Mittagessen, das warme.

Alles andere kann man wohl aushalten. Man muß ja.

Milch und Ohrfeigen
(Juni 1996)

Alle sagen dauernd was. Der kommerzielle Wettermann Kachelmann sagte: »Für morgen steht uns ein gewaltiger himmlischer blow job ins Haus.« Edvard Munch sagte: »Ich male nicht, was ich sehe. Ich male, was ich sah.« Albert Schweitzer sagte: »Ich bin Leben, das leben will, inmitten von Leben, das leben will.« Ich sage: »Zu viele Fröschchen. Es müssen welche vergrault werden. Stinko und Sabrina sollen verduften.« Daher will ich diesmal nur schreiben, wie herrlich die neue CD von den Cocteau Twins ist, denn das nervt Stinko und Sabrina. Doofe Leute können es schier nicht ertragen, wenn man etwas Wichtiges und Richtiges in die Welt setzt. Daher: Die Cocteau Twins sind jetzt so gut wie die Beach Boys zwischen 1966 und 1973, der frisch gepflückte Frühling und T. Rex auf einmal! Knautschsamtzylinder ab vor dieser opulenten Leistung. Seit der Jugendstilzeit ist nichts Vornehmeres mehr in die Kunst geraten, womit ich die Verdienste derer, die zwecks Leuteerschrecken einfache Linien zogen, gewiß nicht schmälern möchte. Sie haben auch ihren Platz im Sonnenbett der Retrospektive. Doch nun muß wieder verhalten geprunkt werden. Herrlich: Keine Verabredung haben, keiner ruft an, die Post bleibt im Kasten, und den ganzen Tag in Unterhose durch die Wohnung latschen und Cocteau Twins hören. Dies will ich nobles Existieren nennen. Ich trage übrigens berühmte blaue Unterhosen aus der Schweiz. Wer jetzt anruft, wird angebrüllt, ganz gleich, wer es ist. Auf dem Teppich liegen, Ludwig Tieck schmökern und Brote mit Snofrisk essen, das ist der relativ neue dreieckige Ziegenkäse aus Norwegen. Auf dem Deckel ist eine norwegische Ziege abgebildet, die einen lausbübisch anguckt. Es ist mitunter leicht, ein schönes Leben, sprich eine noble Existenz zu führen.

Die vorletzte Platte der Cocteau Twins heißt *Vierkalendercafé*. Da grüßt ein Dreimäderlhaus, und in einem Café mit vier Kalendern tüchtig hinzulangen, wenn das Tablett mit dem Bienenstich vorbeischwebt, ist kommod, smart, fürstlich, galaktisch, honett, groovy, effektvoll und nobel. Herrlich, wenn die Adjektive an einem vorbeirattern wie eine mit verliebt machenden Drogen vollgepumpte Eisenbahn. Ich nehme an, das mit den vier Kalendern ist so gemeint, daß es pro Jahreszeit einen Kalender gibt. Ich habe es schon immer als vulgären Pragmatismus, als unsensibles Stopfertum empfunden, alle vier Jahreszeiten in einen Kalender zu stopfen. Winter und Sommer sind doch wie Hund und Katze, wie Bioladen und Reformhaus. Man sperrt doch auch nicht eine Biene, eine Katze, eine Balalaika und einen Maulwurf in einen Käfig. Das wäre doch nicht ethisch.

Die neue Platte der Cocteau Twins heißt *Milch und Küsse* und gehorcht einzig der Pflicht zur Erzeugung von Pracht. Pracht möchte Resultat allen würdigen Schaffens sein. Die Prachtpflicht ist neben der Residenzpflicht und der Arroganzpflicht eine unserer besten Pflichten. Leider lese ich davon nichts in unseren Leitmedien. Auf der Titelseite der ›Frankfurter Allgemeinen Zeitung‹ steht kein Wort von Milch und Küssen, statt dessen steht da »Die Schweriner Koalition wieder tiefer in der Krise«. Wen soll das fuchsen, ja jucken oder kujonieren? Was soll da anschwellen? So etwas gehört doch nicht auf die Titelseite. Mag durchaus sein, daß mecklenburgisch-vorpommerschen Regierungskrisen eine eigene feine Ästhetik innewohnt, aber mit den Cocteau Twins wird diese kaum mithalten können. Langweilige Dinge werden ja vom Straßenvolk oft als »Schlafmittel« bezeichnet, obgleich vom Schafe numerieren wohl noch nie einer eingeschlafen ist. Ausnahme: Wenn man sich eine Regierungskrise in Mecklenburg-Vorpommern vorstellt, wird man tatsächlich bald müde und kann selig von Milch und Küssen träumen.

Es ist für den Milchkenner herrlich, ein Glas frischer Milch aus dem Bioladen zu trinken, doch das geht nur, wenn nicht Nichtmilchkenner dem Milchkenner die Milch vor der Nase wegschnappen!

Ich wohne in einem Stadtteil Hamburgs, in dem es keine Sorgen gibt, außer vielleicht, daß zu viele Fahrräder den Eingangsbereich der Wohnanlage verschandeln. Die Bewohner stimmen ab, ob eine Verschandlung vorliegt, und wenn ja, dann wird ein apartes zwölfeckiges *Fahrradhäuschen* auf den Bürgersteig gesetzt. Dies ist die reichste Stadt Europas, und das merkt man. In meinem Stadtteil wohnen fast nur Lehrer und Journalisten, ›Spiegel‹, ›Geo‹, ›Brigitte‹, namentlich welche von der ›Zeit‹. Diese Zeitschrift hat 105 Redakteure und Tausende und aber Tausende andere Mitarbeiter. Da das Blatt eine ungeheure Auflage hat, kann es sich die vielen Leute leisten, obwohl natürlich drei oder vier Redakteure auch reichen würden. Ein Volontär kriegt 6000 Mark, oder so. Sie nehmen jeden, der eine Altbauwohnung über 120 Quadratmeter mit Parkettfußboden und Doppelflügeltüren vorweisen kann. Mit 48 werden die durchaus sympathischen Zeitschriftenmenschen zum ersten Mal Vater. Sie schnappen sich ihr Kind und zusätzlich Rucksack und Fahrrad und rasen zum Edel-Bio-Türken sonnabends um Viertel vor eins. Den Bio-Edel-Türken begrüßen sie allen Ernstes mit »Grüß dich, Mehmet«. Sie würden nie zu einem deutschen Gemüsehändler »Grüß dich, Karl-Heinz« sagen, das wäre eine Anbiederung, aber »Grüß dich,

Mehmet« ist ein Signal gegen den Haß! Dann schreiten sie zum Kühlregal und greifen nach der letzten Flasche mit guter Milch. Da trete ich in den Laden, erster Blick ins verwaiste Kühlregal, zweiter Blick auf die Flasche in der Hand des späten Vaters. Was will der mit meiner guten, pasteurisierten, aber nicht homogenisierten Milch aus dem atombedrohten Wendland? Für ihn wäre doch auch das fettige Wasser gut genug, welches Supermärkte als Milch anbieten. Es ist nicht zu fassen, was für ein Getue die Leute wegen Wein veranstalten, aber was für eine Plempe sie sich als Milch andrehen lassen. Der Medienmann kauft die gute Milch aber gar nicht, weil sie gut ist, das ahnt er zwar, doch er weiß es nicht, denn vom Grappatrinken sind seine Geschmacksknospen in einem Zustand wie Dresden 1945. Er kauft die Milch, weil es standesgemäße Flaschenmilch ist. Er soll sie mir geben und sich im Supermarkt »Landliebe« kaufen. Die ist auch in der Flasche. Aber im Supermarkt kann er natürlich nicht »Grüß dich, Mehmet« sagen.

Mehmet findet sie lustig, die Männer mit den Kleinkindern, den langen, grauen Haaren und den Rucksäcken, die sich zehn Minuten anstellen, um ein paar Äpfel zu bezahlen. Der Rucksack wird abgenommen, es werden zwei Laschen aufgepfriemelt, dann wird eine lederne Schleife geöffnet, die Äpfel kommen in den Sack, eine neue Schleife wird gebunden, die beiden Laschen werden wieder zugepfriemelt, dann geht's wieder auf den Rücken mit dem Sack, und das alles mit Luftpumpe in der Hand und Kleinkind zwischen den Beinen. In der Zeit, die die Rucksackaktion gedauert hat, hätten andere Leute 25 reiche Witwen erdrosselt. Mehmet weiß natürlich nicht, wie diese komischen, ungeschickten Leute heißen, die »Grüß dich, Mehmet« zu ihm sagen, aber er mag sie, denn sie zahlen jeden Preis.

Flasche Apfelsaft 6 DM? Kein Problem! Demnächst wird

Mehmet eine gläserne Vitrine aufstellen, worin mundgeblasene Künstlerflacons mit 25 Jahre altem Essig stehen. 79 Mark 90 wird er pro Flasche haben wollen, und er wird nicht lang auf das Geld warten müssen, denn die Lehrer und Journalisten scheinen einander alle zu kennen und sich gegenseitig übers Parkett zu knarren, und gutwillige Menschen schenken einander ja ständig irgendwas Wunderbares. In dieser friedensreichen Subkultur, wo Autos und Schmuck nicht viel zählen, ist alter Essig halt *das* Statussymbol. »Balsamico, Balsamico« hallt es durch die Räumlichkeiten der Persönlichkeiten. Sie fliegen, glaube ich, auch zu Essigproben-Wochenendseminaren. Eigentlich sind diese Leute wirklich nett, und solange sie mich nicht in ihre Weinkenner- und Theatergespräche einbeziehen, gibt es nichts zu kritisieren. Den sympathischen Mehmet machen sie zum schwerreichen Mann. Schön ist's in dieser Gegend. Nie hört man einen Schuß oder einen knackenden Knochen. Man ohrfeigt einander nicht mal.

Überhaupt ist festzustellen, daß die große, damenhafte Ohrfeige allmählich ausstirbt. Die Damen machen heute nicht mehr »Patsch«, wenn man ihnen Unübliches sagt, sondern »Pscht«. Chemische Ohrfeige. Ich habe lange überlegt, wann sich die letzte vielbeachtete, öffentliche Ohrfeige zugetragen hat. Mir ist nur eingefallen, daß eine Dame namens Beate Klarsfeld mal Bundeskanzler Kiesinger geohrfeigt hat, und das war damals in den sechziger Jahren, zu Anbeginn der Ära des Vor-den-Richtertisch-Scheißens, schon eine seltene Form öffentlichen Protestes. Vor wenigen Wochen hätte man den vierzigsten Jahrestag der berühmtesten österreichischen Ohrfeige des 20. Jahrhunderts feiern können, doch die Champagnerkelche blieben im Hängeschränkchen, die Lampions in der Lampiontruhe. Die Öffentlichkeit hat das Jubiläum verpennt. Ich habe keine persönlichen

Erinnerungen an die kühne Tat, denn ich war damals noch tot. Am 13. 4. 1956 ohrfeigte die Burgschauspielerin Käthe Dorsch den Starkritiker Hans Weigel. Die sechsundsechzigjährige Mimin lauerte an diesem Morgen dem Kritiker an der Ecke Volksgartenstraße/Museumsstraße in Wien auf, der dort täglich auf dem Wege zu seinem Stammtisch ins Café Museum war. Als sie seiner ansichtig wurde, gab sie ihm zwei schallende Ohrfeigen und beschimpfte ihn als »Dreckskerl« und »Dreckfink«. Dann hatte die zornige Künstlerin ihren großen Abgang. Diese Ohrfeige wurde in der ganzen deutschsprachigen Welt jahrelang diskutiert. Agnes Windeck, die Schauspiellehrerin von Hans-Joachim Kulenkampff und spätere Mutter von Inge Meysel in den »Unverbesserlichen«, sagte damals in einem Kabarettprogramm zu Tatjana Sais, der Frau von Günter Neumann, Chef des Berliner Nachkriegskabaretts »Die Insulaner«: »Für mich ist die Dorsch die Frau mit dem goldenen Arm.« Was war die Ursache von der Edelmimin Gram? Hans Weigel hatte in seiner Kritik der Aufführung von Christopher Frys *Das Dunkel ist Licht genug* folgende Ungeheuerlichkeit vorgebracht: »Alles, was gestaltet, erlebt sein sollte, blieb Ansatz, Andeutung – wie Stars auf Verständigungsproben sind, oder bei der dreihundertsten Vorstellung.« Was die Dorschschen Watschen so erinnerungswürdig macht, ist ihre Uncoolness. Wie gerne wäre ich dabeigewesen. Hat sie mit einem Regenschirm gefuchtelt? Hat sich ihre Stimme überschlagen? Heute wird Künstlern allerorten empfohlen, ja nicht auf Kritiken zu reagieren, sich bloß nicht gemein zu machen mit den Dreckfinken. Heimlich beauftragten sie daher Exkrementfrierdienste, den Kritikern gefrorene Exkremente in den Briefkasten zu stecken. Lächerlich und würdelos. Schade um die schöne Ohrfeigenkultur. Die Ohrfeige ist ohne große Vorbereitungen zu realisieren, sie schadet nicht langfristig und stinkt nicht. Sie ist ein fetziges und effektvolles Signal von vertretbarem Pathos und ganz im Sinne der Pracht. Man könnte sie auch einen negativ geladenen Blumenstrauß nennen. Aber heute reicht es manchen auch nicht, jemandem mit einer Blume seine Sympathie zu veranschaulichen. Es müssen Heißluftballons durch die Stadt schweben, auf denen »Ich liebe dich, Rita« steht.

Es kam übrigens zu einem Prozeß gegen die Dorsch, in dessen Verlauf auch Raoul Aslan als Zeuge einvernommen wurde, der mit ausladenden Gebärden »die Todesstrafe für Hans Weigel« beantragte. Die Dorsch wurde zu einer Strafe von 500 Schilling verurteilt und mußte die Gerichtskosten tragen. Es gab also auch damals schon kleinliches Prozeßhanseltum. Daß es damals auch schon Menschen mit häßlichem Humor gab, sieht man daran, daß Hans Weigel nach dem Tode der Schauspielerin von anonymer Seite eine Dose Dorschleber geschickt bekam.

Gott schütze die Leiche von Käthe Dorsch! Aber natürlich nur in seiner Freizeit, denn hauptberuflich soll er doch wohl weiter die Cocteau Twins, mich, norwegische Ziegen und das eine oder andere unvergraulbare Lesefröschchen schützen. Gott schütze auch die kleine Zeitschrift, die mir zu erwähnen erlaubt, daß ich berühmte blaue Unterhosen aus der Schweiz trage. Gewiß wird in naher Zukunft noch einmal davon die Rede sein müssen.

Gott unterstehe sich zu schützen: Mister Stinko und Sabrina, die mir aus der Sonne gehen sollen.

In der Lindenmähne sitzen und breite Bauernschnitten rösten
(August 1996)

»Aus dem Fenster gucken ist genau wie Fanta trinken oder warm duschen: ganz schön unmännlich«, dachte ich nebulös vor mich hin, als ich mich dabei entdeckte, wie ich seit zehn Minuten aus dem Fenster guckte. Am ehesten wird man noch alten Frauen zugestehen, aus dem Fenster zu blicken. Und ich bin mir sicher, das Bundesland, in dem es noch am ehesten angesagt ist, dieser Form von Muße nachzugehen, ist Baden-Württemberg. Woher ich das so genau weiß, weiß ich nicht. Es dürfte sich hier wohl um menschliches Urwissen handeln, das bei den meisten Menschen verschüttet ist und welches man wiedererlangt, wenn man nachts nackend durch den Wald rennt. Baden-Württemberg muß man sich so vorstellen: Nach Brot riechende Straßen. Irgendwo spielt ein Trompeter »Istanbul not Constantinople.« Grüppchen von Hundefutterreklame-Wuschelkreaturen trotten liebenswert durch die Gassen. Aus jedem Fenster blickt eine gute Hutzelantin mit kartoffelverdreckten Händen, die Arme auf ein Sofakissen gelagert. Im Hintergrund ringt ein Kanarienvogel oder sonst ein Zwitschikus mit dem Tode, will meinen: den Tönen. Dem wandernden Besucher aus dem Norden wird entgegengerufen: »Willste een Stullele fresse, Scheißerle von Nordelideutschle?« Oder so was Ähnliches halt. Ich habe kein Talent für Dialekte. Übrigens war ich schon oft in Baden-Württemberg, und ich muß sagen, es ist dort überhaupt nicht so, wie ich es eben schilderte. Selbst in diesem Land sind die Zwitschikus-Hutzelantinnen fensterscheu geworden. Wie kommt's? Vom Fernsehen kommt's. Es wird ja dauernd behauptet, das Fernsehen sei schuld am Niedergang der Lichtspielhäuser. Dies ist absolute Rattenkacke.

Nur im Falle akuten Geldmangels ist das Fernsehen eine Alternative zum Kino. Die Kinos sind voll. Ich war während des Endspiels der Fußball-Europameisterschaft im Kino, und selbst an diesem Abend war es, entgegen aller in den Medien genüßlich verbreiteten Klischees von der völligen Gleichschaltung des deutschen Volkes, *voll*. Lauter nette junge Leute beiderlei Geschlechts, die sich an einer leichten französischen Liebeskomödie weideten. Das ist freilich ein Vorteil der Großstadt. Dort gibt es immer mehrere. Wenn man sich in Siegen oder Reutlingen, oder was der öden, üblen und wenig shmooven Orte mehr sind, nicht für das umdröhnte Bolzen interessiert, wird man nolens volens hurtig an Einsamkeit sterben müssen.

Ein Nachteil am Großstadtleben sind die viel zu vielen Medien. Man kann kaum noch den Jungfernstieg oder die Tauentzienstraße entlanggehen, ohne daß man von irgendeinem Kamerateam nebst mikrohaltender Infotainmentmuschi mit blöden Fragen belästigt wird. Als die französische Romanze vorbei war, standen vor dem Kino Medienschlampen und fragten die ins Freie strömenden Edelindividualitäten, warum sie nicht Fußball gucken! Als ob es etwas anderes als beinahe eine Selbstverständlichkeit sein könnte, sich nicht verpflichtet zu fühlen. Es gab übrigens am Abend des Spiels Deutschland gegen Tschechien eine ganze Menge ausverkaufter Kulturveranstaltungen. Daß die Medien allesamt den Mythos des leeren Theaters breittraten, liegt wohl an dem mir nicht verständlichen Wunsch, daß es gefälligst etwas zu geben habe, was »uns alle«, ohne Renegaten und Ausscherer, freut und eint. Dabei gibt es schon reichlich, was uns alle eint. Wir haben unsere Sprache, unser Geld und unsere berühmte schlechte Laune. Diese tolle unterschwellige Aggressivität, die es jetzt selbst in den USA zu Titelblattehren gebracht hat. Super!

Dem Kino hat das Fernsehen nicht geschadet. Durch das Fernsehen ins Abseits geraten ist vielmehr das Aus-dem-Fenster-Schauen. Noch während meiner Kindheit lagen in allen Fenstern Bommelkissenomas. Heute denken die Menschen, im Fernseher käme Interessanteres als im Fenster. Kommt aber auf das Fenster an. Wenn ich aus demjenigen meines einen Zimmers schaue, sehe ich links in den Wipfel einer verherrlichenswerten Linde. Im Geäst der Linde verschlungen ist ein todschicker lila Plastikgürtel. Er hängt dort bereits, seit ich hier wohne. Fürwahr, fürwahr, hier im Norden wirkt manch ein muskulöser und expressiver Wind. »Waterkantgeblase, Waterkantgepuste«, sagen die Menschen und halten ihre Gerichtsvorladungen fest. Doch fand sich noch kein Wind, der die Power aufbrachte, genannten Gürtel der griffstarken Mähne des Baumes zu entreißen. Gerne betrachte ich den Gürtel. Ist er wohl in Brodelminuten geschlechtlichen Verschmelzens von einem Passionierten oder einer Japsenden dorthin geschleudert worden? Vielleicht hingen einst auch weitere Fetische in der Lindenmähne, Lackschuhe, Diaphragmen, Diademe. Oder waren grimmigere Gefühle im Spiel? Ich erinnere mich, daß ich einmal ein Problem mit einem Gast hatte, der partout nicht von mir scheiden wollte. Er war erst bereit, meine Wohnung zu verlassen, nachdem ich seinen Schlüsselbund und sein Portemonnaie aus dem Fenster geworfen hatte. Könnte es dann also sein, daß der Gürtel ein nachlässig beiseite geschafftes Würgewerkzeug ist? Leider stört mich bei meinen Betrachtungen eine Bürgerin, die im gegenüberliegenden Dachgeschoß wohnt und es liebt, nackend durch ihre Bude zu spazieren. Da sie keine Gardinen hat, kann ich das natürlich sehen, obwohl ich keinen Wert darauf lege. Die Bürgerin ist aber eitel und bildet sich ein, ich würde ihretwegen aus dem Fenster schauen. Neulich zeigte sie mir den Stinkefinger! Und das mir! Sterben soll das arg vermaledeite Weib!

(Bei der Geburt eines Mädchens sagten arme oder schlechte Menschen früher: »Die braucht nichts zu lernen. Die kann ja heiraten.« Heute sagen die Leute: »Die braucht nichts zu lernen. Die kann ja als Infotainmentmuschi gehen.«)

(»Ich will, daß ihr bald sterbt«, gilt in Kinderkreisen als verbaler Top-Knüller, wenn es um das Fertigmachen der Eltern geht.

Aus Mitbürgergesprächen weiß ich dies. Es trifft die Eltern sehr, sie schlagen sich die Hände vors Gesicht, ziehen sich ins Schlafzimmer zurück, hören die Uhr gespenstisch ticken, das Holz »arbeiten« und das Blut in den Adern gluckern. Sie können dem Kind nicht mehr in die Augen sehen. Das Balg lacht sich derweil ins Fäustchen. Deswegen, Eltern, eine rohe Empfehlung. Man muß den Kindern antworten: »Stirb du doch!« Ein neuer Sound erobert die Erziehung.)

Wenn ich keine Lust habe, mich von dem arg vermaledeiten Weibsnackedei gestisch entwürdigen zu lassen und daher aus dem Fenster des anderen Zimmers schaue, laufe ich Gefahr, Schulkinder beim Kacken betrachten zu müssen. Da steht nämlich ein dicker Steinkasten, ein Gebilde, in welchem wohl irgendwelche technischen Viktualien von der Stadt drin sind, oder Aktenordner. So ein Kasten halt, der ab und an Besuch erhält von einem Mann mit Mütze und dickem Schlüsselbund, der in dem Kasten herumschraubt, was abliest, reintut oder rausholt und dann mit einem komischen Auto zum nächsten Kasten fährt. Der gemeine Bürger nutzt die Kästen zum Dagegentreten oder zum Dosendraufstellen. Die Leute sagen pauschal »Trafokästen« zu den Gebilden, aber so viel zu transformieren gibt's gar nicht, daß das alles Trafokästen sein können. Der Kasten, den ich von meinem Fenster aus sehen kann, liegt in einer Nische, welche auf die Schüler aus den vielen hier in der Nähe gelegenen Schulen und die den neben dem Kasten befindlichen Spielplatz nutzenden Kinder und Eltern offenbar einen ausreichend diskreten Eindruck macht, um sich im Schatten des Kastens zu entleeren. Sie wissen nicht, daß gegenüber des Kastens in luftiger Höhe einer wohnt, der einen Blick hat wie ein Bartgeier von seinem Horst und der, wenn er nicht wirklich Besseres zu tun hätte, mit widerlichen Videos viel Geld verdienen könnte. Vielleicht ist das aus dem Fenster gucken auch deshalb so aus der Mode gekommen, weil man immerzu Leute bei viel zu privaten Verrichtungen sieht. Oder man muß gar Unfaßliches gewärtigen. In der Zeitung stand, daß Bürger um 17 Uhr 20 von ihrem Fenster aus beobachteten, wie zwei Kinder mit einem Feuerzeug weiße Blütenpollen anzündeten! Der brennende Pollenhaufen, so das Blatt, wehte unter einen parkenden PKW und brachte, so das Blatt weiter, den unteren Motorbereich zum Brennen. Die Kinder liefen, so das Blatt schließlich, weg.

Der korrekte Ausdruck für das, was in der Zeitung als Pollenhaufen bezeichnet wurde, ist, zumindest im Volksmund, »das verdammte Zeug von den Bäumen«. Gemeint sind die Flusen, die jedes Jahr im Juni in, wie mir scheint, beständig zunehmender Anzahl durch die Gemeinden wehen. Im Rinnstein bilden sich interessante daunenartige Zusammenwehungen und laden die Menschen augenzwinkernd zu einem spontanen Sekundenschlaf ein. Neulich wurden Passanten fürs Privatradio interviewt, was sie denn von den Flusen halten würden. Die Flusen waren unbeliebt. Auch über deren Herkunft wußte man schlecht Bescheid, sie kämen »von außerhalb«, »von Pusteblumen«, wurde gemunkelt. Anschließend wurde ein Experte befragt, und der meinte, die Flusen würden von Pappeln und Akazien kommen, was ich bezweifle. In meiner Gegend finden sich nicht viele Bäume dieser Gattungen, dennoch ist die Flusenwuselei enorm. Andererseits soll der Lößboden z. B. in der Magdeburger Börde vor Zigtausenden von Jahren aus der Sahara herbeiverfrachtet worden sein. Vielleicht haben die Flusen auch schon eine hunderttausend Jahre lange Reise hinter sich und ruhen sich bei uns nur ein bißchen aus? Wie auch immer, man sollte die Flusen respektieren. Es gibt weniger charmante Arten der Natur, uns hallo zu sagen, Schlaganfall z. B.

Hübsch jedoch wieder die Kastanien. Jeden Herbst lese ich einige besonders schöne auf und lege sie auf mein Fensterbrett, wo sie einige Wochen liegenbleiben. Schön ist es auch, wenn man morgens nicht mehr schlafen kann und hört, wie die Kastanien auf die Dächer der parkenden Autos klackern. Früher wohnte ich in einer Straße, die von alten Roßkastanien mit prächtigen Afros dicht gesäumt war. Da klackerte viel! Es wohnten aber in der Straße zahlreiche Menschen, die von den Wonnen des Postmaterialismus noch nichts gehört hatten. Die veranstalteten eine Unterschriftenaktion, die das Fällen der blechbeschädigenden Bäume zum Ziel hatte. Erstaunlicherweise hatte man im Bezirksamt aber schon von den Wonnen des Postmaterialismus gehört, und dem miesen Begehren wurde nicht stattgegeben.

Auch der wonnigste Postmaterialist braucht indes Material, er muß essen und irgendwo draufsitzen, d. h. einkaufen. Zum Thema Einkaufen ist zweierlei zu bemerken: Seit einigen Jahren muß man ja immer eine Mark in den Einkaufswagen stecken. Bemerkenswert ist, daß es die Leute nicht so sehr zu stören scheint, sich vor dem Einkauf von der »Gesamtheit der ineinandergeschobenen Einkaufswagen« (Wie nennt man das? Wagenwulst?) einen abzukoppeln. Lästig ist ihnen vielmehr, den Wagen nach dem Bezahlen wieder an die anderen anzuschließen. Betritt man einen Markt, kommen aus allen Richtungen Leute an, denen man eine Mark geben soll in direktem Austausch für ihren Wagen. Es scheint vielen ein angenehmer Kommunikationsbrosame zu sein, aus der Hand eines Fremden eine Mark zu bekommen. Die *ganz, ganz kleinen Freuden* der Singles.

Das zweite, was ich zum Thema Einkaufen bemerkte, ist das allmähliche Aussterben des Einkaufszettels. In meiner Kindheit war es eine Selbstverständlichkeit, vor dem Einkauf einen anzufertigen. Heute sieht man nur noch ein paar ältere Frauen mit Zettel. Dabei kaufen ältere Frauen doch ohnehin meist nur Salz, Schnittbrot, Fensterleder und Dosenpfirsiche. Das kann man sich doch merken. Gibt es irgendwo eine Kulturgeschichte des Einkaufszettels? Ein diesbezügliches Museum? Diesem würde ich gerne folgenden wertvollen Zettel als großzügige Schenkung überreichen:

- Tisch-Gong
- Paniermehl
- Reflexhammer

HUHU!

- Plissée-Bügeleisen
- Alles von Slade
- Joaster

Mein alter Toaster krankt an gleich zweien der führenden Brotröstermacken: mangelnde Röstschlitzbreite und launische Auswurfbombastik. Ich brauche einen Toaster, mit dem man *auch breite Bauernschnitten* rösten kann. Nur großzügige Röstschlitzbreite hilft auf Dauer sicherzustellen, daß entwürdigendes Durchschneidenmüssen breiter Bauernschnitten unter den Tisch fällt. Und wer immer wieder zu kriechender Röstgutsuche gezwungen wird, weil sein Toaster sich in der Rolle des Tischvulkans gefällt, wird sich über eine dämpfbare Auswurfbombastik freuen, und besser ist's, es freuen sich alle mit, denn Freude sei des noblen Trachtens allerfeinster Bürger Sinn.

**Anette von Aretin, Hans Sachs, Guido Baumann
sowie alternierend Marianne Koch und
Anneliese Fleyenschmidt (Erinnerungssport)**
(September 1996)

Als ich neulich einmal geistigen Austausch pflegte, hatte ich
mit einem widerlichen bayerischen Knödel zu kämpfen, und
so kam das Gespräch auf die Stadt München, auf die doofe
Kirche mit den beiden doofen Türmen, die immer abgebildet ist, wenn was über München kommt, und auf die beiden Sorten Mensch, aus denen sich laut Auskünften von
Klischeeliebhabern die Münchner Bevölkerung zusammensetzt, nämlich a) den sogenannten Zuagroasten und b) den
Nackerten (im Englischen Garten). Die c) Schwarzen Sheriffs sind ja leider wieder abgeschafft worden. Komische
Stadt, die ihre drittberühmteste Bevölkerungsgruppe einfach abschafft. Als ob man in Berlin die Taxifahrer oder die
Schwulen abschaffen täte. Anfang der achtziger Jahre ist ja
auch entweder Désirée Nosbusch oder Nastassja Kinski von
den Schwarzen Sheriffs beim Schwarzfahren erwischt und
anschließend gefoltert worden oder getötet oder irgend so
was. Welche von den beiden, wußte keiner in der Runde, in
welcher ich mit dem Knödel mich plagte. Irgendeine leicht
flippige lüsternlippige Jungprominenz war es gewesen, um
mich mal eines fast ausgestorbenen Slangs zu befleißen.
Herrlich, diese prickelnde Wiederbegegnung mit dem Wort
»flippig«. Es ist so, als ob plötzlich eine verschwundene Limonade vor einem steht, z. B. eine Flasche »Lift«. Dies war
eine Limonade des Coca-Cola-Konzerns, die in der zweiten
Hälfte der achtziger Jahre eingestellt wurde, oder wie auch
immer das genannt wird, was man mit Limonaden tut, wenn
man sie den Weg alles Fleischlichen gehen lassen möchte.

Auch berühmt an München war früher die Ficki-Micki-Szene. Da hat es mal eine herrliche Fernsehserie drüber gegeben, in welcher Erni Singerl beim Auspacken eines Videorekorders an einem Herzschlag starb. So etwas wird heutzutage leider nicht mehr gedreht. Die Ficki-Micki-Szene war supershmoov. Andernorts hat man sich furchtbar über das »Bussi Bussi« aufgeregt. München wurde dafür in manchen Gutdünklerkreisen richtig gehaßt. Münchengehasse war topshmoov in Berlin und Hamburg. Es ist kaum mehr als zehn Jahre her, daß ich mich selbst daran beteiligte! Es gibt noch heute Personen, die sagen: »Ii, mäh, knatter, ich könnte ja überall leben, aber nicht in München, rümpf, rümpf.« Lächerlich. Ich kann überall leben, wo es Hutablagen, Rückenbürsten und Thermoskannen gibt. Mich überfallen übrigens beim Verfassen dieser kellerliterarischen Sequenzen Zweifel daran, ob es wirklich Ficki-Micki-Szene geheißen hat oder nur so ähnlich. Jetzt weiß ich's wieder: Es hieß Ficki-Mecki-Szene. Mecki war der Redaktionsigel der Zeitschrift ›HörZu‹, und alle, die was auf sich hielten im – jetzt kommt gleich ein ganz toll abgestandenes München-Synonym – *Millionendorf,* wollten mit diesem Redaktionsigel ficki. Sinn und Zweck von Redaktionsigeln, no doubt. Als ich ein Bub war, war ich mal auf einem Müllplatz und habe zufällig durch Niederschlagseinwirkung unleserlich gewordene Privatkorrespondenz des Erdkundelehrers meiner Parallelklasse gefunden. Hingegangen zum Müllplatz war ich aber, um aus alten ›HörZu‹-Ausgaben die Mecki-Seiten rauszureißen. Als Senta Berger neulich nach dem Geheimnis ihrer partout nicht verschwinden wollenden Schönheit gefragt wurde, sagte sie nicht: »Das Geheimnis meiner Schönheit liegt darin, daß ich jeden Morgen nach dem Aufstehen auf den Müllplatz fahre und die Meckis aus alten ›HörZus‹ reiße«, sondern sie sagte irgend etwas ganz anderes.

Da es die Mecki-Bücher wieder gibt, kann man sich leicht davon überzeugen, daß Mecki nichts Besonderes war. Mir stand aber in den kargen Tagen meiner Jugend nicht viel Besseres zur Verfügung. Also muß ich mich wohl damit begnügen, mich an Mecki zu erinnern, auch wenn ich mich gern an etwas Dolleres erinnern würde. Man benötigt solche Erinnerungsstücke, um sich an den – wie ich sie mal nennen möchte – *Caramac-Spirograf-Gesprächen* zu beteiligen, die von »chronologisch aktiven« Menschen nun mal gern geführt werden. Jene Gespräche über Süßigkeiten, Popsongs, Fernsehserien und Modeartikel von vor zwanzig oder zehn Jahren. Auch wenn ich die Namen der Süßigkeiten Caramac, Leckerschmecker oder 3 Musketiere nicht mehr hören kann, halte ich diese Gespräche nicht für wertlos. Ich verwechsle Freude an Retrospektive auch nicht mit Nostalgie. Wenngleich ich mich nicht ungern an die Limonade »Lift« erinnere, habe ich nicht das geringste Interesse an einer Wiederkehr des Getränks. Andere Limonaden waren übrigens in puncto Verschwinden nicht ganz so rigoros: Immer wieder begegnet man Menschen, die mit erhitzten Wangen berichten, in einer Waldgaststätte, einem obskuren Getränkemarkt oder in der Schweiz halbvergessene Flüssigkeiten wie Sinalco, Afri-Cola, Mirinda oder gar Bluna angetroffen zu haben.

Wichtigkeitsdefinierer werden meinen, daß man sich doch lieber an Persönlicheres oder Interessanteres erinnern solle. Sicher, wenn man 1978 mit einer anderen Person gemeinsam die Treppe runtergefallen ist, kann man späterhin zu der Person sagen: »Ach, Marlies, weißt du noch?« Nur kennt man doch kaum Menschen seit 1978. Ein sozial umtriebiger Großstadtmensch mittleren Alters kennt diejenigen Menschen, mit denen er Umgang pflegt, seit durchschnittlich zwei Jahren und sieben Monaten. Diese Zahl ist aus der Luft gegriffen, doch ich bin sicher, wenn die Forschung sich dieser Frage mal annimmt, wird eine ähnliche Zeitspanne dabei rauskommen. Und wenn man einem Menschen, den man erst seit kurzem kennt, erzählt, man habe Weihnachten 1982 eine Lebensmittelvergiftung gehabt, dann kann man zwar das Glück haben, daß der andere Weihnachten '82 auch eine Lebensmittelvergiftung erlitt, aber wenn man ehrlich ist, interessiert einen das doch überhaupt nicht, wenn man nicht dabeiwar. Anhand von Popsongs und Limonaden kann man aber wunderbarerweise gemeinsame Erinnerungen mit Menschen haben, die man gerade erst ins Adreßbuch gekriegt hat. Dies ist der Sinn des Erinnerungssports. Man stelle sich nun mal vor, ein Norddeutscher trifft einen Süddeutschen. Der eine ist in einem Iglu aufgewachsen, der andere in einem Dirndl. Zwei Menschen mit Erfahrungshorizonten, wie sie verschiedener nicht ausdenkbar sind. Man denke an die eine Fernsehserie, in der Erni Singerl Besuch von Heidi Kabel bekam, und es herrschte die totale Superscheiße. Kommunikation zwischen Iglu und Dirndl kann man also erfahrungsgemäß vergessen. Theoretisch. Nun stellen die beiden fest, daß sie beide in ihrer Jugend eine glühende Abneigung gegen das Lied »Una Paloma Blanca« von der George Baker Selection empfunden haben. Diesem Schlager war es seinerzeit nämlich egal, ob er in Iglus oder Dirndls geplärrt wurde. Die peinigende Weise hatte epidemische Verbreitung. Schon rücken die beiden landsmannschaftlichen Antipoden dichter zusammen. Anschließend stellen sie fest, daß sie beide sämtliche Namen der Angehörigen des Original-Rateteams aus der Quizsendung *Was bin ich* aufzählen können. Großer Spaß entsteht nun durch die gemeinsame gestische Darstellung des Harfenglissandos aus der Titelmelodie der Sendung. Und als sie schließlich feststellen, daß sie beide den Namen des Sprechers vom *7. Sinn* kennen und wissen, wer das Exposé dieser

Sendung schrieb, da hängt schon ein »Do not disturb«-Schild an der Tür.

Den Jugendlichen muß man sagen: Merkt euch die Namen all der Liedchen, wo zuerst ein Mann rappt und dann eine Frau den Refrain singt. Merkt euch die Herstellerfirmen eurer gesteinsbrockenartigen Schuhe. Büffelt Energielimonadennamen. Starrt vor dem Trinken minutenlang auf die Dose und prägt sie euch ein. Wenn ihr das tut, werdet ihr in fünfzehn Jahren gerngesehene Gäste retrospektiver Runden sein. Eure Krankheiten, Operationen, Obsessionen, Ängste und weggerannten Liebhaber braucht ihr euch nicht zu merken. Die werden leider nicht interessieren, dienen schlecht als kommunikative Zünder. Übertreibt aber auch nicht. Ein Limonadentagebuch müßt ihr deswegen nicht anlegen. Erinnerungssport muß Amateursport bleiben. Trivialität darf nie mehr Raum einnehmen als die ein oder zwei unnatürlich gefärbten Cocktailkirschen in einem Dosenfruchtsalat. Kauft euch keine Fernsehserien-Kultbücher etc. So was schickt sich nur für schnoddergeistige Konsumgören. Erinnern muß man sich ganz nebenbei und von selber!

Sowohl an die Jugend als auch an die Betagteren richte ich die folgenden Zeilen: Viel wird erzählt, um die Menschen von Drogen fernzuhalten. Vieles davon ist Makrelenlatein, wegen dem die Hühner lachen. Daß man nach der Einnahme von LSD aus dem Fenster springt und SPD wählt z. B. Das stimmt doch überhaupt nicht. Ein essentieller Nachteil der Drogeneinnahme wird hingegen meist gar nicht genannt. Daß wir nämlich durch die Einnahme von manchen Substanzen eventuell einkehrende Erlebnisse der Möglichkeit berauben, Bestandteil des Haushalts unserer Erinnerungen zu werden. Der einzige Zweck von Erlebnissen ist der, daß man sich an sie späterhin erinnern kann. Ich kann mir, abgesehen von der Arterhaltung, keinen anderen Sinn menschlichen Lebens vorstellen, als Ereignisse, Gegenstände und Organismen wahrzunehmen und die Wahrnehmungen ins Gedächtnis einzusortieren. Ein gedächtnisloser Organismus benötigt keine Erlebnisse. Der Sinn des Lebens: die Retrospektive? Ein gewagter Gedanke, der gewagt werden muß. Man denke nur, man geht zu einer fragwürdigen location und wird dort in ein Unterleibsrambazamba verwickelt. Eine gute Sache, möchte man meinen. Aber hey hey ho ho, was hat man denn von dem Rambazamba, wenn man soviel Kribbelwasser getrunken hat, daß man am nächsten Tage nichts mehr weiß? Eine Person, die ihr Gedächtnis als Sparbuch der Lebensfreude auffaßt und daher pfleglich behandelt, kann im Alter mit ihrer Arthrose im Seniorenstift liegen und des Morgens, wenn die Sonnenstrahlen an der Nase kitzeln, denken: »Der war süß, der war süß, der war süß, aber am süßesten war der.« Eine Person, die die Schmetterlinge der Lebenserfahrung aufgrund von geistiger Nebulosität nicht hat memorierbar erhaschen können, wird sich im Moment des Todes hohläugig fragen: »War irgend jemand süß?« Daher möge der Schaumwein trutzig im Keller verharren, ab und zu jedenfalls.

Doof ist nämlich auch, wenn man auf einer Party war, und am nächsten Tag erzählen einem die Leute die fürchterlichsten Dinge, die man auf der Party angestellt hat, und man weiß das gar nicht mehr. Rot ist die Farbe des Weins und des Bluts, das die Scham ins Gesicht treibt. Wenn man sich dann schämt, freut das die Menschen, und sie mißbrauchen einen, indem sie einem Sachen unterstellen, die man ganz bestimmt nicht gemacht hat, weil sie denken: Der kann sich ja eh nicht erinnern. Neulich erzählte man mir, ich sei auf einer Fete gewesen, wo die fünf Herausgeber der ›Frankfurter Allgemeinen Zeitung‹ ihren Redaktionsigel durchgeficki hätten, und als der Igel dann an inneren Blutungen zugrunde gegangen war, hätte ich mich den fünf Herausgebern als Ersatzigel zum Durchficki angeboten. Ich habe dann aber rasch gemerkt, daß das nicht stimmt, weil die ›FAZ‹ überhaupt keinen Redaktionsigel hat. Man erinnere sich nur an die eine Fernsehserie, in der Erni Singerl zu Liesel Christ sagt: »Die ›FAZ‹ hat doch gar keinen Redaktionsigel.«

Nun noch ein paradiesisch schöner Witz:
Der Redaktionsigel der ›Zeit‹ trifft den Redaktionsigel von ›Focus‹ und sagt: »Neulich sah ich im ICE Marinesoldaten. Marinesoldaten scheinen pinkeln zu müssen wie Omas. Ich meine, meine Oma trug normalerweise Kleider oder Röcke. Nur wenn wir mal mit dem Auto in den Harz oder zum Vogelpark Walsrode fuhren, dann trug sie eine Hose, und zwar so eine, wie jetzt die Marinesoldaten, mit vorne ohne Schlitz. Ich meine, ich hätte die Marinesoldaten ja gerne mal gefragt, wie die pinkeln, aber dann hätten die ja gedacht, ich wär schwul.« Meint der Redaktionsigel von ›Focus‹: »Meine Oma fuhr früher immer nach Bad Reichenhall in den Urlaub und schickte uns Postkarten, auf denen alte Leute auf einer Bank saßen und Berge anstarrten. Ich war als Kind sicher, daß es in Bayern nur alte Frauen gibt, die den ganzen Tag Kuchen backen und vergebens darauf warten, daß ihre Söhne aus dem Walde zurückkehren. Ich war 23 Jahre alt, als ich das erste Mal bayerischen Boden betrat, und ich war unheimlich erstaunt, daß es dort Jugendliche gab. Ich meine ›Jugend‹ und ›Bayern‹, das paßte für mich irgendwie nicht zusammen, ebensowenig wie ›alte Leute‹ und ›englisch sprechen‹. Englisch zu können war für mich immer ein Symbol für Jugend, Freiheit, Beine breit machen und geile Musik.« Meint der Redaktionsigel der ›Zeit‹: »Wußtest du übrigens,

daß es zwei verschiedene Schreibweisen für bayerisch gibt? *Bayerisch* heißt es, wenn Volk und Land gemeint sind, *bairisch,* wenn es die Sprache betrifft.« Meint der Redaktionsigel von ›Focus‹: »Du bist aber ein geiler Typ.«

Ehe man seinen Ehering auf den winterlichen Boulevard wirft, sollte man sich fragen, ob man es nicht hinterher bereuen würde, seinen Ehering auf den winterlichen Boulevard geworfen zu haben.

Elegante Konversation im Philharmonic Dining Room

(Oktober 1996)

Wir waren vier, wie es ein wohl neidischer Sozialdemokrat mal ausdrückte, Selbstbeschäftiger, und wir liefen durch Liverpool. Wir hatten von einem Café Mahler erfahren, in dem es eine *Kindertotenlieder Lounge* geben soll, und das suchten wir. Wir wollten in der Kindertotenlieder-Lounge über Steuern und Warzen sprechen, weil wir dachten, das kommt gut. Wir fanden das Café aber nicht.

Immerhin fanden wir die angeblich prunkvollste Kneipe Britanniens, den Philharmonic Dining Room. So sprachen wir halt dort über Warzen und Steuern sowie darüber, ob es tatsächlich stimmt, daß Inder einfach auf die Straße kacken und daß Chinesen keinen Käse verdauen können, ob man eine Putzfrau beschäftigen soll und ob es wahr sei, daß 1996 zum *Jahr lebenslangen Lernens* erklärt worden sei, und von wem denn bloß? Wie die Themen halt so angetanzt kommen, wenn man seinen plattgelatschten Füßen bei öligem Dünnbier einen geruhsamen Feierabend verschafft.

O o o, die schlimmen Steuern. Wenn Selbstbeschäftiger beisammensitzen, wird immer über die Steuern geredet. Früher redeten die Leute über die Probleme von Kaffeepflückern und alles mögliche. Heute gibt es nur noch die Steuern. Es wird den Selbstbeschäftigern aber auch übel mitgespielt. Man sollte unsereins mehr achten, denn *wer sind denn die Motoren des Universums? Wir doch schließlich!* Wir sitzen nicht daheim und warten, bis ein Arbeitgeber kommt und uns Arbeit gibt. Wir machen uns selber welche. Dies muß man anmaßend, aber richtungsweisend nennen.

Statt dessen straft man uns mit der Angst vor dem Steuerprüfer. Kontoauszüge alle aufheben und in der richtigen Reihenfolge abheften? Das kann ich nicht. Ich bin dazu zu andersbefähigt. Wenn der Steuerprüfer kommt, muß man ihm die Nase vor der Tür zuknallen, seinen Steuerberater anrufen und die Wohnung umräumen. Balkon zumauern, Sofa verbrennen etc. Wenn das Arbeitszimmer einen Balkon hat und ein bequemes Sofa enthält, dann sind das für den Steuerprüfer freizeitliche Elemente, und die liebt er nicht in Arbeitszimmern. Er liebt harte Stühle und rauhen Putz. Und der Herr Rilke möchte bitteschön seine Gedichte in der richtigen Reihenfolge in Leitz-Ordnern abheften.

Gegen *Warzen* hilft nur Aberglaube. Die zwei oder drei Warzen, die mir der Allerbarmer schenkte, habe ich allesamt mit Schöllkraut wegbekommen, obwohl in allen Büchern steht, es sei Aberglaube, daß diese Pflanze Talente in dieser Richtung habe. Schöllkraut wächst in allerlei unordentlichen Gegenden, und es ist der gelbe Saft im Stengel, der den Warzen den Garaus macht. Hilfreich sind auch Warzenbesprecherinnen. Das sind so komische Frauen, die in Reihenhäusern wohnen mit weinroten Ledergarnituren, Lampen mit Messingfüßen, hängenden Blumentöpfen und mit Kordeln gerafften Vorhängen. Sie haben Kaffeetassen mit Postkutschen drauf, und im Buchregal sind nur ein paar verwanzte Angelique-Romane. Alle drei Monate müssen die Gardinen gewaschen werden. Das macht zwar einen Haufen Arbeit, aber es muß ja sein. Dann kommt Frau Brausewetter von nebenan und hilft. Das sind immer besondere Tage im Leben einer braven Frau. Diese Tage mit dem gewissen Aroma. Die Tage, an denen Eimer im Wohnzimmer stehen. Wann stehen schon einmal Eimer im Wohnzimmer? An diesen Tagen müssen die Warzen warten. Ansonsten ist die Besprecherin aber aktiv und sehr erfolgreich.

Wir hatten in Leeds Urinale aus mannshohem Marmor gesehen und bestaunt. In England wird sehr viel für Penisse getan. Die Herren zeigen einander auch furchtbar gern ihre Penisse und holen sie bei trunkenen Gelegenheiten allzu gerne heraus. Das gehört einfach dazu zum englischen laddism oder zur laddishness. Fällt mir grad nicht ein, wie das Wort richtig heißt. Aber die meisten Leute können ja mit dem Wort sowieso nichts anfangen. Es bezeichnet eine als typisch britisch empfundene Burschenherrlichkeit und Kumpanei. Ein rüder Brauch in burschikoser Runde geht so: Wenn ein Bursche zum Pullern gegangen ist, hängen seine Freunde ihre Penisse in sein Bierglas, und wenn er dann zurückkommt und sich am Biere labt, dann feixen die Freunde und sagen: »You've been dipped.«

Wir taten derlei nicht, zumal wir eine Dame dabeihatten, und die war Sinologin, und Sinologinnen hängt man nicht seinen Schwanz ins Bier. Wir redeten lieber über Warzen und ob man sich eine Putzfrau nehmen soll. Ein Mitreisender sagte: »Als ich 20 war, hätte ich nie gedacht, daß ich mal eine Putzfrau beschäftigen würde. Mit 35 finde ich das ganz normal.« Der zweite Mitreisende sprach: »Ich kenne fast nur Leute, die eine Putzfrau haben. Sogar Punkrocker haben heutzutage eine Putzfrau. Da die lügenmauligen Zasterpunker aber in einer Welt bürgerlicher Kleinigkeiten leben, wo ein Tabu lautet, daß man öffentlich nicht zugeben dürfe, ein ordentliches Auskommen zu haben, müssen sie freilich auf unterstem Niveau mitjammern und sagen nicht: ›Ich habe eine Putzfrau‹, sondern ›Ich kenn da so 'n Mädel, das steckt ziemlich in der Scheiße finanziell, die unterstütz ich daher ein bißchen, damit sie nicht auf der Straße liegt, und dafür räumt sie mir ein bißchen die Bude auf, wenn ich mit den Jungs on the road bin.‹«

Hier erhob ich mich und manifestierte mit volksrednerhafter Gebärde: »Ich habe weder eine Putzfrau noch unterstütze ich Mädel, die finanziell in der Scheiße stecken! Mir ist es unangenehm, wenn eine fremde Person in meinem Abschaum waltet. Ich kenne einen, der hatte mal ein Ferienhaus gemietet, bei dem eine Putzfrau im Preis inbegriffen war. Vor jedem Erscheinen der Putzfrau hat er das Haus geputzt, damit es schön sauber ist, wenn sie kommt. So würde es mir auch ergehen.« – »Ja, aber geputzt wäre deine Wohnung in jedem Fall. Ob du nun aus Angst vor der Putzfrau selber putzt oder das die Putzfrau tun läßt, ist doch Jacke wie Hose.«

Mitten während der Mitreisende dies vortrug, ging die Sinologin aufs Klo. Wenn man in einer größeren Runde, so ab vier Personen etwa, in einer Gaststätte sitzt, kann man einfach aufs Klo gehen, auch wenn einer gerade was erzählt, denn es sind ja noch andere Leute da, die dem Redenden zuhören. Das ist ein Vorteil gegenüber dem Rendezvous à deux, wo man vor dem Abkoten erstmal warten muß, bis der andere ausgeredet hat. Als die Chinakennerin von der Toilette zurückkam, sagte sie, das stimme schon, daß in Indien viele Leute einfach auf die Straße kacken. Man wisse aber oft nicht, ob die kacken oder einfach nur im Dreck hocken. »Die größte Demokratie der Welt«, jubeln Indienbefürworter. »Der größte Schweinestall der Welt«, räumen Indiengegner ein. »Sie machen wirklich gute Soßen«, versuche ich zu vermitteln. Daß den Chinesen jedoch ein Enzym fehle, fuhr die vom Klo Zurückgekehrte ihren kundigen Vortrag fort, wodurch es ihnen nicht möglich ist, Käse zu verdauen, das wisse sie nicht genau. Käse essen zu können sei vielleicht eine antrainierbare Kunst. Chinesen hassen zwar Käse, sie hätte im Flugzeug allerdings schon neben welchen gesessen, die welchen aßen. »Ich auch«, sagte ich, »auch ich habe im Flugzeug schon neben einem Chinesen gesessen, der Käse aß.«

»Dann haben wir einen bezaubernden biographischen Farbtupfer gemeinsam«, sagte die Sinologin und umarmte mich mit kühnem Griff. Neidisch betrachteten das die anderen beiden. Sie hatten noch nie neben Käseessen trainierenden Chinesen im Flugzeug gesessen, und nun sahen sie, welche Nachteile es haben kann, nicht »dazuzugehören«.

Um dazuzugehören, braucht man Humor. Man muß nur mal Heiratsanzeigen lesen. Je höher das soziale Prestige einer Zeitung, desto mehr wird auf Humor bestanden. In der ›Zeit‹ preist sich jeder als humorvoll an, und jeder sucht jemanden mit diesbezüglicher Ausstattung. Diese Annoncen sind eine traurige Lektüre. Ich kenne viele Menschen mit einem herrlichen Humor, und nicht einer von denen liest die ›Zeit‹. Die hohe Wertschätzung des Humors hat sehr lästige Folgen. Da Humorlosigkeit als Mangel gilt, versuchen mit diesem vermeintlichen Makel behaftete Menschen davon abzulenken, in dem sie Witze reißen und Worte verdrehen. Humor ist neben Balsamessig *das* Statussymbol der postmaterialistischen urbanen Cliquen. Diese werden auch nicht müde, den englischen Humor als besonders feingeistig zu adeln. Dabei ist gerade dieser eher derb und physisch, bisweilen auch schlicht. Die schaurigen Monty-Python-Filme scheinen mir extra dafür hergestellt worden zu sein, daß deutsche Bildungsbürger damit ihre den Humor betreffenden Profineurosen kurieren. Dabei ist Humorlosigkeit ein kleiner, verzeihlicher Makel verglichen mit der Unfähigkeit, zu bemerken, ob ein anderer Witze erzählt bekommen möchte oder nicht. Man sollte aufhören, Humor für eine Notwendigkeit zu halten. Sonst wird auf ewig mit Witzzwang und aggressivem Gelächter genervt. Wenn bei öffentlichen Veranstaltungen an erstbester Stelle häßlich gelacht wird, dann ahne ich: Ah, da will wieder ein Humorloser zeigen, daß er Humor hat. Man sollte überhaupt nur dann öffentlich laut lachen, wenn sich das einigermaßen anhört. Wenn einer dreckige und verkrumpelte Füße hat, dann darf er die ja auch nicht allen Leuten direkt ins Gesicht halten.

In einer Illustrierten war einmal ein Gespräch zwischen Ernst Jandl und Blixa Bargeld abgedruckt. Zu dessen Abschluß erbat der moderierende Journalist von den Gesprächspartnern je einen Witz. Ernst Jandl, aus dessen Werk so mancher Humor heraussprüht, sagte, er könne sich keine Witze merken. Eine kluge, ja weise Art, auf die schnöde Witzbitte zu reagieren. Auch Blixa Bargeld kann auf viele schöne Leistungen zurückblicken, aber für den Besitz von Humor ist er wohl eher nicht berühmt. So wundert es nicht, daß er einen Witz wußte. Da dieser Witz in seiner Glanzlosigkeit sehr typisch für die niederschmetternde Witzigkeit humorloser Menschen ist, möchte ich ihn hier wiedergeben:

Ein Saxophonist sitzt in seinem Zimmer und spielt zum wiederholten Mal eine Melodie, aber er kann die Überleitung nicht finden. Voller Verzweiflung wirft er sein Saxophon aus dem Fenster, es zerspringt auf der Straße in tausend Stücke. Da wird ihm klar, daß er soeben sein Leben aus dem Fenster geworfen hat, und er stürzt sich hinterher. Im Sterben umarmt er auf dem Gehweg die Reste seines geliebten Saxophons, und plötzlich hört er von ferne die Ambulanz mit dem zweitönigen Signalhorn: Dadadada. Da fällt ihm die Überleitung ein – doch jetzt ist es zu spät.

Ich würde gern mal erleben, wie ein TV-Prominenter in einer Talkshow sitzt und sagt: »Ich mag keine Musik, habe keinen Humor, und soziale Ungerechtigkeiten stören mich ehrlich gesagt nicht besonders.« Das wäre ein hübscher Fußtritt gegen das Türchen zum Treppchen, das zu mehr Wahrhaftigkeit führt. Was finden die Leute bloß immer so aufregend daran, in einer matschigen Lügenwelt zu leben? Den ekelhaftesten Publikumsapplaus hörte ich mal, als

Günter Strack ausgefragt wurde. Es war vor einigen Jahren, da hatte er eine Platte mit frommen und natürlich humorvollen Umwelt-Songs gemacht. Ein Prachtstück meiner musikalischen Schreckenskammer. Der Moderator fragte ihn, ob er sich denn nun mehr als Sänger oder als Schauspieler sehe. Günter Strack sagte: »In erster Linie sehe ich mich als Mensch.« Da klatschte das Publikum ekelhaft.

Das Applausverhalten hat sich in den letzten Jahren geändert. Seit im Privatfernsehen Animateure das Publikum steuern, gibt es dort nur noch Applaus plus Jauchzen plus Pfeifen und Trampeln, eine Beifallsform, die früher absoluter Begeisterung vorbehalten war. Heute wird in manchen Sendungen, der *Harald-Schmidt-Show* z. B., von vorne bis hinten durchgejauchzt. Man hat sich an das ewige Gejauchze schon so gewöhnt, daß einem, geht man mal ins Theater, normaler Applaus nackt und hart vorkommt, auf jeden Fall unangemessen, »zu wenig« oder sogar freudlos und unfreiwillig, so als ob das Publikum mit militärischen Mitteln zum Applaus gezwungen wird so wie in der DDR. Seit man vom Fernsehen her *Riesenappläuse* für absolute Nichtigkeiten wie das Erscheinen von Schlagersängern oder das Beantworten von Fragen kennt, scheint mir bei Kulturveranstaltungen Applaus als Mittel der Beifallskundgebung oft unangemessen. Vielleicht wird es sich einmal durchsetzen, daß in Theatern nicht geklascht wird. Ein recht blödes Wesen ist aber das Klatschenthaltsamkeitsindividuum, welches mit verschränkten Armen zwischen lauter Klatschenden sitzt und um Souveränität hechelt wie ein überhitztes Hündchen. Dieses Verhalten ist weit verbreitet bei quasireligiösen Verehrern der Stiftung Warentest und sonstigen Überdurchschnittlichkeitsfurien. Das sind diejenigen, die sich keinen Bären aufbinden lassen wollen, die alle Tricks durchschauen und sich nicht für dumm verkaufen lassen. Schreckliche

Menschen also. Ich meine, man soll immer schön klatschen, wenn man etwas Anstrengendes vorgeführt bekommt. Die Leute auf der Bühne geben sich doch alle Mühe! Haben in muffigen Kellern proben und sich von Döner ernähren müssen. Jetzt reiten sie auf Löwen durch brennendes Öl. Sie tun es *für uns*. Wenn es einem nicht gefällt, dann geht man halt kein zweites Mal hin. Klatschen muß man aber. Applaus ist zwar nicht das Brot des Künstlers, aber Brot ist ja auch nicht der Applaus des Bäckers. Der Applaus der Bäcker ist das selige Leuchten in den Augen eines Brot gegessen habenden, frierenden, im Sterben liegenden Waisenkindes, naja im Sterben liegen muß es nicht unbedingt. Warum sollte es auch? Hat doch gerade Brot zum Futtern gekriegt. Übrigens hat Peter Maffay neulich im Interview die Sittenverderbnis beklagt. Er meinte, wenn das so weitergehe mit den Sitten in Deutschland, dann würden die Leute bald in den Bäckerladen gehen und »Brot her!« schreien. Es ist immer wieder schön, wenn man miterleben darf, wie begnadete Kulturkritiker die Lage analysieren und sagen, was passieren wird, wenn das so weitergeht.

Vielleicht sollte man sich, wenn das so weitergeht mit dem Gejauchze und Getrampel im Fernsehen, seriöse Alternativen zum Applaus ausdenken. Wenn der Star erscheint, könnte sich das Publikum, anstatt zu klatschen, mit den Fingernägeln das Gesicht blutig kratzen. Wenn der Star fertig ist, könnten die Leute, solange sie können, die Luft anhalten.

Dies war der Inhalt unserer Konversation im Philharmonic Dining Room. Schlimm ist es, wenn man seine Trinkgeschwindigkeit den frühen Schließzeiten englischer Kneipen anpaßt und um 23 Uhr gesagt bekommt, man könne noch zwei Stunden weiterzechen, weil in Liverpool halt alles anders sei. Dann muß man nämlich noch zwei Stunden trinken! Harald Juhnke sagte ja mal in einem Interview, es sei Blödsinn zu sagen, ich trinke, weil mir Marianne Buttenburgel weggelaufen ist. Das ist richtig. Wir tranken nicht wegen Marianne Buttenburgel, sondern weil wir noch durften. Auch die Dame hat sich gut eingefügt und angemessen getrunken. Ich hatte Glück mit meinen Mitreisenden. Ein Bekannter von mir hatte das Pech, zwei Wochen mit jemandem zusammensein zu müssen, der täglich zehnmal vor sich hinbrabbelte: Finger im Po: Mexiko, Finger im Ohr: Ecuador, Finger in der Vagina: Bosnien-Herzegowina.

Lang lebe übrigens Frau Brausewetter! Es ist ein schönes traditionelles Bild, wenn sie mit einer Plastikwanne vorm Bauch zum Gardinenaufhängen geht. Lang lebe aber auch die moderne junge Frau, die kein traditionelles Bild abgeben möchte. Lang lebe auch das Jahr 1996, das Jahr lebenslangen Lebens.

Teilchenphysik auf Stammtischniveau
(November 1996)

Ein schönes Stück Apfel- oder Zwetschgenkuchen – ja, gerne mal. Marmorkuchen, Eierschecke, Streuselkuchen: auch. Aber keine Torte. Nein, Torte nicht. Torte eß ich eher keine. Dies gilt es zu erwähnen, weil neulich ein Liebespaar bei mir zu Besuch war, welches Torte mitbrachte. Da ich, wie in bei aller Bescheidenheit doch bemerkenswert kurzer Zeit bereits dreimal erwähnt, normalerweise keine Torte esse, habe ich noch nie einen Tortenheber besessen. Ich beförderte die Tortenstücke daher mit einem Bratgutwender auf die Kuchenteller. Dem weiblichen Liebespaarbestandteil entschwand sämtliche Verliebten-Morgenröte aus dem Gesicht, als sie, die Frau, bzw. er, der Bestandteil, dies sah. Mit wie von unter muffigen Pyramiden hervorgezogen klingender Stimme rügte sie die mangelhafte Ausstattung meines Haushaltes. Einige Wochen später erreichte mich ein Päckchen. Darin ein Tortenheber. Im Begleitbrief erwähnte die Freundin, es sei gar nicht so leicht gewesen, einen dezenten Tortenheber ohne Hildesheimer Rosen o. ä. zu bekommen, einen Tortenheber, den selbst der Heterosexuellste in die Hand nehmen könnte, ohne seinen Ruf als Frauenwahnsinnigmacher zu beschädigen. Sie sei in die Geschäfte gegangen und habe gesagt: »Einen Tortenheber für einen Herrn.« Ich bin jeder Frauenwahnsinnigmacherei abhold und meine durchaus nicht, daß in die Hand eines Mannes ein Revolver gehört. Aber ein Tortenheber irgendwie auch nicht. Auch kein dekorloser. Damit lassen sich doch keine Rinder einfangen. Froh bin ich, daß die Freundin mich nicht auch noch mitgenommen und gesagt hat: »Einen Tortenheber für *diesen* Herrn.« Man denke nur an das Beratungsgespräch. »Was für Torten wollen Sie denn heben? Beabsichtigen Sie vorwiegend bröselige oder eher standfeste Torten zu heben? Und zu wem werden Sie die Torten heben? Zu einer Dame oder einem, räusper, zweiten Herrn? Wie weit sitzen denn die Dame oder der, räusper, zweite Herr von Ihnen entfernt?«

Als neulich wieder mal Besuch Torte mitbrachte, hatte ich Gelegenheit, den Tortenheber auszuprobieren. Er ist zu gar nichts nütze. Sicher schafft es mancher gerade noch, den Heber auf dem Tablett so unter das Tortenstück zu schieben, daß dieses darauf stehen bleibt. Ein Tortenstück ist jedoch allein von seiner biologischen Natur her kein Seiltänzer. Sollte es immerhin ein geübter Mensch schaffen, die Torte aufrecht zum Kuchenteller zu transportieren, so wird sie spätestens dort in Ohnmacht fallen. Niemand schafft es ohne Umfallen. Wenn es Leute gäbe, die das können, dann würden sie ja schließlich im Fernsehen gezeigt werden. Man muß sich ja nur mal ein Stück Torte und einen Tortenheber angucken – zwei Gegenstände, völlig unverwandt in Wesen, Gestalt und Charakter, zwei Gegenstände, denen es für immer verwehrt sein wird, miteinander eine funktionale Beziehung einzugehen. Eine als Vernunftsehe kaschierte amour fou. Trotzdem hetzt man die armen Unvereinbarkeiten immer wieder aufeinander, was nicht taktvoller ist, als wenn man eine Gabel ständig zwänge, mit einer ungeknackten Haselnuß herumzumachen. Sinnvoll wäre es, eine hydraulische Glocke zu konstruieren, in welcher das Tortenschnittel wie ein konditorisches Raumschiff, begleitet von interessanten elektronischen Jaulgeräuschen im Zukunftsnostalgie-Sound, in einer vakuuminösen Schwerelosigkeit zum Teller schwebt.

Klasse, diese Zukunftsvisionen von gestern: Helmut Schmidt sagte irgendwann mal: »Inflation ist, wenn die Zigaretten vier Mark kosten«, und in einer Zeitschrift aus den sechziger Jahren las ich eine Straßenumfrage darüber, wie die Welt denn wohl in den neunziger Jahren beschaffen sein würde. Ein Herr meinte, daß dann alle Frauen oben ohne herumlaufen würden. Anders die Zukunftsfrage von heute: Wie wird man denn das Jahrzehnt nennen, das den neunziger Jahren folgen wird? Die Anglophonen werden vielleicht »The Zeroes« sagen, denn das klingt shmoov. Und wir Österreicher, Deutschschweizer, Liechtensteiner, Elsässer, Lothringer, Luxemburger, Namibianer, Südtiroler, Ostbelgier, Banatschwaben, Siebenbürger, Wolgadeutschen, Deutschen und Südjütländer? Wie wird unsereins sagen? Die nuller Jahre? Das klingt abwertend, nach Schnuller und Versagertum. Die zweitausender Jahre? Die Nullis? Die Tausis?

Das Einteilen unserer Zeit in Jahrzehnte ist eine tückische Sache, da die Dinge, die man sich im nachhinein als typisch für eine Dekade denkt, sich nur selten pünktlich zu Jahrzehntbeginn einstellten. Die fünfziger Jahre begannen ca. 1947/48. Da gab es den »New Look« von Dior, die Währungsreform in Deutschland und viel anderes, was einschnitt. Die Sechziger fingen ca. 1963 an und dauerten nicht lang, weil die siebziger Jahre ziemlich pünktlich begannen, mit Woodstock und Grüner-Apfel-Shampoo. Aber wann endeten sie? Wird heute ein Kuhlenkampf-Quiz von 1984 wiederholt, sitzen die Menschen auf ihren Sofas und rufen: »Schrill! Schrill! Siebziger Jahre.« Die ersten fünf der achtziger Jahre, noch kaum der ordnenden Rückbetrachtung anheimgefallen, sind heute eine unbekannte, griese Epoche. Was gab es denn da? Pershing-Raketen, Nato-Mittelstreckenbeschluß? SDI? Was war das noch? Ich habe ein bißchen unter Bekannten herumgefragt, ob sie noch wüßten, was SDI genau gewesen sei, und selbst regelmäßige Leser bester Tageszeitungen hatten es so gut wie vergessen. Dabei war es damals das absolute Top-Thema. Irre: Da kommt ein Epöchlein herbeigerannt, die Welt geht beinahe unter, und knapp fünfzehn Jahre später kann sich kaum einer erinnern. Die Friedensbewegung ist so weit weg wie die Wandervogelbewegung. Nur an ein paar Liedchen wird sich noch erinnert, an »Tretboot in Seenot« von Frl. Menke oder »Knutschfleck« von Ixi, aber daß wir beinahe alle von den Amerikanern gekillt worden wären, das weiß keiner mehr. Kann sich wohl noch jemand an den Machbarkeitswahn erinnern? Der Machbarkeitswahn war damals ein ganz schlimmer Finger. Er diente dazu, daß eine bestimmte, allgemein unbeliebte Gruppe von Leuten, denen unterstellt wurde, sie würden *lila Latzhosen* tragen, vor ihm warnen konnte. Lila Latzhosen waren eine ganz einzigartige Mode, sie existierten nur als Unterstellung, daß tatsächlich jemand welche trug, habe ich nie gesehen. Nur gesprochen wurde ständig von ihnen. In der realen Mode gab es kaum Auffälliges. Fünf Minuten lang war es mal modern, daß Frauen zu große T-Shirts trugen, die sie an einer Hüfte zu einem Knoten banden. Junge Mädchen trugen Ohrringe aus bunten Federn, und Heinrich Böll ist immer mit so einem komischen Greis aus Rußland durch Kölner Matschgebiete gewatet. Oder war das noch in den siebziger Jahren?

Der Einstieg in die nuller Jahre wird hart und nervig werden, denn Besserwisser wollen ihn mit Genörgel vergällen. Sie schreien ja jetzt schon los, wenn jemand mal den ganz extrem kleinen Fehler begeht zu sagen, am 1.1.2000 werde das neue Jahrtausend beginnen. Man sollte einfach nicht hinhören, wenn sie einem wieder mit ihren arithmetischen Belehrungen kommen, oder sie anschreien: JAJA, WIR WISSEN ES ALLMÄHLICH. Jeder ABC-Schütze kann begreifen, daß unsere Zeitrechnung nicht mit dem Jahr Null, sondern mit dem Jahr Eins beginnt, und daß die Jahrhunderte daher *eigentlich* nicht '00 beginnen, sondern '01. Toll. Super. Aber wen interessiert dieser Logikerscheiß, wenn da drei dicke, talkshowberühmte Nutten stehen und mit einem anstoßen wollen? Okay, streng genommen handelt es sich nicht um Nutten, sondern um Nullen. Doch die Nullen sind sexy und heiß wie die gutherzigen Puffbumsen in der von Film und Überlieferung bekannten Puffbumsen-Nostalgie. Und selbst wenn man mit Rücksicht auf die Kinder die Nullen nicht mit Nutten vergleicht, sondern mit Äpfeln: 2000 = drei leckere, saftige Äpfel. Krachoschlabber Schmakkoschmatz! 2001 = zwei Äpfel und ein Zahnstocher. Was ist besser? Die saftlosen Arithmetiker sagen: Zwei

---

EINER VON ZIGTAU-
Ich erwarte mathematische Grundkenntnisse

Auch im Tagesspiegel fängt der Unfug schon an anzunehmen, unser Jahrhundert ende mit dem Jahr 1999. Sie schrieben nach den olympischen Spielen in Atlanta: Die letzten Sommerspiele dieses Jahrhunderts sind zu Ende. In dieser Woche hieß es: Zum letzten Mal in diesem Jahrhundert bestimmen die US-Bürger ihren Präsidenten. Dies ist falsch. Ein Jahr null hat es in der Zeitrechnung nicht gegeben. Das erste Jahrhundert nach Christi begann mit dem Jahre eins und endete mit dem Jahre 100. Da auch das 20. Jahrhundert wie alle Jahrhunderte vor und nach 99, sondern 100 Jahre hat, endet es erst am 31. Dezember des Jahres 2000. Die olympischen Spiele und die US-Wahlen im Jahre 2000 finden daher noch im 20. Jahrhundert statt. Wenn die Boulevardpresse am 1. Januar 2000, von der magischen Zahl "2" am Anfang der Jahreszahl beeindruckt, in Jubelschreie über den Beginn des neuen Jahrhunderts ausbricht, wird mich das – wenn ich es noch erlebe – nicht wundern. Beim Tagesspiegel erwarte ich aber mathematische Grundkenntnisse.

DR. HEINZ MÜLLER-ZIMMERMANN,
Berlin-Wilmersdorf
SEND MECKERBRIE-
FEN

Äpfel und ein Zahnstocher sind besser, denn dann kann man sich der langfristigen Gesundheit zunutze nach dem Essen die Überreste aus den Zwischenräumen stochern. Da antworte ich: Dann stochert mal schön in eurer logischen Gesundheit. Ich werde die Jahrtausendwende jedenfalls am 1. 1. 2000 heftig begießen und sehr sanft bezündeln, da wird so viel Lebensglut bei abfallen, daß ich noch ein Jahr später vor eigener Existenzfreude nachsichtig genug gegen euch hagere Barone sein werde, um bei eurem mathematisch genehmigten Millenium reinzuschneien und euch Zahnstochernachschub und eine Flasche Demeter-Brottrunk vorbeizubringen.

Man merke sich: Inkorrekte, aber geile Jahrtausendwenden begießt man mit leckeren Torkeltrünken, korrekte Jahrtausendwenden mit Demeter-Brotsaft. Ich kenne einen Mann, der wohnt in einer WG, in der viel Brottrunk getrunken wird; er wohnt als einziger Mann in einer Frauen-WG bzw. »in einem Frauen-KZ«, wie er immer scherzhaft meint, wenn er nicht mit seinen Mitbewohnerinnen zusammen ist, sondern mit mir, denn er weiß, bei mir kann er die Sau rauslassen, weil ich weiß, daß Worte nur Worte sind und verwehen wie Illusionen am Boulevard des Verpuffens. Die Frauen sind alle sehr nett, aber schon um die 40 und mit politischer Vergangenheit behaftet und infolgedessen mit Rudimenten traditioneller Gniesegnatzigkeit. Man darf dies nicht denken und jenes nicht sagen. Einmal schrieb ich dem Freund eine freche Postkarte aus Portugal, auf der u. a. stand: »Das Portugiesentum bekommt rein äußerlich dem männlichen Geschlecht besser als dem weiblichen. Die Frauen sehen ja alle aus wie Putzfrauen.« Das war natürlich völlig übertrieben und so dahingeschrieben abends in der Taverne oder wie das in Portugal heißt. Meine neben mir sitzende Reisebegleiterin hat das auf ihre Postkarten übrigens auch draufgeschrieben, weil sie das lustig fand in ihrem Rotweinschädel. Wenn ich der deutsche Außenminister wäre und mich das portugiesische Fernsehen interviewte, würde ich natürlich auf solche Bemerkungen verzichten. Jedenfalls hat eine der Mitbewohnerinnen meines Freundes den Briefkasten geleert und beim Treppehochgehen meine Postkarte gelesen. Das darf sie ruhig, denn es gibt zwar ein Brief-, aber kein Postkartengeheimnis. Wenn ich jetzt aber in der WG anrufe und diese Frau am Apparat ist, dann weigert sie sich, meinem Freund etwas auszurichten. Sie legt auf. Sie ist eine

Frau, die *ernsthaft* die Floskel gebraucht: »Jeder Mann ist ein potentieller Vergewaltiger«, und wenn man dann *scherzhaft* kontert: »Jede Frau ist eine potentielle Putzfrau«, dann wird sie gewalttätig. Irre schade, aber fast schon schaurig schön, daß es so was noch gibt.

Normalerweise ist nämlich feststellbar, daß der Pauschalvorwurf der Frauenfeindlichkeit so gut wie ausgestorben ist. Es will einfach kein Mensch mehr hören. Frauen sagen heute: »Hör mir uff mit die Femi-Scheiße.« Ist das gut? Ich weiß nicht recht. Wenn ein abgeklungenes Interesse an emanzipatorischen Belangen nur zu einer nie dagewesenen Welle von Grobheit und Vulgarität führt, ist das nicht gut. Entertainerinnen bereisen heute die Varietés mit Programmen, die aus einer nicht enden wollenden Ansammlung von sexistischen Saubeuteleien bestehen, zu denen sich kein Mann je herabgelassen hätte. Eine Art Kabarettistin, der ich nicht die Ehre der namentlichen Nennung antun möchte, beginnt ihren Abend, indem sie auf die Bühne kommt und sagt: »Hach! New York! Alle drei Minuten eine Vergewaltigung. Da muß ich hin!« Dieses Niveau versucht sie anschließend anderthalb Stunden lang zu unterbieten. Ein Publikum aus mit »Kleiner Feigling« abgefüllten Sekretärinnen dankt ihr diese Suada aus klobig forcierten politischen Inkorrektheiten mit anhaltendem Betriebsausfluggewieher. Ich sage: »Postfeminismus ist eine Katastrophe. Jawohl, das sage ich.«

Jörg Haider, der österreichische Rechtsaußen, sagt hingegen, vermutlich nicht ohne neidischen Unterton: »Franz Vranitzky ist Weltmeister im Belügen der Österreicher.« Ich würde gern erfahren, ob diese Meisterschaft jedes Jahr ausgetragen wird. Wenn ja, würde ich mir zutrauen, Kanzler Vranitzky herauszufordern und zu toppen. Ich will schon mal ein bißchen üben.

»Liebe Österreicher! Aufgrund von Knötchen im Julianischen Kalender haben ein paar doofe Jahre zweimal stattgefunden, und daher ist die Jahrtausendwende schon in näherer Bälde, nämlich am 1. 1. 1997. Leider kann das zentrale Geböller nicht wie geplant am Stephansplatz stattfinden, weil dort aufgrund organisatorischer Bescheuertheiten zur gleichen Zeit in einer eiligst eingeflogenen tschechischen Privatturnhalle das Pendlerfest und eine Weltmeisterschaft im Tortenheben der Frauenwahnsinnigmacher stattfindet. Das Zeitenwendengeböller ist daher in den Richard-Waldemar-Park im 6. Bezirk verlegt worden. Geht alle hin, denn es wird euer letztes schönes Silvester. Am 1. 7. 97 wird Österreich ja von Großbritannien an China zurückgegeben.«

PS: Teilchenphysik auf Stammtischniveau: »Diesen verdammten Top-Quarks sollte man ihr Dingle abschneiden.«

Selbst die altmodischste Überputzsteckdose verwandelt sich in einen Blickfang, wenn man ein Hoffnung und Wärme verbreitendes Mutter-Teresa-Bild neben sie hängt.

Mademoiselle 25 Watt und das Verschwinden des Befeuchtens der Finger vorm Umblättern
(Januar 1997)

Elektrisches Licht bescheine mein irdisches Gastspiel. Helligkeit möge machtvoll gleißen allerorten, wo mein Leib sich tummelt. Mögen die Auftragsbücher der Firma Osram genauso brummen wie diejenigen der Firmen, die die billigeren Birnen herstellen, die ich immer kaufe, weil die genauso gut sind. Doch viel Watt muß in den Birnen sein! Einmal hauste ich mitwohnzentralenmäßig in einer fremden Wohnung, und ich fand es immer deprimierend dort. Ich wußte gar nicht warum, bis ich herausfand, daß in allen Lampen 25-Watt-Birnen drin waren. Wie in Ceaușescus Rumänien! Dort waren es sogar nur 15 Watt. Gleich am nächsten Tag kaufte ich ein Dutzend 100-Watt-Birnen, und das trübe Feeling war verschwunden. Die Hauptmieterin meiner vorübergehenden Bleibe taufte ich »Mademoiselle 25 Watt«, als Gegenspielerin zu Monsieur 100 000 Volt, wie man Gilbert Bécaud nennt. Mademoiselle 25 Watt war insgesamt eine rechte Schlunze, so hatte sie z. B. in Bad und Küche überall nur Klebehaken und Saughaken. Wenn man ein trockenes Handtuch an einen Klebehaken hängt, bleibt er vielleicht an der Wand. Ein nasses trägt er nicht. »Holterdipolter« macht es da nicht, auch nicht »klickeradoms«, aber leider gibt es keine allgemein anerkannte Onomatopöie für das Geräusch, das beim Aufprallen eines Handtuches auf einem Kachelboden entsteht. Wobei »aufprallen« ein zu energisches Wort wäre in der wattigen Welt von Mademoiselle 25 Watt. Gott kille den Klebehaken. Man muß bohren, dübeln und schrauben bei strahlendem Licht und nicht kleben und saugen in mattem Gefunzel. Sonst ist man eine Schlunze. Wenn ich mir jetzt nur so, aus lauter Fun an der Fanta, eine Hitparade ärgerlicher Gegenstände aus dem Ärmel schütteln müßte, käme der Klebehaken auf Platz vier. Platz fünf würden sich die 25-Watt-Birne und die Kerze teilen.

Für den Fall, daß mal der Strom ausfällt, sollte man schon ein paar Kerzen unter der Spüle haben. Aber unter normalen Bedingungen hat eine Kerze nichts auf einem Tisch zu suchen. Warum wie Höhlenmenschen essen? Kerzen klekkern die Möbel voll und heizen den Teint auf. Eine an einer Kerze angezündete Zigarette bringt soviel Schaden wie sonst eine ganze Schachtel voll. Die Leute denken, wenn man bei Kerzenschein ißt, dann ist das wie ein romantischer Abend im Restaurant. Daß man aber in Speisegaststätten so erpicht auf Kerzen ist, hat einen ganz einfachen Grund: Bei Kerzenschein sieht man nicht so gut, daß das Geschirr schlecht gespült und das Essen, wie man früher scherzhaft sagte, **adelig** ist, also **von gestern.**

Einmal erlebte ich einen Zusammenprall mit einer unflexiblen Bedienung. Ich hatte mich zu einem Geplauder hingesetzt, da kam die Bedienung mit einer Kerze und versuchte, sie in den Kerzenhalter hineinzuwürgen. Das klappte nicht auf Anhieb. Die Bedienung sagte daher: »Das Lokal ist so voll, würdet ihr das bitte mal selber machen?« Da ich gerade keine Lust hatte, durch Bockigkeit aufzufallen, versuchte ich es eine Zeitlang, stellte aber fest, daß die Kerze zu dick für den Ständer war, und legte sie beiseite. Als die Kellnerin die Getränke brachte, sah sie die Kerze auf dem Tisch liegen und rief genervt: »Also, ich hatte euch doch wirklich höflich gebeten, die Kerze hier mal reinzumachen. Es ist so viel los heute abend, da hab ich keine Zeit für so was.« Ich antwortete, das wäre nicht schlimm, ich bräuchte keine Kerze. Da nahm die Bedienung ein Messer, schnitzte die Kerze unten dünner, knallte sie in den Ständer, zündete an und schrie:

»Mein Gott, in diesem Lokal steht nun einmal auf jedem Tisch eine Kerze.«

Meine Meinung zu Kerzen: alberne, weibische Romantikroutine. Folgeschaden von jahrelanger Lektüre von Frauenzeitschriften. Allerdings bin ich im Kreise derer, die mir lieb sind, der einzige, der diese Auffassung vertritt. Trotzdem kann ich garantieren, daß meine Meinung die schönste Meinung ist, die man zu diesem Thema haben kann. Das Allerschönste aber ist, und hier mischt sich ein heller Klang wie Lavendel in meine Stimme, daß all die Freunde und Bekannten, die Kerzen tiptop finden, trotz meiner strengen Meinung nicht stoppen, mich nett zu finden.

Platz 3 in meiner kleinen Hitparade ist der Edding-Stift. Dies ist ein schlecht in der Hand liegender dicker Stift mit Metallmantel, der, soweit ich mich entsinne, dumm klickert, wenn man ihn schüttelt, weil er eine dumme Klickerkugel enthält. Es ist scheußlich, einen Edding in die Hand zu nehmen. Macht man die Kappe ab, ist es so, als wenn man von einem schrecklichen Lederimprägnierspray eingenebelt wird, das man nur auf dem Balkon benutzen darf. Beim Schreiben macht der Edding-Stift Geräusche, wie wenn zwei auf einem witzig gemeinten alten Bett bumsen. Künstler, die einen Edding benutzen, verweisen auf das satte Schwarz, das er zu Papier bringt. Nichtkünstler, die mit Edding schreiben, sind m. E. abgestumpfte alte Stinkferkel. Wenn ich jemanden mit einem Edding-Stift sehe, haue ich ihm auf die Pfote, da macht es »Patsch«, und der Edding fällt auf die Erde. Jeder sollte so handeln.

Ich habe einen Künstlerfreund, der in einer Künstler-Frauen-WG wohnt, und einmal hatte das Atelier-Haus, wo die WG drin ist, Tag der offenen Tür. An diesem Tag kamen natürlich auch viele Freundinnen der Künstlerinnen ins Atelier, und unter diesen waren auch einige Wickelrockschlunzen. Eine von diesen hatte die Idee, meinen Künstlerfreund zu bitten, ihre Seele zu zeichnen, worauf die anderen Schlunzen riefen: »Au ja, meine auch!« Mein Freund fügte sich, und die Frauen waren wie trunken vor Verzückung. Das Pikante ist aber nun, daß der Künstler ihre Seelen mit einem Edding gezeichnet hat. Aus Lust an der Bosheit, nehme ich an. Unter einer Seele stellt man sich ja gewöhnlich etwas Zartes und Verletzbares vor, und dies zart zu Denkende mit einem quietschenden und stinkenden Stift zu zeichnen, der einen dicken, harten Strich erzeugt, ist schon etwas bösartig. Die Frauen waren aber Schlunzen in direktem Wortsinn, und keine bemerkte die Inkongruenz.

Platz zwei meiner Parade unsympathischer Gegenstände ist »die gute alte Audiokassette«. Wenn man auf so einer mal ein bestimmtes Stück sucht, dann muß man zurückspulen, und das dauert ewig, und dann muß man horchen, wo man ist, und feststellen, daß man doch nicht genug zurückgespult hat, dann spult man wieder, und dann hat man viel zu weit gespult, dann muß man wieder vorspulen, und eh man sich's versieht, ist man ein alter Mann und schreibt Bücher namens ›Nachdenken über Deutschland‹. Das ist doch kein Leben. Nein, per Knopfdruck oder von mir aus auch per Nadel ein Stück direkt anwählen, das ist ein Leben. Alles andere ist Dritte Welt. Dort gibt es ja nur Kassetten, aber daß dieses antiquierte, Musik zu leierndem Grollen verzerrende Slum-Utensil im modernen Mitteleuropa noch so verbreitet, ja sogar beliebt ist, kann ich gar nicht begreifen. Jetzt versucht die Industrie ja einen zweiten Anlauf, die MiniDisc durchzuprügeln. Da drücke ich der Industrie aber beide Daumen, daß es diesmal gelingt. Haben Sie schon mal der Industrie die Daumen gedrückt? Macht Spaß! »Sony, du wirst das schon schaffen! Laß dir nicht die Butter vom Brot nehmen, Panasonic!«

Eine bestimmte Art von Kassetten liebe ich indes sehr, nämlich solche, auf denen Jugendliche vor 20 oder 25 Jahren Poplieder aus dem Radio aufgenommen haben. Oft eiern diese Kassetten stark, zwischen den Stücken sind dicke, dumpfe Knacksbrocken, und ab und an finden sich ein paar Moderatorenworte, welche aber jäh abgewürgt wurden. Manchmal haben die Leute zur Aufnahme einfach ein Mikro vors Radio gehalten, die Luft angehalten und gedacht: »Hoffentlich betätigt Mutti jetzt nicht die Klospülung«, und dann hört man, wie die Mutter ins Zimmer kommt, und wie der Jugendliche schreit: »Mensch Mutti, spinnst du, ich nehme gerade das neue Lied von Grand Funk Railroad auf!« Ich habe noch einige giftgrüne Agfa-Kassetten, auf denen ich auf der Mittelwelle den englischen Service von Radio Luxemburg aufgenommen habe, weil es dort die aktuelleren Liedchen gab. Ich denke, es wäre eine kluge Entscheidung, diese Kassetten auf CD zu veröffentlichen, denn es handelt sich um ein authentisches volkskundliches Zeugnis. Musikrezeptionshistoriker würden sich mir dankend die Finger lecken. Alle Leute haben nämlich damals Musik aus dem Radio aufgenommen, aber meine Kassetten waren besonders schlampig, und sind daher besonders authentisch. Mitten im Lied die Pausentaste gedrückt, während der Aufnahme den Sender gewechselt etc. Heute nehmen nicht mehr so viele Leute Musik aus dem Radio auf. Es ist rezessives Brauchtum.

Ich bin voll Gottvertrauen, was den Siegeszug der MiniDisc angeht. Sie wird nicht den Weg gehen, den die DCC-Kassette gegangen ist, die Quadrophonie oder die Eight Track Cartridge. Dies war eine bespielte Audiokassette, die etwa so groß wie ein Stück Butter war. Es war aber nur wenig Musik drauf; Alben waren oft gekürzt. Kein Mensch kann sich heute mehr an die Eight Track Cartridge erinnern. Oder an die Fotos mit Tonspur hintendrauf, die es ca. 1980 gab. Man konnte einen Satz auf das Foto sprechen und das Bild zwecks Tonwiedergabe durch eine erbärmliche Apparatur ziehen.

Auch außerhalb der Unterhaltungstechnik betrachte ich voll Anteilnahme das Verschwinden der Dinge. Noch in meiner Kindheit haben die Leute, wenn sie eine Gastwirtschaft betraten, ihre Jacken an einen Kleiderständer gehängt. Heute türmen sie ihre Mäntel auf freien Stühlen oder knautschen sie in irgendeine Ecke. Sogar alte Leute, die ja früher mal Spezialisten dafür waren, was sich ziemt, machen das heute so, so daß in Lokalen oft eine gewisse Evakuierungslageratmosphäre herrscht, die in einem interessanten Kontrast zu dem durch den Kerzenschein angezeigten Wunsch nach Feierlichkeit steht. Mir soll es nur recht sein.

Erst recht recht ist mir das Verschwinden des Befeuchtens der Finger vor dem Umblättern der Zeitschrift. Wenn Frauen in meiner Kindheit Illustrierte lasen, haben sie vor dem Umblättern kurz die Zunge rausgestreckt und damit den Zeige- und Mittelfinger der rechten Hand (in der linken war die Zigarette) naßgemacht, vermutlich damit die Zeitschriftenseite an den Fingern klebenblieb. Ich war ja in meiner Kindheit von super-authentischen Sixties-Schlampen umzingelt, von genau solchen, die zwanzig Jahre später auf den Plattencovern der »Smiths« waren. Bei den Lesezirkel-Illustrierten in Frisiersalons waren die unteren Ecken immer ganz feuchtgespeichelt. Oder die Bibeln im Nonnenkloster. Ich kann Zeitschriften auch mit trockenen Fingern ganz gut umblättern, und andere wohl inzwischen auch. Ich habe schon lange keine Fingerbefeuchterin mehr gesehen. Oh, wo sind sie hin, die Sixties-Schlampen? Dahingerafft auf dem Felde der Ehre? Ach was, sie sitzen in heruntergekommenen Frisiersalons, in Vororten, an Ausfallstraßen, tragen Damen-Jeans mit maschinell draufgestickten Vergißmeinnicht, rauchen und lösen Kreuzworträtsel.

Wenn in einem Kreuzworträtsel stünde »Würdelosigkeit zum aufs Brot streichen«, sieben Buchstaben, dann wüßte ich sofort, das kann nur NUTELLA sein, womit wir in meiner kleinen Hitparade ärgerlicher Objekte auf Platz eins angelangt sind. Traurig werde ich, wenn ich sehe, wie ein Kind ein Nutella-Brot ißt. Da denke ich: »Und es wird wieder mal ein kleines Leben systematisch mit Schleim und Lüge zugekleistert.« Da meine Sixties-Schlampen mir seinerzeit erstaunlich klugerweise nicht nur Coca-Cola (»Bolchenwasser«), sondern auch Nutella vorenthalten haben, ich also nicht schon als Kind süchtig gemacht wurde nach Zucker, kann ich heute unbefangen die Qualität solcher Produkte beurteilen. Normalerweise bin ich sanft wie ein Lamm. Doch ich könnte ja auch mal aufbrausen. Es gibt ja so Juroren, die entscheiden, daß ein Kulturschaffender nun eigentlich genug geschaffen habe, daß er daher nun einen Ehrenpreis »für sein Lebenswerk« erhalten möge. Ich würde möglicherweise ziemlich aggressiv reagieren, wenn ich in extra gekauften Bambiverleihungsklamotten irgendwo einen glitzernden Saal voller Uschi Glase, Ulrich Wickerts und PUR-Sänger betreten müßte und mir dann beschieden würde, ich bekäme für mein Lebenswerk ein Glas Nutella. Also, da wäre ich wirklich sauer.

Bald ist Weihnachten. Da bekommen die Kinder Kassettenrekorder, und am Heiligen Abend wird eine Kassette vollgebrabbelt. »Papa, sag doch mal was.« – »Geh weg mit deinem Ding.« In den letzten dreißig Jahren sind in aller Welt zig

Millionen dieser Heiligabendkassetten entstanden. Ich habe noch nie gehört, daß einer diese Kassetten sammelt oder archiviert. Vielleicht wünscht sich ja einer von den Lesern zu Weihnachten ein ungewöhnliches Hobby. Bitte sehr, da haben Sie eines! Frohes Fest!

Was für den Rockstar das Live-Doppelalbum, ist für die Frau die Doppelbelastung als Hausfrau und noch irgendwas.

Also kochte Cook der Crew
(Februar 1997)

Und ich hatte schon gedacht, so etwas würde in meinem Leben nicht mehr passieren. Hatte mich damit abgefunden, daß dieses Kapitel für mich »abgefrühstückt«, zu Ende sein würde, daß da einfach nichts mehr kommt außer einer endlos scheinenden Herbstpromenade in Richtung ewige Ruhe. Doch eines Tages gongte mir das Leben in die Fresse wie ein perverser kleiner Tisch-Gong und entriß mich dem Sog der Resignation. Etwas Unerwartbares war geschehen: Ein neues Haarshampoo war in mein Leben getreten.

Begonnen hatte der Tag wie irgendeiner. Ich war in die Stadt gefahren, um Sirup zu kaufen. Mehrtägiger Besuch aus Berlin hatte sich angekündigt, und ich war ein bißchen am Hadern wegen der Menge des Sirups. **Berliner und Sirup**, das ist ja eine sehr spezielle Geschichte, die sich keineswegs immer in heiterem Konversationston aufarbeiten läßt, aber um **das** Thema soll es heute ausnahmsweise mal nicht gehen. Ich hatte jedenfalls ausreichend Sirup gekauft, um selbst klischeehaftesten Berliner Besuch zu befriedigen. Für die Rückfahrt in der U-Bahn hatte ich mir ein Käseblatt gekauft. Darin klebte als Werbebeilage eine Probe mit **Teebaumöl-Kurshampoo**. Als Weltumsegler James Cook Australien erreichte, so war auf dem Beutelchen zu lesen, hatte seine Crew von der langen Schiffsreise Hautschwulitäten. Auf dem Schiff hat es bestimmt immer nur vitaminarmen Labskaus gegeben. Das ist nämlich ein altes Seefahrergericht. Steht jedenfalls auf der Dose. Damit hier keine Mißverständnisse aufkommen. Das mit dem Labskaus stand nicht auf dem Shampoo. Also kochte Cook der Crew – ist es nicht schön, in einem Land leben zu dürfen, in dem es Sätze gibt, die mit **Also kochte Cook der Crew** beginnen und weitergehen mit: einen Sud aus dem Teebaum Melaleuca alternifolia, und flugs war die Haut der Crew schön wie dereinst daheim. Je nun, das wird schon stimmen, daß Entdeckernaturen, wenn sie einen neuen Kontinent entdecken, beim ersten Landgang aus völlig unbekannten Pflanzen dermatologische Sude kochen, dachte ich und warf das Pröbchen ins Bad, beschloß dann, ein großes Orgelwerk namens »Cook, der olle Sudekoch« zu schreiben, worauf mir dann aber einfiel, daß ich des Orgelns unkundig bin, weshalb das Orgelwerk leider noch immer unkomponiert ist.

Ich habe in meinem Leben, was Haarpflegemittel betrifft, stets zu einer gewissen Promiskuität geneigt. Mal kaufte ich ölig-fruchtige, mal seifig-cremige, mal teure, mal billige, mal welche mit Conditioner, mal welche ohne, und trotzdem: Es gab in meinem Leben eine große Kontinuität betreffend die Zufriedenheit mit dem Pflegezustand meines Haars. Ich will hier nicht mit dramatischen Lebensbeichten schocken, doch ich vertraue auf die Reife der Leser und erkläre hiermit ohne Gongen und Heischen, daß es Phasen in meinem Leben gegeben hat, in denen es mir vollkommen gleichgültig war, womit ich mir die Haare wusch. Dem primitiven Reinlichkeitstrieb hörig, ließ ich Shampoos, deren Namen ich kaum kannte, gierig schäumend an meinem Körper herummanipulieren. Härter noch, ich genoß das lüsterne Schäumen sogar, und nach erwiesenem Dienst duschte ich den Schaum einfach weg, als ob nichts gewesen wäre. »Tschüß«, sagte ich, und startete mein auch sonst oft sittenloses Tagewerk.

Dann tagte jedoch plötzlich jener Morgen, an welchem ich dachte: »Ich wasch mir heute mal die Haare mit dem Pröbchen, sonst liegt das ewig da rum.« Schon bald nach meinem männlich markanten Aufreißen des sympathischen kleinen Kunststoffbeutels fuhr mir durch den Kopf, was ist denn das, so riecht man doch nicht als Shampoo, das ist ja bizarr, doch als der Schaum seinen Siegesgalopp durch die Weiten meines zeitlosen Herrenhaarschnittes angetreten hatte, wußte ich: Hier hat eine Suchtsubstanz ihren Suchttyp gefunden, nie werde ich diesem Shampoo untreu werden. Man müßte ein mondsüchtiger Biedermeierpoet, ein wahnsinniger Baßmandolinenspieler sein, um diesen Geruch zu beschreiben, so anders und fremd, aber hoffen machend ist er. Es ist ein Geruch, den vermutlich die meisten Menschen als eher unattraktiv empfinden würden, da ist etwas medizinisches drin, eine zarte Komponente altsowjetischer Desinfektion. Es gibt ja Leute, die auf recht außergewöhnliche Gerüche freudig reagieren, auf Teer oder weiblichen Angstschweiß. Zu diesem Kreis rechne ich mich nicht, aber zu jenem, der die Gerüche, die aus einem Body Shop heraus in die Fußgängerzone dringen, als kindisch, albern und unfein empfindet. Ich wäre vielmehr ein Käufer eines Parfums, das zu 10% nach Papier, 10% nach neugekauftem Teppich, 10% nach Krankenhaus, 10% nach Walnuß, 10% nach welkem Rhabarber, 5% nach Ziegenbraten, 15% nach einem mit Poliboy polierten alten Schreibtisch, 10% nach Moschus und zu 20% nach einer von einem sympathischen und ungebildeten Mann zweieinhalb Tage lang getragenen Unterhose riecht. So riechen die Produkte der Teebaumöl-Pflegeserie allerdings nicht. Man stelle sich eher ein oppositionelles Geheimhospital im Buenos Aires der vierziger Jahre vor. Daß dort schikanöse Ohrenoperationen an entführten Angehörigen rivalisierender Contra-Gruppen durchgeführt werden. Daß die Operationsinstrumente vor dem Eingriff **zum Schein** desinfiziert werden. Nach diesem Schein-Desinfektionsmittel riecht das Teebaumöl-Shampoo. Doch ich fürchte, das ist nicht ausreichend gut beschrieben. Stellen Sie sich lieber mal die alte, finstere Sowjetunion vor, und darin insbesondere die Stadt Magnitogorsk. Magnitogorsk, eine Stadt, in der es nichts als Arbeit gibt, die lichtlose Manifestation des Nicht-Monte-Carlo-Seienden, ein enormes Las Vegas des Schuftens. Und in dieser Stadt ist ein einzelner einsamer Dichter, welcher eines Morgens auf die einzige Anhöhe der Stadt steigt und ruft, Rilke widersprechend: »Hiersein ist **nicht** herrlich.« Diese Szene ist zwar herzerwärmend, aber leider auch geruchlos, so daß sie ebenfalls nicht der Beschreibung des Geruchs von Teebaumöl dienlich ist. Der Versuch, den Geruch in Worte zu kleiden, soll somit für gescheitert erklärt und beendet werden.

Die Rezeptur des also unbeschreiblich duftenden Shampoos stammt von »Laboratoires Hauser, Zürich«. Aha, die Schweiz wieder mal. Das brave Land, das alle streicheln wollen. Die hilfsbereite Miezekatze unter den Staaten Europas. Miez, miez, miez. Das Land, wo die Menschen so höflich sind, daß der Besucher aus dem arroganten Riesennachbarland denkt: »Eigentlich ist das nicht Höflichkeit, sondern nur tolpatschige Servilität.« Sorry, super-sorry, daß da der Rohling aus dem Land, das vieles falsch gemacht hat, so etwas sagt über das Land, wo die Bemühung um die Richtigkeit stets so groß war. Allerdings macht die Schweiz auch wirklich manches richtig: Sie stellt ganz ausgezeichnete Haarpflegeprodukte her! Ein dickes Dankeschön kombiniert mit einem dicken und fettigen Schmatz geht daher an dieser Stelle in das stolze Zürich. Es gibt aber wirklich schlimmere Nachbarländer als die süße kleine Schweiz. Ich kenne einen, der war kürzlich für ein Jahr als Student in den Niederlanden. Er war in einer WG untergekommen, und am ersten Abend bereitete man ihm ein schönes Willkommensmahl im Kreise seiner neuen Mitbewohner. Nach dem Essen holte der Obermitbewohner einen Taschenrechner, drückte eine Weile darauf herum und sagte zu meinem Bekannten: »Dein Anteil ist 15 Gulden und 30 Cent.« Wenn er diese Episode erzählt, rufen immer alle Niederlandekenner: »Typisch!«

Nun aber sei Schluß mit dem Zwicken, Puffen und Gifteln. Man könnte zwar das Piesacken auf die Spitze treiben, indem man z. B. polemisiert, daß der schlechte Ruf der Deutschen in ausländischen Urlaubsorten entstanden ist, weil die Bewohner der Gastgeberländer die deutsche und die niederländische Sprache nicht auseinanderhalten können, aber was soll denn das? Wir wollen doch alle gemeinsam, d. h. wir Deutschen mit der Power der 80 Millionen Fieslinge und rings herum die ganzen komischen Pippi-Länder, wir wollen uns doch alle an den Hüften fassen und in eine feuchtfröhliche Solidargemeinschaft hineingrooven.

Ich bin ein bißchen traurig, weil ich etwas Schlechtes über die Niederländer gesagt habe. Über Tote soll man doch wirklich nichts Schlechtes sagen. Okay, okay, »tot« ist ein bißchen zu maliziös formuliert. Ich war zweimal in den Niederlanden, um mir das mal ein bißchen anzugucken, aber ich finde, eh man sich das anguckt, kann man gleich seine Augen aus dem Fenster werfen. Ich fürchte, ich habe schon wieder etwas Häßliches über unser Nachbarland gesagt. Wie kann man nur so primitiv sein? Solche Entgleisungen darf man natürlich nicht allein dem Autor anlasten. Die Autoren sind doch nur unschuldige kleine Piepmätze, die sich aus der Hölle ihrer Mißempfindungen herauszuschreiben versuchen. Sie sind das letzte Glied der schlimmen Kette. Die wahren Schuldigen sind doch wohl eher diejenigen, die dafür sorgen, daß solcher Buchstabenmißbrauch publiziert wird, nämlich die Verleger! Die muß man zu fassen kriegen. Das Schlimme ist aber, daß diese antiniederländischen Bodenlosigkeiten von einem Schweizer Verlag unter das Volk gebracht werden. Wenn da der niederländische Botschafter angetanzt kommt, um berechtigten Rabatz vorzubringen, verkriecht sich der Verleger in seinem dicken Tresor, und seine Sekretärin sagt zum Botschafter: »Mein Chef ist im Tresor, und den kann ich leider nicht öffnen für Sie, Sie wissen schon: Schweizer Tresorgeheimnis.« Der niederländische Botschaftstrottel glaubt das Schweizer Lügengebrabbel auch glatt, und somit ist bedauerlicherweise gar ein Satz geboren, in dem gleich zwei unserer liebenswürdigen kleinen Nachbarländer beleidigt worden sind. Ich kann aber auch etwas Schönes über die Niederlande sagen, aber dazu muß ich etwas ausholen. Es geht um das Kaffeedosenproblem. Das Kaffeedosenproblem dürfte den meisten Menschen bekannt sein, doch ist es m. E. noch nie beschrieben worden.

Man kann ja Kaffee in Dosen und in Paketen kaufen. Die meisten Leute kaufen zu Beginn ihrer haushälterischen Selbständigkeit einmal Kaffee in der Dose, und dann nur noch Pakete, deren Inhalt später in die Büchse kommt. Beim Umfüllen lockert sich aber der in der Vakuumverpackung zusammengepreßte Kaffee dermaßen auf, daß nicht alles in die Dose hineinpaßt, ein frech über den Dosenrand spähender Pulverberg entsteht und oft auch einiges danebenfällt. Dies ist das Kaffeedosenproblem. Nun aber die Niederlande. Gegenüber dem Hauptbahnhof von Amsterdam gibt es ein schönes Kaffeegeschäft namens Simon Lévelt, und dort wird Kaffee in Dosen verkauft, die genau um das beim Pulverumschütten benötigte Volumen größer als die unsrigen sind. Wenn sich nun jemand anschicken sollte, die Niederlande »Das erheblich kleinere Land mit den etwas größeren Dosen« zu nennen, dann möchte ich vorauseilend betonen, daß das nicht spöttisch, sondern als respektvolle Verneigung gemeint ist.

Auch vor der Schweiz möchte ich mich respektvoll verneigen. Einmal war ich in Basel, und dort sprach mich ein Teenager an. Der Teenager sagte: **Häsch öppis zum Uselaa.** Ich konnte mit den rätselhaften Klängen nichts anfangen. Mein einheimischer Begleiter klärte mich auf, daß der junge Mann mich gefragt habe, ob ich ihm etwas Haschisch verkaufen oder schenken könne. Wohlbemerkt: Die Frage lautete nicht: Haschi Haschli für Teenagerli, oder was auch immer man sich als unwissender Deutscher unter Schweizerisch vorstellt, sondern Häsch öppis zum Uselaa. Die Sprache ist charakterstark, Berge und Seen sind vorbildlich. Ach wenn es doch mehr Schweizen gäbe! Dies dachten sich auch der Schweizer Maler Graff und sein Landsmann, Kupferstecher Zingg, welche im 18. Jahrhundert das Elbsandsteingebirge bei Dresden durchwanderten und von dessen Schönheit so angetan waren, daß sie nicht anders konnten, als diesem Landstrich den Beinamen »Sächsische Schweiz« zu verleihen. »Bei uns ist es aber auch schön«, hörte man es daraufhin vielerorts sagen, und so wurden bald auch eine Fränkische, eine Holsteinische, eine Rheinhessische Schweiz ausgerufen und andere Schweizen sonder Zahl. Nördlich von Wuppertal gibt es gar eine Elfringhauser Schweiz! Und ein Ehepaar in Hamburg hat in seinem Garten eine Tafel aufgestellt, auf der steht Eimsbütteler Schweiz. Die echte Schweiz ist so nobel, für all diese prestigeträchtigen Bezeichnungen kein Geld zu verlangen. Könnte sie aber eigentlich. Ganz schön doof, daß sie's nicht tut.

Affige Pizzen
(Mai 1997)

Als Kind dachte ich, ein schönes Leben könnte man führen, wenn man Alexander hieße. Die Buben in meiner Altersstufe, die Alexander hießen, waren insgesamt recht fein und vornehm, sie spielten Cello, gingen aufs Altsprachliche, sahen gut aus und hatten chice Pullis und ultramoderne Mütter, die rauchend die Tür öffneten, wenn es klingelte. Als Erwachsener weiß ich, daß meine jugendliche Ahnung in bezug auf den Namen Alexander nicht falsch war. Alexanders bewohnen bombastische Altbauwohnungen oder Villen, denn in der Erfüllung ihrer noblen Aufgaben legen sie prächtige Kunstfertigkeit an den Tag, für welche sie die wunderbarsten Honorare verdienterweise ausgehändigt bekommen. Auch Gustav oder Reinhold kann man getrost heißen, denn auch die Träger dieser Namen fallen in beinahe gleicher Weise durch gepflegte Daseinsbewerkstelligung auf. Solche Leute haben zu tun in London oder Mailand, »für einige Tage«, und nebenbei treffen sie sich dort mit Frauen, von denen es heißt, daß sie zu den geistreichsten Frauen Englands etc. gehören. Herrlich: Man steht mit einer der geistreichsten Frauen Londons in einem mondänen Salon voll verschnörkelter Beistelltischchen, man steht so nah bei ihr, daß der Gedanke sich aufdrängt, ihr am Ohr zu nagen, da öffnet sich plötzlich die Doppelflügeltür, und einer der begehrtesten Junggesellen der Lombardei sagt: AHA! (Er meint nicht die norwegische Popgruppe.) Alexanders erleben was. Ein aufregendes Leben haben auch die Träger ungewöhnlicher Vornamen. Ich erwähne dies, weil ich in einem Buch gelesen habe, daß die Träger normaler, durchschnittlicher Namen bei den Mitmenschen besser ankommen, beliebter seien. Naja. Beliebt im Büro vielleicht. »Christian kommt bei seinen Kollegen in der Wurstbude gut an.« Das will ich gern glauben. Wer jedoch nicht im Büro, sondern in Konzertsälen, bei Feingeistern, im Feuilleton der ›FAZ‹ beliebt sein will, der heiße bitte anders. **Tankred Dorst** oder so.

Ideal ist ein äußerst ungewöhnlicher Vorname in Kombination mit einem klangvollen, aber nicht ganz so außergewöhnlichen Nachnamen. Z.B. **Durs Grünbein**. Guter Name, guter Dichter! Oder **Frowalte Pilz**. Die Frau gibt's auch wirklich. Eine Sopranistin, glaube ich. Was auch immer, solche Namen merke ich mir. Professor **Bazon Brock**. Ein Name wie ein juwelenbesetzter Betonbrocken. »Edelsteine sind die Augen Gottes«, stand einmal auf einem Kalenderblatt. Darunter stand »Indianische Weisheit«. Es hätte mich aber auch nicht gestört, wenn drunter gestanden wäre »Indianische Doofheit«. Bazon Brock wurde 1969 Ästhetik-Professor in Hamburg und Wien. Das steht immer unter den Bazon-Brock-Bildchen, die Bazon-Brock-Aussagen in den Medien verzieren. Bazon Brock ist kein Mann, über den ich viel weiß. Sicher hat er eine tolle Wohnung. Biblisch teuer und quadratmeterstark. Um von der Küche ins Wohnzimmer zu kommen, muß er ein Taxi nehmen. Er besitzt bestimmt ganz viele 128-DM- oder noch teurere Bildbände von Schirmer & Mosel. Die kriegt er nachgeschmissen bei seiner Position. Er hat sich die Bildbände und die Position aber redlich verdient. Immer fleißig, auf Achse und ordentlich. Dem hängt hinten nicht das Hemd aus der Hose. Der hat keine alten Suppenwürfel von der Firma Pottkieker auf der Küchenfensterbank liegen. Dem hängt auch vorne nichts aus der Hose! Der steht nicht mit freiem Oberkörper auf dem Balkon und raucht vom Heizkörperableser geschnorrte Rothändle. Man wird auch nicht Ästhetik-Professor dafür, daß man mit nassen Haaren auf die Straße geht und in die Gelbe

Tonne »rotzt«. Da muß man schon etwas mehr »bringen«. Eine gute Voraussetzung ist immerhin ein etwas eigentümlicher Name. Wer Torsten Böhme heißt, wird vielleicht ein gefragter Computerheini, aber eine Ästhetikprofessur kann er sich von der Backe wischen.

Gerwald Rockenschaub muß man heißen. Dann wird man Künstler. Wenn zwei Leute im Café sitzen und draußen geht Gerwald Rockenschaub vorbei, dann wird später im Pyjama ins Tagebuch notiert: »Gerade als ich den Mut gefunden hatte, Natalie darauf hinzuweisen, daß sie auch nicht mehr die Jüngste sei und keinen Anlaß habe, sich über Matthieus und Cathérines ach so seniles Verhalten während der Erotica-Versteigerung an der Möhnetalsperre zu beklagen, ging draußen Gerwald Rockenschaub vorbei.« Wer so heißt, der fetzt, der schockt von Natur aus, der ist zum Supersein erkoren. Sein Leben ist ein Gefauche. Mir fällt auf Anhieb nur eine Person mit langweiligem Namen ein, die etwas Knalliges geworden ist: Sabine Meyer, die berühmteste Klarinettistin der Welt. Die ist aber auch süß. Alle anderen heißen ja doch eher **Bibs Hoisak-Robb**, die Designerin der Kreuzung zwischen Löffel und Gabel, des Göffels.

Manchmal reicht schon ein einziger Buchstabe, um einen Namen chic werden zu lassen. Es gibt einen Mann namens **Nathias Neutert**. Nathias statt Mathias. So wie Griedrich der Große (erfunden) oder Jonica Jahr (echt, Klatschkolumnistin). Was Nathias Neutert macht, weiß ich gar nicht. Ich kenne nur den spektakulären Namen. Ich glaube, der sitzt irgendwo in einer duften Altbauwohnung, und wenn etwas passiert auf der Welt, Vulkanausbruch oder soziale Wirren, dann wird er telefonisch gefragt, ob er das Ereignis bescheuert oder klasse findet, und dann sagt er das und kriegt einen Batzen Zaster überwiesen.

Nachts um drei bekommt er Hunger auf Würstchen, aber es sind keine Würstchen im Haus! Da schickt er seine wahrscheinlich bildschöne Frau zur Tankstelle, ihm welche zu holen. Nach einer Stunde kommt die Olle ohne zurück, denn die Tanke hatte zu. Ihr Mann verkloppt sie aber keineswegs, denn er ist ja nicht der tote SPD-Vorsitzende Erich Ollenhauer, sondern Nathias Neutert, und der nimmt seine Schöne in den Arm und sagt: »Verzeih, meine Liebste, daß ich dich in morscher Nacht bei minus 35 Grad im Schatten im Übergangsmantel mit nichts darunter zur Tanke schickte, aber wir Männer sind halt manchmal wilde Tiere, und deswegen liebt ihr Frauen uns doch so.« Ich will hier zwischenschieben, daß ich hier wieder mal gar nicht recherchiert habe. Ich weiß überhaupt nichts über Nathias Neutert. Es wäre mir entsetzlich peinlich, wenn unvorteilhafte Verwicklungen dazu führten, daß Nathias Neutert diese Zeilen in die Hände kriegt. Augenblicklich bemächtigt sich meiner eine vorauseilende Errötung betreffs meiner zurückliegenden frechen Erfindungen. Andererseits fühle ich mich presserechtlich wie im siebten Himmel, weil ich glaube, es ist nicht gegendarstellungspflichtig, über jemanden zu behaupten, daß er seine Frau unvermöbelt läßt, insbesondere dann, wenn er evtl. eh keine Frau hat. Das wäre presserechtlich ja quasi der achte Himmel, wenn man behauptet, daß jemand seine schier gar nicht vorhandene Gemahlin nicht schlägt.

Nachdem nun also Frau Neutert als wurstlose Unvermöbelte an die Brust des Gatten sank und Entschuldigungen erschollen, wird bei Joey's Pizza eine Mandarinenpizza bestellt, worauf die beiden in der Küche sitzen und die Pizza aufessen, womit nun aber Schluß mit den teuflischen Unterstellungen sein soll. Ich kenne den Mann ja überhaupt nicht, und seine Frau ist mir terra incognita, eine Gegend, die noch nie der Fuß eines Menschen berührte. Außerdem schwebt ja noch immer die graue Wolke einer Möglichkeit durch die Republik, daß Nathias Neutert gar keine Frau hat. Armer Kerl. Und wenn er doch eine hat, dann will ich sie gar nicht mit den Füßen berühren. Das würde ihr evtl. nicht behagen. Ich sah mal ein Heftchen, in dem waren nur Amateurfotos von Frauenfüßen, auch von schmutzigen und angeschwollenen. Da es diese Heftchen in Sexshops gibt, fallen sie wohl in den Bereich der Pornographie. Ob man sich wohl strafbar macht, wenn man ein Magazin herausgibt, in dem Fotos von unbestrumpften Kinderfüßchen zu sehen sind? Ist das Kinderpornographie? Es käme vielleicht auf das Zielpublikum an. Ob man die Kinderfußbilder veröffentlicht, damit alte Frauen Strümpfe für die Füßlein stricken oder damit alte Männer sich einen darauf absabbern. Fort mit diesem unschönen Gedanken. Es ist schon unschön genug, daß es bei Joey's Pizza mit Mandarinen belegte Pizzen gibt, jedenfalls zur Zeit dieser Niederschrift. Ein Bringdienst-Evergreen dürfte das nicht werden. Eher ein Spaß für gutsituierte Fieslinge: Jemandem, den man nicht leiden kann, mitten in der Nacht eine gewaltige Jumbo-Pizza für zwei Personen, ein veritables Wagenrad ins Haus zu schicken, **nur mit Mandarinen** belegt. Noch ein armer Kerl.

Die Continuity will, daß ich hier von einer weiteren Pizza berichte, welche ich kürzlich bei einem maßvoll angenobelten Italiener nicht ganz aufaß. Die Pizza war belegt mit einigen Normalo-Belägen, zusätzlich auch mit einer Reihe kalter Lachsscheiben, und auf den Lachsscheiben war Schlagsahne. Dies war die affigste Pizza meines Lebens, und man glaube mir: Mein Leben war nicht arm an affigen Pizzen. Affige Pizzen säumten die steinige Straße, die in meine dornige Gegenwart mündet. Dem Vergnügen zuliebe habe ich mir neulich ein Gericht ausgedacht, welches zwar affig ist, aber vermutlich sehr wohlschmeckend, andererseits aber so arbeitsaufwendig, daß es wohl niemals auf irgendeiner Speisekarte auftauchen wird: **Mit Spinat gefüllte Johannisbeeren.**

Überall angeboten wird hingegen seit neuestem Victoriabarschfilet. Früher gab es nie Barsch. »Barsch für alle« ist ein Ruf, der bislang selten in deutschen Gastwirtschaften ertönte. Nun aber aus heiterem Himmel volles Rohr Barsch landauf, landab. Ich fragte eine Fischverkäuferin, ob der Victoriabarsch aus dem Victoriasee in Afrika stamme, da meinte die: »Muß er ja wohl.« Ich finde, bevor das deutsche Volk den Victoriasee leermampft, sollte es lieber mal nachgucken, ob im Titisee Titibarsche sind und erstmal die essen. Oder folgendes Gericht: Schnecken mit Austern und Würstchen. Doch nun wird mir übel. Ich will an die Luft!

Die Luft in Hamburg ist sehr gut. Es ist die beste Großstadtluft des Kontinents. Wenn man für einige Tage in Berlin war und nach Hamburg zurückkehrt, muß man sich im Badezimmer nackt ausziehen und sich einige Minuten schütteln, damit die Pickel von einem abfallen, die man von der Berliner Luft bekommen hat. Man kann sie mit dem Kehrblech dann hübsch aufkehren. Die Hamburger Luft ist dermaßen gut, daß eine Frau namens Gudrun keinen Mann findet. Denn wer will bei der guten Luft einen Namen rufen, der keine Vokale außer zwei U enthält, ein Laut, bei dem man den Mund kaum öffnen muß? An der Alster möchte man Frauen heiraten, bei denen man den Mund möglichst weit aufsperren muß, wenn man sie ruft, um auf diese Weise möglichst große Konvolute der guten Luft einzuatmen. Barbaras werden in Hamburg vom Fleck weg geheiratet. »Barbara, mach deinem Mann Bananen-Rhabarber-Marmeladensalat«, tönt es oft durch Hamburger Straßen. Dies vergleiche man mit dem Wort **Kulturbundschulung**. Dies ist vielleicht das einzige echte deutsche Wort mit fünf U, also ein Wort, das tatsächlich in allgemeinem Gebrauch war, und zwar in der DDR. Mit dieser ist es auch untergegangen. Die Leute werden denken, der Begriff verschwand, weil der durch ihn bezeichnete Gegenstand nicht mehr existiert. Dies glaube ich nicht. Ich glaube, das Wort verschwand, weil durch den industriellen Zusammenbruch im Osten die Luft besser wurde und die Menschen dort solche Mümmelwörter nicht mehr brauchen. Wer solche Zusammenhänge bezweifelt, der soll doch mal nachts auf die Straße gehen und sich von Verbrechern überfallen lassen. Die Verbrecher hauen einen nieder und legen einen so auf den Boden, daß sich der Mund direkt vor dem Auspuff eines Autos mit laufendem Motor befindet. Weil es ihrer üblen Natur entspricht, herrschen einen die Verbrecher nun an: »Nenn den Namen irgendeiner Stadt, sonst knallen wir dich ab.« Wer klug ist, sagt: »Ulm.«

Nur ein ausgemachter Trottel würde »Antananarivo« sagen. Denn nicht genug damit, daß da schon vier A enthalten sind, würden die Verbrecher fragen: »Was isn det?«, und man muß antworten: »Hauptstadt von Madagaskar«, und schon ist man kohlenmonoxidhalber dahin.

Auto, Ast, Glück. Was will man mehr?

Darf man den Herbst duzen?
(Juli 1997)

Ich erinnere mich, daß ich es als älteres Kind häßlich fand, wie die Frühjahrsblumen in Tuschkastengelb und Tuschkastenblau aus dumpfbrauner, noch unbegrünter Krume hervorbrachen. Das vulgäre Geblümel wurde mir auch nicht durch die zähflüssige Scherzhaftigkeit sympathischer, die sich aus den alljährlich wiederkehrenden Gesprächen darüber ergab, wie denn wohl der Plural von Krokus laute. Ich mochte den Frühling nicht. Andere mögen den Sommer nicht recht, weil sie keine Bikinifigur haben oder weil es nicht unwahrscheinlich ist, daß die Wespe, die es sich eben auf dem Kuchen gemütlich gemacht hat, sich noch vor wenigen Minuten in einer Mülltonne voll Hundefutterdosen vergnügt hat. Über den Winter wird eh nur gemault. Manche sind dermaßen jahreszeitenkritisch veranlagt, daß sie sagen, die schlimmste Zeit des Jahres sei diejenige zwischen Anfang Januar und Ende Dezember.

Der gute alte Jet Set von St. Tropez zeigte sich anläßlich des unerwarteten Wintereinbruchs an der Côte d'Azur im Dezember 1996 hilflos und irritiert.

Aber sollte man nicht so freundlich sein, den Herbst hier auszuklammern? Als Rudolf Schock bemerkte, wenn man das Leben durchs Champagnerglas betrachte, erblicke man goldene Gestade aus Brokat, da hatte er sicher den Herbst vor Augen. Alles in und bei uns, jedes Ding und jedes Zeichen tunkt er in gülden bebende Milde. Der Fuß scharrt im Laub, und die Seele scharrt mit. Man wird ganz lyrisch vor Laubeslust. Was im Sommer noch schrie, hat jetzt Melodie, was im Winter nicht kenntlich ist, hat nun einen Namen und ein Gesicht. Im Herbst erst kriegen unsere Schatten, die im Sommer schwammig wirkten, die Kontur von Silhouetten. Der Frühling piepst wie eine Digitaluhr, der Herbst ist die Glanzzeit bewahrter Mechanik. Leis summendes Fieber und seidenes Glück liegen Atem an Atem über den fruchtig erregten Gemeinden. Die Apotheker stellen fünfzig Jahre alte Pilzmodelle in ihre Schaufenster. Jeder normale Mensch bekommt Lust, die Sütterlinschrift zu erlernen. Über den Siedlungen wölben sich nach Zwiebeln und Heimat duftende Glocken. Erstaunlich natürlich wirkende Äpfel kullern die Rollstuhlrampen herunter. Herbst, wir sind gerne zu Gast in deinem Mantel.

Hier schiebt sich eine Unsicherheit zwischen. Darf man den Herbst duzen? Ina Deter sang mal ein Lied, in dem sie Berlin duzte. »Berlin, du New York im märkischen Sand«. Klaus Hoffmann duzte sogar einen Berliner Flughafen. »Tegel, blödes Tegel, du verdammtes Tor zur Welt, Tegel, liebes Tegel, bist die Heimat, ausgezählt«, sang er voll Glut. Die genannten Künstler sind in einer Ära der gesellschaftlichen Lockerungen großgeworden. Sie sind es gewohnt, alles zu duzen. Heute jedoch reagieren manche Menschen auffallend verschnupft, wenn sie meinen, unpassend angekumpelt zu werden, aber auch, wenn sie das Gefühl haben, ein Du, auf das sie glauben Anspruch zu haben, werde ihnen vorenthalten.

Es ist ein Füllhorn der Empfindlichkeiten. Wenn ein 25jähriger Arbeiter von einem gleichaltrigen Studenten gesiezt wird, ist der Arbeiter unter Umständen betrübt. Wird gar ein 28jähriger Techno-Freund von einem 18jährigen Techno-Freund gesiezt, was außerhalb von Liebesparaden schon vorgekommen sein soll, dann kann es nicht schaden, wenn sich im Bekanntenkreis des älteren jemand befindet, der schon mal bei der Telefonseelsorge gearbeitet hat. Es ist erstaunlich, wie heikel dieses uninteressant wirkende Thema ist. Wenn im Jugendlichen-Fernsehen der Moderator den erfolgreichen Rockstar duzt, dann hat das Du des Moderators zum Star meist etwas von unbefugtem Einschleimen und das Du des Stars zum Moderator etwas Herablassendes. Bisweilen merkt man den Gesprächen auch an, daß es beiden unangenehm ist, einander duzen zu müssen, doch würde man auf Sie umschalten, dann fiele der Mythos der Jugendkultur, aus dem solche Sendungen ihre Raison d'être beziehen, jämmerlich in sich zusammen. Ich glaube, mich nicht zu irren, wenn ich denke, daß Raison d'être ein geiler Angeberausdruck ist, aber sehr wohl ein Irrtum ist es, bloße Generationszugehörigkeit für eine anspruchsvolle Kommunikationsbasis zu halten. Unterhaltungen in der zweiten Person grundsätzlich eine größere Easiness zu unterstellen, ist ein zweiter Irrtum. Man bedenke, wie zuvorkommend man in Buchläden gesiezt und wie desinteressiert man in Plattenläden geduzt wird, oder in anderen Etablissements, die aus denkfauler Tradition dem jugendlichen Umfeld zugeordnet werden. Nirgendwo wird man so ungehobelt geduzt wie in Läden, wo man Instrumente für Rockmusik und Elektronik kauft.

Mut und Kraft braucht man in Branchen, wo das Du als Selbstverständlichkeit gehandhabt wird, z. B. in der Pop-Industrie. Wenn die Söhne früher in den Krieg zogen, sind sie von ihren Müttern noch mal tüchtig umarmt und mit guten Ratschlägen bedacht worden, wie z. B. »Duck dich« oder »Hüte dich vor französischen Frauen. Die haben französische Krankheiten«. Heutige Söhne und Töchter, die nicht in den Krieg, sondern in die Pop-Branche ziehen, sollten von ihren Müttern zum Abschied folgendes gesagt bekommen: »Duze niemals die Herren von der Plattenfirma! Ebenfalls nicht die Musikverleger, die Tourneeagenten etc., auch wenn es sogenannte Gleichaltrige sind. Gleichaltrige sind immer die schlimmsten Menschen! Die Leute von den Plattenfirmen sind nicht deine Freunde, es sind Geschäftspartner! Manchmal wirst du etwas zu beklagen und zu fordern haben, und das wird dir schwerer fallen, wenn du in der Duz-Falle sitzt. Am Ende werden sie eh obsiegen mit ihren fünf Superrechtsanwälten, und du stehst da als gedemütigtes und geduztes Dummchen.« Dies ist's, was die Mütter der angehenden Popmusiker beim Abschied an der Gartenpforte in einem möglichst stark an Therese Giehse erinnernden Tonfall sagen sollten.

Manch einer, der auf meiner Altersstufe steht, beweint heimlich den Umstand, daß er trotz aller Bemühungen, seine Jugend durch Outfit und assimiliertes Freizeitverhalten eigenmächtig ins vierte oder gar fünfte Lebensjahrzehnt auszudehnen, von echten Jugendlichen nicht mehr automatisch geduzt wird. Mir ist das eher egal. Wenn mich ein sympathischer Zwanzigjähriger duzt, dann denke ich: Wie sympathisch, daß er mich dessen für würdig erachtet. Siezt mich ein sympathischer Zwanzigjähriger, dann finde ich eben die höfliche Distanz sympathisch. Sympathisch ist halt sympathisch. Kommt aber ein Unsympathischer daher und duzt mich, dann denke ich: Wenn der mich siezen würde, wäre er mir genauso zuwider. Wenn in solchen Fällen einer Unterhaltung nicht aus dem Weg zu gehen ist, dann meide ich die direkte Anrede und weiche auf neutrale Formulierungen aus. Es hat ja auch nicht so viel mit dem Alter zu tun als mit dem Treffpunkt oder mit der Jacke, die man anhat. In Bioläden wird man bis ca. 50 geduzt, in Lokalen liegt die Grenze oft erst bei 60. Ich kenne Kneipen, in denen man erst fünf Minuten vor seinem Tode gesiezt wird. Großen Einfluß auf das Anredeverhalten hat die Kleidung. Ich besitze Duzjacken und Siezjacken. Auch das Tragen von Doc-Martens-Schuhen erhöht magischerweise die Duzquote. Die Hosen sind eher egal. Eine Bekannte, die einen sehr voluminösen Hund hat, sagte mir, daß sie in Begleitung des Tieres niemals von Fremden geduzt wird. Mir behagte es vor wenigen Jahren, auf dem Feld der Gesichtsbehaarung zu experimentieren. Ich hatte im Laufe der Zeit diverse lächerliche, aber zeitgemäße Bärte. Anfangs dachte ich, die Menschen würden argwöhnisch wispern, wieso ich mir denn so einen komischen Modeheinibart stehen lasse, zumal darin diverse graue Haare zu sehen waren. Es war halt keine lebensfeindliche Monokultur, sondern ein ökologisch wertvoller Mischbart, der einer artenreichen Fauna Lebensraum geboten hätte bei nachlässiger Pflege. Die Menschen tuschelten aber nicht, vielmehr geleiteten mich die paar albernen Haare in einen Kosmos höchster Duzbarkeit.

Es gibt Zwischenformen der Anrede, das sogenannte Berliner Du und das Hamburger Sie. Etwas verpönt ist das Berliner Du, also: »Herr Rutschky, laß doch bitte mal die Scheißhausbürste rüberwachsen.« Die Verpöner sagen, dieses Hintername plus Du, das sei Putzfrauen-Jargon, aber was haben diese Leute denn gegen Putzfrauen? Das Hamburger Sie klingt eher nach Etepetete-Eigenheimvolk. Jil Sander tragende und Lacroix-Suppen hortende Mütter reden so den van-Laack-Hemden tragenden Freund ihrer Tochter an: »Jens-Carsten, ob Sie bitte so liebenswürdig sein wollen, mir mein Brillenetui und/oder die Hartkäsereibe zu reichen?«

Ich bin leidenschaftslos in der Frage, ob man mich duzt oder siezt. Kopfnüsse und Kinnhaken sind von mir nicht zu befürchten. Allgemein ist wünschenswert, die Duzerei auf den Schulhof, die Familie und den Freundeskreis zu beschränken. Es würde die Unannehmlichkeitsquote im menschlichen Miteinander reduzieren. Auch Homos in der Homobar und Fußballer in der Mannschaftskabine sollen einander hübsch duzen. Daß aber z. B. unter Studenten oft noch immer Duzzwang herrscht, sollte mittlerweile als ein schmieriges, höchstens drolliges Rudiment alter APO-Lodderigkeit gewertet werden.

Es gibt einen Bereich, in dem ich eine gewisse Rigorosität für sinnvoll halte. Wenn mich ein mir Unbekannter am Telefon duzt, dann sieze ich so höflich, wie es meine Laune erlaubt, zurück, es sei denn, bei dem Anrufer handelt es sich um ein Kind. Vereinzelt mag sich auch aus einer vermuteten oder tatsächlichen gemeinsamen Angehörigkeit von Metier und Milieu ein Drang zum Genossentum ergeben, doch ein Drang darf keinen Zwang auslösen. War man einmal zu lethargisch gewesen, ein telefonisch aufgenötigtes Du durch freundliches Nichterwidern zurückzuweisen, und man ist einander beim ersten persönlichen Augenschein zutiefst unsympathisch, muß man das Scheusal weiterduzen.[*] Dann zu sagen, ach, wir siezen uns wohl doch lieber, ist ein gar zu pathetischer Akt. Daher: Am Telefon immer schön siezen. Es gibt Gestalten, auf deren klumpfüßige Umgangsformen man nur mit blanker, kalter Autorität reagieren kann, und

---

[*] Als durch und durch unsouverän muß man wohl jemanden bezeichnen, der beleidigt reagiert, wenn man ein aufgenötigtes Du zurückweist oder unbeachtet läßt.

die ist in der dritten Person leichter an den Mann zu bringen. Es ist demütigend, seine Feinde duzen zu müssen.

Der Herbst jedoch ist nicht mein Feind. Wenn man wie Rudolph Schock oder wie ich auch die Zukunft durchs Champagnerglas betrachtet, ist die Zukunft ein Ballsaal am Boulevard des Mirakels, ein erotischer Pavillon voller Girlanden und Glühbirnen, durch den Frauen mit perlmuttner Haut, die alle Belinda zu heißen scheinen, im Walzertakt tanzend Schalen mit Brötchen und Amethysten lustvoll herumtransportieren. Lauwarm vibrieren die Nerven all derer, die hier Krokant, das ist Brokat zum Essen, knuspern dürfen. Die Glücksmomente, die wir nun durchrauschen, sind die Pfauenfedern des Nervensystems. Das Walzerorchester in diesem Ballsaal hat vier Dirigenten. Beginnen tut der Winter, Patriarch in diesem Haushalt. Dann kommt der Frühling, ein zündelnder Geck. Es folgt der Sommer, ein reicher Kaufmann aus Genua. Zuletzt tritt der Herbst aufs Parkett. Er war einst ein gefeierter Künstler. Nun ist er alt, fast taub, und er sieht nicht mehr gut. Alles, was er noch zustande bringt, sind die künstlichen Pilze, die sich die Apotheker in die Schaufenster stellen. Da er, wie gesagt, fast taub ist, bringt es nichts, ihm zu sagen, daß die Modelle den echten Pilzen nicht ausreichend ähneln, und aus dem gleichen Grunde ist es völlig egal, ob man den Herbst duzt oder siezt. Wie man überhaupt auf so eine Frage kommen kann!

PS: Momentan ist eh nicht Herbst, sondern Sommer, und zwar derjenige, der in die Annalen eingehen wird als **der Sommer der Klumpfuß-Girls**. Letztes Jahr schienen mir die Klumpschuhe noch eine burschikose Grille der Mode zu sein, dieses Jahr herrscht **Klumpschuhpflicht!** Im Sinne der Geschlechtergerechtigkeit ist diese aber zu begrüßen. Männer Wehrdienst, Frauen Klumpschuh. Es ist aber anzuregen, die wenigen jungen Frauen, die sich der Klumpschuhpflicht aus Gewissensgründen entziehen, zu gewissen Ersatzdiensten heranzuziehen. Man könnte sie als »Haftzettelmiliz-Feen« einsetzen. Sie könnten, Zimmerleuten nicht unähnlich, mit einem Bündel durch die Lande ziehen und die Haftzettelchen auf Computermonitore kleben (»Diana, im Kühlschrank sind leckere Brombeeren aus dem Garten von Tante Milli«), auf CDs (»Am besten: Stück 2, 4 und 7«), an Briefkästen (»Es ist geschmacklos, Postkarten in Briefumschlägen zu verschicken«) und an Grabsteine (»Dieses Grab ist aber nicht sehr gepflegt«). Dies ist aber nur ein Vorschlag unter mehreren möglichen.

Zusätzliche Gratis-Buchstaben
Hier einige der schönsten Formulierungen der Moderatoren des Wetterkanals von Himmelfahrt und Pfingsten 1997:

1) Der Freitag vor Pfingsten ist ja traditionell der Tag, an dem das Pfingstwetter eröffnet wird.

2) Lassen Sie sich keine grauen Haare wachsen, was das Wetter in beiden Teilen Deutschlands, aber auch in den Benelux-Staaten angeht.

3) Keine Sorgen haben die Menschen, die in Neuseeland leben. Bei 15, 16 Grad ist es dort, wie gesagt, sehr angenehm.

4) In Richtung Italien müssen Sie sich mit einem wirklich wasserfesten Schirm ausrüsten. Der dicke Pullover dürfte ebenfalls auf seine Kosten kommen.

5) Auch Spanien hat mit einem Tiefdruckgebiet zu kämpfen, was natürlich auch nicht das Ferientauglichste ist.

6) Wer unter Heuschnupfen leidet, kann ganz langsam anfangen, wieder aufzuatmen.

Die Lampen leiden am meisten darunter
(August 1997)

»Ich singe einen Song, denn meine Wohnung hat Balkon«. Dies ist der Name eines aktuellen Knüllers meiner seelischen Charts. Nicht so hoch plaziert ist hingegen der Titel »Ich singe ein Couplet, denn meine Wohnung hat Bidet«. Meine Begeisterung darüber, erstmals im Leben Nutznießer eines Bidets zu sein, ist flachbrüstig. »Hilfe, du hast ja ein Bidet«, rufen meine Gäste, »was machst du denn damit?« – »Noch mache ich gar nichts damit, aber ich bin fleißig am Überlegen.«

Man kennt Bidets ja aus Hotels. Anfangs fragt man sich natürlich, wozu das Ding gut ist; es ist ein bißchen wie die Frage: »Was machen Lesben eigentlich im Bett?« – man stellt diese Frage niemandem, aber irgendwann ahnt man zumindest ungefähr, was Lesben im Bett machen oder wozu ein Bidet gut ist. Es heißt, reinliche Menschen, insbesondere wohl Frauen, würden sich des Abends rittlings daraufsetzen und ihre spezifischen Details abbrausen. Da aber das Becken weder der weiblichen noch sonst einer Anatomie angepaßt zu sein scheint, kann ich mir nicht vorstellen, daß Damen das wirklich tun. Zumal ja dort, wo ein Bidet ist, auch eine Dusche ist, und wenn man eh schon geduscht ist, wäre eine erneute Reinigung der Körpermitte ja doppelt gemoppelt, ein Pleonasmus der Dame. Früher, als die Welt noch nicht von Duschen überwuchert war, mag ein Bidet wohl noch seinen Sinn gehabt haben.

Schon wegen der klanglichen Nähe male ich mir aus, daß sich ein Bidet damals in einem Boudoir befunden hat. So nannte man das Wohnzimmer einer Lebedame. Wenn bei einer solchen ein Herr bimmelte, dann rief sie: »Tout de suite, Monsieur«, und hockte sich erstmal aufs Bidet. Cool war natürlich, daß sie zu diesem Zweck die **Röcke raffen** mußte, und das Rascheln des Röckeraffens drang durch die Boudoirtür zu dem hoffenden Galan, und der dachte: »Mjam, mjam, Dame.« Gut war nun auch, daß die Dame untenrum zwar sauber war, aber obenrum noch »nach Mensch« roch. So eine wurde auch schon in alten französischen Tagen als amourentauglicher eingestuft als jemand, der von oben bis unten nach Fa-Duschgel roch.

Ich glaube aber nicht, daß die Wohnungsbaufirma mir ein Bidet in die Bude gesetzt hat, damit ich obenrum nach alten französischen Menschen rieche, wenn es an der Tür klingelt. Es rafft auch niemand mehr die Röcke. Heute knirscht ein Reißverschluß, und dann heißt es: »Autsch, meine Harley-Davidson-Gürtelschnalle ist mir auf den Fuß gefallen.« Nichts verstehen Rockeraffen heute noch vom Röckeraffen! Und Bauherren wissen nichts über Bidets. Wenn ich mein Bidet seiner Bestimmung gemäß benutzen wollte, müßte da der **Wasserstrahl von unten** auf mich zukommen. Das Wasser kommt aber aus einem gemeinen Wasserhahn an der Kopfseite des Beckens. Ich glaube, da ist ein Bidet, damit die Wohnungsgesellschaft »Top-Ausstattung« in ihre Anzeigen schreiben konnte und City-Toplagen-Mieten verlangen kann. Dabei wohne ich hier doch nur wegen der »Top-Anbindung«. Ich werde hier bestimmt nicht durchexerzieren, was man sich vielerorten unter den Aktivitäten eines City-Toplagen-Menschen vorzustellen scheint: im Abendkleid auf einem gläsernen Flügel fleezen und mit nach oben gerecktem Kopf abwechselnd Saxophon blasen und sich eine Weintraube über den geöffneten Mund halten, so als ob man gleich hineinbeißen möchte, in das ganze »Bündel«.

Es ist erstaunlich, wie oft man noch heute in der Werbung für Lotterien oder sonstige Glück und Erfolg verheißende Aktivitäten über dem Munde baumelnde Weintrauben als Illustration für ein finanziell abgesichertes und erlebnisreiches Leben vorfindet. Dabei ist Wein ein eher billiges Obst. Stachelbeeren sind fünfmal so teuer. Trotzdem sah ich nie eine Darstellung von Reichtum, in der sich jemand eine Schale Stachelbeeren in den Mund schüttet. Diese Früchte haben halt seit alters her die Reputation des Bäuerlichen und Säuerlichen und harmonieren in der Volksmeinung nicht mit polierten Saxophonen. Wenn auf der anderen Seite ein Nahrungsmittel den Ruf des Noblen hat, dann bleibt der Ruf auch ewig bestehen.

Auffällig ist, daß es auf den Frühstücksbüffets selbst guter Hotels selten Lachs gibt. Die Hoteliers wissen nämlich folgendes: Lachs hat noch immer, von früher her, den Ruf einer delikaten Rarität. Daher würden sich die Hotelgäste ihre Tellerchen voll Lachs schaufeln, ganz so, als ob sie sich diesen Fisch zu Hause nicht leisten könnten. Dabei sind die nördlichen Länder heutzutage voller Lachsfarmen, und das Fleisch der Tiere gehört zum Billigsten, was man sich überhaupt aufs Brot legen kann. Die Lachsvermarkter wissen schon gar nicht mehr, was sie mit ihren Fischen anfangen sollen. Es steht schon Lachsquark im Kühlregal. Ich darf verkündigen, daß der Ruf des Lachses bald umkippen wird; man wird ihn in einer Reihe mit Dosenravioli nennen, und wenn mal wieder jemand den garstigen Einfall hat, die Grimmschen Märchen zu aktualisieren, dann wird es heißen: Die Familie war so bitterarm, daß sie ihr Lebtag Lachskanapees essen mußte.

Was tue ich nun also mit dem Bidet? Vorgesehen ist es ja eher für die mit Genital- und Bürzelpflege liebäugelnde Dame. Daß auch Herren an einem Bidet Gefallen finden, scheint man zumindest in Lissabon für möglich zu halten. In der palastartigen Toilettenanlage des dortigen **Museu Calouste Gulbenkian** gibt es sogar in den Herrentoiletten Bidets. In jeder Kabine eines! Man erwartet dort also von Männern, daß sie ihre Hosen raffen und dann... Aber das geht doch gar nicht! Wenn ein Mann in einer Hose ein Bidet benutzen will, muß er sich ja seiner Hose entledigen. Und dazu muß er auch die Schuhe ausziehen! Natürlich macht das annähernd niemand. Die Herrenbidets in der Museumstoilette werden aber trotzdem benutzt: als Aschenbecher. Auf Frankreichreisen werden die Bidets zur Wäsche von Strümpfen benutzt. Manch einer mag gar der Überzeugung sein, daß dies ihre eigentliche Bestimmung ist. Und jedesmal wird sich gewundert, warum das Ding so weit unten ist, warum man seine Socken kniend waschen soll. Man könnte aber auch eine Heizung darin installieren, einen Eimer Schlamm einfüllen und so in den Genuß eines privaten Blubberlochs isländischer Art kommen. Mein Bidet gluckert bislang nur. Immer wenn ich Wasser aus dem Waschbecken lasse, gluckert das Bidet. Das Gluckern will mir sagen: »Hallo, hier ist die Top-Ausstattung. Hier gluckert deine teure Miete.«

Wenn man eine neue Wohnung hat, heißt das, durch eine Phase harter Besorgungen schreiten zu müssen. Lampen müssen her. Irgendwann ist der Lebensabschnitt vorüber, in dem man einfach überall Klemmleuchten hingeklemmt hat. Leider kann man Lampen nicht herbeibeten. Man muß in die entsprechenden Geschäfte gehen. Man sagt ja, jeder Gang macht schlank, aber der Gang ins Lampengeschäft macht krank. Diese Designer. O GOTT O GOTT O GOTT DIESE DESIGNER! LIEBER GOTT, SCHICKE MICH ZUR DESIGNSCHULE KREFELD, WO ICH LERNE, PEITSCHEN ZU DESIGNEN, DIE HÄSSLICH GENUG SIND, UM DIESE LAMPENDESIGNER ZU PEITSCHEN! Wenn Krieg ist, sagt man immer: »Die Kinder leiden am meisten darunter.« Wenn Design ist, muß man hingegen sagen: »Die Lampen leiden am meisten darunter.« Es ist ja so: Wenn Leuten, die man ohne jede böse Absicht als wacker, brav und bieder bezeichnen möchte, zeit ihres Lebens von Medien oder dusseligen Pädagogen eingetrichtert wird, in jedem Menschen wohne ein Künstler, man müsse ihn nur wachkitzeln, dann wird jene mit C geschriebene Sorte von Kreativität geboren, die glücklicherweise meist in Hair Styling Salons oder Aquarellstudios in Timmendorfer Strand endet. Gelegentlich entstehen auch Weingläser, mit spiralig aufsteigenden Goldfäden oder Knoten im Stiel. Doch wehe, wenn sie an die Lampen gelassen werden. Es gibt welche, die sehen aus wie von Nesträubern zerwühlte Vogelnester von metallenen Riesenvögeln mit Gleichgewichtsstörungen. Abgesehen von dieser zaghaften Andeutung versagt hier meine Sprache. Es kann sich jeder bei einem Besuch im **Lichthaus Mösch** in der Berliner Tauentzienstraße davon überzeugen, daß hier wirklich Unbeschreibliches besprochen wird. Man wird sofort neidisch auf Stevie Wonder, aber nicht, weil er so schön singen kann.

Das Aussuchen von Möbeln ist nicht ganz so verletzend, es sei denn, man gerät in eine Abteilung für »Junges Wohnen«. Ich bin froh, daß ich niemals jung wohnen mußte. Jung wohnen bedeutet, auf Sitzmöbeln mit viel zu tiefer Sitzfläche und zu niedriger Lehne Rückenschmerzen zu bekommen. Ich finde auch, jemand, der sich ein **Latexsofa** mit Sadomaso-Ketten an den Lehnen und der Inschrift »Drum'n'Bass« auf der Rückenlehne kauft, ist nicht jung, sondern hat seinen Sofageschmack wohl im Lotto gewonnen. Authentisches junges Wohnen geht sowieso anders: Bretter an die Wand, Sperrmüllsessel, Matratze aus'm Keller, Tante Mimmi ihre alte Rückenbürste abschwatzen, fertig. Und dann nichts wie raus ins elektrische Leben und dufte Typen aus ganz Europa kennenlernen! Sich ein lustiges internationales Kerlchen schnappen und sagen: »Komm wir machen Shop Hopping und Cross Clubbing. Drum'n'Bass mit allem Drum'n'Dran.« Möbel kann man sich dann mit 30 kaufen, wenn man jedes Getränk ausprobiert und die duften Typen alle durchhat.

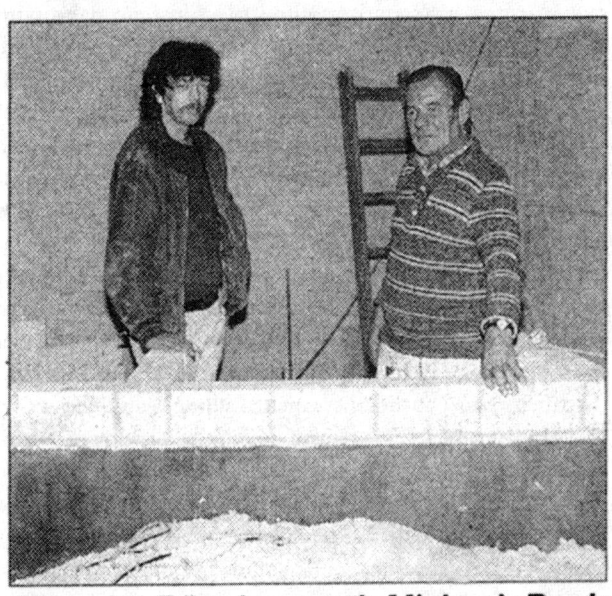

Albrecht Böttcher und Michael Rook am frischgemauerten DJ-Tresen.

Ich bevorzugte die Abteilung »Altes Wohnen«. Als ich mich nach den Lieferbedingungen für einen Schreibtisch und ein Regal erkundigte, meinte der Verkäufer, daß diese beiden Teile aber nicht zusammenpassen würden, man sei hier ja schließlich ein Fachgeschäft, da müsse er mich schon auf solche Unstimmigkeiten hinweisen. Ich antwortete, das würde mir gar nichts ausmachen, bei mir solle es ja nicht aussehen wie in einem Möbelgeschäft, und ich würde sowieso noch einen **Haufen Sperrmüllgerümpel aus meiner Studentenzeit** hinzustellen.

Da erblaßte der Herr Spezialist! Ich hatte das auch nur gesagt, um ihn erblassen zu sehen, denn es gab nie eine Studentenzeit in der Vita, der meinigen. Ich hatte eine Zeit, in der ich hätte studieren können, doch die motivationsreichen Nächte zogen einen zeitraubenden Verbleib in der molligen Koje nach sich. Im übrigen gibt es keine Möbel, die sich miteinander beißen. Wenn man Bücher, Zeitschriften und angebrochene Knabberkrampackungen gleichmäßig auf alle Sitz- und Ablageflächen verteilt, paßt eigentlich alles sehr gut zusammen.

Ein paarmal war ich schon auf der Universität, aber ich fand es dort nicht gentlemanlike. Das Ambiente behagte mir nicht. Außerdem gab es dort strickende Mädchen und Abstimmungen darüber, ob man während der Vorlesung rauchen darf. Ich hielt es im Kopf nicht aus. Wenn ein Professor nicht möchte, daß während seiner Veranstaltung geraucht wird, dann muß er mit der Faust auf den Tisch knallen, so sehr, daß die Tischplatte splittert. Sollte jemand stricken oder schwatzen, dann soll der Professor diese Studenten schlagen. Ich bin ein Feind der Prügelstrafe in Schulen, denn Kinder sind ja noch klein. Studenten jedoch sind nicht mehr klein. Professoren sollten sie züchtigen dürfen.

Da ich nie studiert habe, ist auch jener Kelch an mir vorbeigeschritten, in dem schwimmt, daß, wenn man gerade zu studieren angefangen hat, einen ältere Anverwandte immer fragen: »Na, wie fühlt man sich denn so als Student?« Das hätte ich im Kopf nicht ausgehalten. »Wie fühlt man sich denn als Student?« dürfte die Mutter aller Wie-fühlt-mansich-Fragen sein, ohne die Fernsehjournalisten, insbesondere Nachmittagstalker, vollkommen aufgeschmissen wären.

Es gibt Leute, die sagen, sie würden keine Studenten mögen. Das verstehe ich nicht. Studenten haben keinerlei spezifische Eigenschaften, wegen derer man sie als Gruppe mißbilligen könnte. Mit einer Ausnahme: Wenn Studenten von jemandem zu einem Besuch eines Freundes mitgeschleppt werden, dann fragen sie den Gastgeber garantiert innerhalb der ersten fünf Minuten: **Und was bezahlst du hier Miete?** Studenten fragen das immer. Erwachsene tun das nicht. Es ist etwa so, als würde man während einer Geselligkeit einer Dame vorgestellt und gleich zur Begrüßung fragen: Was hat denn Ihr Kleid gekostet? In einem preisgekrönten Spielfilm über geistig behinderte Kinder fände man so etwas »liebenswürdig« und »entwaffnend«, aber das Leben ist anders. Daher, ein Rat an die Studenten der Welt: Nicht immer gleich nach der Miete fragen!

Zum Schluß noch ein weiterer Rat, und zwar an Damen, die oft gedemütigt wurden. Man hat ständig auf Ihnen herumgetrampelt, hat Ihre Gefühle mißachtet etc. Gedemütigt also. Ab und zu müssen Sie mal jemanden zurückdemütigen. Das muß ja sein. Sonst hält man das ja im Kopf nicht aus mit dem verdammten Gedemütigtwerden. Am besten, Sie gehen jetzt auf die Straße und suchen sich einen jungen Mann, der so aussieht, als ob er im Bett nicht gerade die Superrakete ist. Vor dem tanzen Sie nun bitte mit Korinthen im Haar und an der Hüfte Rosinen. Der Boy natürlich schleck, schleck, mitkomm. Nachdem der junge Mann nun, wie erwartet, im Bette »versagt« hat, saugen Sie genüßlich an einer Zigarette und fragen: »Na, und wie fühlt man sich so als Student?«

Das muß unglaublich demütigend sein!

Die Saugegemeinschaft zerbricht
(September 1997)

Wortschwall gefällig? Bitte schön! Nicht ganz zufällig habe ich gerade einen Wortschwall parat, und zwar einen sommerlichen, in dem von Getränken die Rede ist, z. B. darüber, daß die Jugendlichen begonnen zu haben scheinen, sich ganz allmählich von den Erzeugnissen des Coca-Cola-Konzerns abzuwenden.

Überall sieht man sie jetzt mit **Tetrapaks voll aromatisiertem Eistee** herumschlurfen. Jacke ummen Popo gebunden, Eistee inner Pranke: Man kennt dieses Bild, kennt man es nicht? Eistee als Industrie-Drink in Dosen gibt es schon lange, aber bis vor kurzem war das nur so ein Tralala-Getränk für dann und wann mal. Es spielte kaum eine Rolle in Lebensbilanzen und Regierungserklärungen. Eistee zu trinken war beinahe schon Individualismus. Urplötzlich scheint nun aber der liebe Gott in seiner unmenschlichen Güte einen Koller gekriegt zu haben, und es gibt Eistee in allen Formen und Farben, mit Gas und ohne Gas und mit bis zu zwei Litern Spannweite. »Spannweite heißt das aber nur bei Vögeln und nicht bei Getränken«, höre ich bereits gewisse Billiganbieter von Auffassungsvielfalt krächzen. Das sind mal wieder die ganz Schlauen. Ich lasse mir von denen aber nicht in die Bouillon pusten.

Mit fester Stimme entgegne ich: »Bei Vogelspannweiten heißt das ja auch nicht Liter, sondern Meter.«

Kinder und Jugendliche haben bekanntlich keinen guten Geschmack, aber was die Bewältigung ihres Getränkeprogramms angeht, muß man ihnen Respekt zollen. Man denke an die breiigen Milkshakes von McDonald's. Es ist doch erstaunlich, wie diese winzigen Wesen, die zu einer kraftlosen, schleimigen Masse zusammenflössen, wenn man ihnen wie seinerzeit unsereins einen Diercke-Weltatlas in den Ranzen stecken würde, wie also besagte Mikro-Kreaturen diese eher fäkalschlammartige als schlicht sämige Materie durch den Strohhalm kriegen. Man braucht dazu eine Saugleistung wie eine optimierte Vampirette von AEG auf Stufe 3 mit disaktivierter Energiespartaste. Und hey Mann, die Würmchen saugen in echt. Sie tun es nicht mit Spiegeltricks oder Osmose. Woher haben diese Würmchen nur diese unglaubliche Wangenmuskulatur? Wenn man die McDonald's-Milkshakes nicht mit dem Munde, sondern mit dem Gesäß trinken müßte, könnten alle Fitneß-Center einpacken, denn dieses Gesäß-Muskel-Training könnte keine Maschine ersetzen.

Ich bin eher ein Befürworter indischer Mischmilchgetränke. Salzlassi, Süßlassi, **Litschilassi**. Litschilassi ist der Knüller unter den Lassis. Der Inder zertrümmert die nach Blumenwasser duftenden Glibberfrüchte in einer Moulinette bzw. mit Hilfe eines billigen, in einem schäbigen Import-Export-Laden, wo lauter unordentliche Kartons herumstehen, gekauften Moulinetten-Plagiats, kippt Milch hinzu und dann wroom, wroom, rawusch, servier, servier, Durst des Gastes futsch. Das ist natürlich nur in einer Großstadt möglich. Ich will es mal so sagen: In Berlin zu wohnen ist wie einen mit Brause gefüllten Kühlschrank zu haben. Man könnte die Brause trinken, man muß aber nicht. Das ist das Geheimnis der Survivalisten, der Stehaufleute, derer, die sich nicht zermürben lassen vom Gemecker aus der Ligusterhecke. Heikel ist es allerdings, wenn der Kühlschrank abgeschlossen ist, und der Schlüssel liegt auf dem Meeresgrunde. Okay, man wird schon fündig werden, wenn man die Ozeane systematisch und gewissenhaft abschnorchelt. Doch was tun, wenn der Kühlschrank von innen verschlossen ist? Die Flinte ins

Korn zu werfen wäre wie ein kapitulierendes Hinabsinken vor einer übermächtigen Mutter. Man kann den Kühli ja aufschweißen. Da man aber kein Schweißgerät im Haus hat, bestellt man ein Schweißerteam. Diesem gelingt es zwar, den Kühlschrank zu öffnen, doch ist es durch die Arbeit durstig geworden, und es trinkt einem die ganze Brause weg. »So einfach lasse ich mich nicht zerstören!« ruft man nun den Werkleuten zu, geht zum Supermarkt und kauft sich halt neue Brause. Wie wär's denn mal mit **Herva Mosel?**

Herva Mosel ist eine Art Kräuterlimonade mit 15 % Moselwein. Diejenigen Personen, die in den sechziger Jahren mit ihrer Oma Ausflüge zu Wildschweingehegen gemacht haben, werden nun rufen: »Das ist ja das Getränk, was meine Oma damals immer im Wildschweingehege-Café getrunken hat!« Es gibt den Drink noch immer. Eine Intellektuelle ~~beichtete~~ berichtete mir, daß Herva Mosel in den sechziger Jahren als vornehm gegolten habe. Motorisierte Jurastudentinnen mit ~~Kropf~~ Kopftüchern tranken das, und motorisiert hieß damals ja noch betucht. Jura heißt ja sogar heute noch betucht, und Kopftuch hieß wohl zu allen Zeiten betucht. Gemeint ist jetzt aber kein islamischer »Unterdrückungslappen« *(salopp, abwertend)*, sondern ein schnittiges Sportcoupé-Kopftuch mit Sonnenbrille und Lizenz zum durch die City flitzen.

Heute ist Herva Mosel eine limonada obscura, nur dem gelehrten Kenner entfährt ein wissendes Krächzen: Herva Mosel ist **keineswegs eine schrille Retro-Brause für schwule Dummchen**. Es ist **vielmehr das Geheimgetränk der aus Erfahrung Coolen**. Die Bildhauerin Niki de Saint Phalle soll bei der Einweihung ihrer Nana-Skulpturen in Hannover unentwegt nach Herva Mosel gefragt haben. Wenn Christiane Hörbiger mit der Bahn von Zürich nach Wien fährt, dann steht der Schweizer Bahnchef stramm vorm

Zürcher Polizeipräsidenten, welcher ersteren anherrscht: »Es tut mir leid, aber wenn Frau Hörbiger gern Herva Mosel trinkt, dann sollten im Speisewagen schon einige Fläschchen vorhanden sein. Sie ist nun mal eine prominente Persönlichkeit, und wenn prominente Persönlichkeiten Durst haben, dann muß man wie von Sinnen um sie herumscharwenzeln. Wir alle saugen das Gute aus der Kunst heraus wie Bienen den Nektar aus den Blütenkelchen der Dahlie, und das Gute kann der Künstler nur erzeugen, wenn er das zu trinken kriegt, worauf er Durst hat. Zürich–Wien wird mit Herva Mosel bestückt, und wenn ich persönlich den ganzen Kanton durchkämmen muß, um die Fläschchen zu finden.« Auch Dusty Springfield soll bei ihren viel zu seltenen Deutschlandbesuchen schon bei der Ankunft die Zollbeamten »löchern«, wo es entsprechende Fläschchen gibt. Man darf wohl meinen, daß dem Getränk Herva Mosel das Image einer dezenten lesbischen Extravaganza anhaftet. An Männern dürfen Herva Mosel nur die begabtesten trinken, solche, die fürs Rollenspiel kein Pink und keine Boa brauchen.

Man sollte sich ein Beispiel an der erwähnten Künstlerin nehmen und Menschen nach Herva Mosel fragen. In größeren deutschen Bahnhöfen gibt es ja seit ein, zwei Jahren die »Service Points«. Dies sind Schalter, hinter welche man sogenannte »perspektivlose Menschen« gestellt hat, solche, die sonst nirgends unterkommen. Sie blicken sehr traurig, elend und unsicher. Damit sie sich besser fühlen, soll man sie Sachen fragen. Man darf sie aber nur ganz einfache Dinge fragen, wie z. B. wie man am Hamburger Hauptbahnhof in die Fußgängerzone kommt, die am Hamburger Hauptbahnhof anfängt. Mit solchen Fragen lindert man ihre Traurigkeit. Wenn man sie aber fragt, wie man zum Barmbeker Frauenforum kommt, werden sie noch trauriger, weil man sie so brutal darauf aufmerksam macht, daß sie nichts wissen. Neulich fragte mich einer, wen man denn früher fragen konnte, als es die Service Points noch nicht gab. Ich antwortete: »Niemanden«, und recht hatte ich. Eigentlich merkwürdig: Daß der Bahn erst nach 150 Jahren eingefallen ist, daß Reisende manchmal was wissen wollen. Das kann man nur mit Spinat vergleichen. Seit mehr als einem Vierteljahrhundert gibt es tiefgefrorenen Spinat zu kaufen. Genausolange ärgert sich die Verbraucherschaft darüber, daß man die Klötze nicht zerkleinern kann. Wer einmal versucht hat, einen Spinatklotz zu zerschneiden, der, hey Mann, versucht es kein zweites Mal. Es ist wirklich ein altes Problem. Aber seit wann gibt es portionierbaren Tiefkühlspinat? Seit dem Sommer 1997.

Nach sage und schreibe 27 Jahren erfrorener Finger und übriggebliebenen Spinats fällt den Nahrungsmittelkonzernen plötzlich ein, daß man Gemüse auch kleinteiliger einfrieren kann. Man denke auch an CDs. Seit diese auf dem Markt sind, seit nunmehr 15 Jahren, ärgert sich ein jeder über die Instabilität der *jewel case* genannten Plastikbehältnisse. Ein jewel case braucht nur ein einziges Mal herunterzufallen, schon bricht das Scharnier zwischen dem Deckel und dem Unterteil mit der die Disc festkrallenden Rosette. Man sollte meinen, daß die Industrie in all den Jahren das Scharnierproblem gelöst haben sollte, aber nichts da! – wir werden wohl noch zehn Jahre warten müssen. Das könnte man die Service-Point-Leute auch mal fragen, warum alles so entsetzlich lange dauert, oder wo z. B. die nächste Verkaufsstelle von Herva Mosel ist. Wenn ich der Macher einer Sendung mit versteckter Kamera wäre, würde ich veranlassen, daß so eine Service-Point-Person einmal einen ganzen Tag lang von immer wieder neuen Menschen gefragt wird, wo es Herva Mosel zu kaufen gibt. »Weiß ich nicht«, sagt die Person immer, denn woher sollte sie das auch wissen. Ich würde dann aber als Versteckte-Kamera-Macher nicht nach einer Stunde oder so mit ausgebreiteten Armen auf die reingelegte Person zulaufen und rufen: »Juppheidi, juppheida, ich bin der lustige TV-Knochen. Sicher erkennen Sie mich, so wie mich die anderen Idioten auch immer erkennen.« Aber natürlich erkennt die glücklose Auskunftsperson den TV-Knochen, weil sie ja als Perspektivlose immer nur fernsieht, und sinkt an des Heinis freundliche Brust. Nein, ich würde mich nicht zu erkennen geben, sondern immer neue Personen ankarren, die nach Herva Mosel fragen, tagelang, monatelang, monoton rattern die Jahre ins allmählich an Farbe verlierende Land. Nie würde ich die Auskunftsperson aufklären, daß dies alles nur ein kleiner Spaß sei. Es ist ja auch kein Spaß. Es ist ein armes Leben.

Eine andere Möglichkeit, einer perspektivlosen Person eine Chance zu geben, ist die Beschäftigung in einer Bude für selbstgepreßte Säfte, wie man sie in Einkaufspassagen und veredelten Bahnhöfen findet. (Daß man am Berliner Bahnhof Zoo heutzutage durch eine Bäckerei gehen muß, um von der Fernbahn zur U-Bahn zu kommen, empfinde ich als eine ungute Form von Veredelung. Die Leute fressen eh genug.) Die Saftmischungen heißen »Hawaiidröhnung«, »Fitneß-Flip« oder meinetwegen »Vitaminvulkanausbruch«, sind immer kuhwarm und extra »stückig«, d.h. es ist recht anstrengend, sie durch den Strohhalm hindurch in die Mundhöhle zu bekommen. Bin schon gespannt, wie lange es dauert, bis die Saftfritzen merken, daß ihre Getränke gekühlt und feiner püriert besser schmecken. Ich schätze mal 65 Jahre.

Man muß sich an einer Saftbude nicht scheuen noch dafür schämen, andere Leute beim Saugen zu betrachten. Insbesondere Damen, solche mit Position und einer Stimme, die auch schon mal etwas schärfer werden kann, wenn es denn sein muß, welche, die auf sich achtgeben und nicht rumtoben dürfen in ihren Aufstiegschancenkostümen, solche trinken die Säfte gern. Sie bekommen einen ganz spitzen Mund, und die Stirne kräuselt sich peinvoll. Dies ist lustig, denn die trinkenden Damen denken ja gerade, sie würden sich erfrischen. In Wirklichkeit erledigen sie gerade den anstrengendsten Teil ihres Tagesablaufes. Man könnte den Saft auch aus dem Becher trinken, aber das wollen die Damen nicht, denn davon kriegt man einen Bart, so wie Kinder einen Nesquickbart bekommen, und mit einem Kiwi-Ananas-Bart im Büro zu erscheinen steht der Positionsoptimierung im Wege. Man könnte übrigens ins Feld führen, daß diejenigen, die gemeinsam an einer Saftbude stehen, eine Saugegemeinschaft bilden. Dies ist aber keine wichtige Angelegenheit, denn die Saugegemeinschaft zerbricht so schnell, wie sie sich gebildet hat. Insofern müßte man das eigentlich nicht ins Feld führen. Der Wortschwall ist hiermit sowieso beendet. Nächsten Monat gibt es einen neuen Wortschwall. Das ist das gottverdammte Gesetz der Serie.

Hallo, liebe Vittel-Wasser-Kistenbesitzer! Ich habe mir die Kiste für ein paar Stunden zwecks Fußballspiel ausgeliehen! (Damit ich was sehen kann!) Danke! Elsbeth

Eine Wolke, auf der man keinen Husten bekommt
(Oktober 1997)

Zeitschriften kauft man, dann läßt man sie ein paar Wochen oder Monate auf der Couch herumliegen, und schließlich werden sie weggeworfen. So ist es Brauch, es sei denn, es handelt sich um Fachmagazine mit geringer Auflage oder Untergrundhefte von schmalem Umfang. Die hebt man auf, damit man sie später einmal für teuer Geld an feurige Blicke in die Vergangenheit werfende Subkulturforscher verkaufen kann. Gelegentlich hört man auch von Leuten, die sämtliche Ausgaben von ›Geo‹ oder gar dreißig komplette Jahrgänge des ›Spiegel‹ horten, aber das sind Sonderlinge und Liegeradfahrer, welche, die sich selber eine Heizung bauen oder mit einem angeleinten Leguan zur Plattenbörse gehen. Sie wirken trotz sichtbarer Gebrechen nicht unglücklich, man gibt ihnen dann und wann Geld, aber es will keiner so genau wissen, wie es bei ihnen zu Hause aussieht. Immerhin ist zu hören, daß man sich in der Wohnung wegen der vielen Zeitschriftenstapel nur auf zwei schmalen Schneisen bewegen könne, von denen eine zur Toilette und die andere zum Bett führt. Sie sterben mit 56 oder 61, und nach ein paar Jahren setzt man dem postum vom geduldeten Außenseiter zum Original Aufgestiegenen in Anwesenheit eines in bereits zigmal benutzte Tempos rotzenden Stadtrates und eines stellvertretenden Karstadt-Filialleiters in einer ungepflegten, von Schwerlastverkehr umbrausten Grünanlage ein mickriges Bronzedenkmal, an dessen Sockel steht »Zitronen-Jette« oder »30-Jahrgänge-Spiegel-Klaus«.

Kein Wunder, daß die meisten Leute ihre Zeitschriften lieber nicht aufheben. Aber was für ein Gewese machen sie um Bücher! Vor meinem letzten Umzug entschloß ich mich zu

Maßnahmen, die übersensibilisierte Wesen an gewisse Maßnahmen unerfreulicher Regimes hätten erinnern können. »Mülltonne, verschlinge die Schriften von Kurt Vonnegut und Philip Roth«, dachte ich vergnügt beim Füllen des Papiercontainers im Hof. Ich würde vor lauter Falschverstandenheit gern in ein kaltes Wasser fallen, wenn nun gemeint wird, ich hätte was gegen diese Autoren. Gewiß nicht! Aber muß ich ihre Werke, nur weil sie mir vor zehn Jahren mal während einer Bahnreise Zerstreuung boten, mein ganzes Leben lang aufbewahren, von einer Wohnung in die nächste mitschleppen, den knappen Wohnraum mit Regalen verschandeln?

Zumal es sich ja auch nur um schäbig gemachte Taschenbuchausgaben mit dämlichen Pressezitaten auf dem Rücken handelte. »Eine hinreißende Chaplinade aus meisterhaft erzählter Zeitgeschichte und beißender Ironie« (›Nürnberger Nachrichten‹) steht ja auf solchen Büchern immer hinten drauf. Darauf, daß ein solches Allerweltsgebrabbel ein Buch entwertet, wird man in den Verlagen wohl nie kommen. Schlimmer noch treiben's die Amerikaner und Briten. Da werden die Pressezitate manchmal gleich auf die Vorderseite gesetzt, und oft bestehen sie nur aus einem Wort. »›Hilarious‹ – Evening Post« steht dann da. Und wer weiß, was in der ›Evening Post‹ vollständig gestanden hat? Möglicherweise hieß es dort »This book is not at all hilarious. It's rather boring.« Weiß man's? Will es wer nachprüfen? Wohl kaum. Ich wüßte jedenfalls nicht, warum man abgelegter Freizeitlektüre mehr Fürsorge angedeihen lassen sollte als einer ausgedienten Illustrierten. Außerdem fangen staubige Bücher irgendwann an zu riechen wie alte Schweizer Militärrucksäcke. Man kann wirklich nicht zu jedem irgendwann mal aus Trotteligkeit gekauften Buch eine emotionale Bindung aufbauen. Die Situation ist doch bei jung und alt bekannt:

Man hat einen Termin bei der Wahrsagerin, um 9 Uhr morgens steht man gebürstet und in vollem Staatswichs vor deren Praxis. Doch dann liest man auf dem Messingschild: »Sprechstunde leider erst um 9 Uhr 30«. Also vertreibt man sich ein bißchen die Zeit in der Buchhandlung im Erdgeschoß. Dort springt ein reich bebildertes Buch namens ›Vollwertküche für Eilige‹ für 9.95 ins Auge. »Ach, wie schön, dann kann ich mal Gorgonzola-Quinoa-Knödel machen«, sagt man und kauft das Ding, was inskünftig jahrelang zwischen einem Waldschaden-Atlas und einer ›taz‹-Dokumentation über den Berliner »Häuserkampf« Anfang der Achtziger Jahre steht. Früher kamen Würmer und fraßen solche Werke auf. In die formaldehydbehandelten Resopalbehausungen von heute traut sich auch der ausgemergeltste Wurm nicht rein. Also muß man selbst Hand anlegen. Und ich legte an!

So schwer es mir fiele zu erklären, wie eine Biographie von Adele Sandrock in meine Bestände geraten sein mag, so leicht fiel es mir, das Werk zu beseitigen. Auch die Verabschiedung des Bandes »Moose und Flechten des Harzes« von 1954 löste in mir keinen Trennungsschmerz aus. Und ein London-Reiseführer voll Schwarzweißfotos, auf denen Autos mit Ersatzreifen auf dem Rücken herumfahren? Weg damit. Wie ich nun aber Popsongs pfeifenderweise die lästigen Druckwerke in die Tonne tat, kam eine Hausbewohnerin an und meinte, so was könne man doch nicht machen, Bücher wegwerfen. Das sei ein Sakrileg, ob ich denn nicht wisse, was die Araber sagen? Die Araber würden sagen: »Ein Buch ist wie ein Garten, den man in der Tasche trägt.« – »Ach ja, die Araber, die reden viel, weil's in der Wüste so nackert und unattraktiv ist und es nichts zu gucken gibt«, entgegnete ich. Na, ich sei ja einer, eiferte sich die Nachbarin, ob ich denn auch nicht wisse, was Bertolt Brecht gesagt hat. Der habe nämlich gesagt: »Hungriger, greif nach dem Buch. Es ist eine Waffe.« Und Martin Walser erstmal. Der habe gesagt: »Ein Buch ist für mich eine Art Schaufel, mit der ich mich umgrabe.« Ich sagte zu der Frau: »Ich kenne all diese Sentenzen. Sie stehen ja schließlich im Duden-Band Nr. 12 ›Zitate und Aussprüche‹ auf S. 563/564.« Anschließend erlaubte ich ihr, die Bücher wieder aus der Tonne herauszuholen und in ihre Wohnung zu tragen. Sie meinte, man könne sie ja »weitergeben« an soziale Projekte, oder in der Jugendarbeit einsetzen. Sie sehe da in rauher Menge Möglichkeiten. Ich lasse die Dame gerne gewähren, denn ich will nicht bekannt werden als einer, der sich gegen den Einsatz von Adele-Sandrock-Biographien in der Jugendarbeit sperrt.

Bücher gelten in der Weltdeutung bessergestellter Volksschichten als einzige mögliche Steigerung von Hunden. Die Grundform ist der Mensch: ein unzuverlässiger Geselle, der einen nach erloschenem Interesse wegwirft wie eine gebrauchte Aprikose. Der Komparativ ist der Hund. Der ist noch dann ein treuer Kamerad, wenn die sogenannten Freunde sich längst in anderen Betten suhlen. Aber der Superlativ ist das Buch. Dieses ist der wahrste Freund, der geduldigste und verständnisvollste Kamerad. Selbst wenn der Hund keine Lust hat, mit dir herumzutollen, die Sätze in den Büchern stehen stramm wie Soldaten und sind niemals zu müde, mit dir spielerisch zu raufen, und allzeit bereit, dir zu mehr Reife und Würde zu verhelfen. Ein Buch trägt dich wie eine verrückte Gratis-Rakete in die mirakeligsten Gebiete. Selbst wenn du nie selber in Göttingen warst: Liest du ein Buch über Göttingen, schmeckst du das Aroma Göttingens wie eine Schneeflocke auf deiner Zunge. Ganz ohne teure Fahrkarte siehst du die blaugekachelte Stadthalle, ja du kannst sogar die gar nicht mehr existierende Coca-Cola-Abfüllanlage gegenüber dem Auditorium sehen. Natürlich nur, wenn man das Glück hat, ein Buch zu erwischen, in dem diese Abfüllanlage vorkommt. In einigen Büchern, »Madame Bovary« z. B., wird sie ignoriert, da kann man sie natürlich auch nicht sehen.

Was genau ist eigentlich ein Buch? Es gibt eine Definition der UNESCO: **Ein Buch ist eine nicht-periodische Veröffentlichung von mindestens 49 Seiten Umfang exclusive des Einbands.** Es ist sicher nett, was sich die UNESCO so an lauen Sommerabenden zusammendefiniert, aber daß ein Buch generell etwas Bewahrenswertes ist, sagt auch diese Definition nicht. Auch eine Publikation, wo auf der ersten Seite ein Rezept für Serviettenknödel ist, auf der zweiten Seite ein Lob der altchinesischen Frauenfußverstümmelung und auf der dritten eine Anleitung zum Tottrampeln von Zeisigen, ist ein Buch, Hauptsache, es folgen noch 46 weitere Seiten. Ein solches Buch kann man m. E. kühlen Gewissens dem Erdboden gleichmachen. Doch was riefen die Menschen dann? »Wo man Bücher dem Erdboden gleichmacht, da macht man am Ende auch Menschen dem Erdboden gleich!« würde es tönen, und daß man vor einem Buch einen wahnsinnigen Respekt haben muß. Man hat es zu behandeln wie ein anvertrautes Kind, d. h. man darf **auf keinen Fall Schmalzbrote essen** während des Lesens. Auch schlecht: Brote mit dick Fleischsalat. Nicht viel besser, aber leckerer: Schillerlockenbrot. Auch darf man Bücher keinesfalls als Ersatz für fehlende Möbelfüße verwenden. Seiten rausreißen oder Telefonnummern von Nutten auf den Umschlag schreiben: Auch das wird nicht gern gesehen vom Bücherdrachen aus der Stadtbücherei, dem Bücherdrachen mit der **Schreckschraubenbrille**, die man leicht daran erkennt, daß sie den Bügel unten hat. **Unten!** Wie Heidemarie Wieczorek-Zeul! »Heute will ich mal ein Auge zudrücken«, sagt der Bücherdrachen, »aber das nächste Mal schreiben Sie doch bitte Ihre Nuttentelefonnummern woanders hin.« – »Ja, und wenn Sie mich das nächste Mal so zur Schnecke machen vor allen Leuten, dann tragen Sie bitte eine Brille, die die Bügel oben hat! **Oben!** Sonst haue ich Ihnen eine rein!« sagt man daraufhin natürlich nicht. Gottbewahre, man denkt es nicht mal.

Neulich ging ich an einer Buchhandlung vorbei, darin hing ein Foto von einer Schriftstellerin namens Dacia Maraini. Eine Italienerin, schätz ich mal, deren Arbeiten ins Deutsche übersetzt werden. Absurd eigentlich, wenn man bedenkt, was die Frauen bei uns schon so zusammenschreiben. Unter dem Foto ein Satz der Autorin: »Ein Buch zu verlassen ist, als ließe man den besten Teil seines Körpers hinter sich.« Was soll nur diese ewige aphoristische Bücherverherrlichung? Ein Buch ist dies, ein Buch ist jenes. Haben denn die Leute nichts Besseres zu tun, als sich wohlfrisierte Interviewantworten für Frauenzeitschriften auszudenken? »Ein Buch ist eine Wolke, auf der man keinen Husten bekommt.« Das hab ich mir eben blindlings ausgedacht. Ab damit in den Zitate-Duden.

Das Gute am Lesen ist, daß es keinen Krach macht und daß ein Lesender ruhiggestellt ist, daß er nicht herumfuchtelt oder unangenehm kommunikativ wird. Zu behaupten, daß Lesen per se eine besonders edle Beschäftigung sei, ist aber alt und blöde. Die Beschäftigung mit manch billigem Roman ist doch nur ein schöngeredeter Dämmerzustand. Ein Video über das Leben der Frösche anzuschauen, scheint mir edler zu sein, als ein Buch zu lesen, in dem steht, daß ein Buch eine Schaufel ist. Auch CDs und Kühlschränke bergen oft feinere Inhalte als stinkige Schriftstellerbücher. Zur Literatur als Gesamtphänomen habe ich ein ähnliches Verhältnis wie zum Theater oder zu Marzipan: Es ist schon okay, daß es so was gibt, ab und zu mach ich auch gern davon Gebrauch, aber, wenn es denn sein müßte, könnte ich auch ohne leben. Unverzichtbar wie Musik ist das alles nicht.

Nützlich sind aber die sogenannten *coffee table books*. Diese Bücher haben den Zweck, daß der Gast in ihnen blättert, wenn der Gastgeber mal ins Bad verschwinden muß. Man darf sie nicht mit »Kaffeetischbücher« übersetzen, denn wenn Bücher auf dem Kaffeetisch liegen, ist ja kein Platz mehr für den Kuchen. Es sind eher »Beistelltischchenbücher«. In noblen Haushalten sieht man sie, es sind großformatige Prachtbände mit den Blumenbildern von Georgia O'Keefe oder über italienisches Disco-Design der siebziger Jahre oder mit Fotos von Steingärten in den Abruzzen. Mit hübschen Eimern und Gießkannen unter blühendem Rankwerk. Der Gärtner sprach: »Ich will, daß es hier rankt, weil det Ranken mir frommt.« Und es rankte prompt. Diese Bücher liegen flach auf dem Beistelltischchen, denn die *coffee table books* betreffende Regel lautet: *Nie aufrecht, immer flach.* Diese Bücher sind gut, weil man sich als Gastgeber auf dem Klo so richtig Zeit lassen und austoben kann. Man könnte sogar in die Stadt fahren und fragwürdige Bekanntschaften schließen.

PS: In den USA gibt es eine Glühbirne, die seit hundert Jahren brennt. Sie ist eine Touristenattraktion. In meinem Badezimmer habe ich eine ähnliche Sensation, nämlich einen Saughaken, der **seit über drei Monaten** an der Tür klebt, obwohl er einen schweren Bademantel trägt. Ich würde diesen Superstar unter den Saughaken gern in die Weltkulturerbe-Liste der UNESCO eintragen lassen, aber ich habe die Adresse nicht.

Ein gutes und ein schlechtes neues Wort für Männer
(November 1997)

Seit ich zurückdenken kann, gibt es junge Männer, die sich, statt auszugehen, abends daheim einem Steckenpferd widmen, sich von Miracoli ernähren, keine Freundin haben, darunter aber nicht groß zu leiden scheinen und hellblaue Oberhemden und Hosen mit Gürtelschlaufen, aber ohne Gürtel tragen. Eine Bezeichnung für diese Sorte Männer war mir nicht bekannt. Vor einem Jahr aber hörte ich erstmals das Wort *nerd*. Was das ist, wollte ich wissen. Ich bekam zur Antwort: »Das sind so Leute wie Bill Gates, so leicht asexuelle Männer mit Brille, die den ganzen Tag vorm Computer sitzen.« Von einer Amerikanerin erfuhr ich, daß man während ihrer High-School-Zeit vor zwanzig Jahren zuerst kein passendes Wort für diese bei den Studentinnen weniger beliebten Kommilitonen gekannt habe, aber plötzlich wäre *nerd* aufgetaucht, und alle wären für dieses dringend benötigte Wort dankbar gewesen wie für einen lang herbeigesehnten Regenschauer. In einem Wörterbuch las ich die Nebendefinition: »Person mit einem ungeselligen Hobby, z. B. *computer nerd.*« Hier muß ich hinzufügen: Auch vor dem Einzug der Elektronenhirne in Privathaushalte gab es schon *nerds*. Sie beschäftigten sich mit CB-Funk und löteten. Was viele heute nicht mehr wissen: Löten war früher eine der wichtigsten Beschäftigungen außerdienstlich unterforderter Männer.

Für die Anhänger einigermaßen solider Charakterisierungen nun einige Allgemeinheiten über *nerds:* Sie haben eine sogenannte *Bettfrisur,* d.h. irgendwie plattgelegene Haare, auch abends, und geschnitten werden die Haare nur drei oder viermal im Jahr, aber eher von einer Freundin der Mutter als von einer Fachkraft. Sie haben ein Abo für eine komische Fachzeitschrift, und sollte diese mal nicht pünktlich kommen, e-mailen sie sofort eine Beschwerde. *Nerds* haben verschleppte Hautkrankheiten, insbesondere den *Oberkörperpilz*, der immer wieder kommt. *Nerds* besitzen evtl. sogar mehrere übereinanderliegende Hautkrankheiten, die aber alle harmlos sind und sich, wer weiß, gar in wunderbarer Weise ergänzen. Sie pflegen sich mit Deo-Sticks, Spucke und Elektrorasierern, wovon letzteres von manchen *nonnerds* als etwas unmännlich empfunden wird, was aber dünkelhaft ist. Obwohl *nerds* durchaus nicht unbedingt dicklich oder häßlich sein müssen, es gibt auch naturgegebene Schönheit unter ihnen, lassen sie sich nicht gern fotografieren, es sei denn mit dem Baby ihrer Schwester im Arm. Zu ihrer Familie haben sie überhaupt ein gutes Verhältnis, aber daran, eine eigene zu gründen, denken sie erst spät. Ihr bester Freund stammt noch aus der Schulzeit. Treue Seelen sind sie wahrlich.

Auf dem Kleiderschrank liegen Kartons von Elektrogeräten. Sie essen Tiefkühlpizzen und zu feierlichen Anlässen auch welche vom Bringdienst. Politisch gibt es sie in jeglicher Schattierung, doch gastronomisch neigen sie zum Ultrakonservativen.

Morgens gibt's Toast mit Marmelade, aber Erdbeermarmelade muß es sein, sowie holländischen Klotzkäse, den sie sich im Geschäft schon in Scheiben schneiden lassen. Ausprobiert wird nie etwas. Schon Appenzeller Käse oder Pecan-Nüsse wären zu exotisch für einen *nerd*. Sein Lieblingskäse ist theoretisch der Leerdamer. Hat ja auch einen okayen, gewohnheitshalber »nussig« genannten Geschmack, das okaye Produkt. Problem: *Nerds* wissen nicht, daß es Leerdamer gibt, sind sie doch seit jeher mit Gouda, jung (100 g/–,99), Edamer (100 g manchmal sogar nur –,89) und Tilsiter (100 g/gratis) so durch und durch zufrieden.

Da sind sie ganz anders als die *Neoisten*. Diese stehen in ihren Lokalen und erwarten stets das Neue in den Reichen der Technik, der Bekleidung, des Speiseplans, am liebsten aber in den Künsten. Da jedoch erstens ihre Aufmerksamkeit so ungeschult und unterentwickelt ist wie die der meisten anderen Menschen und sie zweitens Knechte jenes Irrtums sind, der sagt, daß sich das Neue in der Kunst so laut und farbenfroh ereignen würde wie in der Welt der Konsumprodukte, merken sie nie, wenn was Neues erscheint, und begnügen sich froh plappernd mit Trends, Revivals und Werbung. Was die Aufmerksamkeit betrifft, gilt es indes, den *nerd* zu loben. Er, der Außenseiter ohne Pein, hat früh gelernt, sich mit sich selbst zu beschäftigen. So kann er Dinge mit eigenen Augen erkennen und Wege und Werte selbst bestimmen.

Nerds haben sehr große Schlüsselbünde und sehr kleine Kaffeemaschinen, meist diejenige der Firma Severin für DM 29,90. Am Schlüsselbund ist mindestens ein Schlüssel, von dem nicht mehr bekannt ist, zu welchem Schloß er gehört. Für Musik haben sie keinen Sinn, manche aber lieben deutschsprachigen Punk, und die meisten halten Bob Dylan für einen großartigen Songwriter. Viele besitzen einen Ordner, in welchem sie aus dem Internet ausgedruckte Set Lists sämtlicher Dylan-Konzerte der letzten Jahre haben. Mag sein, daß das Desinteresse des *nerds* am Erlesenen und Verfeinerten etwas fad ist, doch ist er im großen und ganzen ein menschlich recht Guter. Wohl dem, der einen *nerd* kennt, wenn er in Nöten ist. Wenn man einen Wasserhahn hat, aus dem zu wenig Wasser kommt, dann schraubt der *nerd* vom Wasserhahn das ab, was beim Mann die Eichel wäre, und sagt: »*Der Perlator ist versalzt.* Hättest du das nicht selber herausfinden können?« – »Ich wußte gar nicht, daß man beim Wasserhahn die Eichelentsprechung abschrauben kann, und nach was für Nüssen, for heaven's sake, schmeckt denn bitteschön Leerdamer. Es gibt doch keine Nüsse, die nach Käse schmecken«, spricht darauf der *non-nerd*. Hat eine Frau einen schlechten Mann, dann ist es gut um sie bestellt, wenn sie einen *nerd* zum Bruder hat, an dessen Brust – fuck the Oberkörperpilz – sie sich ausweinen kann. Zwar ist die Hauptdefinition des Wortes *nerd* laut Wörterbuch »Dummkopf«, aber das ist veraltet. Heute ist es eine nicht wertende Bezeichnung für die soeben umrissene Art von Mann. In seiner Anspruchslosigkeit und Unverzicktheit ist der *nerd* ein liebenswerter Mitbewerber um die Gunst von Gegenwart und Himmel. Aber Aufmerksamkeit ist angebracht: Es gibt auch öde Szenetypen, die sich lediglich eines *nerd looks* bedienen, um edelstubenhockerisch angekränkelt zu erscheinen und so Mädchen zu fangen, die sich gern an mit falbem Leder bespannte Knochen schmiegen. Solche gibt's! Doch prüfe man von Fall zu Fall und verdamme nicht unbedacht jeden Versuch einer Neuformulierung von Eleganz.

Soviel zum *nerd*. Ein anderes Wort, was mir in letzter Zeit auffiel, ist der *Warmduscher*. Insbesondere in Veröffentlichungen aus Süddeutschland ist es mir entgegengetreten, und zwar als Schmähwort gegen irgendwie weiche, überpflegte, konturschwache Männer mit zu rosigem Teint, oder aber allgemein gegen uneigenwillige, wenig risikobereite Gestalten. Es ist eine der armseligsten und weltfremdesten Beleidigungsvokabeln, die mir je untergekommen sind. Unter einer Voraussetzung könnte ich verstehen, wie man dem Reiz erliegen kann, einen anderen des warmen Duschens zu bezichtigen, und die wäre, daß es eine große und weiter wachsende Anzahl von Menschen gäbe, die sich kalt abzuduschen pflegen. Dies ist aber nicht der Fall. Ich weiß das, weil ich mir in einem jener Brachialsommer der frühen neunziger Jahre das Kaltduschen angewöhnt habe und es nun seit einigen Jahren betreibe. Da es mir sehr gut tut, erzähle ich gern davon und empfehle es anderen, aber immer höre ich: »Was? Das machst du? Das könnte ich nie!« Als Kaltduscher werde ich geradezu um meinen Mut beneidet, was lächerlich ist, weil man sich rasch daran gewöhnt. Ich tue es sogar bei ausgefallener Heizung im Winter, denn, wie einer der wenigen anderen mir bekannten Menschen sagte, die auch *immer* kalt duschen, die Malerin Hübner aus Wien, wird man süchtig nach dem kalten Wasser. Nach zwei Jahren würde man beginnen, sich vor warmen Duschen oder gar vor Wannenbädern zu ekeln. Oh, das ist richtig. Einmal schrieb ich in das Gästebuch eines Hotels: »Ihr Leitungswasser ist nicht kalt genug.« Hart und eisig muß der Strahl auf ein starkes und stürmisches Herz prallen. Mit warmem Wasser duscht man viel zu lange, wodurch die Haut runzelig wird, und in den Runzeln machen es sich Pilze aller Rassen und Klassen gemütlich und nötigen einen, sich mit nach Harnstoff riechenden Breitbandfungiziden einzucremen. Das macht nichts, erwidern nun die Warmduscher, bei uns sind die Spiegel so beschlagen, daß wir unsere verpilzte Haut nicht sehen können.

»Über meine Hände, über meine Arme, über meine Schultern, über meine Beine, über meine Schenkel, über meine Brust. Kaltes klares Wasser über meine Hände, über meine Arme, über meine Beine, über meine Schenkel, über meine Brust«, sang die Berliner Frauengruppe *Malaria* 1982 auf ihrer Maxi »Kaltes klares Wasser«. Mehr Lyrics gab es nicht, aber das ist Songtext genug, um sich vor Katarrh zu schützen. Früher war ich so erkältungsanfällig, daß ich manchmal sogar die Schnittmenge zweier Erkältungen erlebte – die Nachwirkungen der gerade zurückliegenden überlappten sich mit den Vorboten einer kommenden. Lang ist's her. Zwar wagt es auch heute noch ab und zu eine Erkältung, bei mir anzuklopfen, doch ich bin mein eigener Empfangschef und sage nein, indem ich ein Glas Sauerkrautsaft, einige Löffel Honig und eine rohe Zwiebel zu mir nehme, da schwör ich drauf, und die Erreger schwirren ab, und wenn sie doch mal etwas hartnäckiger sind, dann dauert der Spaß anderthalb Tage, und gut ist's.

In neutralem Licht betrachtet, dürfte das Erwärmen von Wasser zur Reinigung des menschlichen Körpers eine der größten Idiotien der Menschheit sein. Ich habe keine Ahnung von Energiewirtschaft, aber ich möchte doch anregen, den hübschen Satz »Ohne die Warmduscherei wären Atomkraftwerke unnötig« erstmal auf seine Volumenprozente an Wahrheit hin zu untersuchen, bevor man sich wegen seiner vermeintlichen Drolligkeit auf dem Laminat rollt. Ich habe gelesen, daß allein der Stand-by-Betrieb aller europäischen Fernsehgeräte die Menge Strom verbraucht, die ein AKW pro Jahr produziert. Das mag entweder falsch oder richtig berechnet sein, aber holla holla: Wenn allein 80 Millionen deutsche Bettschwitzer morgens auf kaltes Wasser umstiegen, was man da wohl sparen könnte! Und es ist so leicht! Man muß einfach sagen »Action!« und den Hahn aufdrehen. Ich bin der Wohllebe und der Bequemlichkeit zugetan, wahrlich kein Asket, aber kalt zu duschen, ist einfach, erfrischend, gut für die Haut, und es stärkt den Tatendrang. Nach ein paar Monaten wird jeder sagen: »Lächerlich, daß ich einen Verlust an Lebensqualität befürchtet hatte. Es ist ein Gewinn!« Und anders als beim Rauchen, welches man in seiner Überflüssigkeit gut mit dem Warmduschen vergleichen kann, gibt es keine Entzugserscheinungen. Als Beleidigungsvokabel ist »Warmduscher« aber wenig effektiv. Zwar gibt es einige, die kalt duschen, ebenso wie es ein paar Menschen gibt, die barfuß gehen oder die Nacht auf harten Matten verbringen. Würde sich aber deswegen jemand gekränkt fühlen, wenn er als Schuhträger oder Bettschläfer bezeichnet wird? So wenig ich übrigens bislang von weiblichen *nerds* gehört habe, so selten kam mir unter, daß man Frauen wegen warmen Duschens Schimpf antat.

Wie mancher vielleicht weiß, bin ich ein Sammler noch nicht breitgetretener Unterschiede zwischen den Geschlechtern. Hier ist ein neuer: Ein Mann wechselt mit dem Tode sein Geschlecht. Aus »der Mann« wird »die Leiche«. Frauen haben nicht unter dieser ungewollten grammatischen Todestranssexualität zu leiden. Sie bleiben, was sie sind.

Wofür lernen Schüler? Für das Leben oder doch nur für die Schule?

Arrivederci Kolumne, Hyvää päivää Abwesenheit von Kolumne

(Januar 1998)

Ich bin ein Kind des Nordens, wo die Menschen im Winter Grünkohl essen und »Sonnabend« sagen statt »Samstag«. Böse Personen wollen die Menschen des Nordens ihrer eigenwilligen Wochentagsbezeichnung berauben, weil sie meinen, die Kalenderabkürzung »Sbd« sei ein Stolperstein wenn es darum geht, Kalenderabkürzungen herunterzusingen (»Mo Di Mi Do Fr Sbd So«), oder die Fügung »Sonnabendabend« sei gar »unschön«. Nur Leute mit einem höchstens durchschnittlichen Formempfinden und einem läppischen Sinn für Rhythmus und für schicken Sound werden sich dieser faden Büromenschenmeinung anschließen können. Es heißt ja auch gar nicht »Sonnabendabend«, sondern »Sonnamtahmd«, und das ist so schön wie ein Sonnenuntergang an einem Sonnabendabend an einer schönen Stelle im Orient, also nicht in einem Elendsviertel, die es da ja leider auch gibt, sondern an einer Superstelle mit Marmor, wo gerade eine riesige Flasche mit ganz tollem Parfüm umgekippt ist. Unschön ist eher das Wort »Samstag«. Ich zucke immer zusammen, wenn ich das schlimme Wort höre. So wie wenn ich zusammenzucken würde, wenn ich von einer Kommerzienrätin zu einem feierlichen Tee anläßlich des 50. Gründungstages des von ihr finanziell geförderten Waisenhauses eingeladen wäre, und alle sitzen da mit steifen Hemdbrüsten und Blumengestecken im Haar, und die Kommerzienrätin gebraucht in ihrer Tischrede plötzlich das Wort »Fotze«. »Samstag« und »Fotze« – das ist für mich der gleiche Sound, das gleiche Zusammenzucken. Wir im Norden sollten nicht nur auf unserem Sonnabend bestehen, sondern nicht nur zusammenzucken, sondern zuschlagen, wenn uns jemand mit ordinären südlichen Wochentagsbezeichnungen kommt. Auch sonst ist die Sprache des Nordens schön. Südöstlich von Bremen liegt der Ort Achim. Laut einem Gewährsmann gibt es dort eine sprachliche Eigenwilligkeit. Angeblich lieben es die Achimer, hinter den Vokal A in manchen Fällen ein R einzuschieben. So würden sie sagen »Limonarde«, »Schokolarde« und »Die Narzis arßen Tarnte Kartarina die Prarlinen weg«. Dies ist einerseits eine Frechheit von den Narzis, andererseits freilich eine stark endemische sprachliche Besonderheit. Im ganzen Norden ist hingegen der Spruch bekannt: **Nun ist aber Schluß mit lustig.**

Dies sagt der Kopf der Mutter, der sich durch den Türspalt schiebt, weil die Kinder schon seit zwei Stunden auf den Betten hüpfen statt zu schlafen. Dies sagt auch der Kolumnist, der seinen Lesern mitteilen will, daß sie künftig wohl vergebens nach seinen Bemerkungen suchen werden. Und in der Tat: Nach 107 Texten soll nun Schluß mit der Kolumne sein. Hier der Abschiedstext:

Intaktes Abdomen dank coolem Verhalten

Da ich mich als einen Anwalt der Umwelt begreife, bin ich auch ein großer Freund der Tiere. Sehe ich einen Mitbürger, der sich mit einer Heckenschere oder einem Saxophon einem Kätzchen nähert, dann sage ich: »Aber nicht doch, mein Herr!« Jeder versteht das. Insgesamt sind Tiere aber nicht so beliebt wie die Tierfilme des Fernsehens. Knackt der Mensch eine Haselnuß, und es starrt ihn statt des erhofften Natursnacks die fahle Fratze einer Made an, dann legt die Lebensfreude eine kurze Verschnaufpause ein. Anschnauzen muß man die Made deswegen nicht gleich, denn es ist ja bekannt, daß sie sich eines Tages zu einer unersetzlichen Mitkreatur entwickelt, die einem blöde vor der Fresse rumfliegt. Es ist aber ebenso unnötig, niederes Gewürm mit Glacéhandschuhen anzufassen. Das ökologische Gleichgewicht ist kein Kartenhaus, welches zusammenfällt, wenn man eine darauf sitzende Fliege zerpatscht. Die Biester setzen sich ja allzu gerne auf Kartenhäuser. Unerwünschte Fliegen zerpatsche ich stets, da grummelt kein Gewissen in mir. Nur mit erwünschten Fliegen geh ich anders um. So sind wir Menschen. Niemand, in dessen Teppich eine Million Milben schmatzend ihr Tagewerk verrichten, wird zermürbt sein, wenn er erfährt, daß sich ihre Anzahl aufgrund einer milbeninternen Naturkatastrophe halbiert hat. Da kann ein Naturschützer noch so ganzheitlich orientiert sein – die Tränen, die er weint, wenn er aus Nachlässigkeit im Badezimmer ein Silberfischchen zertritt, werden rascher trocknen als jene, die über seine Wangen rinnen, wenn er im Bad versehentlich einen sibirischen Tiger erschießt.

Wie würde wohl die Tierannahmeperson des Tierschutzheims gucken, wenn man ihr mit einer in Leberwurst gebetteten Geschwisterschar von Maden ankommt? Sie würde schön poltern! Es wäre immerhin ein angebrachtes Zeichen von Aufrichtigkeit, wenn die Tierschutzvereine sich umbenennen würden in »Verein zum Schutz allgemein als sympathisch geltender Tiere«. Pelzig, süß, gefiedert oder zumindest selten müssen Tiere sein, wenn sie der Menschen ungeteilte Gunst genießen wollen. Auch eine gewisse Mindestgröße ist erforderlich, denn man sympathisiert nicht gern durch Lupengläser.

Was aber, wenn Mäuse ins Haus kommen? Die sind total niedlich und mit bloßem Auge gut sichtbar, d. h. theoretisch beliebt. In der Praxis sind sie unerwünscht, denn sie kacken in den Mozzarella, wovon man Cholera bekommt. Wegen der lieben Äuglein der Tiere wird der Kauf von Mausefallen jedoch von nagendem Skrupel begleitet. Nun las ich in der Zeitschrift ›natur‹ von einer Dame, die per Zufall einen Ausweg fand. Sie hatte nicht nur Mäuse im Haus, sondern, als ob das nicht reichen würde, auch noch einen Sohn, und der hatte Geburtstag. Er wünschte sich ein Schlagzeug, bekam eines und übte fleißig. Die Mäuse mochten das gar nicht hören und verließen das Haus, wonach die Mutter zum Papier griff und zum Thema ökologisch vertretbare Mäusevergrämung einen Brief an die Zeitschrift ›natur‹ schrieb.

Und was ist mit Spinnen? Hier rate ich zu Gelassenheit. Die Mozzarellatüte kriegen die nie auf. Sie sind zu zart gebaut. Zu zart auch, um wirklich grausig zu sein. Ihre Beine sind eigentlich nur bessere Schamhaare. »Bessere Schamhaare?« rufen nun Kritiker. »Besser als Ihre Schamhaare vielleicht, aber schlechter als unsere.« Nun gut, dann eben schlechtere Schamhaare. Wenn man aber eine Spinne dazu kriegt, Männchen zu machen, dann sieht sie aus wie eine Can-Can-Tänzerin auf einem Gemälde von Toulouse-Lautrec. Dies ist schon ein erfreulicherer Anblick als Kritikerschamhaare. Leider bestehen Spinnen nicht nur aus Schamhaaren. Da, wo andere Leute ihre vier Buchstaben haben, findet sich bei Spinnen eine unsympathische schwarze Kugel namens Abdomen, in welcher sie ihre Eingeweide aufbewahren. Da es der Behaglichkeit abträglich ist, wenn diese Eingeweide die Rauhfaser herunterrinnen, zerpatscht man Spinnen nicht gern. Ich persönlich bin äußerst cool, was Spinnenbesuch angeht. Wenn im TV gerade eine tschechische TV-Groteske begonnen hat und ich bemerke eine Spinne an der Wand, dann gucke ich die tschechische TV-Groteske erst einmal zu Ende, stelle den Fernsehapparat aus, trinke in Ruhe ein Glas Limonade, und erst dann schreie ich mit fingiertem Entsetzen: »Igitt, eine Spinne!« Anschließend hole ich mir eine

Ansichtskarte und einen Zettel. Mit der Postkarte kratze ich den achtbeinigen Gast von der Tapete, so daß er auf den Zettel purzelt, und dann wuppdiwupp aus dem Fenster damit. Saubere Wand dank intaktem Abdomen, intaktes Abdomen dank coolem Verhalten.

Da die Medien manchmal nicht recht wissen, was sie den Bürgern berichten sollen, liest man seit einiger Zeit immer wieder etwas von einem Trend zur Insektenküche, denn Insekten seien preiswerte Proteinbomben, die mit Cholesterin geizen. In den Metropolen soll es schon entsprechende Restaurants geben. Sicher sind dort auch Spinnengerichte im Angebot. Wohl weiß ich, daß Spinnen keine Insekten sind, doch man weiß ja nicht, was ein Gastronom so weiß. Man denke sich nur: frischgepreßter Spinnenabdomensaft oder Spinnenabdomensalat. Ich möchte die Leserinnen und Leser bitten, in meiner Gegenwart das Wort »Spinnenabdomensalat« weder oft noch laut auszusprechen. Normalerweise finde ich Leute, die einem verbieten wollen, bestimmte Wörter zu benutzen, z. B. »Betroffenheit« oder »Vaterland«, ziemlich bescheuert, aber »Spinnenabdomensalat« finde ich wirklich viel schlimmer als »Risikogruppe« oder »Power-Frau«. Ein weiteres, die Mundwinkel nach unten zerrendes Wort ist Seepockensperma. Es gab einen Tierfilm im Fernsehen, und dort wurden Seepocken als die Tiere mit den im Verhältnis zum übrigen Körper längsten Penissen der Fauna angepriesen. Die Penisse sahen aus wie chinesische Nudeln. In Großaufnahme sah man die warzenartigen Kreaturen mit ihren Nudeln wedeln, und dann kam auch noch der Samen herausgeschossen, alles in das schöne Wasser, und zwar abends um halb neun, als viele Kinder noch nicht zu Bett waren. Vielleicht liegt das Ansteigen der Meeresspiegel gar nicht an der Abschmelzerei der Pole, sondern an der Triebhaftigkeit der Seepocken. Bei meinem letzten Badeaufenthalt kam mir das Meerwasser übrigens recht glitschig vor. Die Insel Sylt wird von Seepockensperma verschlungen werden! Gibt es noch garstigere Vorstellungen? Aber ja! Leihmumien-Analsex. Sex mit Mumien ist ja schon an sich ein Thema, bei dem man sich gern zurückzieht, aber Analsex mit Mumien, die einem noch nicht mal gehören, ist zweifelsohne das letzte. Ich rate allen Lesern, ihre Mumien niemals zu verleihen, denn auch die besten Freunde sind nicht immer ganz aufrichtig, wenn es um ihre sexuellen Vorlieben geht.

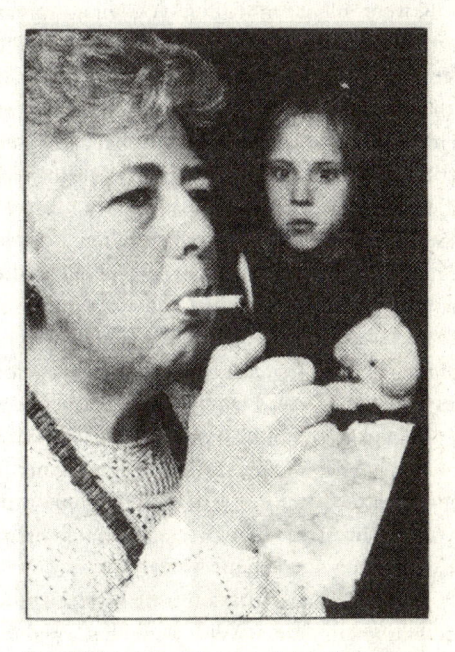

Das Mädchen denkt: Zum gegenwärtigen Zeitpunkt bin ich mir im unklaren darüber, was schlimmer ist. Zu sehen, wie die nahe Verwandte sich physisch zugrunderichtet, oder zu wissen, daß die nahe Verwandte dies in meiner Anwesenheit tut, um mich psychisch zugrundezurichten.

**Vier Kolumnenanfänge, die der Autor verwarf,
weil sie zu nichts führten**

Wenn man über die oft beeindruckende Geselligkeit kleiner Tiere spricht, kommt man um das Thema Filzläuse nicht herum. Über diese kann man unbefangen reden, denn im Gegensatz zu einer verbreiteten Irrlehre zeugt der Aufenthalt dieser Tiere in allerlei warmen und haarigen Winkeln unserer Körper nicht unbedingt von einer ungezügelten Triebhaftigkeit unsererseits. Sie können auch von allein kommen. Eine Ärztin machte mich einmal mit Umständen bekannt, die ich nur laienhaft nachzuerzählen geeignet bin.

Es reicht schon, wenn man in der U-Bahn nahe einer Person sitzt oder steht, die man attraktiv findet. In solchen Fällen senden wir gasförmige Sympathiesubstanzen aus, über die Wissenschaftler nur hinter vorgehaltener Hand reden, weil sie nichts darüber wissen. Menschen können diese Chemikalien nicht wahrnehmen, wohl aber die Läuse, die möglicherweise auf der Haut des als angenehm empfundenen Mitreisenden ihrem Tagewerk nachgehen. Angelockt vom Duft des Sympathiegases klettern sie aus der Unterhose des Fremden heraus, und sollten wir auch nur ein Härchen am Finger haben, an das sie sich festklammern können, sind wir die neuen Wirte. Notfalls begnügen sie sich gar mit Augenbrauen oder Bärten als Zwischenstation auf ihrer Wanderung zu privateren Gegenden.

Wenn man dies nun weiß, kann man Filzläuse sogar als Liebesdetektive einsetzen. Wer Zweifel hat, ob der Lebensgefährte ihn noch liebt, dem empfiehlt es sich, einen Tag lang in einer übervollen U-Bahn herumzufahren und allseits zu sympathisieren. Mit Läusen reich beladen, geht man nun nach Hause und stellt sich eine Weile recht nah an die zu testende Person. Wenn sich die Person nach einiger Zeit zu kratzen beginnt, dann ist Champagnerzeit. Wenn nicht, dann ist das leider schade. *(Januar 1992)*

*

Nachdem sich in einer Talkshow des Dritten Programms wieder mal eine durchschnittlich attraktiv aussehende und geistig eher minderbegütert wirkende Schauspielerin bitterlich darüber beklagt hatte, daß man einer gutaussehenden Frau keine Intelligenz zutraue, fiel mir aufgrund der allgemeinen Absenz von Logik im alltäglichen Gedankengang ein, daß ich neulich von einem jungen Vater gefragt wurde, wie man einem Kind das Wesen der Ironie erklären könne. Ich riet ihm, dem Kinde zu sagen, Ironie, das sei, wenn man sage, die Mutti sei doof, obwohl die Mutti ja nett sei, das sei Ironie. Was aber, wenn das Kind nun antwortet: »Dann ist Ironie ja eine sehr vernünftige Sache.« *(Juni 1994)*

*

Überall gibt es Hierarchien, so auch bei denen, die sich zum Wohle der Menschen engagieren. Die absoluten Supercracks sind die Menschenrechtler, es folgen die Bürgerrechtler, als drittes kommen die Verbraucherschützer, das sind schon ziemliche Underdogs. Bei einem Sonntagsspaziergang muß der Bürgerrechtler dem Menschenrechtler die Tasche tragen, Türen offenhalten oder das Laub wegrechen, falls solches im Wege liegt. Der Verbraucherschützer wird gar nicht erst eingeladen, mitzukommen. Kommen die beiden Wohltuenden während ihres Spazierganges an einem Haus vorbei, aus dem Ächzlaute dringen, dann sagt der Menschenrechtler zu seinem Begleiter: »Laß erst mal mich nachsehen. Warte du draußen! Wenn ich feststellen muß, daß da ›nur‹ Bürgerrechte verletzt werden, dann rufe ich dich rein, und ich schieb draußen Wache.«

Wenn ein Bürgerrechtler in seiner Region die Verhältnisse zum Besseren gewendet hat, d. h. Wahlrechte erwirkt, Grenzen geöffnet, Machthaber aus dem Amt vertrieben hat, dann hat er auch gute Chancen, zum Menschenrechtler aufzusteigen und weltweit Briefe zu schreiben und Mahnreisen zu unternehmen. Er wird zu Symposien geladen, wo er mit Blasmusik empfangen wird. Ein Verbraucherschützer hat keine Aufstiegsaussichten. Wer einmal angefangen hat, vor schlechten Staubsaugern zu warnen, wird immer dabei bleiben. Wo er auftaucht, wird zur Begrüßung keine Kapelle spielen, allenfalls wird es einen schäbigen Plattenspieler geben, der quäkige Schlager von schwedischen Hupfdohlen in hochgerutschten Miniröcken spielt. *(Mai 1995)*

*

So etwa in der siebten Klasse hatte ich eine Mitschülerin namens Anette. Diese liebte es, sich in ihrer freien Zeit auf Parkplätzen herumzutreiben und lustige, oder besser noch: unanständige Nummernschilder zu suchen und diese zu fotografieren. Sie war nicht sehr anspruchsvoll. Schon die Buchstabenkombination GÖ-TZ war ihr schweinisch genug, wegen, höhö, Götz von Berlichingen. Während andere sich nach Zerstreuung am Mittelmeer sehnten, träumte sie von einer Reise nach Karlsruhe, weil sie dort das Autokennzeichen KA-CK zu finden erhoffte. Ob dieser Wunsch jemals in Erfüllung ging, weiß ich nicht, aber ich erinnere mich noch gut an ihren größten Triumph. Offenbar hatte jemand aus Husum Anlaß gehabt, unsere Gegend zu besuchen und Anette mit dem für sie gottesgeschenkähnlichen Kennzeichen HU-RE zu beglücken. Anette war außer sich. Sie wollte das Foto an die ›Hörzu‹ schicken, auf deren erster Seite damals Platz für allerlei von den Lesern eingesandte Kuriosa und Druckfehler war, wie z. B. »In den achtziger Jahren entwickelte sich in der DDR eine inoffizielle *Schmalz-*

filmszene.« Gemeint ist natürlich *Schmalfilmszene.* Dieses Beispiel stand aber nicht in den siebziger Jahren in der ›Hörzu‹, sondern beruht auf einem netten Verlese-Erlebnis, welches ich neulich hatte. Anette war sich übrigens sicher, daß man bei der ›Hörzu‹ ihr HU-RE-Nummernschild nicht drucken würde. »Das drucken die nie! Das ist denen zu scharf!« rief sie und stellte sich vermutlich einen Roundtable voll leidenschaftsverschwitzter Redakteure vor, die nach stundenlangen, von vollblutjournalistischem Furor geprägten Debatten nachts um halb vier resigniert beschlossen, daß man das »heiße Ding« von der jungen Dame aus Göttingen doch nicht »ins Blatt nehmen« könne, weil: »So weit sind unsere Leser noch nicht. Leider noch nicht! Diesen Humor haben unsere Leser noch nicht.«

Jaja, Humor. Kann man haben. Muß man aber nicht. Humor ist eigentlich nur okay, um Mißverständnisse zu genießen. Wenn man eine Sekunde lang gezwungen ist, sich eine DDR-Schmalzfilmszene vorzustellen, eine inoffizielle obendrein. Wie sich die mit dem kurzen Haupthaar und den langen Bärten in konspirativen Wohnungen an der Schönhauser Allee treffen und sich die subversivsten selbstgedrehten Schluß-Kußszenen vor Hochgebirgsszenerie vorspielen, und das hübsche Pop-Girl von der Staatssicherheit merkt sich jedes kußrhythmische Detail. Vor was für einer Gebirgsszenerie hätten die das eigentlich drehen sollen in der DDR? An der Baumgrenze im Harz vor gerade noch so eben das Leben meisterndem Kleingehölz? Dazu Streicherklang? Aber vielleicht hat ja mal einer in die Rhodopen oder die Hohe Tatra gedurft.

Humor ist nicht okay, wenn man einen dicken Stein vor der Tür hat und in einem unreligiösen Landstrich lebt. Dann hilft einem kein Humor, dann muß man Kraft haben und den dicken Stein fortschieben. Dann muß man den Stein eben fortschieben und irgendwann sagen: Ich habe den

Stein fortgeschoben, ich hätte wirklich nicht unbedingt zusätzlich Humor benötigt, um diese Arbeit zu erledigen. Etwas mehr Kraft hätte ich lieber gehabt, dann hätte ich den Stein schneller fortschieben können. (Daß »Schmalz« oder »Kitsch« – solche leeren Worte gehen nur in Gänsefüßchen – etwas Subversives haben könnten, ist in den Neunziger Jahren eine gräßlich modische Auffassung unter Großstadtgewäschabsonderern geworden.) *(September 1996)*

Max Goldt, 1958 geboren, lebt in Berlin; Autor, Rezitator eigener Texte, macht zusammen mit Stephan Winkler Musik (zweite CD in Vorbereitung), bildet zusammen mit Stephan Katz das Comic-Duo KATZ + GOLDT.

Max Goldts Platten und Bücher
(Stand Frühjahr 1999)

Discographie

Solo, Musikplatten:
L'église des crocodiles (1983)*
Die majestätische Ruhe des Anorganischen (1984)
Restaurants Restaurants Restaurants (1986)
Nirgendwo Fichtenkreuzschnäbel, überall Fichtenkreuzschnäbel (1993)
Ende Juli Anfang August Ranklotzen im Wohngebiet (1995)*
Alte Pilze (1996)*
Legasthenie im Abendwind (1997)*
Bundesratufer (Instrumentals 83–93) (Japanischer Import) (1999)

Solo, Sprechplatten:
Die Radiotrinkerin & Die legendäre letzte Zigarette (1990)
Die sonderbare Zwitter-CD (LeseLive 1) (1993)
Die CD mit dem Kaffeeringecover (LeseLive 2) (1994)
Weihnachten im Bordell (LeseLive 3) (1995)
Objekt mit Souvenircharakter (LeseLive 4) (1996)
Auf der Flucht vor der Koralle (1997)
Schöne Greatest LeseLive Oldies (Kommerzielle Auslese) (1997)
Das kellerliterarische Riesenrad (mit Ditterich von Euler-Donnersperg, Vinyl, 500 Ex.) (1999)
Okay Mutter, ich nehme die Mittagsmaschine (Doppel-CD) (1999)

Nuuk (Max Goldt und Stephan Winkler):
Nachts in schwarzer Seilbahn nach Waldpotsdam (1998)

Foyer des Arts (Max Goldt und Gerd Pasemann):
Die seltsame Sekretärin (1981)*
Von Bullerbü nach Babylon (1982)*
Die Unfähigkeit zu frühstücken (1986)
Ein Kuß in der Irrtumstaverne (1988)

Was ist super? (Ein Live-Doppelalbum) (1989)
Die Menschen (1995)

Michael Dubach, Nino Sandow und Max Goldt:
Musik wird niemals langsam (1994)

Bibliographie

Die Radiotrinkerin (1991)
Quitten für die Menschen zwischen Emden und Zittau (1993)
Schließ einfach die Augen und stell dir vor, ich wäre Heinz Kluncker (1994)
Die Kugeln in unseren Köpfen (1995)
Ä (1997)
Erntedankfäscht (mit Gerhard Henschel) (1998)
'Mind-boggling' – Evening Post (1998)
Ein roter Plastikfisch in Form eines blauen Plastikthermometers
   (Typographisches Heft) (1998)

Comicbücher mit Stephan Katz:
Wenn Adoptierte den Tod ins Haus bringen (1997)
Koksen um die Mäuse zu vergessen (1998)
Ich Ratten (1999)

* nicht mehr erhältlich

KÖNNEN SIE AUCH HÖREN!

Die Doppel-CD mit den allerbesten der besten Kolumnen.

Exklusiv bei Raben-Records im HEYNE HÖRBUCH

Max Goldt liest

OKAY MUTTER, ICH NEHME DIE MITTAGSMASCHINE

Laufzeit ca. 140 Minuten

2 CD
DM 39,90/öS 291,–/sFr 37,–
ISBN 3 453 16783 X

2 MC
DM 39,90/öS 291,–/sFr 37,–
ISBN 3 453 16784 8

Katz & Max Goldt
Ich Ratten

JOCHEN enterprises
DM 19.90

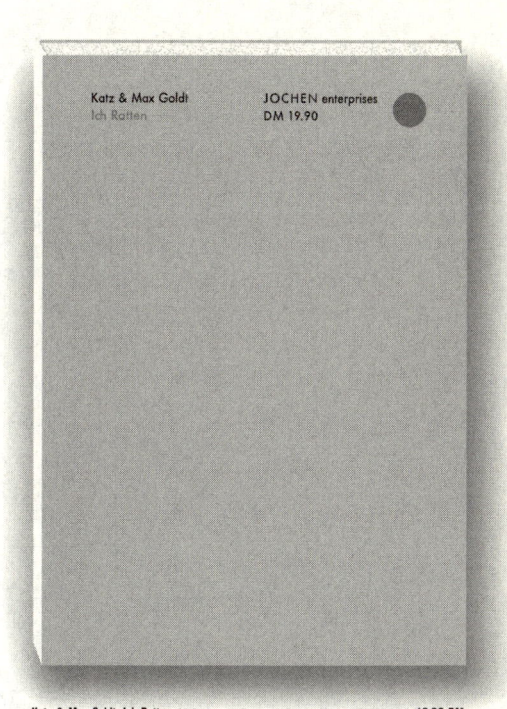

Katz & Max Goldt: Ich Ratten, 64 Seiten, s/w, Hardcover, DIN A4, ISBN 3-930486-80-6, 19,90 DM

ICH RATTEN - Das Buch mit dem roten Punkt und dem weissen Rücken! Comics von Katz und Max Goldt

JOCHEN enterprises ✳ Gesellschaft zur Förderung intelligenter Unterhaltung ✪ Möckernstraße 78
✦ 10965 Berlin ✧ Telefon & Fax 030 - 786 70 19
✱ jochenenterprises@t-online.de ✦ www.jochenenterprises.de

DAGMAR ALTRICHTER   Copyright Hugo Jehle

Ein Kniff, den schon unsere Großmütter kannten: Wenn alles Leid der Welt auf einem lastet, wenn man denkt, alles sei sinn- und ausweglos, dann ist es immer das beste, man fährt in die Stadt und läßt neue Autogrammpostkarten von sich machen.